THE LOGIC
OF CORPORATE GOVERNANCE

ENTREPRENEURIAL SPIRIT AND
ENABLING GOVERNMENT

企业治理的逻辑

企业家精神与有为政府

朱富强 著

人民出版社

目　录

下篇　产业升级中的有为型政府

导　言

　　经济学科尤其是政治经济学的基本研究对象是组织，这包括微观的家庭组织、企业组织、产业组织和宏观的国家组织以及其他社会组织等；同时，研究组织的根本目的在于提高组织运行的有效性，这涉及组织内部的劳动关系、分工形态、组织结构、制度安排和治理机制等。为了提升组织运行的有效性，就需要发现组织运行中存在的问题，进而，又需要探究理想组织如何运行以设立观察的基准或参照系。这就是从本质到现象的研究路线，它几乎可以适用于系统分析公共领域中的所有事务，适合对所有的社会制度和组织进行研究。

　　同时，企业是现代市场和社会经济的细胞，在现代社会化生产和经济增长中起到根本性作用，而企业组织的运行和治理则涉及市场、企业家和政府三方面的角色。那么，如何合理且有效地界定市场、企业家和政府的功能呢？如何实现有效市场和有为政府的有机结合并由此激发和合理配置稀缺性的企业家资源呢？为此，笔者遵循从本质到现象的研究路线对企业组织展开系统剖析，其基本分析逻辑是：首先，从企业组织的公共性角度来探究企业这一生产协作系统的合作性质及其相应的发展目标；其次，剖析现实企业的治理特点及企业规模的扩张特点，尤其是结合不同主体在企业治理中的角色和地位进行考察；再次，考察不同社会体制以及游戏规则下不同主体的行为方式，由此揭示其中暴露出的及潜藏着的问题；最后，结合企业的合作性质以及国有企业的现实问题来探究国有企业改革的基本方向，其中集中结合治理上的问题和儒家的人本精神而探究如何构建新型劳动关系等问题。

正是基于上述分析框架，笔者系统地探究了企业的运行机制及其现实问题，这集中体现在以下四部分。

第一部分是"企业组织的本质及其治理"。它从要素构成、利益影响及责任承担等角度来考察企业组织的公共性，以及作为协作系统的本质，进而比较利益相关者社会观和股东价值最大观这两大视角的企业理论，由此来为企业组织确立和完善产权安排和治理机制夯实理论基础。

第二部分是"经济发展中的企业家角色"。它集中梳理了奥地利学派的市场过程观和企业家才能观，并引入美国制度学派的认知做比较分析，进而辨识企业家的不同活动对企业运行和经济发展所带来的不同影响，由此来为洞悉企业家精神及其活动性质提供更全面的视角。

第三部分是"现代监管下的有为型政府"。它深入剖析了共享经济和互联网经济发展带来的治理要求和挑战，进而系统探索和比较了现代技术进步和比较优势转换的各种途径，由此来为政府参与企业组织的治理和市场活动的监管，以及促进产业升级提供坚实的理论基础。

第四部分是"国有企业改革的基本路向"。它集中考察了当前国有企业中引起大众不满的管理混乱、效率低下以及红利分配不公等问题，进而基于企业的合作性本质探究了企业组织的人本化产权建设、民主化管理制度建设和责任性文化塑造等，由此为国有企业的改革方向和措施提供顶层设计。

显然，上述四部分构成了对企业组织的合作本质、治理机制以及国有企业的改革方向等方面的系统考察。考虑到著作的篇幅以及论述的简洁性，上述内容又分成两部分出版：第一、四部分构成了《国企改革的逻辑：构建民主化的管理体制》一书的主体，第二、三部分则构成了本书主体。同时，考虑到企业竞争与产业优势的内在关联，本书最后又加入了政府在产业升级中所扮演角色和承担功能的分析。尽管如此，如果要对企业组织的全面而系统的认识，进而深刻洞察国有企业改革的合理方向，还是需要将这两本书合在一起阅读、思考。相应地，为了便于读者更好地阅读本书，更好地认识本书提出的不同于流行观点的论断，这里对这两本书的基本思想做简要介绍。

第一，企业组织的本质是协作系统，具有这样三种基本特性：有效性（effectiveness）、道德性（moralities）和效率（efficience）；其中，有效性和道德性反映了企业作为协作系统的基本要求，效率则是现实企业被当作私人谋利工具时的基本诉求。显然，与这种本质相对应的就是利益相关者社会观，在治理上应该强化社员民主管理原则和社员经济参与原则。然而，随着企业组织的异化发展，导致股东价值观的盛行，进而也就出现了资本主导的委托—代理治理模型。同时，基于有效性原则，企业的社会合理规模界限应该在企业的净边际协调收益与企业的净边际组织成本相等之点，但现代企业扩展往往是基于效率原则，从而导致企业的现实规模通常要大于企业的社会合理规模。当然，随着社会的发展，曾经被异化的企业组织也有向其本质回归的趋势，这就为当前中国企业组织及治理的改革指明了基本方向，如在农业合作组织就需要健全呼吁机制而非退出机制。

第二，奥地利学派非常偏爱自由市场竞争并高度推崇企业家在其中的作用：一方面，它将社会经济问题的核心归于如何最佳使用这种个人知识，并认为市场机制在这方面拥有相对中央计划体制的明显优势；另一方面，它将企业家才能和活动视为发现和利用市场经济中的分散信息进而促进市场协调和市场秩序扩展的根本动源。但显然，在前者，奥地利学派明显地夸大了个人知识在社会决策的地位，进而忽视了个人行为的非理性所导向的内卷困境；在后者，奥地利学派没有界分企业家行为和非企业家行为，没有界分垄断行为和非垄断行为，没有甄别企业家行为的创造性和破坏性，从而不能理解市场的非效率存在。之所以如此在于它的方法论缺陷：它认知的市场主体之"异质性"，仅仅体现为自然性差异而忽视了社会性差异，而且还将自然性差异嵌入理性分析框架中，从而忽视权力因素对理性的侵蚀，忽视有限理性下的错误误导；进而，在克服了新古典经济学因囿于科学主义认知观而造成科学不思的同时，又陷入了根植于神秘主义认知观的科学不思。

第三，凡勃伦开创的美国制度学派从工作本能和虚荣本能的角度开辟了二元化思维，从而区分了动态的社会技术制度和有关特定产权的礼仪制度，剖析了资本主义生产中机器利用和企业经营之间的矛盾，从而有助于全面认识"企业家"内涵、类型和社会意义。事实上，企业家有生产性企业家和非生产性企业家之分，生产性企业家的创新活动不仅是指技术和产品的创新，而且也包括新技术和新产品的传播；进而，为了防止技术创新和传播之间潜含的搭便车问题，就需要建立一整套的社会制度安排以促成各类生产性企业家之间的分工合作。相应地，为了将企业家资源配置到生产性领域，这还有赖于合理的游戏规则；进而，企业家精神的释放以及潜在的个人创新精神转化为现实的集体创新能力，则有赖于较为健全的基础设施和集体组织，这些都有赖于有为政府的积极作用。从这个意义上说，有为政府和企业家才能之间不是替代或冲突性的而是具有互补共进的关系。

第四，逐利企业家的创新活动即使是生产性的，往往会衍生出众多的负外部性，这方面的典型例子就是共享经济。共享经济有助于资源的更有效使用，但无序式发展也带来了严重问题：（1）准公共品性质滋生出大量的搭便车行为；（2）准公共品性质还滋生出强烈的负外部性。在很大程度上，共享泡沫的产生和破灭都体现出市场创新的盲目性，从而就需要政府的积极规划和引导。同时，"互联网+"经济的发展也促进了社会生产力的快速提升和利用，但它成功与否则依赖于从事生产性创新的企业家精神，否则互联网就会蜕化为少数人攫取财富而不是创造创富的工具；尤其是，大企业不仅可以而且往往会利用市场支配力获得转移收益，这会扭曲合理的财富分配并进而抑制整个社会的价值创造。此外，发展中国家和经济转型国家在市场从封闭到开放以及经济从计划到市场的改革初期，存在与生产和交易相关的各种软硬基础设施的瓶颈约束，政府的赶超战略选择也导致众多产业中的生产要素配置存在严重扭曲，进而严重制约了在国际竞争中的产业竞争优势和企业自生能力。显然，所有这些都需要充分发挥政府在规定制定和组织治理中的积极作用，需要发挥市场、企业家和政府之间的互补功能。

第五，在当前中国社会，国有企业的症结在治理机制而非产权结构层面，需要建立有效的监督体系和收入分配机制。同时，国有企业的改革不能简单地照搬欧美企业的治理模式，而是要利用特有优势创造出新型的劳动关系，这表现为构建民主化的共同管理体系和塑造"尽其在我"的责任性文化关系。究其原因，从协作系统这一本质上讲，所有相关者都是平等的成员关系而非雇用关系；同时，企业共同体内部又存在着等级制，这导致不同岗位的成员在权利和责任上存在量的不平等。此外，无论是组织还是制度，人本化改造都需要将市场经济和社会公正结合起来，这种研究不能仅仅停留在现实应用性层面，而要进一步上升到理论意识。一方面，基于产权内涵的审视可以为人本化改造提供了理论基础；另一方面，基于国有企业的问题分析可以为人本化改造细化具体实践内容。这些方面都可以通过借鉴儒家学说得到理论上和实践上的深化。因此，本书在探索如何构建建立国有企业的新型劳动关系时，不仅基于企业的合作本质来构建民主化管理，而且积极吸收儒家精髓以打造责任性文化。

经济发展中的企业家角色

作为大量人员集中在一起进行共同生产的协作系统，企业组织的运行自然离不开专门人员的协调和决策。那么，究竟该由谁取得企业组织的控制权和管理权呢？新古典经济学和奥地利学派通常都主张剩余索取权和控制权应该归资本所有者，进而，奥地利学派还将逐利的资本所有者等同于对市场机会保持敏锐性的企业家，正是他们对市场信息的发现和传播促进市场走向协调和社会秩序不断扩展。与此不同，以凡勃伦为代表的美国制度经济学派则从二元本能观发展出了另一种学说：受虚荣本能驱使资本所有者（以及企业家阶级）为了获得最大利益往往会破坏而不是促进生产和创新，并由此带来了经济危机。有鉴于此，上篇就致力于对市场主体尤其是企业家在企业组织治理以及市场协调中的角色承担做系统的梳理和比较，并由此剖析企业家（逐利或创新）活动的不同性质及其对社会经济发展带来的影响。

1. 个人知识、价格体系与市场协调
——奥地利学派的市场过程观审视

导读：不同于新古典经济学将市场理解为一种均衡状态，并基于各种给定的完全知识来论证市场的有效性，奥地利学派将市场视为由企业家推动的一种动态过程，其中的基本机制就是竞争。奥地利学派强调，市场中的个人知识具有主观、分散、排他和默会等特性，社会经济问题的核心在于如何最佳使用这种个人知识，而在这方面市场机制拥有相对中央计划体制的明显优势。同时，市场竞争所形成的市场价格具有这样的功能：（1）反映了各种资源或产品的相对稀缺程度；（2）是信息披露、传播和利用的有效机制；（3）有助于企业家发现利润机会而导向市场协调。正是由于奥地利学派强调了个人知识的利用和市场动态发展的过程，因而奥地利学派已经替代新古典经济学成为当前很多经济学人用以支持市场有效性的理论基础。然而，奥地利学派也明显夸大了个人知识在社会决策的地位，进而还忽视了个人行为的非理性，从而看不到他们不愿意看到的自发市场中的内卷困境。

一、引言

新古典经济学推崇市场机制，认为完全竞争市场将会实现资源的最优配置，而这种市场有效性的依据则是一般均衡理论及其推演出的两个福利经济学定理。问题是，得出一般均衡的瓦尔拉斯模型依赖于一系列的前提假设，而这些假设前提在现实中都难以满足，如信息不完全、垄断、外部性，以及公共品，等等；反过来也就意味着，只要质疑或改变其中任何一个不现实的假设，都有可能得出"一般均衡不可能"定理，都可能得出市场无效说。正因如此，新古典经济学理论并不能为市场有效性提供足够支持，因为它所打造的逻辑化市场根本就不是现实存在的。张维迎就强调，被认为证明市场有效性的新古典经济学理论恰恰得出了市场失败的结论，因为新古典经济学为了证明市场有效性所设立的很多假设在现实当中几乎都是不成立的。① 与此不同，奥地利学派区分了两类市场：（1）被理解为完全静态的一般均衡市场；（2）被理解为动态发生过程的市场。其中，奥地利学派的一个重要贡献就是把市场视为一个动态的竞争过程。在市场中，现场者的"理性"决策使得分散性知识得以有效运用和传播，同时这些信息又凝结成价格信号，从而有效地引导市场主体的行动，进而也就会推动市场协调和秩序扩展。这样，奥地利学派就为有效市场说提供了更为坚实的理论支持。

正是由于在对市场机制的解释视角和分析范式上存在差异，随着新古典经济学的市场有效性所依赖的条件遭受到各类非正统经济学越来越大的质疑和挑战，一些市场原教旨主义者就转向奥地利学派寻求理论支持，通过个人知识在决策中的根本性意义以及由此推动的市场秩序扩展来强化市场功能。譬如，正是基于奥地利学派的解释逻辑和分析范式，张维迎就完全否定生产性垄断和外部性的存在，进而极端地否定市场失灵的存在。在张维迎看来，只有市场理论失灵而没有市场失灵，乃至将所有的市场失灵理论都称为谬误；以此为理论基础，他也极力反对任何由政府主导或参与的产业政策，乃至将林毅夫所主张的产业政策都视为源于新古典经济学范式的误导。② 问题是，引入奥地利学派的市场过程理论果真能够强化市场机制的有效性并进而

---

① 张维迎：《市场失灵理论的谬误》，《信报财经月刊》2014 年第 12 期。
② 张维迎：《我为什么反对产业政策》，2016 年 11 月 9 日，见 http://finance. sina. com. cn/meeting/2016-11-09/doc-ifxxnffr7227725. shtml。

否定政府的经济功能吗？有鉴于此，本章尝试对奥地利学派的市场过程理论进行批判性审视，主要内容包括市场动态发展的动力和机制、市场中的个人知识特性及其利用机制、价格体系在市场协调中的作用，以及个人知识在决策中的价值等。这些分析有助于深化对市场机制的理解，同时也可为产业政策提供有益启示。

二、作为动态过程的市场

自罗宾斯给出经济学科的标准定义——研究稀缺资源的配置问题——以来，根基于目的和手段的最大化范式就支配了经济学科。不过，奥地利学派认为，这种经济学并没有为市场有效性提供强有力的证明，反而造成了对市场现象的机械理解。在很大程度上，正是基于机械论市场观，新古典经济学范式不仅严重扭曲了人们对现实市场的认识，而且作为一种制定政策的工具也变得不值得追求；相应地，无论在学术界还是实务界，都盛行一种有关市场机制失灵和政府干预可行的观点。那么，究竟该如何理解现实市场呢？奥地利学派学者认为，市场不是一种状态，而是由企业家推动的一种动态过程。米塞斯就写道：“市场是一个过程，是由各色人等在分工合作下的互动行动所肇发的”，“市场过程是市场社会的各色成员，按照多边合作的要求，调整其个别行动的过程”。① 同时，市场中的基本机制就是竞争，竞争引导市场主体的行动，并促进市场秩序的扩展。哈耶克就强调，“竞争，从本质上讲，乃是一种动态的过程，但是构成静态分析之基础的那些假设却把这种作为动态过程的竞争所具有的基本特征给切掉了”②；进而，“完全竞争理论

---

① ［奥］米塞斯：《人的行动：关于经济学的论文》，余晖译，上海世纪出版集团 2013 年版，第 284 页。
② ［英］哈耶克：《科学的反革命　理性滥用之研究》，冯克利译，译林出版社 2003 年版，第 140 页。

以一种明确且彻底的方式把市场当事人之间所存在的所有人际关系都从它的视阈中排除了出去"①。为此，奥地利学派就致力于阐述市场过程的法则。

在奥地利学派看来，信息与知识的积累根本上是由个体来完成的，此过程中充满了不确定性，进而也就需要远见卓识。这一特点对个人行动就带来了两难：一方面，具有远见卓识的个体能够充分利用其所拥有的信息和知识，对行动做出长远的规划并基于规划展开行动；另一方面，知识的不确定性又使得个人基于理性的长远规划往往是不可能的，而是处于一种不均衡的发展过程之中。为此，哈耶克等人界分了个体的均衡和相互依存的个体所构成的系统均衡：（1）从个体层面上而言，均衡具有一定的意义，个体可以依据选择的纯粹逻辑并评估行动计划；（2）在群体层面上，则不存在这样的均衡，因为不可能所有成员都有同样的认知、计划和约束性。同时，知识的不完全性和不确定性也对个体行为带来这一问题：人类行为大多是在没有完全掌握知识的情况下发生的，行为者所拥有的知识也是时间的函数。因此，经济学理论就不能剥离时间和无知，而需要重点关注人们如何在"无知"和"不确定"下进行计划和决策。既然如此，个体之间又是如何达成交易的呢？哈耶克等人认为，为了减少"无知"和"不确定"所带来的负面效应，人类社会创造出了制度性的解决办法，这就是市场过程。有鉴于此，米塞斯、哈耶克以及后来的柯兹纳、罗斯巴德等奥地利学派学者都致力于承袭和发展个人主义的分析思路，将社会经济现象回溯到个体决策者的目的和计划，进而探索这些个人计划如何实现彼此协调的自然过程和市场机制。

然而，占主流地位的新古典经济学却忽略了由个体均衡导向系统均衡的困难，而简单地坚信所有市场主体都拥有关于客体现实的共同知识；相应地，它也就完全无视从非均衡趋向均衡过程中的障碍，乃至不关注市场机制

---

① ［英］哈耶克：《个人主义与经济秩序》，邓正来译，生活·读书·新知三联书店2003年版，第143页。

的调节作用。譬如，就价格理论的研究而言，受均衡思维的支配，新古典经济学主要关注价格和数量变值的确切值在价格系统中所构成的均衡，价格也被视为唯一决定于给定的基础数据（偏好、技术和资源）下的活动模式；相应地，价格理论就集中分析市场主体（消费者、生产者以及生产要素所有者）如何决策，检验在多种市场绡构中的不同决策之间的关系，并通过对不同均衡水平的比较来评估资源配置有效的市场体系。为此，新古典经济学通常将市场理论称为价格理论或微观经济理论，并致力于度量发生在均衡瞬间的价格与数量之间的方程关系。问题是，如果每个人都是价格的被动接受者，那么，是谁改变了价格以适应市场情势的变动呢？在很大程度上，由于新古典经济学把价格看成是给定的，这不仅限制了市场主体按照价格波动采取行动的能力，而且也无法对作为市场主体互动之产物的价格做出解释。相应地，新古典经济学不得不引入调整价格的"瓦尔拉斯拍卖人"。但这又带来了新的问题：这个"瓦尔拉斯扫卖人"究竟是谁？它或者是一个虚构的超经济实体，这意味着可以用中央计划者代替；或者可以被视为具有改变价格能力的现实主体，这又意味着存在着垄断权力。显然，两种情形都赋予了政府以一定的管制职能，都暗含了市场的无效率。因此，这就暴露出嵌入在新古典经济学市场分析范式中的逻辑悖论。

不同于新古典经济学的逻辑思维，奥地利学派认为，尽管市场由各市场主体的活动（生产、买卖或资源的决策）组成，但价格理论的主要作用在于，帮助人们理解市场主体如何决策，由此产生市场压力迫使价格和产出变化以及生产方法和资源配置的变化，而不是反映价格和数量变量的具体而确切值以及相应的均衡。相应地，奥地利学派分析思维的基本特点就在于：主要不是考虑价格的构成和满足均衡条牛的数量，而是理解市场主体的决策如何互动从而生成市场力量，并剖析由这一力量推动的价格、生产方法及资源分配所发生的变动过程。在这里，奥地利学派将竞争视为一种过程而非一种状态，而不是像新古典经济学那样仅又关注竞争所依赖的条件。哈耶克就指出，"完全竞争理论所讨论的东西，根本就没有理由被称之为'竞争'"，而且，"这种完全竞争理论所得出的结论在指导政策制定的方面也无甚作为"①。哈耶克的理由是："在现代竞争理论所关注的那种竞争均衡的状态中，不同个人的基据被假设成彼此调适的，但是真正需要解释的问题却是这些基据彼此调适之过程的性质……（它）没有告诉我们那些条件据以产生的方式。"② 正因如此，哈耶克致力于发展的是市场竞争理论而非竞争均衡理论，进而将市场的功能定位为传播信息而形成价格，而且这个价格并不是均衡的。

在奥地利学派看来，竞争是市场运行和扩展的关键，正是竞争将那些分散的知识传播到整个市场之中而得以充分利用。为此，哈耶克"把竞争作为一个发现某些事实的方法，不利用竞争，这些事实将不会为任何人所知，或至少不能得到利用"③。也就是说，正是竞争才发现了"市场"，这包括揭示出每个市场主体所拥有的信息、偏好及能力等。事实上，市场信息是分散的，个人知识是不完全的，而竞争将各种信息联系到一起，从而形成引导市场主体行为的价格信号，进而价格体系又促成了生产计划和消费计划之间的协调。哈耶克就指出，市场竞争将"会形成一套价格，而依据这套价格，每种商品的售价之便宜，足以使它的出价可以低于其潜在的相近替代品的价格"④。

同时，就知识的利用来说，价格体系也是一种很经济且很有效的机制，因为个人只要知道很少的信息就能够采取正确的行动。事实上，哈耶克等人

---

① ［英］哈耶克：《个人主义与经济秩序》，邓正来译，生活·读书·新知三联书店2003 年版，第 138 页。

② ［英］哈耶克：《个人主义与经济秩序》，邓正来译，生活·读书·新知三联书店2003 年版，第 140 页。

③ ［英］哈耶克：《经济、科学与政治：哈耶克思想精粹》，冯克利译，江苏人民出版社2000 年版，第 120—121 页。

④ ［英］哈耶克：《个人主义与经济秩序》，邓正来译，生活·读书·新知三联书店2003 年版，第 147 页。

就将市场中的价格体系比作传播信息的"电信系统",它"能够使单个生产者仅通过观察若干指标的运动(就像工程师观察若干仪表的指针那样)就可以根据各种变化去调整他们的活动"①。在这里,市场系统就是一种发现的技术,是传播分散于无数人之手的信息的手段,而非一种配置众所周知的资源的方式。相反,任何中央集权的社会秩序都只是依赖那种明确的知识,从而必然只能运用散存于社会之中的一小部分知识。所以,哈耶克说:"迄今为止还没有人成功地设计出一种替代性体系——在这种替代性体系中,现行的价格体系所具有的某些特征能够得到维续。"②

这样,奥地利学派就从三个不同层次对价格体系进行经济理解。(1)对稀缺性的认识。在个体层面上,对稀缺性的认识可以解释个人的配置性、经济性行为;在社会层面上,价格体系将各种资源或产品的相对稀缺程度表达为一个价格结构,从而鼓励人们更有效地利用这些稀缺资源。(2)对信息角色的认识。价格可能是经济体从一部分到另一部分的信息传播的有效手段,价格变动显露出产品的供求信息。(3)对发现角色的认识。价格体系有助于提升对仍然未知的信息的警觉性,从而有助于信息的披露和传播。③相应地,奥地利学派学者指出,"价格体系如何有效处理困扰社会的稀缺性问题的认识,在很大程度上有赖于他们对于价格在传播已有信息上的功能的认识,以及对于价格在提醒市场参与者留意尚未被注意到的机会上的功能的认识。然而……新古典经济学尽管当然承认价格体系在处理稀缺性问题中的作用,似乎在提到这个作用时丝毫没有意识到市场发现的过程"④。

---

① [英]哈耶克:《个人主义与经济秩序》,邓正来译,生活·读书·新知三联书店2003年版,第130页。

② [英]哈耶克:《个人主义与经济秩序》,邓正来译,生活·读书·新知三联书店2003年版,第132页。

③ [美]柯兹纳:《市场过程的含义》,冯兴元等译,中国社会科学出版社2012年版,第110页。

④ [美]柯兹纳:《市场过程的含义》,冯兴元等译,中国社会科学出版社2012年版,第111页。

最后，基于上述分析，奥地利学派就提出了根本不同于新古典经济学的市场观：如果说新古典模型是把竞争性市场看成一台电脑，那么，奥地利学派就是把市场看成是"某种收集分散在整个经济中的大量知识的社会工具"。事实上，奥地利学派认为，企业的市场过程使主体能够发现和利用实现经济协调所必须的知识；相反，新古典经济学的分析则是基于其完美知识的受到众多局限的假定，因而对于理解此一过程无所帮助。为此，柯兹纳强调，市场均衡的世界不能被认为能够成功地协调零碎的信息，因为在这个世界中已经假定根本就不存在无知状态。相应地，柯兹纳给自己设定的使命则是：把价格理论从人为限定的世界之脱离现实的特征中解放出来。进而，柯兹纳还提出，我们对市场的认知应该用系统协调经济活动的能力来替代传统最优条件的福利标准，而系统的成功则可以用它在某一给定时间中协调社会中无数个人彼此独立地做出之决策、计划、行动的能力之大小来衡量。

总之，按照奥地利学派视角，市场不是一种均衡状态，而是一种演化过程，而市场过程可被理解为"不同个体的行为与相互交流的一系列相互联系的活动，这些个体具有不同知识，对未来有着不同的预期，并通过相互交流来寻求实现各自的项目和计划"①。正是由于以个体自发行为为基础，市场就形成了一种持续扩展的自发秩序。为此，哈耶克强调，"市场自发的秩序，是以相互性或相互收益为基础的，它一般被称为经济秩序"，相应地，我们应该"用取代经济学一词的 catalactics（交换学），把市场自由的秩序称为 catallaxy（交换制度）"②。通常，我们可以从两方面来理解市场交换秩序：（1）它是一系列过程，在此过程中的不同个体在相互合作和竞争中寻求实现各自的计划；（2）它是一个体系，在这个体系中没有一个明晰目

---

① ［美］沃恩：《奥地利学派经济学在美国——一个传统的迁入》，朱全红等译，浙江大学出版社 2008 年版，第 5 页。

② ［英］哈耶克：《经济、科学与政治：哈耶克思想精粹》，冯克利译，江苏人民出版社 2000 年版，第 394 页。

标而只有相互冲突的个体目标。哈耶克写道："这种'交换制度'的关键在于，作为一种自发的秩序，它的有序性并不取决于它有单一的目标序列取向……正是由于这个事实，才使自由社会的成员有很好的机会利用各自的知识达到他们各自实际上抱有的目的。'①

三、个人知识与利用机制

作为一个动态发展的过程，市场又如何运行呢？这就涉及对市场知识的认知及其利用机制。奥地利学派学者加里森（R. Garrison）对有关市场知识的流行认知做了归纳、总结。（1）主流的新古典经济学所持的观点：它不承认经济现象背后数据的变动性，甚至将偏好、可利用的资源及技术等都视为不变的；相应地，它热衷于以完美知识或者以概率分布表示的完美知识作为标准理论的基础，并倾向于基于均衡位置来解释真实世界。（2）新古典经济学的批判者如后凯恩斯经济学等所持的观点：它认为经济数据比我们通常想象的还要变动不居，笼罩着未来的根本上是不确定性，关于他人未来如何行为也是无知的，乃至市场根本无法引导个人选择之间的一致性；相应地，它将基于个人最优选择所构设的新古典模型视为完全现实不相关的，以致经济科学也就不存在了。

奥地利学派认为，这是两种不同方向的极端化立场："一方面，完美知识假定使我们追问市场过程如何导致个人选择之间的协调变得没有意义，因为这样的协调已经隐含在完美知识假定之中。另一方面，关于无法超越的无知的假定使通过系统性的市场过程实现系统性的协调的可能性变得不可触及。"②

---

① ［英］哈耶克：《经济、科学与政治　哈耶克思想精粹》，冯克利译，江苏人民出版社2000年版，第395页。

② ［美］柯兹纳：《市场过程的含义》，冯兴元等译，中国社会科学出版社2012年版，第5页。

与两者不同，奥地利学派的市场过程理论在知识和可能的市场均衡问题上所持态度是："知识既不是完美的，无知也不是必然无法战胜的。均衡确实从来都没有被实现，但市场确实展现出强烈的朝向它的倾向性。市场协调不是基于假设而偷偷进入经济学的，但是同样也不能简单地通过指出未来的不确定就把它排除出经济学。"① 有鉴于此，加里森说："一种有价值的经济科学的范围和可能性不仅取决于对经济数据可变性的承认，而且取决于即使存在这种可变性，市场的协调属性在多少程度上也能够被感受到。"② 其中的关键问题在于，市场中的分散知识是如何得到有效利用的？

哈耶克在 1945 年的《知识在社会中的运用》一文中就指出："假设我们拥有所有相关信息，假如我们能够从一个给定的偏好系统出发，又假设我们掌握了有关可资使用的手段和资源的全部知识，那么剩下的问题也只是一个纯粹的逻辑问题。这就是说，对什么是可资使用的手段或资源的最佳用途这个问题的答案，已经隐含在上述假设之中。"③ 然而，这些假设本身就是不真实的。究其原因，正如哈耶克所说："经济运算方法之出发点的'数据'或'基据'，就整个社会而言，对于一个能够计算其结果的单一心智来说，从来不是'给定的'，而且也不可能是如此给定的"④；相应地，"合理经济秩序的问题所具有的这种独特性质，完全是这样一个事实决定的，即我们必须运用的有关各种情势的知识，从来就不是以一种集中的且整合的形式存在的，而仅仅是作为所有彼此独立的个人所掌握的不完全的而且还常常是相互矛盾的分散知识而存在的。因此，社会经济问题就不只是一个如何配置

① ［美］柯兹纳：《市场过程的含义》，冯兴元等译，中国社会科学出版社 2012 年版，第 5 页。
② ［美］柯兹纳：《市场过程的含义》，冯兴元等译，中国社会科学出版社 2012 年版，第 6 页。
③ ［英］哈耶克：《个人主义与经济秩序》，邓正来译，生活·读书·新知三联书店 2003 年版，第 116 页。
④ ［英］哈耶克：《个人主义与经济秩序》，邓正来译，生活·读书·新知三联书店 2003 年版，第 117 页。

'给定'资源的问题"①。有鉴于此，哈耶克强调指出："（现实中的）社会经济问题毋宁是这样一个问题，即人们如何才能够确使那些为每个社会成员所知道的资源得到最佳使用的问题，也就是如何才能够以最优的方式把那些资源用以实现各种惟有这些个人才知道其相对重要性的目的的问题。"②

同时，哈耶克指出，如果将一整套有关配置可使用资源的相互关联的政策都称之"计划"的话，一切经济活动就都是计划；相应地，"争论的关键之处并不在于是否应当制定计划，而毋宁在于应当由谁来制定计划：是由一个中央权力机构以集权的方式为整个经济系统制定计划，还是由许多个人分散的方式制定计划？"③ 其中，中央计划就是根据一项统一的计划来指导整个经济系统，竞争则意味着由许多独立且分离的个人以一种分散的方式制定计划。那么，如何选择计划方式呢？在很大程度上，这就与它所需要的知识特性密切相关。哈耶克写道："在众人共处合作的社会中，这种计划不管是由谁制定的，在一定程度上都必须以最初并非为计划者所知道而是为某个其他人所知道的、尔后又以某种方式传递给计划者的那种知识为基础。把这种知识——亦即人们制定计划的赖以为基础的那种知识——传递给计划制定者的各种方式，对于任何解释经济运程的理论来说，都是一个至关重要的问题。"④

进而，究竟什么方式才是运用最初由个人分散掌握的那种知识的最佳方式呢？这就需要剖析知识的特性。在这里，哈耶克区分了两类知识：（1）"一群经由适当方式挑选出来的专家也许可以最好地掌握可资获得的所有最

---

① ［英］哈耶克：《个人主义与经济秩序》，邓正来译，生活·读书·新知三联书店2003 年版，第 117 页。

② ［英］哈耶克：《个人主义与经济秩序》，邓正来译，生活·读书·新知三联书店2003 年版，第 117 页。

③ ［英］哈耶克：《个人主义与经济秩序》，邓正来译，生活·读书·新知三联书店2003 年版，第 119 页。

④ ［英］哈耶克：《个人主义与经济秩序》，邓正来译，生活·读书·新知三联书店2003 年版，第 118—119 页。

佳的"科学知识；① （2）"现实生活中无疑还存在着（的）一种极其重要但未经系统组织的知识，亦即有关特定时空之情势的那种（个人）知识"②。更进一步地，在决策中，究竟是在特定时间、特定地点并为特定个人所掌握的个人知识还是由专家组成的某个权力机构所掌握的科学知识更为重要呢？哈耶克及其他奥地利学派学者都特别看重个人知识，认为它在市场分散决策中至关重要。其理由是：任何知识都是个人对社会经济现象的认识和感知，个人计划和决策都依赖这种个人知识。显然，有关知识特征的认知就是奥地利学派理论体系尤其是市场理论的前提。为此，这里从四个方面对个人知识的特征归纳说明。

第一，它是主观的而非科学的知识。个人知识本身就根植于奥地利学派的主观主义传统之中，是那些行为主体在不同情境中通过实践而获得的知识。具体表现为：行为者对于自己所追求的目标，以及他或她相信的其他行为者所追求目标的信息和评价；也包括行为者对于自己所拥有的实现目标的手段，以及他或她认为在具体行为情境中所有主要的限制条件的信息。正因为这些知识具有主观性，从而也就难以经过编码而成为科学知识，也就难以为其他决策者所拥有和使用。

第二，它是分散的而非集中的知识。每个行动者所拥有的知识都只占全部知识的很小一部分，这导致"无知"成为市场主体的基本特征。同时，知识并不是均匀地分布在每个市场主体之中，这导致每个人的知识都不同于他人，因而如何形成知识的互补就至关重要。哈耶克写道："我们必须运用的有关各种情势的知识，从来就不是以一种集中的且整合的形式存在的，而仅仅是作为所有彼此独立的个人所掌握的不完全的而且还常常是相互矛盾的

---

① ［英］哈耶克：《个人主义与经济秩序》，邓正来译，生活·读书·新知三联书店 2003 年版，第 120 页。

② ［英］哈耶克：《个人主义与经济秩序》，邓正来译，生活·读书·新知三联书店 2003 年版，第 121 页。

分散知识而存在的。"① 显然，这就有赖于一种协调机制。

第三，它是排他的而非共享的知识。个人知识具有经验性质，而且往往不可重复；因此，只有"现场者"才拥有这些独特信息，才能理解不同知识的细微之处。为此，哈耶克提出，正是有关特定时空之情势的那种知识的存在，"每个人实际上要比所有的其他人都更具有某种优势，因为每个人都掌握着有可能极具助益的独一无二的信息，但是只有当立基于这种信息的决策是由每个个人做出的或者是经由他的积极合作而做出的时候，这种信息才能够运用"②。这也意味着，私人性乃是个人知识的重要特征。

第四，它是默会的而非明示的知识。大多数个人知识都只能意会而不能言传，知其然但不知其所以然。即自己知道如何做（know-how），却无法辨别哪些因素或部分构成了正在做的事情，从而也不知道它们的真假（know-what），更不知道为何这样做（know-why）。事实上，知识的私人性体现了默会特质：拥有者可以无意识地利用这些知识，但往往甚至自己也感受不到它的"实际"存在，更不用说将它传递给他人了。弗洛伊德的理论强调：发送者本人从不真正"知道"他知道多少东西，他的很多知识沉浸在其无意识的深处。而且，除非心灵相通者，往往难以领会这种默会知识，更难以运用这种默会知识。

正是由于市场知识的分散性以及市场发展的不确定性，哈耶克就提出了市场"无知观"。市场主体的无知至少体现为：（1）行动者对自己为什么要使用某种形式的工具是无知的；（2）行动者对于自己在多大程度上依赖于某一行动方式而不是其他方式也是无知的。就此而言，新古典经济学的竞争和价格理论显然就存在问题，究其原因，它假设每个市场主体都完全了解影

---

① ［英］哈耶克：《个人主义与经济秩序》，邓正来译，生活·读书·新知三联书店2003 年版，第 117 页。
② ［英］哈耶克：《个人主义与经济秩序》，邓正来译，生活·读书·新知三联书店2003 年版，第 121 页。

响市场的所有事件，从而必然就会导致什么问题也没有解决。而且，由于知识的分立，个人的无知范围也会随着人类知识的增长而不断地增加和扩大，乃至个人对这种知识中的大部分知识处于无知状态。斯宾塞也说："在科学中，我们所知越多，感触到的无知也就越广泛。"① 相应地，经过 20 世纪 30 年代的计划和市场大争论，哈耶克强调，现在是我们更认真看待无知的时候了。

同时，由于市场知识的主观性和互补性，这就产生了个人行为之间如何协调的要求。哈耶克就强调，个人的知识的总和绝不是作为一种整合过的整体知识而存在的，相反，整体秩序可以转化为行动者是如何在"知"的情形下始动其行动并相互协调的，自生自发的秩序则体现在行动者是如何在"无知"的情形下进行行动并应对这种无知的。哈耶克强调："这种情形给一个竞争社会所提出的问题，并不是我们如何才能够'发现'拥有最多知识人，而毋宁是我们必须拥有什么样的制度性安排，才能使任何拥有特别适合于某项特定工作之知识的人在激励之下尽可能地去从事该项特定工作。"② 由此，哈耶克就为市场秩序找到了理论基础——无知的扩大及其利用。

在奥地利学派看来，现实经济中的商品和服务之所以得以持续流动，就在于市场主体基于个人知识的有意识行动。哈耶克提出这样几点："第一，人们持续不断地进行精心的调整；第二，人们每天都在根据前一天所不知道的情势做出新的安排；第三，一旦某人不能交付商品或提供服务，另一个即刻就会顶掉他的位置。"③ 其中，无论是利用现存知识还是发现新的机会，

① 转引自邓正来：《自由与秩序：哈耶克社会理论的研究》，江西教育出版社 1998 年版，第 243 页。

② [英] 哈耶克：《个人主义与经济秩序》，邓正来译，生活·读书·新知三联书店 2003 年版，第 142 页。

③ [英] 哈耶克：《个人主义与经济秩序》，邓正来译，生活·读书·新知三联书店 2003 年版，第 124 页。

都依赖于市场过程，而企业家的警觉性和竞争在其中起到关键作用。但是，中央计划却舍弃了市场过程和企业家的作用，由此来指导经济运行就会面临着两大难题："第一，以统计信息为基础的这样计划，因其性质的缘故而无力直接对这些具体时空中的情势进行考虑；第二，中央计划者将不得不去发现某种其他的方法，从而使'当事者'或'现场的人'能够根据具体时空中的情势进行决策。"①

可见，正是考虑到个人知识的主观性、分散性、排他性和默会性，奥地利学派注重对市场机制的挖掘，认为市场机制可以使得这些主观性的个人知识得到充分利用。哈耶克认为，个人知识"必须由那些熟悉这些特定情势的人——亦即那些直接了解相关变化以及即刻可以被用来应对这些变化的资源的人——做出最终的决策"，而"根本不能指望这个问题可以通过另一种方式得到解决：现把所有这样的知识都传递给某个中央机构，并在这个中央机构整合了所有这类知识以后再发布命令"②。在这里，哈耶克从两方面来论述市场机制在信息方面相对于中央计划体制的优势：（1）在市场机制下，许多市场参与者同时进行数量较小的多次计算，而在中央计划体制下则需要进行庞大的中心计算；（2）市场机制所需要的信息量小，而中央计划体制所需要传播的信息量则极为庞大。

四、价格体系与行为协调

奥地利学派认为，市场机制的引导下，分散化的知识将得到传播，分立的个体行为将得到协调。那么，市场又是如何实现这一功能的呢？一般地，

---

① ［英］哈耶克：《个人主义与经济秩序》，邓正来译，生活·读书·新知三联书店2003年版，第125页。

② ［英］哈耶克：《个人主义与经济秩序》，邓正来译，生活·读书·新知三联书店2003年版，第126页。

信息交流是行动协调基础，这是合作博弈的基本特征。那么，分散的信息又是如何进行交流呢？现代主流经济学认为，市场提供了某些信号，譬如，谢林的习俗惯例、奥曼的相关装置、法雷尔的廉价对话，以及斯彭思和斯蒂格利茨等的市场信号，等等。其中，在经济领域，现代经济学特别推崇市场的价格体系，通过市场价格信号，人们可以了解商品的种类和质量、商品的交换及其数量、生产的方法和成本、生产要素的价格，以及市场结构等信息，因而价格就是一种信息交流机制。

我们从两个方面加以说明。（1）新古典经济学重视均衡价格，认为均衡价格用一种很经济的方式向潜在买家和卖家传递信息，以此激励或促使市场主体做出默契的一系列选择。一般地，当价格处于低水平时，买家不会受到低价的误导而寻求购买多于实际供给数量的商品；当价格处于高水平时，卖家不会受到高价的误导而生产多于买主实际所寻求购买的数量的商品。[①]在这里，价格体系被当作一种资源配置机制，从而避免为市场波动所影响。究其机理，均衡价格本身就意味着拥有完全知识，每个人都会自动调整其行为以与其他人相调适。（2）奥地利学派则重视非均衡价格，认为非均衡价格反映出市场供求失衡状况，进而刺激敏锐的市场主体采取行动。一般地，当非均衡价格"过高"而无法出售时，这就向失望的卖家暗示，他们应该报出更低的卖价；当非均衡价格"过低"而产生过度需求时，这就向失望的买家暗示，他们应该报出更高的买价。在这里，价格体系被当作一种信息披露机制，从而引发市场主体的重新计划和行为。究其机理，非均衡价格的存在会激发企业家的警觉性进而采取行动，从而促使非均衡向均衡发展。

当然，正如前面指出，市场根本上不会处于均衡之中，否则，价格又如何变动呢？有鉴于此，奥地利学派更加关注非均衡市场，进而剖析了两类非均衡市场：（1）市场处于非均衡的演化过程，支付了高价的买家和用低价

---

① ［美］柯兹纳：《市场过程的含义》，冯兴元等译，中国社会科学出版社 2012 年版，第 156 页。

卖出的卖家都会修正自己的市场态度而引发价格逐渐趋同，对潜在的卖家（买家）出售（购买）商品的意愿做了过高估计的买家（卖家）将会意识到其原先的误判，并按照实际情况来调整他们的出价。① （2）同一市场中存在着不同价格，高低价格之间的差价就会启示那些具有警觉性的企业家：用高于最低价的较高价格买进，同时用低于最高价的较低价格卖出就可以获利。② 显然，在两类非均衡市场中，原有价格所内含的获利机会都承担了信息传递者的角色，而信息传递的重要机制则是企业家的套利行为。

事实上，根据新古典经济学的价格理论，市场主体的决策和行动是彼此完全吻合的，每个人的计划都正确地预期了其他人的相应计划；相应地，价格理论只是体现在从一个均衡点向另一个均衡点的移动，而不是均衡过程本身的动态化。为此，新古典经济学在讨论企业时所关注的重点就在于利润最大化而非企业家行为。与此不同，奥地利学派强调，无论是完全竞争模型还是那些取代完全竞争模型的不完全竞争模型，都无助于人们理解市场过程。究其原因，它们缺乏真正的"竞争"概念，也没有企业家存在的空间作用。柯兹纳就写道："垄断竞争理论的出现根本没有将经济学家的注意力转移到对竞争过程理论的紧迫要求……垄断竞争理论者没能发现完全竞争模式的真正缺陷，这导致他们用一个存在同样缺陷的模型取代之前的完全竞争模型。完全竞争模型和垄断竞争模型都是均衡模型——即它们呈现的作为相关过程结果的状态都被认为是已经实现的状态。"③

首先，奥地利学派关注市场竞争及其推动的市场过程而非均衡状态。奥地利学派认为，在现实市场中，并不是所有决策在给定时间内都得到了执

---

① ［美］柯兹纳：《市场过程的含义》，马兴元等译，中国社会科学出版社 2012 年版，第 158 页。

② ［美］柯兹纳：《市场过程的含义》，马兴元等译，中国社会科学出版社 2012 年版，第 160 页。

③ ［美］柯兹纳：《竞争与企业家精神》，刘业进译，浙江大学出版社 2013 年版，第 79 页。

行。原因在于：（1）这些决策往往依赖于其他尚未做出的决策或行动；（2）成功执行的决策也依赖于好的行动程序，别人同样的行动将导致原先的信息和知识失去价值。因此，每个市场主体在进行决策或采取行动时，就必须考虑其他相关者的预期决策，否则自己的决策将得不到执行。这也意味着，市场过程必然内在地是竞争性的，每个市场主体都努力向市场提供比其他竞争者更具吸引力的机会。① 同时，市场主体之间的竞争必然导致信息得以持续的传递和披露，进而导致竞争也日趋激烈。哈耶克就指出："（市场竞争将）会形成一套价格，而依据这套价格，每种商品的售价之便宜，足以使它的出价可以低于其潜在的相近替代品的价格。"② 正是通过价格体系的引导，不但劳动分工成为可能，而且也有可能在平均分配知识的基础上协调利用资源，并因而能够最大程度地利用其知识和技能。

其次，与竞争相伴随的就是企业家和企业家精神。柯兹纳就指出："市场过程本质上是一个企业家过程，它的运行基于以下二者，或者是呈现在所有市场参与者活动中的企业家元素，或者是假设在市场中运作的企业家群体。"③ 在这里，柯兹纳还进一步界定了生产者和企业家之间的关系。柯兹纳写道："生产活动必然包含一种企业家精神的市场活动。在生产者世界，我们很容易理所当然地视市场中所有企业家活动事实上是由生产者执行的，换句话说，很方便地当然认为资源所有者和消费者是消极的价格接受者，根本不使用他们自己的企业家判断，而只是简单地、消极地对生产者企业家直接给出的买卖机会做出反应"；相反，"（如果）视生产者为一个在市场中觉察利润机会的人，由他们形成卖方可得性，他们的所求低于买方在市场其他某处的

---

① ［美］柯兹纳：《竞争与企业家精神》，刘业进译，浙江大学出版社 2013 年版，第 9 页。

② ［英］哈耶克：《个人主义与经济秩序》，邓正来译，生活·读书·新知三联书店 2003 年版，第 147 页。

③ ［美］柯兹纳：《竞争与企业家精神》，刘业进译，浙江大学出版社 2013 年版，第 14 页。

支付的意愿"，这样，"在搜寻和利用这些机会的过程中，生产者就在市场过程中履行企业家的作用"；最后，王是"经由企业家—生产者的努力，他们急切地为利润展开竞争，以发现哪里的资源所有者和消费者已事实上低估彼此对于买与卖的渴望，于是新知识通过资源和产品价格变化而被获取"①。

因此，奥地利学派学者就将企业家和竞争作为市场运行的两大基本要素。柯兹纳指出："企业家精神与竞争是一个问题的两个方面：企业家的活动是竞争的，同时竞争活动也是企业家的。"② 事实上，在奥地利学派看来，市场过程就是竞争过程，也就是企业家行为过程。有鉴于此，奥地利学派还对新古典经济学中的"竞争"概念提出了猛烈的批判。柯兹纳写道："对于外行人来说，竞争这一词语无疑表达这样一个观点：人们相互激烈地竞争，为超越对手每个人都努力地表现自己。这个观点的本质是意识到对手在做什么，并且意识到得有所不同并且更好……（但）竞争在经济学理论中所使用的是截然相反的含义……对价格理论者来讲，完全竞争市场意味着每个市场参与者行为完全相同，最终无须以任何方式比别人做得更好。实际上，参与者根本不必保持注意，以观察别人正在做什么，这是一种'平静地接受市场决定价格'的状态。"③ 奥地利学派认为，新古典经济学的"竞争"一词纯粹是一种臆造，而与人们的日常认知无关。柯兹纳继续写道："外行所使用的术语与市场过程中的一方面是一致的，对此产生了强烈要求理论关注其自身的立场。经济学的这一术语已经是经济学家偏离了对这方面的关注，而对经济理论产生了破坏作用。"④

---

① ［美］柯兹纳：《竞争与企业家精神》，刘业进译，浙江大学出版社 2013 年版，第 14—15 页。
② ［美］柯兹纳：《竞争与企业家精神》，刘业进译，浙江大学出版社 2013 年版，第 80 页。
③ ［美］柯兹纳：《竞争与企业家精神》，刘业进译，浙江大学出版社 2013 年版，第 76 页。
④ ［美］柯兹纳：《竞争与企业家精神》，刘业进译，浙江大学出版社 2013 年版，第 77 页。

可见，奥地利学派认为，在非均衡市场中的竞争将会导向市场协调，其中最为关键的就是企业家行为及其对经济过程的引导。正是由于将市场竞争视为企业家的行动，因此，哈耶克等人倡导的市场过程理论也就被柯兹纳等人进一步地发展成为企业家理论。事实上，米塞斯和柯兹纳等奥地利学派学者都将企业家精神的本质视为对以前未被认识到的机会的敏感和机警，同时又认为，企业家精神是所有人类行为的一个方面，而并不仅仅是生意人或冒险商人的特殊技能。就任何人都具有有目的地行动的能力这一点而言，所有市场主体都是企业家，企业家的市场过程表现为各种各样分立的个人追逐利润的活动，其作用就是通过新知识的发展和扩散减少了人们最初对经济的无知。这里，柯兹纳强调，人们的行为是追逐利润而不是利润最大化活动。究其原因，达到最大化需要有能最大化的已知的和给定的函数，而柯兹纳认为，效用和生产函数不可能独立于评价主体而存在"其之外"。事实上，如果真的存在这些函数，那么，只有在市场互动的竞争性过程中才能被显现和发现；同时，这种实现完全竞争的函数要求完全的知识，但市场中的知识恰恰是不完全的，而且还是动态发展的，其中，竞争就是知识传播和增长的基本机制。

五、如何理解个人知识的决策价值

哈耶克等奥地利学派学者重视与特定时空相联系的个人知识，重视个体知识在行为和决策中的作用，强调市场机制对这些个人知识的发现和运用，并由此发展出市场过程理论和自生自发秩序原理。在哈耶克看来，社会的发展就是要增加机遇，促使个人在天赋和环境形成某种特别的组合，促使知识（信息）能够迅速地传播至那些能够利用它们的人士并为他们所用。尤其是，哈耶克强调，随着社会经济的发展，个人的"无知"领域也在不断扩大，从而由此推断出经济计划越来越不可行。当然，哈耶克也承认，尽管一个行动者因并不具有永远的必须的知识而处于"无知"状态之中，但这种"无知"状态可能在一合理的时间期限中以某种付出为代价而得到克服。尽管如此，哈耶克还是强调，一个行动者至少因对未来处于无知或对其行动的非意图后果处于无知，这种"必然无知"状态是根本上无从克服的。

当然，哈耶克由"无知"而推出计划的不可行这一逻辑也面临着一连串的质疑。首先，相对"无知"的扩大并不能否定人类的绝对"有知"在同时增长。譬如，马克思对早期资本主义社会的问题是相当"有知"的，因此，马克思的洞见有助于早期资本主义的制度改造；不过，马克思所"知"的领域随着资本主义的发展而逐渐缩小，相应地，在应用马克思主义以指导当代社会的实践时，就应保持相当的开放性和灵活性。其次，决策的好坏和竞争的胜败本身是相对而言，这取决于市场主体所拥有的"知识"量，因而市场主体之间的"无知"程度是相对的。事实上，尽管作为知识精英的经济计划者可能处于必然的无知状态，但市场中的普罗大众的"无知"程度可能会更严重。一般性的"无知"往往并不很重要，这反而映衬了某些经济计划的可行性。尤其是，知识具有交叉性和渗透性。例如，在两个人中，如果 A 的知识是 B 的子集，那么，在单独决策之下，A 的决策带来的福利必然不理想；相反，如果是由 B 做共同决策，那么，借助 B 的知识就能弥补 A 的不足。在很大程度上，委托—代理制之类安排之所以兴起也体现了这一原因。

基于上述的理解，我们就可以对奥地利学派的个人决策理论以及由此获得自发秩序原理做更深刻的批判性审视。

第一，哈耶克等奥地利学派学者强调了知识的分立性，却忽视了知识之间的互补性及其协同要求。事实上，就社会互动下的经济决策而言，最为重要的不是涉及人与物关系的孤立性知识，而是涉及人与人关系的协同性知识；相应地，这就必须要关注他人的行动，从而必须了解他人的偏好、意向、利益以及能力等信息。一般地，在人与人的社会互动中，知识呈现出强烈的不完全性或不对称性，并由此产生行为和后果的不确定性。这意味着，那些市场主体如果不能同时了解他人（相关者）的行动和信息，而单纯依据个人知识进行决策和行动，往往就会导向非预料到的不好结果。同时，逐利行为在市场机制引导下也可能实现某种程度的知识互补，但这种联合理性往往是消极保守的；这就如主流博弈论所基于的最小最大原则一样，它更可能导向囚徒困境而非分工合作。尤其是，在现代社会中，经济决策越来越成为个人间共同知识的函数，体现了越来越强烈的联合理性特征，从而就需要建立更为有效的互补和协同机制以最终达致合作博弈。但是，哈耶克等奥地利学派学者却过于集中市场知识的分散性来凸显知识的不完全性，而没有充分考虑到人际相异性产生的知识不对称性和不确定性，没有考虑逐利动机引发的内生性策略问题。事实上，哈耶克一方面批评新古典经济学的"完全竞争理论以一种明确且彻底的方式把市场当事人之间所存在的所有人际关系都从它的视阈中排除了出去"①，另一方面自己也犯了相似的错误。

第二，哈耶克等奥地利学派学者区分了知识和决策权的转移成本，却忽视了它们之间的共同演进性。一般地，知识和决策权相结合有两条基本途径：（1）将知识转移给具有决策权的人；（2）将决策权转移给具有知识的人。奥地利学派主张采取第二条途径，其理由是：随着市场知识的分散化和复杂化，转移知识的成本将越来越高，集中决策遗弃的个人知识也会越来越多。所以，哈耶克指出，如果我们同意社会的经济问题主要是迅速适应特定时间和地点环境的问题的话，那么，最终的决策权必须要由那些熟悉这些具体情况，直接了解有关变化，并由知道资源可迅速满足他们需要的人来做出；问题的解决不能指望通过事先把全部知识传输给一个全能的中央委员会并由它发出指令这种途径，而必须通过分散化的方法。这就预示着这样的认知：在现实世界中，转移知识的复杂性和转移决策权的复杂性是共同演进和

---

① ［英］哈耶克：《个人主义与经济秩序》，邓正来译，生活·读书·新知三联书店2003年版，第143页。

相互强化的，决策权与知识本身就是一体的。这可以从两个方面加以解释：（1）人类互动和市场活动的深化产生了越来越强的外部效应，而这种外部效应则导向了协调决策或共同决策（这也是外部性内部化的需要），进而将共同决策权转移给个人就会带来更高成本；（2）知识信息的暴增也强化了知识的互补性和协同性，任何个人的决策就越来越有必要纳入其他人的相关信息，进而需要知道其他相关者的决策。尤其是，对那些影响利益分配的公共领域的决策而言，即使市场主体拥有了完全的个人知识，但也不一定能够做出正确的决策；究其原因，它不仅需要综合复杂多样并且分散的各种知识，而且要从社会利益角度进行决策。但是，哈耶克想当然地认为知识拥有者能正确地行使决策权，却从未讨论过这是如何发生的；相反，这里大体上还是承袭了新古典经济学的先验理性思想，或者类似斯密"无形的手"所诉诸的神意。

第三，哈耶克等奥地利学派学者强调了知识转移的高昂成本，却没有进一步区分不同类型的社会知识。一般地，社会知识也有各种类型，而知识的转移成本往往取决于知识的性质、组织环境和技术：专门性知识的转移成本高，通用性知识转移成本低，而不同专门知识的转移成本也不相同。事实上，哈耶克等奥地利学派学者关注的仅仅是专门知识中的专有知识，包括个人的特殊技能、偏好，特定机器的专用性知识，特定的未利用的特殊技能或存货的知识，以及套利机会的知识，等等。显然，这类专门知识往往是在"干中学"中产生的，不仅具有强烈的不确定性，而且也很难事先知道它的重要性。但是，专门知识中还有另外两类知识：（1）科学知识，它需要经过长期的学习和训练才能获得，并主要为具有决策权的社会精英或管理人员所拥有；（2）特定专门知识，它是通过集中分析特定环境（如教育与消费倾向关系）而获得的，并主要为特定部门的专业人士所拥有。显然，这两类知识在决策中非常重要，却又不是那些具有个人知识的广大现场者所具备的。同时，在"普遍的规律性"知识，以及"特定时空的个人性"知识之外，还有一种特定技术性知识，它可以通过记录和处理而转化为书面符号，从而便于传递。显然，在现代政府机关和公共机构中，不仅集中了大批拥有科学知识和特定专门知识的知识精英，而且还收集、储存了大量的经过编码和处理的专门知识和信息。因此，现代社会的很多事项往往由这些部门或机构做出，而不是在具体市场交易行为中的操作，这主要集中在宏观经济的引导、基础设施的建设，以及社会关系的协调等领域。

第四，哈耶克等奥地利学派学者集中关注孤立的自然个体，却无视法人才是现代市场经济的行为主体。事实上，随着资本主义的发展，以及企业规模的壮大，公司等法律主体而非个人成为主要的经济行动者，成为理性计划的制定者；同时，法人行动不能简化为董事长或总经理等的个人行动或计划决策，而是涉及一整套的决策程序，其中包含了许多人的现场实践、信息沟通，以及互动关系。这也意味着，个体决策是基于分立的默会知识，但法人决策则体现了知识合成特征，从而也就体现出明显的计划性。根本上说，在西方社会流行的科学管理就具有计划的特性，它主要关注统计学上的宏观性和总体性知识，而往往忽视和压制个人尤其底层员工的默会知识。进而，泰勒的科学管理制也为早期社会主义所接受，成为社会主义国家管理企业的基本方式。由此，我们也就可以看出，哈耶克强调个人知识和个人决策，主要与前资本主义时期的经济活动相适应，彼时的企业规模很小且往往是独资性质的，相应地，企业决策往往由创立者或所有者基于个人知识而灵活地做出，经济实践的行动者也表现为企业主个人而非公司。同时，哈耶克之所以将公司决策化约为个人的理性行为，根本上也是受到西方个人主义和肯定性理性思维的影响：个人主义信念强调个人行动的自主性，肯定性理性思维认定自发秩序将会披露出合作本质。科克肖特和科特尔说：断言个体的确参与到了集体的理性行动之中，更多是一种信念的行为，而非科学研究的经验结果；同时，通过从这一信念行为开始，哈耶克的目的是要把经济学圈出来，使其基本上成为道德哲学的分支，而不是科学。①

第五，奥地利学派突出了行为活动的个人主体性，却忽视了社会伦理对协调分立行为和促进社会合作的基础性作用。事实上，奥地利学派为提防政府的"理性自负"而强调个人知识的重要性，为防止政府代理人基于私利目的的管制和干预而推崇市场机制的一般规则，进而并没有深入剖析分立的个体知识和行为之间如何协调。究其原因，任何具体个体间的协调都涉及信任关系，这种信任关系并不完全是制度性的，而更主要是社会性的。德姆塞茨就指出："正因为他们坚信中央计划经济中精确定价的不可能性，并全力以赴捍卫价格机制，他们因而忽视了知识扩散引起的问题。"② 而且，奥尔森也曾指出，在经济学乃至整个社会科学中存在着两个"定律"：（1）"第一定律"，在某种情况下，当个人仅仅考虑其自身利益时，集体的理性结果就会自动地产生；（2）"第二定律"，在某种情况下，第一定律是会失效的，就要借助于"看得见的手"的引导。譬如，社会中存在大量的反公地悲剧现象：当公共资源没很多人所有时，就会由于达不成一致同意结果而闲置，如钉子户就会严重干扰城市建设。显然，哈耶克等忽视了"第二定律"的存在。深受奥地利学派影响的布坎南就指出，"哈耶克对人类改革制度的有意识努力极不信任，以致他毫无批评地接受了进化论的观点。我们可以在很大程度上赞同哈耶克对社会改革和制度改革所持的怀疑主义态度，但却不须把进化过程提升到具有理想作用的地步"③。

第六，奥地利学派基于知识的分散性而强调价格对社会行为的协调功

① W. P. Cockshott, A. F. Cottrell, "Information and Economics: A Critique of Hayek", *Research in Political Economy*, Vol. 16, 1997, pp. 177-202.

② ［美］德姆塞茨：《对詹森、麦克林"专门知识、一般知识和组织结构"论文的评论》，载［瑞典］沃因、韦坎德等编：《契约经济学》，经济科学出版社 1999 年版，第 337 页。

③ 邓正来：《自由与秩序：哈耶克社会理论的研究》，江西教育出版社 1998 年版，第 9 页。

能，但这指的并不是时下新古典经济学教科书所界定和推崇的静态均衡市场，而是体现为一种动态的发现过程和程序。事实上，哈耶克在 20 世纪 30 年代的辩论中就批判巴龙、兰格等人过于依赖主流的新古典经济学范式，把市场价格视为每个市场参与者面对的反映所有其他市场参与者活动的社会估价，以致每个市场参与者都独立地将实际价格当作给定的数据并据以调整自己的行为。问题是，如果接受奥地利学派的市场过程理论，就应该抛弃新古典经济学基于市场均衡所得出的所有结论，或至少应该逐一进行检视，而不是简单地嫁接奥地利学派的分析来维护新古典经济学理论。尤其是，奥地利学派提出了企业家理论，却根本没有系统的企业理论；提出了市场规则理论，却根本没有系统的制度变迁理论；提出了自发秩序原理，却根本没有组织治理原理。在所有这些方面，我们都不应该简单地将新古典经济学理论之"毛"附着在奥地利学派之"皮"上。

第七，奥地利学派基于市场的发现功能而推崇自生自发的市场秩序，但自发市场秩序的前行并不只是进化（evolution），也可能出现内卷（involution）。事实上，随着社会分工的深化，现场者越来越局限于很小的活动范围，关注的仅仅是微小琐事，从而导致知识结构和分析视角日益狭窄；在这种情形下，就需要拥有更多科学知识和更开阔眼界的"社会精英"去协调，以避免社会发展陷入路径锁定。同时，尽管抽象的一般规则在市场经济发展过程中起到根本性的作用，但是，任何规则的形成都不仅仅是个体间的简单互动结果，更不仅仅是个体间博弈均衡的编码化；相反，它往往渗透了人类的理性意识，渗透了社会认知和文化伦理，也涉及群体性的努力。此外，任何一般规则都具有僵化性，从而必然是不完美的，必然无法揭示全部市场信息；相应地，纯粹市场机制的作用往往会导致社会经济陷入困境，历史和现实的大量证据都证明了这一点。为此，哈耶克也明确承认，自发的市场秩序从整体上并不具有完全的自我调节性，为了去实施使自发的市场秩序得以形成所必须的规则，另外一种类型的制度——一个组织，即政府组织——也是需要的。①

第八，尽管奥地利学派告诫我们应该注重广泛存在的个人知识，但它也并没有完全否定科学知识的存在及其在决策中的意义。事实上，哈耶克着重阐发个人知识的利用，主要在于它遭到长期而普遍的忽视，尤其是统计上的综合指标越来越受到重视。显然，正是由于存在这两类不同的知识，哈耶克才致力于比较长期困扰人类社会的两类决策模式："一是把所有应当加以运用的但最初却由许多不同的个人分散掌握的知识交由某个中央权力机构去处理；二是把个人为了使自己的计划得以与其他人的计划相应合而需要的那种相关的额外知识都传输给这些个人。"② 同时，哈耶克也认识到决策并不能完全依赖个人知识，"'当事者'也无法根据他自己所拥有的有关周遭环境之事实的有限但却直接的知识进行决策。因此，这里依旧存在着这样一个问题，即在'当事者'试图使他的决策与更大经济系统的整个变化模式相应合的时候，人们如何才能把他所需要的更多的其他信息传递给他呢"③？不幸的是，基于主观主义思维，哈耶克过度关注了个人知识，并由此产生对竞争秩序的过度推崇。受此影响，现代主流经济学人就转向了另一极端，严重忽视和贬低科学知识，否定经济关系对客观化信息技术发展的依赖。

六、重申经济自由的限度

新奥地利学派致力于市场机制的研究，形成了一种作为过程的市场观。它强调，市场主体是动态行为者，而不是对外部刺激的反应者，后者是经济

---

① F. A. Hayek, "Kinds of Order in Society", *New Individualist Review*, Vol. 3, No. 2 (1964), pp. 3—12.

② ［英］哈耶克：《个人主义与经济秩序》，邓正来译，生活·读书·新知三联书店 2003 年版，第 119—120 页。

③ ［英］哈耶克：《个人主义与经济秩序》，邓正来译，生活·读书·新知三联书店 2003 年版，第 126 页。

人所赋予的含义。相应地，市场过程就体现为个人计划之间的交互作用，它是包括三个相继系列的结果：（1）个人计划的对抗，市场形态是过去所发生的个人实际行动相对抗的结果；（2）计划的修正，当个人计划之间产生不一致时，即计划没有很好地被协调时，就意味着某些个人没有达到他们的目标，他们就将被引导着去修正其最初的计划；（3）调整的结果，新计划的交互作用产生了一种新的市场形态。① 当然，奥地利学派中不同学者对市场过程观的理解也存在差异。例如，熊彼特-拉赫曼一派关注人类心智的创造性作用，而创造维度的引入形成了对均衡和非均衡市场力量共存的认识；米塞斯-科兹纳一派则将行动者作用限定在利润机会的发现和知识发现的范围内，企业家功能的实质就在于由机敏所发现利润机会，利润机会的利用反映了市场上间断调整的修正，进而就对经济形态产生了均衡化的影响，从而证明了不受阻碍的市场效率。

正是通过分立的个人知识的引入和阐释，奥地利学派探究了市场机制的形成及其作用，剖析了个体行为的互动如何形塑市场秩序，并由此重构了新古典经济学的竞争理论。在很大程度上，这也是奥地利学派坚持人类行为学的方法论原则的必然结果。事实上，奥地利学派强调，市场本身就是一个动态过程，是有目的的个人行为之结果，在此过程中分散的知识得以发现和利用。例如，现代奥地利学派的主要代表柯兹纳就论证了个人有目的的行为如何直接导致市场互动的学习过程，他认为，市场过程是作为人们行动的环境——即他们犯错误、发现错误、矫正自己的行动，以及踏入看起来比以前错误更少的方向等这些行动的环境——的必然结果而形成的。为此，奥地利学派也不把经济主体的行为视为仅仅对特定环境的机械反应，而是作为人类心智互相作用的结果；相应地，市场制度也被视为协调这些个体心智有意义

---

① ［法］葛劳蕊-帕勒莫：《发现与创造：奥地利学派市场过程观的含义》，载［英］霍奇逊主编：《制度与演化经济学现代文选：关键性概念》，贾根良等译，高等教育出版社 2005年版，第 88 页。

之表达的机制，人们在社会互动中发现机会的趋向为某种社会秩序奠定了基础。同时，奥地利学派强调，这种社会秩序绝非任何人之刻意设计，而是个人有目的的行动之结果。

正是基于市场过程的洞识，奥地利学派阐明了它的经济政策主张，论证了私有财产权的正当性，进而批判了政府对市场过程的干预。奥地利学派的论证逻辑是：企图理性地控制经济体系就需要非理性，因为经济协调所需要的知识是任何单个或集团的心智所无法知晓的；相反，竞争的市场过程则能够系统地使人们发现和利用经济协调所必需的知识，从而实现更好的资源配置。而且，奥地利学派还认为，干预市场过程所得的结果不仅不可能达到干预者的计划和目的，而且，干预的这种失望情绪并不会导致取消干预政策，而必将导致更进一步的国家主义和经济控制。例如，最低工资法或租金控制法就导致法律所欲帮助的所有人的利益反倒受到损害，尽管如此，这些法律却仍然年复一年地获得通过。相反，只有在不受干涉的市场中，每个人的努力为别人的目标提供手段，别人也为他的目标提供手段，这样的经济活动才为人类的所有目标提供物质手段。有鉴于此，哈耶克强调，经济自由是一切其他自由不可缺少的条件，而自由企业制度既是个人自由的必要条件，也是这种自由的结果。①

同时，基于信息分散和不确定的洞见，奥地利学派也对马歇尔、庇古等开创的福利经济学提出了根本性批评：旨在论证政府干预之合理性的正统福利经济学所关注的是在假设所有有关偏好和生产技术之信息是已知和给定的条件下寻找可利用资源之最佳用途，经济问题在这里只是简单地运用正确的手段获取恰当的目标的数学问题，因而制定政策所要考虑也就是如何更好地处理社会所面临的静态经济问题。相应地，奥地利学派则从两个角度加以深入的探索：（1）对市场过程的"福利"因素的理解。奥地利学派认为，

---

① ［英］哈耶克：《经济、科学与政治：哈耶克思想精粹》，冯克利译，江苏人民出版社2000年版，第60页。

"（应该）根据对政策和制度安排在促进发现的能力，而不是从它们有可能产生的资源配置模式来评价这些政策和制度安排"①。（2）对价格在处理"经济问题"中的角色的理解。奥地利学派认为，"市场价格通过使得每个市场参与者面对反映所有其他市场参与者的活动的社会估价的方式实现社会效率；而且，市场价格为每个面对它们的市场参与者的选择施加相应的效率约束"②。

问题是，奥地利学派所推崇的经济自由果真能够实现现代主流经济学所宣扬的那种效率和公正吗？首先，就效率而言，前面已经指出，基于个人知识的分散决策在现代社会中面临着一系列的问题，这包括决策知识的协同互补性、决策权和知识的共同演进性、分散决策的消极保守性、自发秩序的内卷性，以及法人行动的合成性等。同时，尽管奥地利学派致力于从个体互动中揭示内生的市场秩序，但它在分析人类行为时所采取的思维依然是孤立的，仅仅关注个体的目的和手段间的联系，而没有进一步揭示个体的策略性行为所促生的内生交易费用。其次，就公正而言，尽管奥地利学派在分析市场交换等互动行为引入了行为主体的异质性，但它的人际相异性主要体现在偏好、口味、意向性及个人知识的差异上，却没有进一步剖析行为主体之间因信息不对称和地位不平等产生的权力关系，从而也就没有考虑市场交换和互动对收益分配产生的影响，没有考虑经济自由中因金钱权力的不同而衍生出的人与人之间的剥削、强制和奴役。相应地，奥地利学派和新古典经济学一样看不到市场经济中收入分配的不公正性，看不到社会秩序的内卷和市场失灵问题，进而极力反对国家对经济活动的干预，乃至被视为极端自由主义的学派。

---

① ［美］柯兹纳：《市场过程的含义》，冯兴元等译，中国社会科学出版社 2012 年版，第 112 页。

② ［美］柯兹纳：《市场过程的含义》，冯兴元等译，中国社会科学出版社 2012 年版，第 113 页。

其实，尽管奥地利学派学者普遍推崇个人自由和经济自由，并对大规模的经济计划持反对态度，但其中的一些博学之士也承认市场本身不是万能的。例如，作为新奥地利学派、新维也纳学派、伦敦—芝加哥学派以及弗莱堡学派新古典自由主义的共同理论权威，哈耶克就强调"这并不意味着假定一个人总是可以对其利益做出最佳判断"①，并认识到，"自生自发的发展过程可能会陷入一种困境，而这种困境则是仅凭自身的力量所不能摆脱的，或者说，至少不是它能够很快加以克服的"②。同时，哈耶克还指出，"尽管我们主要关注的乃是如何使市场在它能够发挥作用的任何地方都发挥作用的问题，但是我们也决不能忘记，在现代社会中，有相当数量的必不可少的服务（如卫生和健康服务）乃是不可能由市场予以提供的；当然，市场无法提供这类服务的原因也是显而易见的：这类服务的提供者无法向这些服务的受益人索价，或者更为准确地说，这些服务的提供者不可能只让那些愿意支付费用的人或有能力支付费用的人独享这些服务的好处"③。为此，在为米塞斯《自由主义》一书所作的导言中，汉斯-海尔曼·赫柏甚至把哈耶克称为"适度的、有节制的福利国家论"的拥护者。④ 事实上，哈耶克所谓的自由根本上是指充分从事经济竞争的自由，是合乎"法治"的自由，他将经济自由和法治视为自由的基本内涵。哈耶克写道："法治的意思就是政府在一切行动中都受到事前规定并宣布的规则的约束——这种规则使得一个人有可能十分肯定地预见到当局在某一情况中会怎样使用它的强制权力，和根据对此的了解计划他

---

① ［英］哈耶克：《自由宪章》，杨玉生等译，中国社会科学出版社 1999 年版，第 115 页。

② ［英］哈耶克：《法律、立法与自由》（第 1 卷），邓正来译，中国大百科全书出版社 2000 年版，第 135 页。

③ ［英］哈耶克：《个人主义与经济秩序》，邓正来译，生活·读书·新知三联书店 2003 年版，第 163 页。

④ ［奥］米塞斯：《自由与繁荣的国度》，韩光明等译，中国社会科学出版社 1995 年版，第 25 页。

自己的个人事务。"① 在哈耶克看来，自由企业在法律框架的行动就构成了竞争秩序，哈耶克还特地区别了"竞争秩序"（competitive order）和"有序竞争"（ordered competition）：竞争秩序的目的在于使竞争有效运作，有序竞争的目的则在于限制竞争的效力。② 这意味着，哈耶克并不完全否定政府的作用，只不过强调政府的作用必须通过一般性的法律形式而不能依靠临时性和偶然性的行政命令。

同样，从经济学说史看，奥地利学派的先驱们如门格尔、维塞尔和庞巴维克也都不是那么极端地否定政府的作用，相反，他们的理论很大程度上还支持了政府的积极角色。事实上，尽管门格尔开创的奥地利学派主张个人主义和主观主义的分析思维，但他本身并非是自由放任的倡导者和盲从辩护者；相反，门格尔还赋予了政府这样五大合法任务：改善工人阶级状况、收入的公平分配、增进个人能力、节俭和企业家创新。受之影响，维塞尔认为，只有借助国家的干预来缩小收入差距，才能更好地以自然价值来配置稀缺性资源，只有由国家来从事那些具有自然垄断的事业，才可以避免以效益原则而非效用原则来进行生产，只有通过国家的收入再分配政策，才可以实现货币效用的最大化。所以，维塞尔自己也说："自然价值根本不能作为反对社会主义的武器，以至连社会主义者也很难用更好的证据来为社会主义辩护。"③ 同样，庞巴维克的迂回生产说也将利息或利润归属为一种剩余，是劳动被用在以前积累下来的维生基金（即资本）时所创造出的；而且，这个剩余是一个一般性的范畴，在社会主义之下依然存在。即无论是维塞尔的自然价值还是庞巴维克的利息，在任何经济体系中都需要加以重视，否则就

---

① ［英］哈耶克：《通往奴役之路》，王明毅等译，中国社会科学出版社 1997 年版，第 73 页。

② ［英］哈耶克：《科学的反革命：理性滥用之研究》，冯克利译，译林出版社 2003 年版，第 163 页。

③ ［奥地利］维塞尔：《自然价值》，陈国庆译，商务印书馆 1982 年版，第 111 页。

会导致资本和土地等生产要素的无效率使用，不同经济体系下的差别仅仅在于这些自然价值的报酬或利息的归属不同。正因如此，庞巴维克往往被称为"资产阶级的马克思"，维克塞尔则被称为"资产阶级的激进分子"。熊彼特就说："对于他（庞巴维克）在经济史上的地位，如果我们想加个标签的话，那最好把他叫做资产阶级的马克思"①；"维塞尔、帕累托和巴龙这三位完全不赞同社会主义的领袖，创立了实质上是有关社会主义的经济理论，从而对社会主义学说作出了社会主义者自己也从未作出的贡献"②。

事实上，奥地利学派按照其研究兴趣和政策主张实际上可以分成两大派别：（1）早期的政策派或社会派，如门格尔、维塞尔、庞巴维克及熊彼特等，他们积极为社会政策服务，甚至直接成为主导社会政策的人；（2）后期的学院派或自由派，自米塞斯、哈耶克以下的奥地利学院派学者如罗斯巴德、柯兹纳、拉赫曼等，他们都是象牙塔中的"纯粹"学者，几乎没有真正的实务经验。之所以存在如此差异，一个重要原因就在于他们的个人背景：早期奥地利学派先驱学者大多曾在政府部门及商业部门任职，从而更关注现实社会经济问题；相反，现代奥地利学派学者则是被政府边缘化乃至以政策的批评者而存在，从而更加注重理论的逻辑思维。譬如，门格尔就曾为奥地利皇太子鲁道夫大公的私人教师，不仅参与政府的货币审议会工作，而且还曾当选为奥匈帝国上议院议员；维塞尔曾被任命为奥匈帝国上议院终身议员，并在两届内阁中出任商务大臣；庞巴维克曾是财政部的一名政府经济学家，并在十年间连任几届财政部部长；熊彼特也曾出任德国社会民主党"社会化委员会"的顾问和奥地利混合内阁的财政部部长，还曾成为一家私营的比德曼银行的董事长。相反，米塞斯和哈耶克的职业生涯几乎都在学术

① ［美］熊彼特：《经济分析史》（第3卷），朱泱等译，商务印书馆1994年版，第143页。

② ［美］熊彼特：《经济分析史》（第3卷），朱泱等译，商务印书馆1994年版，第344页。

上，两人迁居美国也都处于大学的学术边缘，更与政府政策无关，后来的罗斯巴德、拉赫曼、柯兹纳等也是如此。此外，奥地利学派的第三代领袖米塞斯和哈耶克等人之所以反对政府的作用，很大程度上也在于当时社会情形已经走上另一个极端，政府干预发展为全面的经济计划，从而潜含了"致命的自负"。

在很大程度上，奥地利学派先驱们的思想认知与斯密相类似：斯密也不是极端的市场原教旨主义者，他之所以提出自由放任的主张，是因为当时君主政府实行的重商主义在操作上非常笨拙，以及在目的上极其贪婪。在很大程度上，基于糟糕的社会情形而产生出一个过度的学说解读，以及相对激进的政策主张乃是人类社会的一个通则。例如，老子之所以反对有为的政治而主张清静无为，也是对当时政治的发动。究其原因，进入春秋时期，整个社会陷入纷乱，贫富不均拉大，政治也异常黑暗，乃至老子感慨："天之道损有余而补不足。人之道则不然，损不足以奉有余"（《道德经·七十七章》），以及"民之饥，以其上食税之多，是以饥"（《道德经·七十五章》）。为此，胡适指出："凡是主张无为的政治哲学，都是干涉政策的反动。因为政府用干涉政策，却又没干涉的本领，越干涉越弄糟了，故挑起一种反动，主张放任无为。欧洲 18 世纪的经济学者政治学者，多主张放任主义，正为当时的政府实在太腐败无能，不配干涉人民的活动。老子的无为主义，依我看来，也是因为当时的政府不配有为，偏要有为；不配干涉，偏要干涉，所以弄得'天下多忌讳，而民弥贫；民多利器，国家滋昏；法令滋彰，盗贼多有'。"①但是，基于这一逻辑，随着对政府监督体系的日益成熟，以及政府治理机制的不断完善，政府当然也就可以承担起越来越大的经济职能以弥补市场失灵问题。甘布尔就写道："如果哈耶克研究过社会学方面有关集体主义的发展及其思想感召力的理论依据，那么他就会得出这样的结论——为了保持他所

---

① 胡适：《中国哲学常识》，北京理工大学出版社 2017 年版，第 24—25 页。

赞赏的那种个人主义社会，人们就要采取积极的措施对组织规模加以限制，并推动中小型企业为主的经济的发展。"①

最后，为了更清楚地认识经济自由主义的本质内涵，我们来品味卡尔·波兰尼的一段话："经济自由主义者经常以'干涉主义'一词来指涉与他们对立的政策，但这只是显示出他们思想上的紊乱。干涉主义的反面就是自由放任，我们已经指出经济自由主义并不等于自由放任。严格地说，经济自由主义是一个社会的阻滞原则，在这个社会里工业建立在自律性市场的基础上。诚然，在这种制度取向完美时，减少某些干涉是必要的。然而，这并不表示市场制与干涉互不兼容。在市场制还没有建立起来时，经济自由主义会毫不犹豫地呼吁政府干涉，以便维持它。因此，经济自由主义者可以毫不违背立场地呼吁政府使用法律力量以建立自律性市场；他甚至可以诉诸内战的暴力以建立自律性市场的先决条件。在美国，南方各州使用自由放任的说辞为奴隶辩护，而北方各州则用武力干涉主义以建立自由劳动力市场。因此，自由主义者所指控的干涉主义，实际上是一空洞的口号，他们指责的都是同样一套措施，只不过为他们所不赞成而已。自由主义者唯一能前后一致坚持的原则，只有自律性市场，不论它是否涉及干涉政策。"②

七、结语

针对奥地利学派对自发市场的推崇以及扣在奥地利学派身上的各种经济自由主义主张，我们应该持有审慎的态度。譬如，张维迎一直强调，政府应该做的最重要工作在于创造自由的环境，尤其是建立私有产权制度，而不应

---

① ［英］甘布尔：《自由的铁笼：哈耶克传》，王晓东、朱之江译，江苏人民出版社2004年版，第104页。

② ［匈牙利］卡尔·波兰尼：《巨变：当代政治与经济的起源》，黄树民译，社会科学文献出版社2013年版，第264页。

该对其他经济事务进行干预；进而，他将政策的产业政策视为是对个人自由和经济自由的侵害，因为这会严重制约企业家精神。面对这种极端性主张，本章的研究就可以提供系统的逻辑剖析。

首先，尽管奥地利学派在新古典经济学基础上引入了异质主体和市场结构，进而探究了市场的动态发展过程，从而比新古典经济学的均衡市场观更加接近真实市场。但是，奥地利学派所理解异质主体主要体现在目的、偏好和个人知识上，而没有看到市场主体在社会地位、金钱权力上的不平等，所理解的市场结构主要体现为由信息决定的生产、投资、价格和通货的结构性，而没有看到由权力决定的就业岗位、劳动市场，以及产品价格的结构性。在很大程度上，由于没有将异质主体和市场结构结合起来，因而奥地利学派依然采用一种抽象的分析思维，依然戴着有色眼镜在看市场，从而就无法真正认识现实市场，所理解的市场依然是片面的。譬如，正是基于这种抽象的分析思维，罗斯巴德就得出结论：任何税收都是不可转嫁的。其分析逻辑是：市场上每个行业的价格在任何时候趋近于利润最大点，如果酒业生产者试图通过提价的形式将新征税收转嫁给消费者，酒的价格就不在其最高利润点上了。① 问题是，各种数据都表明，绝大多数厂商都可以实现一定程度的税收转嫁。

其次，奥地利学派所理解的自由市场是一个法律健全下的市场，所理解的市场主体也是斯密意义上的"伦理行为"者，市场主体严格遵循法律规章而仅仅对合理的利润机会做出反应。但是，现实世界中并没有"符合大众利益的"的成熟和正常市场，而是被少数人或集团所操纵的异常市场。这也意味着，简单地套用奥地利学派的观点来为现实市场辩护，从而就会无视各种不合理的市场失灵问题。

最后，奥地利学派的市场观所针对的是计划经济，进而过度关注了个人

---

① ［美］罗斯巴德：《人，经济与国家》（下册），董子云等译，浙江大学出版社 2015年版，第 866 页。

知识的特性，进而也囿于人的"无矢"而忽视"知识"的不断增长；相应地，它也就从一个极端走到了另一个极端，过分强调了个人知识的重要性及其在现代经济决策中的作用。法学家考默萨就指出，"在人数众多、复杂性极高的杂乱无章的世界上，如果说私有财产制度由于其他的财产制度，那么这肯定并不是因为私有财产制的绩效会随着人数和复杂性的增加而获得改进。而是基于这样一个事实，即随着人数和复杂性的增加，其发挥作用的能力——建立一种正确的激励机制和产生正确的参与程度的能力——要比其他的替代性财产制度衰退得慢。"① 这意味着，随着人类社会的发展，有效的制度安排也是多种产权并存或者介于私有产权制度与共有产权制度之间的制度形式而不应该是单一的私有产权制度或者共有产权制度。

---

① ［美］考默萨：《法律的限度：法治、汉利的供给与需求》，申卫星、王琦译，商务印书馆 2007 年版，第 141 页。

2. 竞争、企业家行为与市场利润
——奥地利学派的企业家才能观审视

导读：奥地利学派将有目的的人类行为当作经济学的基本分析单位，强调要集中分析行为的动机而非行动的结果；同时，将对市场环境中的利润机会保持警觉的特性视为企业家精神，而充分利用这些信息的能力就是企业家才能。奥地利学派认为，正是由于企业家的作用，市场经济中的分散信息得以发现和利用，进而实现市场协调和市场秩序的扩展。正因如此，奥地利学派高度推崇企业家的作用。然而，由于正统奥地利学派的企业家才能理论根基于"套利"说，它无法界分企业家行为和非企业家行为，无法界分垄断行为和非垄断行为，无法认识销售成本和产品差异，也无法甄别企业家的欺诈和强制；相应地，也就无法区分不同企业利润的性质，无法区分不同市场行为的作用，进而不能认识和理解市场非效率的广泛存在。

一、引言

在引起广泛关注的张维迎和林毅夫"世纪之辩"中，张维迎诉诸奥地利学派的米塞斯—哈耶克分析范式来反对林毅夫的产业政策。张维迎认为自己信奉的是"米塞斯—哈耶克范式"，这是一种"演化范式"；相反，林毅夫信奉的是"新古典经济学范式"，是一种"设计范式"。① 按照米塞斯—

---

① 张维迎：《我为什么反对产业政策》，2016 年 11 月 9 日，见 http://finance.sina.com.cn/meeting/2016-11-09/doc-ifxxnffr7227725.shtml。

哈耶克市场理论，市场最重要的特征是变化而非均衡，市场竞争是人们发现和创造新的交易机会和合作机会的过程。相反，市场竞争所依赖的行动或条件与新古典经济学的假设之间却显得不相容。例如，米塞斯—哈耶克范式的创新一定会导致竞争的不完全，甚至导致所谓的"垄断"，这显然与新古典经济学的完全竞争假设不相容。再如，米塞斯—哈耶克范式将信息的分散性、主观性和不对称性视为需要市场的条件，因为市场以分工和专业化为基础，分工和专业化的价值就来自信息不对称，这显然也与新古典经济学的完全竞争假设不相容。正是基于米塞斯—哈耶克的市场竞争理论，张维迎推崇企业家精神及其积极作用：通过发现不均衡和套利机会而采取相应行动，从而促使市场互动而趋向协调和均衡，通过冒险和创新而创造出新产品、新技术，并由此推动消费结构和产业结构的不断升级。相反，在新古典经济学范式中，计划当局不过是一个计算器：给定目标和手段，按照"边际收入等于边际成本"的规则计算出最优投入和产量；制定这样的决策不需要想象力，不需要机敏，不需要判断力，从而就不可能是真正的企业家。

事实上，张维迎等人之所以推崇自由市场而反对政府行为，根本原因就在于他们认定，市场竞争能够充分激发和发挥企业家才能。在奥地利学派看来，企业家能够在非均衡价格中发现和抓住利润机会，企业家间的相互竞争则促使了信息的传播、知识的利用，以及市场的动态演化，最终产生出不断扩展的市场秩序，进而推动社会的持续进步。柯兹纳就指出，市场最重要的特征就是"动态的企业家—竞争性发现过程"①，这使得"市场具备持续地产生在合理的程度上接近均衡价值的价格的能力"②；相反，"一个根本不允许企业家精神存在的理论分析世界，除了均衡模式外不能解释任何东西。它

---

① ［美］柯兹纳：《市场过程的含义》，冯兴元等译，中国社会科学出版社 2012 年版，第 112 页。

② ［美］柯兹纳：《市场过程的含义》，冯兴元等译，中国社会科学出版社 2012 年版，第 113 页。

对解释投入和产出的价格、数量和质量在市场过程中如何系统地发生改变完全缺乏解释力"①。相应地，一些新古典自由主义经济学人也逐渐抛弃新古典经济学的完全竞争理论而转向企业家间相互竞争所促进的市场过程理论，并极力凸显企业家在市场竞争和经济发展中所扮演的角色和承担的功能。问题是，通过企业家角色的引入，市场有效性的理论基础就坚不可摧了吗？为此，本章着重就奥地利学派的企业家理论展开系统的梳理，进而剖析其潜含的缺陷，由此也就可以引导对真实市场机制的剖析，引导对时下的产业政策之争做简要的审视。

二、经济学研究所面对的核心议题

新古典经济学教材对经济学的标准定义是罗宾斯下的：经济学所研究的是稀缺手段在互相竞争的目标之间的配置。据此，就目标和手段所做的计划行动就是理性行为，资源的有效利用问题也就成为集中研究工具理性的必然产物。但是，奥地利学派的米塞斯却批评这是对人类行为的狭隘理解，进而力图将经济学的范围扩展到所有有目的的人类行为。米塞斯写道："从主观价值论中得出的两个命题使得老一代经济学家所追求的'经济'与'非经济'之间的准确划分开看来是不切实际的。第一，存在这样一种认识：经济原则是所有理性行动的基本原则，而不仅是一定的一种理性行动的特征。因此，所有理性行动都是一种经济化的行动。第二，存在这样一种认识：每一个有意识的人，也即有意义的行动都是理性的。只要行动所要达到的最终目标——价值或目的——是、而且确实总是、并且毫无例外地必定是超出理性的"，"如果所有有意识的行为都是一种理性经济化的行动，那么，就必须能揭示出在每一个行动中、甚至在流行的用法上被称为'非经济的'行

---

① ［美］柯兹纳：《竞争与企业家精神》，刘业进译，浙江大学出版社2013年版，第35页。

动中包含的基本经济范畴"①。

米塞斯认为，经济学的核心是交易学与交换理论，而"交易学必须解释市场价格如何产生于交换物品的各方的行动"②。在很大程度上，经济理论中的每一个结论都是经济生活中由相互作用的人类行为主体所构成的一种状况的结果，相应地，经济学本质就是一门人类行为学。为此，米塞斯就给经济学下了这样一个定义：经济学是研究恒定不变的行为范畴及其在人类活动的所有可以想象的特定环境中运行的一般科学。同时，米塞斯认为，人类行动和行动发生的条件之间往往不是以日常生活中所遇到的具体形式或实际背景为基础，相反，行动往往依赖于"有意图的这一事实"；相应地，人类行动呈现出形式化和公理化的程序，以此为映像的经济学也就具有强烈的先验性。米塞斯写道："运用公理性方法就可能建立一门如此一般的普遍人类行为学，以至于它的体系不仅包括了我们实际面对的世界中的所有行动类型，而且也包括了其条件完全是想象的并没有任何相应经验的世界中的行动类型。即使整个历史中从没有过任何间接交换，货币理论也仍然是有意义的。"③ 相应地，米塞斯认为，"经济学的定理不是来自事实的观察，而是从行动的基本范畴中演绎出来的，这个范畴有时被表达为经济原则，有时被表达为价值原理或成本原则"④。

既然经济学可以化约为人类行为的科学，那么，如何构造公理性的人类行为呢？米塞斯认为，经济学所关注的"人的行动"是指理性的行动，是人类行动中有意识、有目的的行为，这包括行为者为改善自身状况而进行有

① ［奥］米塞斯：《经济学的认识论问题》，梁小民译，经济科学出版社 2001 年版，第147 页。

② ［奥］米塞斯：《经济学的认识论问题》，梁小民译，经济科学出版社 2001 年版，第148 页。

③ ［奥］米塞斯：《经济学的认识论问题》，梁小民译，经济科学出版社 2001 年版，第13—14 页。

④ ［奥］米塞斯：《经济学的认识论问题》，梁小民译，经济科学出版社 2001 年版，第16 页。

目的的努力，以及对刺激及其环境条件所作的有意识调整。这意味着，人不仅会进行计算，也对机会保持警觉，这就是企业家精神。与此不同，罗宾斯对人类行为的关注仅仅限在以最有效的方式利用给定的资源去实现给定的目的，这仅仅是适合于发现机会之后的人类行为，而没有揭示发现机会的人类行为。在很大程度上，正是通过引入具有警觉性的企业家，米塞斯就将人类行为从资源配置决策转变成了现实行动，将市场均衡理论转变成了市场过程理论。为此，奥地利学派强调，区分罗宾斯和米塞斯在人类行为学理论上的不同发展是至关重要的。尤其是，作为人类行为学最发达的一个分支，经济学必须从反思人类行为的本质开始，现代经济学的基本原理如边际效用、机会成本概念及供需法则等都来自对人类行为的目的性之思考。例如，哈耶克就强调，对社会秩序的阐释，最终必须依凭的乃是对人性和社会世界性质予以阐释的社会理论。①

事实上，由于受罗宾斯的影响，新古典经济学的价格理论将市场现象还原为个体决策，这种决策是市场主体针对完善市场数据（偏好、生产技术、资源可得性）变化的反应。同时，由于这些资源和信息都是给定的，因而每个人就根据给定的系列目的和手段来进行理性决策。相应地，研究个人行动的经济学也就被新古典经济学理解：稀缺性手段（资源）在竞争性目的之间的配置。问题在于，局限于配置问题的决策分析仅仅是基于最大化计算，而不能揭示市场的动态过程。为此，现代奥地利学派学者主张回到米塞斯，用"人的行动"来取代"经济计算"。相应地，奥地利学派经济学的基本特征就体现为，它根基于一个简单且不可否认的事实和经验（即不言自明的公理）：人的行动，即人总是以稀缺性手段追求最大化的目标。也就是说，奥地利学派的"人的行动"并不局限于配置问题的决策分析，而是要分析多重性的"目的"和"手段"。

---

① 邓正来：《自由与秩序：哈耶克社会理论的研究》，江西教育出版社 1998 年版，第5页。

同时，不像新古典经济学的经济人分析框架那样预先给定了目的和手段，奥地利学派的"行动者"具有这样两大特性：（1）被赋予有效追求目标的倾向，从而对给定的市场数据做出反应；（2）还被赋予对这些变化做出企业家的警觉和驱动力，从而能够确认哪些目的是该追求的，以及哪些手段是可得的。即奥地利学派的"行动者"面临着双重任务：不仅要确认相关的手段—目的框架，而且要寻求与之相关的效率。① 由此，奥地利学派也就给经济学规定了两大基本任务：（1）用人的行动和有计划的努力来解释我们周围的世界；（2）探索有目的的人类行动如何通过社会相互影响而产生无意识的结果。

显然，奥地利学派所设定的任务也具有双重特性：（1）它比现代主流经济学更有雄心，因为不仅用人的目的所描述的图画要比用事件所描述的图画更完全，而且坚持揭示社会现象中起作用的真正因果关系也要比建立基于统计总量的经验规律更深刻；（2）它的解释又显得不那么有雄心，因为它并不试图确定经济量之间的数量关系，并不试图成为定量科学。② 事实上，在奥地利学派看来，自然科学可以根据观察所得的数据来"检验"假说，但同样的方法运于社会科学将会漏掉所研究现象的本质；进而，要想真正理解这些社会现象，就必须探寻相应的人类行为及其目的。相反，如果从人类现象的研究中清除人类行为的目的，就会把创造性的人类行为等同于机械行为，此时所讨论的只是机器人行为而非人类行为。正是由于奥地利学派将经济学等同于人类行为学，承认不同个体有异质性的偏好和能力，从而就会彻底拒绝以计量经济学作为经济理论的工具。

总之，自米塞斯以来，奥地利学派就将人类行为视为基本分析单位，强调要集中分析行为的动机而非行动的结果。一般地，这种人类行为有两大特

---

① ［美］柯兹纳：《竞争与企业家精神》，刘业进译，浙江大学出版社 2013 年版，第28 页。

② ［美］多兰：《作为非科学的奥地利学派经济学》，载［美］多兰主编：《现代奥地利学派经济学的基础》，王文玉译，浙江大学出版社 2008 年版，第 6 页。

征：（1）人类行为本质上是有目的和意向性的，这种目标并不是在约束条件下实现最大化，而是除去感知到的不自在的因素以在将来达致更好的事物状态；（2）人类行为观念内含有一种根本的企业家元素，他在目的和手段明确的情况下不仅具备有效追求目的的倾向，而且还会积极而警觉地确定追求何种目的、可支配何种手段。① 相应地，米塞斯从人的行为中提炼出了企业家精神，进而发展出了一套企业家才能理论：企业家才能是人们创造和发现环境中出现利润机会并采取相应行动以利用机会的能力，简单地说，也就是能够充分利用市场中分散知识的能力。

三、企业家精神与市场协调

米塞斯的企业家才能理论在其学生柯兹纳手上得到传承和发展。柯兹纳指出，企业家精神的要旨在于能够"立即注意到利润机会，而这些利润机会之所以存在，是因为原有市场参与者最初的无知，这些利润机会之所以持续，是因为他们不能从市场实践中学习。于是，这组企业家将以从此前没有发现有些人在支付的高价的出售者手中买入，然后，他们将以更高的价格出售这些产品，而购买这些产品的人此前没有发现有卖者在以更低的价格出售产品"；相应地，企业家要素就体现为，"学习和利用持续的市场信息流以生成市场过程的能力"。② 事实上，柯兹纳在整个学术生涯中一以贯之的研究主题就是持续地阐明自己对市场过程的理解：市场过程提供了系统性的力量，而这种力量通过企业家的警觉而被启动，从而有助于降低相互性无知的程度。柯兹纳认为，企业家行为是明显不同于最大化行为的特殊行为，他为

---

① ［美］柯兹纳：《市场过程的含义》，冯兴元等译，中国社会科学出版社 2012 年版，第 141 页。

② ［美］柯兹纳：《竞争与企业家精神》，刘业进译，浙江大学出版社 2013 年版，第 11 页。

追求利润而注意到他人漏掉的机会，这种机会往往表现为一种买卖差价的形式，企业家从这些差价中获利而成为套利者；同时，企业家寻找获利机会的无意识结果，也会导致市场不断趋向均衡。

不过，长期以来，在对企业家精神的认知上一直存在两种极端化立场。（1）主流经济学家如舒尔茨等倾向于将企业家视为对市场条件作出无摩擦的反应：一方面，他能够向市场提供所需要的服务，由于这样的服务是有价值的，因而这种服务对应了一条需求曲线；另一方面，他也能对不均衡条件下的情势做出反应而提供重新配置资源的服务，由于对付不均衡的能力是稀缺的，因而这种服务对应了一条供给曲线。这样，对付不均衡的企业家服务产生出一个由供求曲线交点所决定的市场价格，因而市场总能产生正确的服务数量以矫正不正确的选择，从而总是处于协调状态。（2）非主流经济学家如沙克尔等则强调企业家根本不能被纳入严格的理性选择的均衡理论框架之中：企业家所表现出来的选择往往涉及一种"原创性和想象性的技艺"，在任何意义上都不能化约为对给定条件的机械反应，从而与均衡理论是根本不相容的。

不同于两种极端化立场，奥地利学派所持立场则是，"企业家精神与均衡状态不相容，但与均衡过程是相容的"①。在这里，它一方面从沙克尔的理论中提出了人类选择的"原创性"视角；另一方面又承认企业家能够警觉地发现现有市场选择协调模式中的缺陷。事实上，奥地利学派的历来主张就是，"市场上发生的并不是偶然的 而是不可逃避的经济规则性的结果，这些规则性以明显的某种趋势表现出来。给定市场经济的制度框架，以及稀缺性资源的数量，消费者的偏好一定会导向某种特定的生产法、资源配置和市场价格的构型"②；相应地，"经济规则性的存在意味着对这些矫正性的支

---

① ［美］柯兹纳：《市场过程的含义》，冯兴元等译，中国社会科学出版社 2012 年版，第 7 页。
② ［美］柯兹纳：《市场过程的含义》，冯兴元等译，中国社会科学出版社 2012 年版，第 11 页。

付力量的运用存在着严厉的限制。事实上，从这些规则性着眼，市场表现出来的表面缺陷经常被发现就根本不是缺陷，而是社会协调所必须的、不可避免的代价"①。柯兹纳则进一步强调，市场这一协调过程是由企业家来驱动的，因为市场协调中产生的每一个缺口都以纯利润的方式表现出来，而这些利润机会的存在吸引了企业家的注意，他们试图抓住利润机会的行为驱散了无知，进而引导市场选择之间的相互协调。

同时，奥地利学派对市场的系统性协调性质的认知逻辑不同于新古典经济学：它关注市场选择中的企业家精神，关注个体选择的自主性，关注人类活动的目的性；而且，它也关注个体选择时的环境不确定性，关注知识和警觉在动态竞争中的角色，而不是将市场现象看成仅仅是自发地变化的偏好和预期的直接表现。显然，基于这样的思路来理解市场过程的自发性和协调性，主观主义思维就扮演了重要角色。主观主义是奥地利学派的根本性方法论特色，这得到米塞斯、哈耶克等人的高度重视和发展。在奥地利学派看来，正是市场的激烈竞争，使得企业家对市场价格的变化及新的机会保持警觉，并与其他市场主体积极交流市场信息，从而促使价格不断调整。柯兹纳写道："市场参与者的经济行为中企业家精神成分由警觉构成，这种警觉留意到环境中先前未被注意到的变化，这使得他们得以可能通过提供任何东西，进行交换从中得到比以前更多的回报"②，"这样，竞争性内在于企业家的市场过程性质。或者，换一个角度，企业家精神内在于竞争性市场过程"③。

因此，在市场经济中，分散信息的发现和利用，以及市场的协调等，根

①　［美］柯兹纳：《市场过程的含义》，冯兴元等译，中国社会科学出版社2012年版，第10页。

②　［美］柯兹纳：《竞争与企业家精神》，刘业进译，浙江大学出版社2013年版，第12页。

③　［美］柯兹纳：《竞争与企业家精神》，刘业进译，浙江大学出版社2013年版，第13页。

本上都源自企业家的行动。关于这一点，我们可以从两个方面来理解。

首先，为了追求利润，企业家就会依据自己所掌握的信息展开充分的经济计算，不仅通过对不同方案进行比较而采取行动，而且会根据形势的变化而不断调整自己的行动。这样，通过企业家的行动，各种分散的信息就得以传递开来；其中，最为重要的传递媒介就是市场，而动力机制则是竞争。为此，哈耶克"把竞争作为一个发现某些事实的方法，不利用竞争，这些事实将不会为任何人所知，或至少不能得到利用"①。竞争所发现的"市场"就包括了每个人所拥有的信息、偏好以及能力等。市场竞争的作用在于，"会形成一套价格，而依据这套价格 每种商品的售价之便宜，足以使它的出价可以低于其潜在的相近替代品的价格"②。问题是，任何竞争都基于一定的规则，这种规则如何产生的呢？基于特定规则的竞争所产生的结果又具有怎样的性质呢？毕竟不同的规则会产生出完全不一样的结果。显然，面对这些问题，奥地利学派并没有实质回答。

其次，企业家才能还具有创新能力，会创造出以前不曾存在的信息或机会以获取利润。奥地利学派认为，企业家才能总是竞争的，一旦行为者发现的某些利润机会就会采取行动，而行动的结果则是原有机会的消失，其他人也就无法利用这一机会进行谋利；相立地，每个逐利的企业家都会积极主动地去发现和利用各种潜在的机会，这就产生了相互之间的激烈竞争。同时，正是这种相互竞争催生了新目标和新知识，由此又衍生出了新的社会实体，从而导致连续不断的社会"大爆炸"，并使得知识的无限增长成为可能。问题是，企业家为获取利润所刻意创造的信息一定是具有社会价值的吗？企业逐利的竞争行为一定有利于社会经济的发展吗？同时，逐利的企业家是否会

---

① ［英］哈耶克：《经济、科学与政治：哈耶克思想精粹》，冯克利译，江苏人民出版社2000年版，第120—121页。

② ［英］哈耶克：《个人主义与经济秩序》，邓正来译，生活·读书·新知三联书店2003年版，第147页。

通过垄断或隐藏信息甚至通过推动经济波动来获利？毕竟人类是有限理性的。显然，面对这些问题，奥地利学派也没有清楚回答。

事实上，针对奥地利学派的"企业家能力将导致市场均衡"的观点，劳斯比（Loasby）就表达了深深的怀疑："我们有什么样的保证使得企业家不会犯下严重的错误以至于将他们导向一个完全错误的方向？"劳斯比考虑了两点：（1）在不确定性的环境中企业家会犯错误。事实上，企业家对于现有的、某种程度上没有被注意到的条件的警觉性和他对于未来可能性的想象力之间往往存在差异，从而导致相互的预测落空，也根本没有系统性的力量可以将企业家导向不确定性的未来做出正确的、协调性的选择。（2）企业家还会有意识地误导消费者。事实上，企业家可以通过投机性的购买资产以在未来以更高价格卖给接棒者，从而制造出利润机会的可行性。①

针对这一质疑，奥地利学派的回应是：在一个分散信息的世界上，基于不相干的完全信息标准来评价社会效率是没有意义的。譬如，按照哈耶克的观点，由背后的偏好和稀缺性数据决定的社会最优性这样的观念原则上并没有问题，但这个最优性不应该成为制定社会政策的主要参考标准，因为关注这个社会最优性的信息从来都不是给定的；相反，对一个社会来说，重要的问题不是如何运用这样的知识来获得某种社会最优性，而是将分散在整个经济中的信息动员起来。② 正因为奥地利学强调，未来是不确定的，也是内在地不可知的，因此，根据那个客观的未来作为行为的社会最优性的判断标准是没有意义的。

在这里，奥地利学派提出了两种视角的区分：（1）目的论视角，它主张市场调整的有效性依据某些事前定义的、已经存在的价值标准的相对实现

---

① ［美］柯兹纳：《市场过程的含义》，冯兴元等译，中国社会科学出版社 2012 年版，第 15 页。

② ［美］柯兹纳：《市场过程的含义》，冯兴元等译，中国社会科学出版社 2012 年版，第 17 页。

程度来度量，这种"客观事实"与企业家的行为无关，相反是批判企业家行为的依据；（2）非目的论视角，它认为市场调整本身并没有一个独立于市场主体的创造性选择且被良好定义的目标，潜含在均衡概念中的目的论与真正的创造性并不相容。根据非目的论的观点，由于对未来往往是无知的，因而某些行为就不能被认为是"无效率"的行为，而应该被视为人类行为的无可逃避的特征。而且，正因为对未来而言没有真正的错误，从而就不能在明智的和不明智的经济政策之间做出区分；相应地，事后来判断某些与后来事实上发展的事情不相协调的选择是否妥当是没有意义的。

然而，基于"非目的论"的视角来理解市场效率，明显潜含着这样一个悖论："一方面，我们被告知，非目的的、极端主义的视角对任何衡量市场效率的客观标准提出了质疑；另一方面，我们多少天然地理解，市场经济作为一个社会系统具有一些主要的优点——这些优点根据定义不存在于社会主义条件下——正是因为它促进其中的个体参与者的具有创造力的想象力。"① 由此也衍生出对奥地利学派的一系列质疑：为什么奥地利学派对市场主体的想象力和创造性将导向个体福利而非社会灾难具有如此的自信呢？在没有任何客观评价标准的情况下，我们又怎么可以给予一个提倡创造性系统比不这样做的系统更高的评价呢？柯兹纳认为，此主张的基础就在于："创造性本身被认为是有价值的——不管创造的是什么，并且不管不同的创造性可能相互撞车甚至相互扼杀。"②

四、企业家角色与利润性质

奥地利学派发展出了完整的企业家理论，并由此来理解市场的运行。不

---

① ［美］柯兹纳：《市场过程的含义》，冯兴元等译，中国社会科学出版社 2012 年版，第 21 页。

② ［美］柯兹纳：《市场过程的含义》，冯兴元等译，中国社会科学出版社 2012 年版，第 21 页。

过，在奥地利学派学者中，对企业家才能和企业家精神的内涵理解至少存在两个不同的路向：（1）由维塞尔开创并为熊彼特发扬的路向，它将创新视为企业家精神的核心，突出具有创造性的特定活动及其在创造利润的过程中对经济发展的推动；（2）由米塞斯开创并为柯兹纳发扬的路向，它将警觉视为企业家精神的核心，突出具有警觉性的个体行为及其在发现和利用利润机会过程中对经济发展的推动。

首先，维塞尔将企业家视为具有超常能力和创造力的人，他们擅长利用竞争过程来实现自身目的，而其他普罗大众则追随和模仿他们。维塞尔意义上的企业家包括"大胆的技术创新者，敏锐了解人类本性的组织者，有远见的银行家，不计后果的投机者，征服世界的托拉斯领导者"①。维塞尔的思想对熊彼特产生了很大影响，熊彼特借用维塞尔的"先驱""领导者"和"创新"等概念提出了创新理论。熊彼特认为，创新是一种商业行为，即把现有的生产能力用于新的用途，这包括创造新产品、新方法、新市场、新渠道、新组织等；同时，创新也是一个社会经济过程，企业家则可被刻画为一个初始变化，一个新机会生产者。因此，企业家活动就会产生这样的后果：（1）企业家的创新行动打乱一个既定的均衡状态，在均衡中创造出不均衡；（2）尽管企业家的创新又会导向一个新的均衡状态，不过企业家主要作为一个内在的非均衡力量而不是均衡力量而出现的。为此，熊彼特强调，创新是企业家利润的来源，只有在创新的情况下，才存在企业家的利润，才存在资本和利息；相应地，利润是企业家的"创新"活动所得到的报酬，从而也就是应得的"合理报酬"。一般地，随着新组合力量的消失而使得新的经济流变成过时，企业家就会酝酿新的创新，由此可以不断推动社会经济的发展。

其次，米塞斯将企业家视为按照市场情况所产生的变化而采取相应行为

---

① ［奥］维塞尔：《社会经济学》，张旭昆等译，浙江大学出版社 2012 年版，第 421 页。

的人，这是解决市场中不确定问题的人类行为的共性。米塞斯写道："经济学在谈到企业家的时候，指的不是某一个人，而是一个确定的功能。这种功能也并非为特殊群体和阶层的人所特有，而是固含在每一个行动之中，由每一个行动人承担……在交换学理论里，企业家这个词的含义是：能够专门发现每一行动之不确定的许多人。"① 同时，米塞斯将那种通过调整生产以适应预期条件变化来获取利润的企业家称为"促进者"，他们具有更强的主动性和冒险性，是发动和推进经济进步的开拓者，也是市场中的引路人。② 米塞斯思想为柯兹纳所继承，柯兹纳进一步赋予了企业家一种警觉的品质。因此，米塞斯和柯兹纳意义上的企业家精神根本特征不是创新，而是警觉；进而，企业家所获得的利润也不是来自创造，而是来自套利。事实上，按照米塞斯和柯兹纳的理解，企业家在警觉引领下从事发现和利用市场机会的功能，进而在低价进和高价出之间获得利润；相应地，一个利润机会的发现也就意味着对于不存在的某种可得物的发现，这就是企业家利润的实质。柯兹纳写道："不是把企业家视为先前不存在的创新念头的源泉，而是视为对已经存在并等待被注意的机会的警觉。在经济发展中，企业家也被视为对机会的响应，而不是创建机会；视为捕捉利润机会，而不是产生出利润机会。当有利可图地使用资本的生产方法在技术上可得时，储蓄流足够提供必需的资本，此时就需要企业家精神出场，以确保创新将事实上得到实施。没有企业家精神，没有对新可能性的警觉，长期利益就会永远得不到开发利用。"③

关于两类企业家精神的差异，柯兹纳也做了较为详细的对比说明："对于熊彼特而言，企业家精神的本质是这样一种能力：它打破惯例，去破坏现

---

① ［奥］米塞斯：《人的行动：关于经济学的论文》，余晖译，上海世纪出版集团 2013 年版，第 278 页。

② 王军：《现代奥地利经济学派研究》，中国经济出版社 2004 年版，第 90 页。

③ ［美］柯兹纳：《竞争与企业家精神》 刘业进译，浙江大学出版社 2013 年版，第 62 页。

存结构，使系统离开平静的均衡循环流。而我们则认为，企业家精神中最关键的因素是这样一种能力：看到未开发的机会，这种机会的预先存在表明原先存在的平静循环流是一个虚幻，即还不是均衡状态，它代表一个注定要被打破的非均衡状态。对熊彼特而言，企业家是扰动的、去均衡的力量，从把市场从均衡的昏睡中驱离；而我们认为，企业家是建立均衡力量，其活动对现存的紧张做出反应，并向那些明知未被利用的机会提供纠正。"① 在熊彼特的分析中，"企业家活动乃是领导者的活动——改革者和开拓者，这与那些跟随企业家的大量'模仿者'的活动形成鲜明对比。这些领导者通过打破均衡状态创造暂时利润，推动经济发展上升到更高水平，而大量模仿者使经济停留在这一新的均衡水平。他们重塑平静、循环流的活动并不是企业家活动；他们是跟随者，一旦他们学会了模仿领导者就会进入又一个零利润惯例"；相反，"我们认为，企业家精神既体现在短期活动也体现在长期发展变化中，即被模仿者运用也被革新者自己运用。企业家精神只有当模仿性活动已成功地挤压出了所有有利可图的利润机会时才会停止。我们把这一过程，即超过均衡价格水平的价格降到均衡状态水平看作是一个企业家过程：这就要求企业家对真实状态的警觉调整到预期买者的真实渴望水平"②。

当然，由于承袭了新古典经济学思维而将市场主体视为同等理性的个体，米塞斯—柯兹纳的"警觉"和"套利"观也就成为奥地利学派的正统。按照这一正统观点，市场中的纯利润机会通常会以三种截然不同的形式存在：（1）在不同市场上以不同的价格同时买和卖，作为纯粹的套利的结果；（2）以一个较低价格买，然后以更高的价格出售，作为跨期套利的结果；

① ［美］柯兹纳：《竞争与企业家精神》，刘业进译，浙江大学出版社 2013 年版，第 106 页。

② ［美］柯兹纳：《竞争与企业家精神》，刘业进译，浙江大学出版社 2013 年版，第 107 页。

（3）以较低的价格购买原材料，并且以一个更高的价格在未来将制造出来的产品加以售出，作为一种创造性的生产行为的结果。① 在奥地利学派看来，"纯粹的套利倾向保证对于所有买卖双方都得利的交易机会被发掘；跨期套利倾向于避免'浪费性的'跨期配置；在产品生产中的企业家活动倾向于产生技术进步"②。同时，正是由于正统奥地利学派坚持"套利"的企业家才能论，这在分析具体社会现实时就会暴露出不少问题。这里，我们就柯兹纳着重阐述的几大方面内容加以盲视，并由此来剖析奥地利学派企业家才能理论所潜含的问题。

（一）如何界分企业家行为和非企业家行为

奥地利学派将企业家精神和所有权功能视为可以分离的。纯粹企业家通过发现和利用市场机会来获取利润，但是，一些利润机会往往包含着种种时间耗费过程，如低资源成本和高商品收益之间的差异就使得这种资源可以产生出某种当前利润的机会，而生产又需要时间。因此，此时的利润机会就需要资本投资，而投资则是资本家的角色。相应地，此时的利润获取就有这样两种情形。（1）纯粹的企业家可以通过"租借"资本家的货币资本而获得这种利润，而资本家因"出借"货币资本而获得的就是利息，这是资本所有者收入的实质。③（2）如果一个企业家恰好自己拥有资产，因而企业家和资本家这两者角色就会合二为一，而不再是一个纯粹的企业家；相应地，他所寻求最大化的也许就不再是企业家利润，而是凭借资源所有权获取的准租金。但是，这就带来了问题：我们该如何区别买卖差额中获得的企业家利润

---

① ［美］柯兹纳：《市场过程的含义》，冯兴元等译，中国社会科学出版社 2012 年版，第 53 页。

② ［美］柯兹纳：《市场过程的含义》，冯兴元等译，中国社会科学出版社 2012 年版，第 54 页。

③ ［美］柯兹纳：《竞争与企业家精神》，刘业进译，浙江大学出版社 2013 年版，第 41—42 页。

和资本运作中获得的准租金呢？难道发现诸如"调用企业资源就可以获取一个超过市场价值的纯剩余"之类的机会就不需要企业家的警觉了吗？

事实上，按照奥地利学派对企业家才能的定义，通过以更低的市场价格雇用一组相关资源组成另一个能创造出同样利润的企业，这也是企业家能力的表现。① 依据同一逻辑，即使"出借"货币资本的资源所有者，他将资本"出借"给这个企业家而不是那个企业家，也是基于对不同企业家才能及其赢利机会的警觉，从而所获得的利润本质上也是企业家利润。进一步地，资本家雇用拥有警觉才能的企业家来组织生产和管理企业，所获得的利润也是企业家利润，因为该资本家选择雇用哪个企业家已经展现了更高层次的警觉。推而广之，股东、债券持有人以及股票市场上的交易者，无不是借助自身对市场变动中利润机会的警觉而获利的，因而也都是企业家。这样，按照奥地利学派的逻辑推理，除了正常的利息（银行利息）外，企业获得的所有利润都应该被视为企业家利润，因为它们都涉及对赢利机会的警觉和利用。

这也意味着，奥地利学派乃至一些新古典经济学家的以下做法是错误的：他们以所有权和经营权的分离来区分资本家和企业家所承担的不同角色，以及所获得利润的不同性质，并将资本家收入仅仅视为准租金。② 基本理由是，对风险的承担，本身就涉及对利润机会的把握，涉及企业家的警觉才能，因为任何风险承担都是选择性的而非随机性的。事实上，在米塞斯看来，市场中的每一个行为都内在地包含了不确定性，而企业家就是专门应付不确定因素的行为人。显然，如沃恩所说："假如接受按照米塞斯所定义的行为，没有什么行为不是企业家行为的话，那么后来柯兹纳通过区分最大化

---

① ［美］柯兹纳：《竞争与企业家精神》，刘业进译，浙江大学出版社 2013 年版，第45页。

② ［美］柯兹纳：《竞争与企业家精神》，刘业进译，浙江大学出版社 2013 年版，第47页。

的行为与纯粹企业家行为的方式来试图调和奥地利学派和新古典主义经济学关系的做法，似乎就成了问题。"① 尤其是，如果将所有的市场活动都等同于企业家行为，我们又如何来保证企业家行为将通过分散信息的发现和传播而促进市场的协调和扩展呢？毕竟众多的理论已经告诉我们，市场主体的理性是有限的，而有限理性的市场主体之互动将会导向囚徒困境，广泛的市场失灵就是明证。

（二）如何界分垄断行为和非垄断行为

基于广义的企业家才能和"套利"利润，奥地利学派还为垄断行为辩护。为此，奥地利学派首先区别了两类垄断，并对两类垄断的性质及其对生产和福利的影响做了分析。（1）作为资源所有者的垄断者，他通过控制一种资源而以无限期地维持单独资源供给者的地位，从而影响该资源及其他资源和产品的价格，进而影响整个生产模式和均衡位置。关于这一点，柯兹纳写道："对所需资源的进入限制也许有效地阻碍了潜在企业家开发未被利用的利润机会，这并不是因为垄断限制他们察觉能设想到的任何机会，而是因为对资源的垄断也许已经消灭了进入市场的可能性。"② （2）作为生产者的垄断者，他通过竞争而向市场提供了别人当前不能生产的东西，从而通过企业家活动而控制了一种给定商品的生产以及相应的生产要素。事实上，在现实市场中，即使一个人没有初始资本，但由于察觉到丰厚利润的机会并通过购买全部某一给定资源的可得供给，也可以成为特定商品的垄断生产者；同时，尽管他此时因为变成一个资源所有者而处于垄断生产者地位，但他发挥的却是企业家的作用，他所做的事七是其他人都可以做的，从而是竞争

---

① ［美］沃恩：《奥地利学派经济学在美国——一个传统的迁入》，朱全红等译，浙江大学出版社 2008 年版，第 92 页。

② ［美］柯兹纳：《竞争与企业家精神》 刘业进译，浙江大学出版社 2013 年版，第 87 页。

性的。

在奥地利学派看来，真实世界中显示出的生产垄断根本上是源自竞争的结果，是其他人也可以进入的情形。所以，柯兹纳说："当看到这样的情形，即资源已经被有企业家技能的生产者所垄断时，人们就只看到垄断生产者被免于竞争直到其资源垄断所允许的程度。而当人们采取长期视角观察垄断情形时，就会发现那是来自于竞争的胜利……企业家对于垄断地位的攫取，是迈向排除先前资源所有者和消费者决策之间的不匹配的一步。生产者赢得的利润，短期视角看来，很清楚是得自垄断占有资源的垄断租金，但在长期视角看来，则是竞争性企业家精神的利润。"① 而且，奥地利学认为，只要生产者使用的资源对于所有人而言都是可及的，他们的活动就是企业家—竞争性的。譬如，生产者往往通过教育、广告等来影响乃至形塑消费者的口味和偏好，甚至会严重违反既有的伦理价值，但是，只要用于广告、销售和生产的资源没有为垄断所控制，这类活动就是竞争性的。也就是说，在垄断的讨论中，奥地利学派刻意地去追溯它的成因，而不是目前的状态。柯兹纳强调："一个避免去尝试了解市场过程的理论，不管它是否关注竞争，都注定无法提供市场过程与其他过程的不同之处的洞见。实际上，当代正统理论把竞争（当然还有垄断）看做是一种状态，而非一个过程。"②

正是通过对垄断的最终来源及生产垄断特性的剖析，奥地利学就为当前所有的垄断进行辩护，因为目前的垄断根本上都是竞争的结果，从而就以"历史功绩"来为"现实行为"辩护。譬如，正是以竞争为基础，哈耶克提出了自发市场秩序原理，并为市场中的权力集中现象辩护，也为大公司作为市场过程中的合理主体进行论证。在哈耶克看来，大公司不会像工会那样带

---

① ［美］柯兹纳：《竞争与企业家精神》，刘业进译，浙江大学出版社2013年版，第18—19页。

② ［美］柯兹纳：《竞争与企业家精神》，刘业进译，浙江大学出版社2013年版，第75页。

来垄断权力的危险，而且等级制的大官僚组织中并不存在强迫关系。因此，企业垄断在当代经济中只是小问题，反托拉斯和反垄断政策都是不必要的。同样，米塞斯以庞大的铁路公司仍然无法阻碍汽车和飞机的出现为例说："竞争指的是一种以更为低廉和优良的服务满足消费者的机会，并且这一机会不会受到那些可能被伤害的既得利益者之特权的阻碍。对一个挑战市场中既得利益厂商的新厂商而言，最为需要的就是头脑和观念。如果他的设计最能满足消费者最迫切的需要，并能比老厂商更低的价格供应给他们，他就能够成功地战胜那些大而有力的老手。"① 问题是：（1）现实市场中，不同市场主体所能运用的资源是不同的，因而竞争必然是不平等的；（2）过去的竞争性行为并不代表取得垄断地位以后的行为也是竞争性的，相反，垄断者会逐渐改变其行为方式；（3）过去可以竞争进入的领域并不意味着一直会如此，相反，垄断者对产品生产的控制也就必然会损害竞争过程。

为了更好地认识这一问题，可以与国家层面的独裁者做一类比。实际上，很多独裁者原来曾经是承担巨大政治风险的革命者，是顾准眼中追求社会自由和福祉的民主主义者，并关打破原来腐败的社会统治和无效的社会结构做出了重大贡献。但是，一旦他们取得了政权，往往就会同样采取过去那样压制不同意见的措施。基于这一情形，新古典经济学家也就会极力否定和贬斥这些早期的革命者，以及后来的当权者，进而尝试设置一系列的制度安排来限制这些当政者的行为。当然，奥地利学派的信徒也会说：任何垄断企业都终究会破产、倒闭，而会被新的更有前途的企业所取代。但问题是，除非治理上存在严重问题，否则必然需要爆发出大的技术革命才能出现新企业取代旧垄断企业的局面，更不要说垄断者在企业破产之前往往已经攫取了巨额利润。同时，这一逻辑也同样适用于国家，任何独裁者都会被赶下台，但往往需要大规模的社会革命才能将这些独裁者赶下台，而独裁者在此之前已

---

① ［奥］米塞斯：《人的行动：关于经济学的论文》，余晖译，上海世纪出版集团 2013 年版，第 302 页。

经攫取了大量的垄断租金。由此我们反思：广泛存在的规模经济及其导向的垄断对经济发展的危害已经为大量现象所表征并且为各种理论所刻画，那么，奥地利学派又如何以一句"生产性垄断者也是靠竞争起家的"来抹杀这个现实问题呢？艾尔斯就指出，"为了维护竞争，商人必须不受政府'干预'，对于垄断的发展来说，没有什么比这种学说更受欢迎的了"[1]。显然，至少也应该像勒讷那样区分掠夺性或垄断性投机与单纯的或生产性投机[2]，只有后者才会对市场运行起到积极作用。

（三）如何看待销售成本和产品差异

现代商业竞争中大量的广告和销售成本的投入也成为学者们的批判之薮：它不仅造成了资源浪费，而且还塑造出了垄断。事实上，按照传统经济学的观点，生产成本往往被认为对一种即将生产的特定产品是必须的，销售成本则被认为只是改变了那种产品的需求曲线。但是，奥地利学派却反对将销售成本从生产成本中分离出来的传统做法。柯兹纳列举了这样一些理由："（1）企业家在市场上相互竞争，试图为市场提供更好的机会。但是，一个更'好'的机会可能是在其他方面而不是提供更低的价格方面……（2）实证的经济学理论不能区分销售成本和生产成本。两种成本都是企业家为了提供更吸引人的商品而必须承担的……（3）作为其企业家角色的一部分，生产者的功能不仅仅是为消费者把东西生产和提供出来。他还必须提醒消费者某种产品现在上市了，甚至提醒他们这些产品有什么样的好处。"[3] 在奥地利学派看来，"企业家……必须承担两项责任，既要设想一个机会怎样变得对消费来说是可用的，同时还必须使消费者意识到这个机会确实是可得的。

---

[1]　［美］艾尔斯：《经济进步理论：经济发展和文化变迁的基本原理研究》，徐颖莉等译，商务印书馆 2011 年版，第 34 页。

[2]　［美］勒讷：《统制经济学》，陈彪如译，商务印书馆 2016 年版，第 83 页。

[3]　［美］柯兹纳：《竞争与企业家精神》，刘业进译，浙江大学出版社 2013 年版，第113 页。

企业家履行这个责任并不是通过向消费者提供可用知识来实现的……企业家必须以某种方式成功使消费者知道这个知识供应"①。

基于上述分析，奥地利学派给出了企业家所履行的两种功能：一是"使消费者知道机会可得性的功能"，二是"向潜在消费者'提供信息'的功能"②。一方面，奥地利学派强调，企业家的基本功能在"使消费者知道机会的可得性"。柯兹纳写道："人们可能认为，企业家更愿意通过生产那些消费者需求最急迫的产品，而不是生产那些需求相对不那么急迫，需要通过花费巨大的劝说来完成销售的产品"③；"在真实世界中，生产者—企业家致力于提供给消费者所缺少的企业家精神。生产者—企业家并不仅仅致力于向消费者提供他们所要购买的商品，还同样关心使消费者知道哪些购买机会的存在。所以，我们可以看到生产者在销售方面的努力远大于'说服'，并且远大于'知识'的供给"④。另一方面，奥地利学派还强调，企业家还需要"向潜在消费者'提供信息'的功能"，因为消费者往往只有一些不完全的知识。米塞斯就写道："推销员的任务不仅仅是简单地向消费者推销其所需的商品。他还必须向消费者就如何选择最难满足其需要的商品提供建议。"⑤ 问题在于，当企业家向消费者提供有关知识供给的信息时，这一信息是真实的还是虚假的？信息经济学表明，广告往往存在着信息型和劝说型两种类型，信息型广告固然对传送真实信息非常重要，但劝说型的广告却常常传递着虚假信息；而且，在市场崇尚的追求自利的动机支配下，劝说型的

① ［美］柯兹纳：《竞争与企业家精神》，刘业进译，浙江大学出版社 2013 年版，第123 页。

② ［美］柯兹纳：《竞争与企业家精神》，刘业进译，浙江大学出版社 2013 年版，第125 页。

③ ［美］柯兹纳：《竞争与企业家精神》，刘业进译，浙江大学出版社 2013 年版，第133 页。

④ ［美］柯兹纳：《竞争与企业家精神》，刘业进译，浙江大学出版社 2013 年版，第124 页。

⑤ ［奥］米塞斯：《人的行动：关于经济学的论文》，余晖译，上海世纪出版集团 2013年版，第 399 页。

广告越来越普遍。

一般而言，我们可以将商品分成两种：（1）在购买时就可以确定或评价其质量的商品，称为可鉴别商品，如衣服的质量等；（2）只有在使用后才能确定或评价其质量的商品，称为经验性商品。显然，对可鉴别商品的广告而言，它的功能在于告诉消费者哪种商品更好；相反，对经验性商品的广告而言，它通常告诉消费者有这类商品和质量如何。即可鉴别商品的广告属于信息性广告，而经验性商品的广告属于诱导性广告。而且，在现实生活中，后一种越来越占主流。为此，施蒂格勒指出，"广告本身是一种开支，而且本质上独立于所宣传的物品的价值"①。然而，即使传递信息的广告造成了如此巨大的成本浪费，柯兹纳却辩解说，应该"把所致浪费归因于疗伤过程要去治愈的不完美知识，而不是归因于竞争性的疗伤过程"②。在柯兹纳看来，尽管广告几乎不可避免地具有劝说特征，而这种劝说正是有效沟通，以及改变人们错误想象所需要的。柯兹纳写道："伴随着如此多的广告信息'轰炸'消费者，成功的企业家被证明越来越依赖于他的产品质量能否成功吸引消费者注意力。越来越多的企业家的努力和警觉致力于发现能与消费者有效沟通的方法。因此毫不奇怪的是，越富裕的经济，广告越具有鼓动性、指导性、刺激性、劝说性和遍布的特征。"③ 正是基于这一思维，奥地利学派看不到生产成本和销售成本之间的区别，看不到销售中的策略性行为造成的资源浪费及信息污染，更看不到广告等消息对消费者偏好和效用造成的误导和扭曲。④

---

① ［美］施蒂格勒：《产业组织和政府管制》，潘振民译，上海三联书店、上海人民出版社 1996 年版，第 79 页。

② ［美］柯兹纳：《竞争与企业家精神》，刘业进译，浙江大学出版社 2013 年版，第 149 页。

③ ［美］柯兹纳：《竞争与企业家精神》，刘业进译，浙江大学出版社 2013 年版，第 135 页。

④ 朱富强：《不确定情形下的市场定价机制：基于权力结构的新古典经济学价格理论审视》，《财经研究》2018 年第 5 期。

（四） 如何甄别企业家的欺诈和强制

奥地利学派推崇市场竞争，认为市场竞争将导向社会合作。但实际上，市场竞争在很多场合上都呈现出一个零和博弈情境，或者是一个位置博弈。为此，逐利的"企业家"往往会充分利用其资源和信息影响他人的行为，从而获取来自他人创造的转移收入。一般地，为了在市场竞争中取胜，市场主体往往会采取这样两种促使合作瓦解的行为。（1）欺诈行为，市场主体会刻意地制造影响对方判断的"噪声"。显然，这种相互的策略性行为必然会导致内生交易费用不断提升和社会资源的无效配置。事实上，在信息的传播过程中，不可避免地会出现信息的扭曲，这也就是噪声。所谓噪声，实际上可以被看作在传播中发送者不想发送的信号，或接受者不想接受的信号。（2）强制行为，市场主体会充分利用自身优势地位迫使对方接受不利条件。显然，相互之间的争胜行为也会导致不断升级的恶性竞争，最终导致资源投入的浪费。事实上，逐利的企业家不仅会通过发现和创造利润机会的生产性活动进行寻利（profit-seeking），而且也会通过收入再分配的非生产性活动进行寻租（rent-seeking），而这会产生大量浪费性的交易费用。

由此，我们可以重新审视奥地利学派的"消费者主权"观：相对于给定的稀缺的资源背景，相对价格体现了消费者的不同偏好，以及不同商品的效用或价值；而且，消费者偏好和选择启动了数量不断扩张的企业家生产活动，并导致对要素服务的市场价值评估以及他们在不同产业间的相应配置状况。在这里，奥地利学派认为，消费者不仅完全能够理解自身偏好，而且效用也是完全客观的。但显然，事实并不完全如此。事实上，企业家究竟选择哪种商品，关键在于哪种商品能够带来更大利润，在于能否影响消费者的偏好和消费者的信息。柯兹纳也承认，至少有两种原因会使企业家致力于通过改变人们的偏好而获利："首先，即使最为迫切需求产生已被生产出来，通过一系列相对廉价的劝说活动，使消费者对此产品需求更急切……（此时）

企业家对利润时机的警觉，可能表明了比简单生产已流行产品更有利可图。其次，企业家过去的决策已导致了错误生产事实上需要并不强烈的产品，很清楚，劝说有可能是一种避免已投入努力和资源浪费和废弃的方式。"① 因此，对奥地利学派的消费者主权理论就需要质疑：现实世界中的消费果真是来自人们的真实需求吗？关于这一点，凡勃伦提出了凡勃伦商品，加尔布雷斯则提出了"生产者主权"说。

（五）如何评估企业家利润的合理性

米塞斯指出，"自由主义所主张的资本主义社会秩序是：资本家若要发财致富，唯一的途径是像满足他们自身需求一样来改善同胞的物质供应条件"②。问题是，市场能否以及如何做到这一点？一个明显的事实就是，现实世界中充满了信息不确定行和垄断，也就充斥了欺诈和强制。不过，米塞斯等人将之视为"资本主义普遍现象中的某种特殊现象"，而且"恰恰是自由主义遭到遏制时才会产生的特殊现象"；因此，进而宣称"只要贯彻了自由主义的原则，这种现象绝不会发生。这是因为：在自由主义思想占统治地位的国家里，既无海关也无哄抬物价的卡特尔"③。进一步的问题是：自由主义原则究竟是什么？是根植于自然法的自然秩序？是自生自发的市场秩序？是抽象的一般规则？是法律面前人人平等的机会？所有这些都面临着质疑：市场主体无论是行为人还是企业组织都不再是纯自然的，而是渗入了社会因素且呈现出明显的社会政治不平等；人类行动往往受各种社会因素的促发，从而也就不存在纯粹无意识的行动，以及由此产生的自发秩序；越来越

---

① ［美］柯兹纳：《竞争与企业家精神》，刘业进译，浙江大学出版社 2013 年版，第133—134 页。

② ［美］米塞斯：《自由与繁荣的国度》，韩光明等译，中国社会科学出版社 1995 年版，第 53 页。

③ ［奥］米塞斯：《自由与繁荣的国度》，韩光明等译，中国社会科学出版社 1995 年版，第 53 页。

凸显的人际相异性必然使得法律层面的机会平等流于空谈。

所以，我们可以对企业利润的合理性进行审视。首先，奥地利学派将企业家利润主要归咎于"套利"，但"套利"根本上不是生产性的而是分配性的。一般地，面对市场既有的利润机会，总有人可以获得它，不是 A 就是 B；而且，如果 A 获得了该利润，B 就失去了该利润，但总利润并没有变化。那么，这又如何证明企业家利润的合理性呢？这里，只不过将"警觉性"作为利润分配的合理依据，但它并没有推动社会的实质性发展。其次，更为严重的问题是：追求利润的企业家不仅善于发现和利用现有的机会，而且还积极创造潜含利润的机会，但这种"创造"往往具有某种破坏性（这在第 4 章将做更详细的阐述）。显然，如果企业家在市场竞争过程中对各孤立的个人计划之间以及生产和消费之间等承担了协调职能，那么，这种职能将有助于社会价值的创造，从而也应该获得回报；但是，我们不能反过来说，企业家所获得的利润都源自其协调活动，因为企业家的逐利行动往往也会带来策略性冲突，对社会协调起到扰乱作用，这些都反映出，并不是所有的企业家利润都是合理的，都有赖于社会发展和福利增进。然而，奥地利学派却将资本家、垄断者乃至一切市场主体都冠以"企业家"之名，由此来为市场中的一切逐利行为辩护，进而也为市场利润的合理性辩护。

五、奥地利学派企业家理论的问题

通过对奥地利学派企业家理论的系统梳理和剖析，本章重新审视了奥地利学派有关企业家职能的一些主要观点，并提出了一系列的质疑。奥地利学派强调经济学要关注有意识、有目的理性行动，但又将企业家精神泛化，乃至将所有的市场行为都等同于企业家行为。试问，所有人类行为或市场行为都是理性的吗？显然，奥地利学派缺乏对不同行为目的和特征的具体分析。进而，基于"套利"视角，奥地利学派往往还将企业家与商人等同起来，从而为商人的行为辩护，却忽视了现实世界中的逐利者往往倾向于基于攫取和破坏而非创造获致财富的可能。扪心自问：市场获得中获取的收入都是合理的吗？显然，奥地利学派没有认真辨析商人致富的实际途径。奥地利学派还认为，市场逐利行为将引导市场信息的发现和传播，从而有助于市场的协调和扩展，但它却忽视了逐利者对信息的刻意隐藏和"噪声"的人为制造。试问：现实世界中的市场主体会主动披露自己的真实情况吗？或者，哪个市场机制能够"迫使"个体真实地显露其个人信息呢？显然，奥地利学派对市场行为的认知过于简单化和抽象化了。实际上，只要市场是不完全的，逐利者往往就不会只满足于发现利润机会，而是会致力于创造利润；进而，他所创造的利润也并非来自财富的增量，更主要是来自财富的分配，寻租活动就是典型例子。

那么，奥地利学派为何会无视这些显而易见的问题呢？根本上，就在于它根基于自然主义和肯定性理性思维之中。（1）失去了对现实世界的批判和现实问题的发现。究其原因，奥地利学派将市场秩序等同于自然秩序和正义秩序，将市场价格等同于合理价格或正义价格，从而也就忽视了市场价格信号的扭曲性，忽视了市场收入的不合理性，乃至将所有的逐利行为都视为企业家行为，将所有的市场活动都视为信息发现过程。（2）倾向于为市场经济中的各种行为和现象辩护。究其原因，尽管奥地利学派承认市场主体在口味偏好、行为目的、个人知识及警觉性等特性的人际差异性，从而引入了异质性的分析思维，进而关注个体行为之间的互补性和分工；但是，它忽视了个体不平等所带来的权力差异这重要因素，没有剖析异质性主体之间在市场活动中所产生的剥削、压迫以及奴役现象，进而缺乏对信息和地位不平等对收入分配影响的深刻考察。（3）倾向于将现实市场收入合理化。究其原因，它认为市场主体因异质性而衍生出的不同权力或权利是合理的，是一种资本要素，这种权力资本要求的充分使用视为是对社会良性发展的促进而非抑制，从而就赋予了市场机制所转让财富和财产权的合理性，甚至把官僚权力也视为一种可以运用的资本。最后，自然主义和肯定性理性思维还衍生出根深蒂固的社会达尔文主义和制度达尔文主义，相应地，奥地利学派倾向于从个人的无意识互动中推导出制度安排，并认为这种制度将朝好的方向不断演进，由此就忽视了制度变迁过程中权力的影响，也就严重误解了大量存在的不理想制度的成因。

当然，面对上述质疑，奥地利学派也不得有所退缩。（1）在论述企业家的作用时，奥地利学派及其信徒们就区分了风险和不确定，并以不确定作为市场的基本特征。他们认为，由于事件的可能性结果以及这些结果发生的概率都是未知的，因而无法依据某种正式规则进行决策，而是要依赖对形势具有直觉判断能力的企业家。在这里，米塞斯本人就将概率划分为：类别概率和事件概率。其中，类别概率是将事件按照同质类别的单一因素进行划分。当然，米塞斯认为，单一事件往往是独一无二的，因而无法用概率来表示，因为他认为只有在事件可重复的情况下才可能定义概率。① 问题是，概率本身并不等于精确预测事件出现的频率，如果我们关注的某一类事件，而这一类事件的出现就体现了某种程度的重复性，相应地，也就可以用概率来测度。譬如，任何一项高科技创业公司能否成功都是无法预知的，但一家创投公司通过在其他地方的信息收集却可以由推测该创业公司在特定时期内的成功概率。在很大程度上，产业政策并不是建立在特定企业的成功概率之上，而是建立在作为一个行业中企业成功的比例之上，这有赖于同一类别企业或其他国家相似行业的信息收集。（2）在论述建立企业和推动社会进步的基本动力时，奥地利学派将之归功于在不确定条件下对资源进行判断的企业家精神。正是基于这种判断力，企业家不仅对当下存在的机会做出反应，而且对未来环境中的事件进行估计并创造出新机会。但是，鲍莫尔（Baumol）和何尔康比（Holcombe）等人则将企业家精神区分为：一是破坏

① ［美］克莱因：《资本家与企业家》，古兴志译，上海财经大学出版社 2015 年版，第 105 页。

性企业家精神，它倾向于通过创造或发现资产新属性并以降低企业价值的方式控制这些新属性，如发现道德风险或寻租活动的新方法；二是建设性企业家精神，它致力于通过创造和发现新属性以增加企业的价值。① 也就是说，企业家精神不仅会促进也可能会危害社会，因为它很可能采取一种寻租的方式去影响政府以特定的资源消费方式重新分配收入。

同时，现代奥地利学派的企业家精神和企业家才能理论还逐渐向维塞尔—熊彼特路线靠拢，以致企业家行为也就不再简单地等同于所有的市场行为。柯兹纳写道："从事后的角度来看，我们会对我们的行为是否正确或不正确进行评判。我们可能会根据我们在作出选择的试点所具有的关于这个世界的信息判断说一个'不正确的'行为是不明智的，是应该受到责难的……我们仍然可能会后悔我们先前没有能力对这个世界有一个更有预见性的认知。努力作出'正确的选择'，去形成'正确的经济政策'，是具有明确意义的事情……在进行选择时，我们并不满足于仅仅选择一种在未来不会被认为是过于草率或过于谨慎、因此应该受到责难的方式做事情，而是试图做出未来被证明是正确的、成功的选择。"② 显然，在现实市场中，人们的警觉性和想象力是不同的，一些人对未来的预测往往比另一些人更为成功，其中的突出者才可称为企业家。柯兹纳写道："一旦我们承认努力去更正确地预见未来不是空洞的，我们就很难拒绝承认人类品质中所具有的'警觉性'。我们必须承认存在着某种'企业家能力'这样的东西，一种独立地把握机会并且更准确地掌握相关未来的图景。"③ 同样，米塞斯也承认，"面对同一个变化，不同的人反应的速度和方式都不一样……在市场里，有些人是

① ［美］克莱因：《资本家与企业家》，古兴志译，上海财经大学出版社 2015 年版，第 76 页。
② ［美］柯兹纳：《市场过程的含义》，冯兴元等译，中国社会科学出版社 2012 年版，第 28 页。
③ ［美］柯兹纳：《市场过程的含义》，冯兴元等译，中国社会科学出版社 2012 年版，第 29 页。

先行者和引路人，而别人只能步这些身心敏捷之人的后尘。这种领袖现象，其真实性在市场活动与其他任何的人的行动上均无差别"①。然而，米塞斯又认为，面对这些疑惑，只要用更为狭义的"促进者"（promoter）来代替"企业家"就可迎刃而解。相应地，企业家就是指"那些执着于按照预期的市场变化而调整生产活动从而获利的人；那些比普通人更具原创力、冒险精神和敏锐目光的人；那些推动经济进步的拓荒者"②。

然而，尽管以柯兹纳为代表的现代奥地利学派学者承认市场主体在"警觉心"和"想象力"上存在差异，从而开始将企业家和普通市场主体区分开来；但总体上，现代奥地利主流派所坚持的依然是米塞斯—哈耶克路线，而不是维塞尔—熊彼特路线。事实上，熊彼特的企业家精神根本体现为创造性而非警觉心，企业家利润根本来源于创新而非套利，企业家活动根本作用是打破均衡而非促进市场协调。柯兹纳写道："企业家并不试图去正确地想象他的行为可以控制的未来，而是由于他自己的行为部分地会影响的未来……企业家与其说是在选择一条与'现实'相吻合的行动路线，还不如说他在选择他的行为可能会影响的各种可想象的现实之间进行选择。必须大胆地承认，在这样的场景下所要求的预见性必定显得非常不同于在把未来看成是实质上决定性的、与个体决定怎么做无关的那种情形中所讨论的简单的预见性。"③ 尤其是，在新古典自由主义和市场原教旨主义的强烈支配下，国内一些经济学人更是无视奥地利学派企业家理论本身所存在的缺陷，而倾向于混用企业家理论两条路线中的警觉和创新来为现实市场机制及其后果辩护：一方面，他们将企业家的警觉性扩展到所有市场主体身上，从而为市场

---

① ［奥］米塞斯：《人的行动：关于经济学的论文》，余晖译，上海世纪出版集团 2013 年版，第 281 页。

② ［奥］米塞斯：《人的行动：关于经济学的论文》，余晖译，上海世纪出版集团 2013 年版，第 280 页。

③ ［美］柯兹纳：《市场过程的含义》，冯兴元等译，中国社会科学出版社 2012 年版，第 30 页。

行为的合理性以及市场机制的有效性辩护；另一方面，他们将企业家的创新精神运用在那些资本精英身上，从而为企业高管的高额报酬以及市场收入的巨大差距辩护。

事实上，不同于柯兹纳将警觉和发现视为企业家精神的基本特征，米塞斯认为企业家精神的精髓在于承受不确定的行为，罗斯巴德进一步将那些利用资本并承受亏损概率的人才视为是真正的企业家。也就是说，米塞斯—罗斯巴德意义上的企业家是"资本家—企业家"合为一体的企业家，"他们甘愿用自己的货币资本去冒险、预测未来、承受不确定性、赚取收益……企业家几乎都是资本家，资本家也总是企业家"①。但是，这里存在两个明显问题：（1）现代企业中所有权和经营权的分离趋势已经越来越明显，这是自凡勃伦、贝利和米恩斯以来就已经广为经济学家注意到的现象；（2）资本家—企业家赚钱的途径是多种的，既可以从承担不确定性中获得收益，也可以从控制不确定性中取得收益；既可以从财富创造中获得收益，也可以从财富转移中获得收益。在很大程度上，在所有权和经营权相分离，以及生产与金融相分离的情形下，奥地利学派意义上的企业家更倾向于通过对生产过程的短暂控制而获得转移收益，而这种行为往往并不利于技术的创新和财富的创造；进而这些企业家也逐渐蜕变成单一的"套利者"而非"创新者"，而频繁的套利行为非但不会促进市场协调反而加剧市场波动。

六、结语

一些传承奥地利学派教义派的国内经济学人往往简单而机械地接受和宣扬现代奥地利学派的市场过程理论和企业家才能理论，但显然，这根本无法解决本章所提出的一系列问题：无法甄别不同利润的性质，无法区分不同市

---

① ［美］克莱因：《资本家与企业家》，古兴志译，上海财经大学出版社 2015 年版，第 23 页。

场行为的作用，不能理解市场的非效率存在，不能理解市场的剧烈波动，从而也就不能正视市场机制内含的问题。实际上，奥地利学派开山者之一的维塞尔就承认纯粹的交易投机者与生产者、商人和企业出资人的活动存在根本性差异："他从来就不关心改善供求之间的关系。他获得利润时最高目标就实现了……激励他的因素与赌徒一样。"① 而且，所有这些认知都为凡勃伦、米恩斯等美国制度学派学者所深入剖析，他们系统地区分了生产者和投机者。因此，我们在借鉴现代奥地利学派的流行学说揭示市场的性质和功能并由此为市场机制辩护的同时，至少应该全面剖析奥地利学派先驱者的认知，应该积极汲取美国制度学派所提出的洞见。当然，国内经济学界在理解和运用奥地利学派思维分析具体问题上之所以存在混乱，很大程度上也与奥地利学派的特性有关。奥地利学派嵌入在特定的主观主义心理哲学之上，这种心理哲学迄今并没有取得共识，而且还会混淆人们对社会现象的认知，从而很难为社会大众所把握和接受；相应地，奥地利学派所提供的经济分析框架也是不明确的，缺乏一条为青年学子所遵循的清晰而简洁的研究路线，从而也就很难为很多学子所接受。正因如此，尽管奥地利学派提出了不少引起深思的观点和告诫，但其很多观点也具有某种程度的非推论性质，而往往有赖于某些权威人士的解释。

---

① ［奥］维塞尔：《社会经济学》，张旭昆等译，浙江大学出版社 2012 年版，第 461 页。

3. 企业家阶级如何破坏现代生产

——基于凡勃伦二分法分析的审视

导读：基于工作本能和虚荣本能这两大人类本能，凡勃伦区分了两类社会制度：（1）动态的社会技术制度，它塑造了由工程师、科学家等组成的生产者阶级；（2）有关特定产权的礼仪制度，它塑造了由董事、经理等组成的企业家阶级。同时，资本主义的机器化生产改变了企业形态和企业家行为：一方面，它使得所有权与管理权相分离，从而产生了无主所有制；另一方面，它使得生产与金融相分离，从而导致商业和工业的脱节和对立。因此，资本主义生产就出现了机器利用和企业经营之间的矛盾，现代企业经营主要是依靠运用价格制度而非财货制造来获得优厚利润。为此，既得利益集团还会通过限制产量、破坏技术来保持尽可能高的利润。在很大程度上，也正是由于这些企业家阶级的逐利行为，造成了银行信用的收缩，最终引发了周期性经济危机。由此，我们就需要重新界定"企业家"内涵和作用：由虚荣本能驱动的"企业家"往往不是生产者而是投机者，不是技术革新者而是利润攫取者，他们的逐利活动对社会发展往往产生破坏性作用而非创造性作用。进而，借鉴美国制度学派的二分法思维，我们就可以更全面地审视奥地利学派的市场过程理论和企业家才能理论。

一、引言

新古典自由主义经济学往往不承认市场机制的无效性，不承认市场收入的不合理，不承认市场经济中潜伏着周期性的经济危机；相反，它们往往极力为资本主义制度和自由市场经济辩护，极力推崇企业家精神，以及企业家在经济发展中所起的作用。与此不同，由凡勃伦开创的早期美国制度学派却持有相反的观点：企业家阶级往往受到虚荣本能的驱使，并在现代资本主义企业组织和价格体系下通过损害工业生产和财货制造的方式获取个人利益。之所以存在这种认知上的差异，根本上源于两者使用了不同分析方法：正统的新古典自由主义经济学热衷于采用抽象方法而忽视了市场主体的权力差异，进而倾向于在个体主义思维下探寻市场均衡机制；相反，美国制度学派倾向于采用历史的和心理的分析进路，进而基于异质个体互动而展开演化过程分析。同时，即使奥地利学派也引入了行为意向性和人际相异性的分析，但它的整个分析仍然以抽象的理性为基础；相反，美国制度学则深入到人类本能的剖析，将本能而非意识（理性）视为人类行为的根本驱动力，进而从本能角度考察了不同的社会制度及其演变过程，并由此发展了社会权力结构的分析框架。

按照尼采等人的看法，决定人类思想是由权力意志驱动的埋藏在最底层的欲望，而本能则是权力意志最直接的动作，也是人类最富智力的活动。从这个意义上说，美国制度学派引入本能和权力来分析人类行为、制度演化，以及各种社会经济活动，其认知就要比包括奥地利学派、新古典经济学、新制度经济学在内的正统经济学更为深刻。显然，美国制度学派的方法论思维滥觞于凡勃伦的著作，尤其根植于凡勃伦所开创的二元分析思维之中，并由此产生了不同于正统经济学的有关市场、制度和社会的认知。有鉴于此，本章就尝试探索这样一些问题：凡勃伦如何看待社会制度的演化，以及现实世界中存在的不合理现象？凡勃伦如何看待资本主义的生产特征及其内在弊端？凡勃伦如何看待被新古典经济学尤其是奥地利学派高度推崇的企业家在经济发展中的真实作用？凡勃伦如何认识经济危机的起因和特征？这些问题根本上都涉及凡勃伦开创的二元分析法，而这种二元分析法又与从本质到现象的研究路线相通。正是通过梳理和剖析以美国制度学派的思维和理论，我们可以更深刻地认识市场机制的运作，更深刻地辨识企业家及其活动，进而有助于更深刻地审视奥地利学派的视为和理论。

二、美国制度学派的方法论思维

凡勃伦开创的制度学派反对抽象演绎方法，尤其反对基于形式逻辑的数理分析。其理由是，抽象方法论对于人类行为和社会制度持有一个完全非历史的和过分简单化的观点，它试图通过用理性的、自利的、最大化行为等术语来解释一切社会行为和社会现象，但结果却什么都没有得到真正的解释。譬如，新古典经济学认为，任何时空下为获取更多效用而做出的一切努力都可以归结为用土地、劳动和资本换取商品，所有人获取和享用的所有效用都可以归结为工资、租金或利息；同时，资本主义市场竞争保证了所有的收入都代表了所有者对社会的生产性贡献，从而比其他任何社会形态更有效，也更能体现社会和谐这一自然常态。但是，凡勃伦却强调，市场通常是一种社会和文化现象，其中，产出不能被视为任何一个人或任意生产要素的纯粹结果，相反，人们在生产过程中分享知识和技能，在改造自然以适应人类需求和应用的过程中进行社会合作；同时，在这个过程中，土地、劳动和资本等要素的分类和分离只不过是资本主义的一种历史现象，通过工资、租金和利息等方式来分配人类社会努力的成果也仅仅是资本主义所特有的一种历史现象。在凡勃伦看来，只有在资本家垄断了生产资料所有权的商业货币经济中，才会存在工资劳动者和工资这些现象。因此，新古典经济理论模糊了资本主义的对抗性本质，将劳资冲突描述为表面而非真实的现象，从而宣扬一种有利于商人、不在场所有者以及其他既得利益者的社会和谐论。①

当然，反对新古典经济学抽象分析方法的，不仅有美国制度学派，也包括奥地利学派。一般地，奥地利学派和美国制度学派在分析方法上存在这样一些共性：都注重人类行为分析，反对最大化行为模型；都注重文化心理分析，反对行为功利主义；都注重历史经验分析，反对形式逻辑演绎；都注重社会结构分析，反对抽象还原分析；都注重动态演化分析，反对静态均衡分析；都注重跨学科交叉分析，反对社会科学之间的隔离；都热衷于因果机制探索，反对功能关系构造；都注重事物实在的揭示，反对现象解释的取向；都反对新古典经济学对均衡状态的追求，反对新古典经济学将过程和历史现象简化为理性人被动行为的结果，正试图以演化经济学来取代正统的新古典经济学。事实上，奥地利学派就非常强调心理动机在经济行为中的根本性意义。例如，维塞尔就写道："理论的出发点是经济人的心理……在这种意义上经济理论可以算作应用心理学……由'心理学的'经济理论所发展起来的对于人的内在生命的观察，是独立地形成的。"② 同样，凡勃伦不仅分析制度和文化的演进，而且还把对制度和文化的分析最终都归结为对心理的分析。不过，凡勃伦所诉诸的心理学显然不同于正统学说的心理学信条：利己主义（享乐主义）、理智为上（理性主义）、清静无为和原子论。相反，凡勃伦以 19 世纪末在美国出现的进化心理学和实用主义心理学为理论基础，并由此创立了被称为社会心理学派的制度主义。

尽管如此，凡勃伦开创的美国制度学派与奥地利学派在分析思维上还是存在显著差异。第一，奥地利学派具有强烈的方法论个体主义，不仅热衷于分析孤立的个体行为，而且将社会经济现象都追溯到个人行动；相应地，它

---

① ［美］亨特：《经济思想史：一种批判性的视角》，颜鹏飞总译校，上海财经大学出版社 2007 年版，第 270 页。

② ［奥］维塞尔：《社会经济学》，张旭昆等译，浙江大学出版社 2012 年版，第 47 页。

将社会制度的出现也简单地归咎为纯粹个人行为，是自利个体的理性行为所产生的无意识后果，从而也就看不到制度本身的演化和扭曲。相反，美国制度学派偏重方法论整体主义而反对局部主义分析，强调不能局限于考察与整体分离的较小部分或独立实体，否则就不能充分了解复杂的有机体。为此，它在分析心理现象的变化时，往往辅以人种学、文化史、生物学、自然历史和宗教，从而从本能维度更深入地揭示了不同类型的制度及其互动变迁，进而考察了社会的不同阶级特征及其对经济发展的作用。第二，奥地利学派虽然凸显了个体行为的意向性，但由于集中在经济活动领域，从而依然以自利为行为基础；同时，奥地利学派虽然引入了人际相异性，但由于集中在信息和口味偏好上，从而忽视了人际相异性所衍生出的权力关系。相反，美国制度学派从本能维度来剖析人类行为的深层动机，从权力关系剖析现实世界中的经济互动，从而在对市场和经济的结构分析中渗入了权力和利益集团等因素考虑；同时，美国制度学派还基于二元本能观梳理了制度的殊途演化，将两者相对照而揭示了制度之间的紧张和冲突，从而又将实证分析和规范分析结合在一起。

正是由于存在这种分析思维上的差异，尽管奥地利学派也对占主流地位的新古典经济学提出了批判，却依旧维护自由资本主义制度，进而倾力为市场的资源配置机制以及企业家的逐利行为辩护。相反，凡勃伦开创的美国制度学派不仅对新古典经济学发起更为强烈的批判，而且也对整个资本主义制度及其所根基的文化进行深刻批判，进而揭示出由虚荣本能驱动的企业家阶级对现代社会经济的破坏性作用。事实上，美国制度学派不仅倾向于对社会制度和文化的演进取向进行探索，而且更致力于对自由市场和资本主义经济内在弊端和缺陷进行揭示；进而，在经济政策上，美国制度学派根本上重视国家对社会经济的调节，甚至主张实行开明的民主改革，目标就在于克服由逐利本能驱动的市场经济所内在的缺陷和弊端。也正是由于这种学术取向，凡勃伦及其开创的美国制度学派就为当时占主导地位的道德文化及社会制度所不容，所受到的来自主流学界的排挤和压力也比奥地利学派要大得多，以致在 20 世纪二三十年代的短暂繁荣后就迅速并长期被边缘化。但是，我们可以这么说，无论是奥地利学派还是现代新制度经济学对制度的产生、演化以及对现实弊端的剖析和认知上，都远不如美国制度学派深刻。之所以如此就在于，美国制度学派的开创者凡勃伦将行为和制度的研究深入到本能层次，基于工作和虚荣两类本能而发展出了二分法思维；相应地，它的认知就不容易为现实表象所遮蔽，而更容易发掘潜在在现实世界中的问题。

三、制度变迁的二元法分析

当前，有关制度的概念和分析框架主要来自奥地利学派和新制度经济学。不过，我们可以审视这样两大基本问题。第一，为什么需要制度？新制度经济学认为，制度的需要是因为交易费用的存在，制度的设立就是为了减少交易的成本。为此，科斯、诺思开创的新制度经济学在传统经济理论的三大传统柱石——资源禀赋、技术和偏好——上加入第四大柱石——制度，此后制度与土地、资本、技术和劳动等一样都成了稀缺性的生产要素，并在经济绩效的分析中居于核心地位。但是，新制度经济学根本上只是把制度当作社会经济活动的一个影响变量，却没有研究制度本身，乃至有学者认为新制度经济并不是真正的制度主义。同时，制度又是如何产生的呢？奥地利学派认为，制度是无数个体行动的无意识结果。为此，现代主流经济学往往借用博弈论将制度理解为博弈规则或博弈均衡。但是，这种自发演化观仅仅适合于习惯、习俗和惯例等非正式制度的分析和解释，而难以适用于对渗入理性认知和正义考虑的法典化或典章化的正式制度进行分析和解释。① 第二，制度演迁的朝向又如何？奥地利学派认为，个体的自发行动必然导致社会秩序

---

① 朱富强：《制度研究范式的逻辑基础：对象界分和分析思维》,《公共行政评论》2011年第 4 期。

的不断扩展。相应地，新制度经济学则以交易费用来评估正式制度并预测制度变迁的方向，并认为自由竞争将剔除低劣制度而促进社会制度不断优化。显然，按照这种理解，实在制度就是合理和最优的。果真如此吗？实际上，这是一种制度达尔文主义，它仅仅关于制度的现实形态并把它当成必然的存在，而没有深入剖析左右制度变迁的社会结构、力量对比等深层因素，从而也就无视现实制度的缺陷。

相对于奥地利学派及新制度经济学，凡勃伦对制度成因及其发展路径的分析要深刻得多。这首先体现在对制度概念的理解上。凡勃伦对制度下的定义是："制度实质上就是个人或社会对有关的某些关系或某些作用的一般思想习惯；而生活方式所由构成的是，在某一时期或社会发展的某一阶段通行的制度的综合，因此从心理学的方面来说，可以概括地把它说成是一种流行的精神态度或一种流行的生活理论。说到底，可以归纳为性格上的一种流行的类型"；同时，制度又是演化的，"制度必须随环境的变化而变化，因为就其性质而言，它就是对这类环境引起的刺激发生反应的一种习惯方式"①。显然，凡勃伦对制度的理解包含了两层含义：（1）各种制度归根到底由社会的思想认知和风俗习惯所形成，而思维或习惯往往都是逐渐形成的，反映了过去的事实并是历史积累的产物。因此，要理解现在制度的功能，就要从历史中去寻找它的起源和形成过程，通过研究制度的历史起源及其演化过程也就容易理解它在表现形式和现实作用。（2）思想认知和风俗习惯又是从人们的心理动机和生理本能中产生的，因而制度根本上受到本能的支配。为此，凡勃伦将制度的形成和变迁追溯到文化、习惯的演化，不仅分析制度的演进，而且分析文化的演进；同时，文化、习惯又根植于人类本能之中，这意味着，制度归根到底是受本能的支配。

凡勃伦认为，人类有两大本能：（1）工作本能，体现为人们对成就价

---

① ［美］凡勃伦：《有闲阶级论》，蔡受百译，商务印书馆 1964 年版，第 139 页。

值的向往，它与"好奇天性"和"父母天性"相联系；（2）虚荣本能，体现为表现自己和追求私利的特质，它与竞赛、征服和掠夺行为相联系。同时，根据这两类本能，凡勃伦将社会制度分成两类：（1）动态的社会技术制度，它表现为"机器操作"，如机器过程、发明、生产方法和技术等，这源自工作本能；（2）有关特定产权的礼仪制度，主要是指产权、社会与经济结构、金融制度等，这源自虚荣本能。在凡勃伦看来，这两种制度的存在和特征都依赖于不变的人性特征，以及由此产生的人类的和历史的过程，而人类的本能则是制度的根基。正是在这些本能基础上，产生了一套特定的产权、社会与经济结构以及某些思想习惯等，这构成了人类社会的基本特征。同时，凡勃伦又认为，人类固有的工作本能和文化催生的虚荣本能之间是冲突的，而且，正是资本主义商业的金钱文化破坏了有用的生产性产业工作所需要的条件，从而削弱了自身的基础。

事实上，正是基于工作本能，由"好奇天性"发掘出来的知识和信息最初就服务于劳作的目的和父母天性，这造就出一种习惯性地"寻求生活方式的效率"，从而导致技术的不断成熟，并给社会带来永久福利；但同时，习惯本能及与之相联系的工作本能和其他相关本能也有可能被"自利"本能和获取的本能所压服，这使得唯一有价值的工作变成了那些可以被归入为剥削的工作。这样，工作和虚荣这两类本能就产生出了一种"裂成两半的知识类别"：（1）"切合实际的"和"技术的"知识；（2）"推理的"和"制度的"知识。同时，经过经年累月的演化，这两类知识还塑造出截然不同的行为方式：生产的行为和金钱的行为。这样，从技术和制度的演化路径和方式出发就形成了凡勃伦著名的二分法观念：工业和商业之分，生产和赚钱之分。

凡勃伦认为，资本主义生产技术使得生产与金融相分离，而金钱文化又使得企业主的兴趣集中在赚钱而非制造产品上。相应地，资本主义社会还衍生出相对抗的两类势力：（1）生产技术体现为财富生产上，由此形成了由工程师、科学家及管理者等组成的生产者阶级；（2）礼仪制度则典型地表现为私有财产制度，由此形成了由董事、经理等组成的企业家阶级。在这里，凡勃伦进一步将二分法运用到技术和制度之关系的分析上，并由此发展出了社会制度分析的二分法模式：制度方式就集中体现在礼仪安排上，技术方式则集中体现在工具利用上；同时，凡勃伦集中考察新技术对制度安排的影响，考察既定社会惯例和既得利益者如何阻碍制度变迁的方式。这样，在人类社会中，金钱文化和工作本能之间的冲突就发展为两类制度之间的对抗。①

最后，凡勃伦指出，在技术和制度这两类制度之间存在着冲突的关系，其中，技术是动态因素，而制度则是静态因素，技术起决定作用。也就是说，机器过程是社会的动态力量，而与之相伴随的礼仪制度在给定机器过程状态的情况下倾向于成为相对静止的结果。例如，封建社会和经济制度本质上反映了整个中世纪尚存的技术特征，而当代的"礼仪"制度则反映了19世纪和20世纪更为先进的生产方法的特征。正因如此，两者的冲突将决定制度的演化和整个社会结构的变化。凡勃伦认为，在制度和文化的演进中，文化的变迁总是滞后的，这些思想习惯、观点、精神状态和自然倾向本身就是保守的因素；相应地，这就体现为现代信条和现代要求之间的冲突，而社会进化的实质就是人们不再容忍过去一套思想习惯压力的精神适应过程。显然，如果社会上任何一部分人或任何阶级逃避环境的强制，那么，他的观点就没有适应形势发展的需要，从而也就会阻碍社会的变化过程。基于这一逻辑也就能够理解，当前那些富有的有闲阶级正是处于这样一种变化的和在调整的经济强制的逃避地位。

四、逐利本能与企业家的行为选择

现代经济学人对企业家的推崇主要依据奥地利学派的企业家才能理论：

---

① 凡勃伦将近代文明称为金钱文明。

企业家通过发现利润机会而促进市场信息的扩展，进而对经济发展和市场协调起到关键作用。但是，奥地利学派并没有能够区分商人型企业家和工程师型企业家，也没有界分企业家的破坏性创新和建设性企业家创新。相反，它将企业家精神归结为对市场盈利机会的警惕和敏锐性，进而将企业家等同于市场上的逐利者，乃至还将市场上的一切逐利行为都认定为是对市场竞争和秩序扩展的促进。与之不同，凡勃伦深刻地洞悉并区分了市场上不同性质的逐利行为：有的是生产性的，有的则是破坏性的。尤其是看到，商人型企业家的逐利行为正日益压倒工程师型企业家的创造活动，并对生产和经济发展起到越来越显著的破坏性作用；进而，还基于二分法区分了商人型企业家阶级和工程师型生产者阶级，分析了他们在现代社会生产中所承担的不同角色。

凡勃伦对企业家和工程师的区分主要是基于所有权和经营权日益相分离的社会现实，而这又根源于生产技术的变动。凡勃伦认为，现代经济发展已经处于"机器方法"时代，而机器化生产则极大地改变了企业的组织形态和经营目的。凡勃伦写道："（早期）工业装备的负责人也就是所有人，对于机械操作以及他的企业所从事的银钱交易都由他直接监管；那时除了比较不多见的例外，事业成功的首要因素还是在于单纯的生产效力。那种前期资本主义情况还有一个特征：凡是企业，不论手工业或商业，经营时通常的目的在于谋生活而不是在于博取投资的利润"；但是，"随着机器工业的渐占优势，随着工业操作以及市场在现代连结方面的发展……也唤起了一种企业精神，引起了为博取利润的有组织的投资……他现在所集中注意的是，怎样灵活调动他的投资，随时从利润较薄的移转到利润较厚的冒险事业，怎样通过机敏的投资以及同别的企业家的联络对企业局势作战略控制"①。正是由于大机器生产技术的引入，塑造出了近现代企业组织的两大重要特征，不仅

---

① ［美］凡勃伦：《企业论》，蔡受百译，商务印书馆 2012 年版，第 18—19 页。

影响了企业运行方式和企业家行为，而且还造成了企业家利益与社会利益的分离，最终严重制约了社会经济的发展。

首先，它容许甚至孕育了所有权与管理权之间、财产积累与实际生产过程之间、生意与企业管理之间的分离。这是近代社会经济组织中无上的和特征性的制度，凡勃伦将这种公司组织形式称为"无主所有制"（absentee ownership）。显然，无主所有制潜含着一种背反：一方面，就人类的物质福利而言，这种制度能够无限制地进行物品的生产；另一方面，就财产所有权而言，它表现为资本的所有权，导致企业的动机是金钱上的利益。实际上，在现代企业的生产中，技术的运用完全以企业家的意旨为主。凡勃伦写道："现代企业经营的物质基础是机械操作。……企业在精神上的基础则出于所有权制度。'企业原则'是在所有权这个前提下的必然结果；是财产的原则——金钱的原则。这些原则的存在早于机器工作，虽然它们的充分发展是在机器时代。机械操作决定了工业的发展和范围，它的锻炼养成了适合于工艺的思想习惯；而所有权的要求则决定了企业的发展和目的，所有权及其经营活动的锻炼养成了适合于企业工作的观点和原则（思想习惯）。"①

正是由于现代企业的主要甚至直接目的都在于盈利，这就必然会影响企业的发展策略和行为选择。具体表现为：一方面，企业将大量的资本投放在广告及非耐用奢侈产品（如时髦商品、专卖品、高能耗的汽车等）的生产上；另一方面，企业通过颠覆技术进步、垄断发明等方式来减少产量，并由此增加金钱收益。在《企业论》中，凡勃伦就写道："企业的动机是金钱上的利益，它的方法实质上是买和卖，它的目的和通常的结果是财富的积累。"② 不过，在不同时期，企业实现其目的的方式往往存在很大不同："当近代早期、机器工业制度还没有盛行以前，具有相当规模的企业大多采取商业——贸易和银行业务——的形式……在那时的环境下，企业家的工作主要

---

① ［美］凡勃伦：《企业论》，蔡受百译，商务印书馆 2012 年版，第 46 页。
② ［美］凡勃伦：《企业论》，蔡受百译，商务印书馆 2012 年版，第 16 页。

还是在于如何迎合季节趋向和供求变化的时机，而不是在于如何使事势的趋向有以适应他自己的目标。那时的大企业家与现在相对照，作为一个财务策划者的成分比较少，作为一个投机的买主和卖主的成分却比较多"；但是，"自从机器时代到来以后，情势变化了。……商人是投资于从生产者到消费者之间的商品的，而现在企业家的投资对象却是工业操作；他不再把他的财产打赌在捉摸不定的时机和天命上，而是寄托在由各种工业操作相互作用而引起的局势上，这种局势大部分是在企业家控制之下"①。

其次，它还容许并制造了生产与金融的分离，并使"制造物品"变得与"赚钱"明显不同。为此，基于二分法思维，凡勃伦又区分了生产资本的两种类型：一是技术上耐用的工业资本；二是能够带来高额利润的礼仪资本。相应地，资本主义生产特征就表现为工业资本（物质生产资料）和金钱资本（不参加生产的股本）相分立的矛盾。其中，金钱资本的价值主要由为其所有者赚取收入的能力来决定，对物质生产不起多大作用。同时，随着信用制度的发展，以价格计算的营业量和以总物质计算的生产量之间的差距不断扩大，每一次金钱资本的增加都不必伴随着有用财货作等量的增加。凡勃伦写道："作为一个企业上的定义，'资本'是一宗货币价值量；但自从信用经济和组合资金周转成为工业企业中的控制因素以后，这一宗货币价值量与工业设备以及在工业资本旧有概念下可以计入的其他项目之间所存在的，只是一个淡薄的、摇摆不定的关系"；相应地，"资本曾经被说成是工业设备等等的资本化（综合的）成本……到今天这个依据已不再是所有的物质设备的成本而是一个在营业中的公司的收益力"②。这样，两种资本增加速度的不一致就产生了一种对立现象：技术进步既使新生产设备的效率提高，也使现存资本设备的折旧率加大，从而使资本资产价值降低。因此，从金钱资本角度考虑，技术进步是与金钱资本相对立的力量。

---

① ［美］凡勃伦：《企业论》，蔡受百译，商务印书馆 2012 年版，第 17—18 页。
② ［美］凡勃伦：《企业论》，蔡受百译，商务印书馆 2012 年版，第 90—91 页。

正是由于生产和金融的分裂进一步影响了企业的运行方式，企业家往往更偏向于通过股票买卖而不是企业运营来获取财富。凡勃伦写道："在交易中也有一个很大部分，企业家所企图的只是对产业作暂时的控制，以便提前抛售或获取某种间接利益；那就是说，交易是有着战略意图的。企业家这时的目的是对某项工业设备——比如在战略上有着重要意义的某铁路线或某钢铁厂——获得控制，以便以此为根据，从事于进一步的交易，再从那些交易中猎取所指望的利益。在这种情况下，他所努力的目标就不是在于如何维持工业设备的恒久效力，而是在于如何影响目前的市况，或别的大户的心理，或投资者一时的信心。"① 更为甚者，企业家还热衷于采用搞垮其他企业的方式来追求利润，因而企业的逐利行为对财货生产所造成的破坏也就更为严重。凡勃伦写道："在通常情况下，企业家的当前企图总是想在某一点或不止一点上破坏或阻碍工业操作。他的战略往往是倾向于反对别的企业利益，他的意图往往是借助于某种经济压力的形态来表现的……（这）往往要使有关的工厂受到挫折，使整个工业体系引起或多或少的紊乱。"②

再次，现代资本主义制度还蜕化为一种价格体系：企业经营主要是依靠运用价格制度而非财货制造来获得优厚利润。相应地，企业界就广泛存在着欺诈行为，并频繁地出现企业间的集中和合并，这是资本主义企业规模迅速扩大的根本原因。凡勃伦写道："一般地说，凡买卖行为，其目的倘是在于使某些工厂或工业操作联合起来共同处于某个企业家控制之下的话，则所使用的手段往往是如何使这些工厂或工业操作在它们原有的业主或经理各个经营之下难以继续存在。"③ 同时，企业家们之所以热衷于企业并购，主要原因不在于提高原企业的运营效率，而是通过壮大市场势力来获得转移收益，或者通过影响股市而在买卖间套利。因此，企业合并和扩展过程中往往会进

---

① ［美］凡勃伦：《企业论》，蔡受百译，商务印书馆2012年版，第22页。
② ［美］凡勃伦：《企业论》，蔡受百译，商务印书馆2012年版，第23页。
③ ［美］凡勃伦：《企业论》，蔡受百译，商务印书馆2012年版，第23页。

一步扩大财货制造和金钱盈利之间，以及组织效率和所有权扩展之间的矛盾。凡勃伦写道：一方面，"在工业合并工作中，关于工业操作走向进一步紧密和扩大组织的措施，在实际生活是否行得通，生产上是否经济，其中起决定性作用的情况是属于机械的性质"。由此发生的对工业合并的有利条件不是企业家所创造的。这些都属于工业技术方面的事情，是服务于工业的那些人的工作，不是企业家的工作"。另一方面，"就企业家的立场而言，一项新的合并计划，它的效果如果只是生产经济、效率提高，是不够的……企业家的动机是金钱上的动机，吸引他的是对他个人或对他所属企业的经济利益。他所努力的目的，不只是在于实现一个工业上有利的合并，而是要使合并在那样的所有权情况下实现，从而使他得以控制巨大的企业力量，获得尽可能大的利益。他的真正目的是所有权的扩张，不是工业的效率"①。

特别是，随着生产能力增长的速度大于市场规模扩大的速度，机器利用和企业经营之间的矛盾就进一步加剧了，以致到 19 世纪末，就出现了通过限制生产来获取高额利润的托拉斯垄断组织。凡勃伦把垄断组织称为既得利益集团（vested interest），既得利益集团和"无主所有制"一起就构成了近代社会的基本特征。这些既得利益集团所感兴趣的是保持尽可能高的利润，主要途径则是通过垄断来限制产量。三是由于把赚钱当作唯一动机，这就使得企业家不能也不愿对企业进行有效管理，反而还会为保持高额利润而阴谋破坏技术。显然，这与那些技术员、工程师，以及与"机器过程密切联系"的生产者们存在根本性不同，后者的目标在于鼓励、设计生产手段和机器以促使真实产量最大化。这也意味着，在企业合并的过程中，起决定性因素的不是"工业上的合宜和适用"，而是"企业上的得失和企业方面的压力"②。为此，凡勃伦指出，"一个工业巨头与其说是一个机敏干练、才具出众的人，不如说是一个伶俐狡猾的人；一个巨头的职能是金钱性质的，不是工业

---

① ［美］凡勃伦：《企业论》，蔡受百译，商务印书馆 2012 年版，第 25—26 页。

② ［美］凡勃伦：《企业论》，蔡受百译，商务印书馆 2012 年版，第 28 页。

性质的。但他对工业进行管理时，这种管理往往具有一种主观独断的性质"①。

最后，所有权与管理权、生产和金融的分离实际上使得大企业主、金融家、投资者成为有闲阶级，而这些有闲阶级的基本特质就是保守性。凡勃伦写道："在任何现代的、高度组织下的工业社会，有闲阶级对于那些经济的迫切要求下的压力，总是处于有所隐蔽的状态。这个阶级对于生活资料的竞争，没有别的阶级那样迫切、紧张；由于它处于这样的优越地位，可以想象得到，当形势要求在制度上作进一步发展，对改变了的工业局势作重新调整时，它的反应在社会各阶级中总是最迟钝的。有闲阶级是一个保守阶级。社会中一般经济形势的要求，并不会毫无拘束地、直接地对这个阶级的成员进行冲击。……在社会进化的过程中，有闲阶级的作用是对社会的动向从中阻挠，保留腐朽、落后的事物。"② 事实上，在凡勃伦看来，富裕阶级生来具有保守性：一方面，人们往往本能反感那种与事物已有做法的背离，而并非主要是出于物质利益的考虑；另一方面，这种反感通常只有在环境的压力下才会被克服，而富裕阶级的成员又不像别人那样容易屈服于革新要求，因为他们没有受到非屈服不可的压制。同时，凡勃伦还认为，有闲阶级的保守性还会向社会扩散，由此成为整个社会的一般特征。究其原因，任何一种文化或任何一个民族的制度系统总是一个整体，任何一种制度的变化都会牵动多项制度的变化。其扩散机制主要有二：（1）保守性是富裕阶级的基本特色，从而也就会被视为荣誉的标志，它的习尚、举动和见解成为社会其他成员追随的行为准则；（2）有闲阶级尽可能地剥夺了下层阶级的生活资料，使得下层阶级缩减消费、消耗精力，乃至无余力从事于学习和采纳新的思想习惯，因而赤贫阶级的人们往往也是保守的。③

---

① ［美］凡勃伦：《有闲阶级论》，蔡受百译，商务印书馆 1964 年版，第 166 页。
② ［美］凡勃伦：《有闲阶级论》，蔡受百译，商务印书馆 1964 年版，第 144—145 页。
③ ［美］凡勃伦：《有闲阶级论》，蔡受百译，商务印书馆 1964 年版，第 148—149 页。

为此，工业和企业之间的矛盾就成为凡勃伦整个经济理论分析的主题，而这集中体现在机器利用和企业经营之间的对立。在凡勃伦看来，在手工业时代和机器应用初期，所有权和经营权是统一的，财产所有者同时是工业生产的技术专家和商人。但是，在大机器生产社会，两者开始分裂，财产所有者蜕变为商人，他完全只关注财务问题，由此也就严重影响了企业的运营。凡勃伦写道："管理人的企业利益所要求的并不是产品的适于使用，甚至也不是产品的易于行销，而是在他们管理下的资本价格的有利差异。作为一个公司的管理人，掌握着公司的事务，指导着公司的企业方针，然而由于组合资本的易于售让，使管理人的企业利益在很大程度上同公司的利益分了开来，使他所全神贯注的，不是在于公司的长远效率，而是在于实际与假定收益力之间的差异。他们与公司的关系实质上是临时性的；只要他们的利益要求与公司相分离，他们与公司的这种关系就可以悄然地、突然地终止。"① 为此，凡勃伦将"机械操作"（制造财货）和"企业经营热情"（营利动机）区分开来，并将机器利用和企业经营之间的对立视为资本主义社会的根本问题。事实上，从古典经济学、德国历史学派、马克思经济学派直到美国制度学派，都注重生产性劳动和非生产性劳动、工业制造和金融媒介、实体经济和虚拟经济之间的区分，并将前者视为社会发展的基石。但是，边际革命以降尤其是新古典经济学崛起之后，这种区分就被掩盖了；同时，服务和金融业的崛起还使得大量资本被投入到投机而非投资中去，从而就导致产业的空心化和制造业的衰落。

可见，凡勃伦倡导的二分法思维有助于清晰地认识到工业和商业、生产活动和投机活动、制造财货与营利动机、机器利用和企业经营，以及创新者与套利者、企业家与商人之间的差异，认识到这些活动对社会带来的不同效应。凡勃伦强调，财货制造和获利是两种不同的事情：商人们的逐利行为往

---

① ［美］凡勃伦：《企业论》，蔡受百译，商务印书馆 2012 年版，第 105 页。

往往只是推进个人利益，而对社会经济产生的积极效应则非常有限，甚至是破坏性的。显然，这种分析与奥地利学派形成了鲜明的对比。按照奥地利学派的分析，企业家承担了技术创新的不确定性，发挥市场信息的收集和传播观念，从而推动了市场协调和秩序扩展；但是，凡勃伦的分析却表明，逐利的"企业家"对信息和利润机会的发现和创造并不一定就会产生出生产性的后果，反而往往是分配性的，往往从财货转移中获取利益。再如，按照米塞斯—罗斯巴德的分析进路，企业家与资本所有者是合为一体的，他们承受着决定资本何时、怎样以及生产什么的风险，从而成为市场经济产业化的最终驱动力；相应地，市场体系的真正基础不是产品市场，不是劳动市场，也不是经理人市场，而是资本市场。① 究其原因，没有资本品市场，资本品就没有价格，企业家就无法对这些生产要素的相对稀缺性做出准确的判断，从而也就无法进行决策以有效配置资源。但是，凡勃伦却认为，金融家们利用资本市场并不是将资源配置到社会效用最大的地方，而是获得个人收益最大的地方；同时，金融家们通过资本市场的运作而控制企业并不是为了更有效地生产，而是为了投资增值，乃至往往致力于通过制造股价波动而在买卖之间获取利润。正因如此，这些金融家们根本上就不是受好奇心和工作本能驱动的企业家，而是受掠夺和虚荣本能驱动的逐利者。

五、企业家逐利行为与经济周期

基于抽象的理性分析，新古典经济学人通常都不承认市场会出现大的错误，从而也就不相信市场经济会出现经济危机。例如，当时美国最受尊敬和最富名望的经济学家费雪一生写过 30 多本书，独立发表过 2000 多篇文章，他的交易方程式、时间偏好利息说等学说都得到了主流经济学界的高度推

---

① ［美］克莱因：《资本家与企业家》，古兴志译，上海财经大学出版社 2015 年版，第 33 页。

崇。托宾就称他是美国有史以来最伟大的经济学家，萨缪尔森认为他的博士论文是经济学界前所未有的最伟大的博士学位论文，布劳格则把他称为"美国有史以来最伟大的当然也是最具有传奇色彩的经济学家之一"①。但是，费雪却从来不相信会出现经济危机，在 1929 年股票市场崩溃的前一周还预言"股票市场已经出现了持久性的高位运行"，在危机出现之后仍相信美联储会采取有效措施避免危机的加深。同样，计量经济学泰斗弗里德曼也不相信会发生经济危机，其货币主义学说自 1980 年里根上台就受到重视，25 年后的 2006 年 11 月 7 日因共和党在选举中惨败而遭到摒弃，10 天后弗里德曼逝世，但他没有看到自己不相信的经济危机会在 1 年之后总爆发。然而，凡勃伦却清楚地预见到了在 1929 年 10 月 24 日爆发的大危机，尽管他在之前的 8 月 3 日就因穷困潦倒而死了。

（一）凡勃伦如何分析经济周期

凡勃伦之所以能够发觉经济周期，就在于，他从企业家的逐利行为中揭示了财货生产与盈利动机之间的矛盾，这种矛盾必然会带来经济的周期性变动。

凡勃伦认为，"工业萧条根本是企业萧条……萧条是在企业中意识到的，可以说经济的神经中枢是在经济活动的企业这一方面；要将萧条的程度加以衡量时，也是应当在企业的（金钱的）依据上来衡量或估计的"②，"工业萧条的含义是，有关企业家们感到使工业操作按预定方针和规模继续进行时，已不再能获致满意的利得，而工业物质设备原来却是为了这样的打算而设置的"③。事实上，企业的营利性经营往往会导致价格的变动，而这在现代社会市场中会迅速传遍整个社会，从而形成繁荣或萧条。凡勃伦写

---

① ［美］马克·斯考森：《现代经济学的方程：大思想家的生平和思想》，马春文等译，长春人民出版社 2006 年版，第 271 页。

② ［美］凡勃伦：《企业论》，蔡受百译，商务印书馆 2012 年版，第 139 页。

③ ［美］凡勃伦：《企业论》，蔡受百译，商务印书馆 2012 年版，第 140 页。

道："所谓恐慌、萧条、艰难、黯淡、活跃以及投机高涨等等，主要是企业的现象；归根到底是价格变动，是价格上涨或下跌现象。这类情况，通过企业活动作为中介，才会牵连到工业操作或社会生活。工业所以会受到影响，只是因为它是在以价格为依据、利润为目的的企业立场上进行管理的。只要企业始终不越出商业本身范围，与工业界限相划分，萧条与繁荣时期的循环更迭，就不会超出商业领域。提供企业利润的最大领域，现在已不是在较严格意义下的商业经营，而是为市场从事生产商品和劳务的工业。各种工业操作在一个平衡的系统中保持着密切、深远的关系，通过价格，进行并继续维持着彼此间的间隙调整，这就使价格变动可以这样迅速、有力地传布到整个工业社会，从而使萧条或繁荣的浪潮可以在数星期内普遍渗入社会的全体，影响到服务于工业的每个阶级。"①

而且，凡勃伦认为，价格变动引发的繁荣或萧条并不是源于偶发性事件（如农业歉收），而是形成一种常态，这就是资本主义经济周期。进一步地，凡勃伦强调，经济周期是资本主义内在的，它根源于现代资本主义所内含的新的社会生产形式与私有产权的法律之间的对抗性矛盾：前者主要是由工作本能所激发，体现为生产效率的提高并服务于全社会；后者由掠夺本能所激发，体现为私人不在所有者对工业的控制并从中获取利润。正是为了攫取利润，企业家往往对工业采取破坏性活动。究其逻辑，在极度不平等的收入分配下，增加的产出只有大大降低价格水平才可以售出，从而就会导致利润下降；进而，缺乏足够的利润就使得不在所有者情愿将工厂闲置和工人失业，从而会引起普遍的苦难和贫困。同时，凡勃伦将经济周期与信用扩张联系起来。其基本思想是：信用扩张导致企业的资本价值膨胀大大超过了物质资产的增长，进而造成明显的消费不足和价格下降，它与资本过剩的心理效应相结合就产生了经济危机；经济的萧条则带来一个清算过程，信用的减少导致

① ［美］凡勃伦：《企业论》，蔡受百译，商务印书馆 2012 年版，第 119—120 页。

资本价值的降低，较弱厂商的破产导致企业兼并和联合，从而导致行业的所有权和控制权进一步集中在少数人手中。

在凡勃伦看来，"企业家的目的是在于从他的事业中获得最大限度的利得。（而）显然对他有利的是尽可能缩短他的收益所由获致的程序，或者换个说法是缩短他的资本的周转时间"①。那么，如何缩短周转时间呢？凡勃伦认为主要方式是依靠信用和资产的节约使用，而依靠信用又是最主要方式。一般地，只要企业的利润率高于利息率，借钱就能够增加利润；同时，与没有使用信用的人相比，使用信用的人往往能够以更低价格出售商品。相应地，企业的竞争性盈利能力就体现在：初始资本，以及以初始资本为担保的借贷资金。因此，在竞争的条件下，借贷是非常普遍和广泛的。显然，在扩大规模过程中，企业使用信贷资金就会增进自己的竞争优势，从而促进信用的扩张。一方面，信用的扩张使相互竞争的企业家能够抬高他们在工业中所使用的物质资本品的价格；另一方面，随着其货币价值的增加，这些资本品又成为未来信用进一步扩张的担保品，如以股票或不动产为抵押的贷款扩张具有累积性。

但同时，凡勃伦又指出，这些信用扩张对产出和利润并没有加总效应，因为诸如不能被用于工业用途的房地产等都可以成为贷款抵押，而以股票为担保的贷款更是倍加了那些处于工业生产过程的物质产品。因此，不断累积的信用扩张往往都是建立在一个并不牢固的基础之上：在抵押品的货币价值和按照预期收益计算的财产的资本化价值之间迟早会出现偏差，收益的增长无法与资本名义价值的增长保持同步。显然，随着这些资本品的获利能力与其市场名义价值之间的偏差变得日益明显，企业就开始进入清算和紧缩阶段，这伴随着信用的废除、较高的贴现率、不断下降的价格、强行拍卖、总资本的缩减以及产出的下降等，这就是经济危机时期。② 由此可知，信用在

---

① ［美］凡勃伦：《企业论》，蔡受百译　商务印书馆 2012 年版，第 64 页。

② ［美］亨特：《经济思想史：一种批判性的视角》，颜鹏飞总译校，上海财经大学出版社 2007 年版，第 303—304 页。

现代市场经济中发挥着重要作用，进而也成为造成经济危机的重要推手。

进而，凡勃伦认为，导致经济衰退有两大基本因素。（1）在工业经过一个时期的扩张和新资本化之后的银行家的不确定性。在商业繁荣时期，随着企业连续快速地资本化而积累起债务，导致银行家（贷款者）逐渐对企业偿付能力产生不确定性而开始回收贷款，而基本的资本结构却往往难以满足银行家的要求；这样，当越来越多的不确定性发展起来后，整个体系便为证明是不健康的，从而衰退就开始降临。（2）由新的更有效的发明和生产过程引起的技术更替。降低成本的新发明为新厂商所采用后，从而导致原厂商的旧有资产收益率降低，引起实际利润低于预期利润，甚至破产。这样，资本所有者的投资将被削减，而衰退心理将导致商业活动下降，从而开始了萧条阶段。当然，经过一个萧条阶段后，随着包袱的清理，技术的继续进步使得一些投资者在以旧投资者的损失为代价的条件下获得差别利益，经济周期也开始走出低谷；伴随着就业和新投资的增长，金融又开始扩张，从而预示了新一轮的周期。①

相应地，凡勃伦的经济周期也呈现出两大特征。（1）它将过度生产和过度资本化视为周期的扩张阶段，而过度生产是消费不足的结果，因而消费不足和价格下跌以及资本过剩的心理效应就成为导致持久性衰退的原因。凡勃伦写道："有了过多的商品或商品的生产资料，超过了在金钱基础上有利的限度——超过了在足以抵偿商品生产成本并留有相当利润的价格上有着实际销路的限度……困难是在于产品售出时不能获得相当的价格，从而使工厂的全力进行得到保证，或者工厂能有足够的开工比率从而获得相当利润。"②（2）它认为利润率的下降将导致企业集中并产生其他形式的破坏性行为，这与马克思的分析思路一致。凡勃伦写道："企业合并，除了它的主要目的

---

① ［英］布劳格：《经济理论的回顾》，姚开建译校，中国人民大学出版社 2009 年版，第 356—357 页。

② ［美］凡勃伦：《企业论》，蔡受百译，商务印书馆 2012 年版，第 142 页。

在于防止按过去投资计的收益的减退以外，它还有一个作用，对于所使用的生产资料的生产成本的不断降低，由此发生任何无可避免的影响，可以相当均衡地散布在合并组织所包括的整个范围内，从而避免工业进步对任何一点上特别严重的打击。"① 最后，凡勃伦还指控企业家试图"俘获"政府的管制措施并运用它来有计划、有组织地破坏公众利益，如卡特尔或合法的垄断等，这是施蒂格勒的思想先驱。

（二）奥地利学派对经济周期的分析

为了更深刻地认识凡勃伦的经济周期理论，这里再对照奥地利学派的商业周期理论进行比较分析。庞巴维克认为，随着资本的积累和中间品的投入，社会生产将越来越迂回，效率也越来越高。受此影响，米塞斯和哈耶克将生产的迂回程度和资本化程度定义为生产结构，从而将庞巴维克的迂回生产理论应用到经济波动研究中，由此发展出奥地利学派的经济周期理论。

事实上，米塞斯承接维克塞尔的研究而将货币利率和自然利率之间的差异视为经济周期的成因。米塞斯认为，信贷扩张将导致自然利率与货币存款利率之间出现差距：一方面，当货币存款利率低于自然利率，厂商会愿意投资更加迂回的生产过程；另一方面，当信贷扩展阶段时，由于利率不能再继续压低，一个反向运动就开始并导致一场危机。事实上，在信用经济中，如果没有金本位的约束，银行家就有压力把利率维持在低水平，以致市场利率在自然利率之下，这不仅会引起通货膨胀，而且还会干扰资源的跨期配置。（1）就对价格和消费的影响而言，低利率会使厂商投资于时间过长、资本品过于密集的生产过程，这样，资本品的价格就会涨得比消费品价格高；同时，消费者并没有获得延迟消费的刺激，从而又会引起对消费品的过度需求。（2）就对成本和生产的影响而言 当利率低于实际资本投资回报率时，

① ［美］凡勃伦：《企业论》，蔡受百译，商务印书馆 2012 年版，第 158—159 页。

商人就会调整产品结构；在完全就业的条件下，生产结构的改变往往又会导致投入要素报酬的上升，导致真实工资和租金的上升。①

米塞斯的分析为哈耶克所继承和发扬，哈耶克进一步将米塞斯的货币信用说和庞巴维克的迂回生产说结合起来。一方面，哈耶克认为，当生产的迂回度不变时，生产结构一定；而当生产的迂回度增加时，就出现了新的生产阶段，这使得生产的纵向结构不断扩张。至于生产结构究竟如何变动，这往往取决于各生产阶段上的盈利情况，而盈利情况又取决于各阶段产品的成本和相对价格。因此，相对价格就成为决定生产结构的最重要因素。另一方面，哈耶克认为，货币变动将会对相对价格产生影响，进而影响投资者和企业家的行动，从而导致旧的均衡将被打破并走向新的均衡。例如，如果以银行向生产者放贷的形式增加货币数量，这就会使得货币利率低于市场利率，企业家将使用资本品来替代原来的生产要素。相应地，这种行为将产生两种结果：（1）初始的充分就业状态中释放出一部分原始生产要并投入更早阶段的生产，从而使得生产阶段增和合迂回程度加深；（2）较早生产阶段利润的相对增加将刺激资本品生产，非专门资产由较晚生产阶段向较早生产阶段转移，进而引起消费品减少。

因此，哈耶克将银行信用的扩张和收缩视为经济波动和经济危机的根源。一方面，当银行采取信用扩张政策时，市场利率下降并低于自然利率，从而刺激资本投资及生产资料需求的增加；同时，资本品生产的增加和消费品生产的减少又导致资本品价格和消费品价格同时上升，由此衍生出"强迫储蓄"现象。另一方面，当银行信用被迫收缩时，市场利率上升使得资本品的未来收益减少而成本上升，而货币收入的提高也引发原始生产要素向消费品转移以满足消费需求。显然，这两者都会造成资本品市场的剧减，原先过度扩张的资本密集型部门就会出现严重亏损，原先的迂回生产方式就无

---

① ［奥］米塞斯：《人的行动：关于经济学的论文》，余晖译，上海世纪出版集团2013年版，第569—592页。

法维持，从而使得生产过程出现大量乞"闲置能力"。即经济危机是由于银行被迫停止信用扩张和人们储蓄减少造成的。一方面，萧条或资本品闲置主要是因为消费品生产抽光了使较早阶段的专门资产得以发挥作用的非专门资产，因此，哈耶克的经济波动论有时也被称为消费过度说；另一方面，消费品生产之所以能够抽取大量的非专门资产，又源于银行不肯充分供应货币资本以支持企业家的投资，是货币资本短缺所造成的，因此，这种危机理论又被称为货币的投资过度说，或者资本短缺说。

当然，无论是消费过度还是投资过度，根本上都是货币量的增加。因此，奥地利学派强调，要避免经济危机，就需要保持相对价格的稳定，使得货币成为只具有交换媒介功能的"中性货币"。这里的"中性货币"不是指一般物价水平不变，而是指货币对商品的相对价格不发生作用，从而不引起相对价格的失衡，不引起生产方向的误导。一般地，要保持货币中性，往往有三个条件：（1）货币总流量一定，这涉及货币交易系数和货币流通速度等；（2）一切价格随供求状况的变化而完全伸缩自如；（3）一切长期契约都建立在对未来价格变动正确预测的基础上。① 同时，现代社会中的货币数量往往与银行信用有关，而商业银行之所以能够一次次扩张信用，主要又是源于中央银行的支持。正因如此，奥地利学派将企业家在市场中的决策错误所引发的经济周期，归咎为政府的信用扩张及其对价格体系带来的干预。在奥地利学派看来，正是由于货币供给量因信用扩张而增加，企业家被吸引去进行错误的投资，在较高阶段和耐久品生产上投资过度；进而，随着原始要素及收入和消费的上升，企业意识到在较高阶段的投资是浪费，从而将原始要素撤回到较低的生产阶段，这导致原有的"过剩产能"被清算。② 那么，

---

① 张旭昆：《西洋经济思想史新编——从汉穆拉比到凯恩斯》，浙江大学出版社 2015 年版，第 136 页。

② ［美］罗斯巴德：《人，经济与国家》（下册），董子云等译，浙江大学出版社 2015 年版，第 921 页。

中央银行为何能够左右银行信用呢？哈耶克认为，这根本上在于政府垄断了纸币的发行权，如仅基于财政赤字一项就不能指望国家会控制货币的供给。

为此，哈耶克晚年提出了"货币非国家化"的主张：废除政府（中央银行）对货币发行的垄断，允许私人银行发行货币并进行自由竞争，由此创立自由货币制度。在哈耶克看来，在竞争性货币制度下，一种货币是否被市场化接受和推广根本上取决于公众，因而货币发行者将会努力保持其货币稳定。问题是，公众本身并非一定是理性或完全理性的，相反往往会受某种虚假信息及恐慌心理的影响；而且，货币市场上的恐慌心理要远比商品市场上更为显著，一个非常小的偶然事件就可能在混沌效应的作用下引起货币危机。在这种情况下，货币发行者又如何能够凭借所谓的谨慎和理性来维持其货币稳定呢？进而，又如何保证在市场竞争中获胜的货币就一定是应该值得公众信赖的稳定货币呢？在很大程度上，这是社会达尔文主义或制度达尔文主义思维。事实上，哈耶克自己也说："这种（竞争货币）机制的运作过程是这样的：只要有人传言，某货币的价值相对于其他货币将会下跌，每个人都会争相脱手这种可能贬值的货币，而将其兑换成可让其更信赖的货币。"①关键问题是，这里的"传言"体现出真实的信息吗？是否会受到市场上有实力者的操纵？事实上，不仅市场主体往往是非理性的，而且市场主体之间也存在权力差异，因而市场竞争并不是那么"温文尔雅"或"谋之有道"的。这也就是说，哈耶克所设定的市场主体太过理想了，完全无视市场权力的阴暗一面。

尽管如此，哈耶克的货币发行私人化主张还是受到众多奥地利学派学者及其他新古典自由主义经济学人的承继和推广，这种支持声浪近年来还变得越来越大。譬如，追随哈耶克的分析，一些学者就考察了政府在垄断货币之间的竞争性货币发行史，进而剖析货币竞争相对于政府垄断货币的稳定性；

---

① ［英］哈耶克：《货币的非国家化：对多元货币理论与实践的分析》，姚中秋译，海南出版社 2019 年版，第 201 页。

同样，正是囿于米塞斯—哈耶克的商业周期理论，张维迎就极力否定缓解经济危机的宏观经济货币政策，认为它将会阻碍企业家创新。[①] 但问题是，竞争性货币发行仅仅是历史曾出现过的现象，它们能够适用于时空已经发生巨大变化的现代社会吗？事实上，在早期社会，整个人类社会也是众多小国林立的，由诸侯和小君主们掌控的政权相互竞争并且也曾形成短暂的均衡。那么，现代社会也应该回到各路诸侯和君王们相互竞争的封建割据时代吗？竞争性的封建割据年代带来社会政治秩序的健康稳定和持续扩展了吗？同时，就 20 世纪下半叶的西欧而言，哈耶克提出了这样的方案："共同市场上的各个国家以及欧洲的全部中立国（如果可能的话，以后也可以加上北美国家）通过一项正式条约，互相约束自己不对彼此的货币跨越其边界线的自由贸易，以及在其境内合法设立的任何机构同样自由地开展银行业设置任何障碍。"[②] 即哈耶克主张，欧洲国家应该允许各国货币的自由使用和竞争，而不是设立一个统一的货币（欧元）。问题是，哈耶克的方案又有多大的可行性呢？我们可以从理论和实践两个层面分析。

在理论上，商品竞争都不可能是完全的，货币竞争又如何趋于完全呢？更不要说，如果资金越来越多地积累在少数人手中，进而在越来越强的金融杠杆作用下，那些有势力者对货币的操纵也就越发强有力，由此带来的危害将越发严重。在实践中，正是由于并不是所有人都平等地生活在同一国度中，从而必然有李斯特所讲的国家利益；相应地，基于国家利益的考虑，任何政府也不会让货币操纵他人之所，反而会尽可能地最大化本国利益。譬如，美国甚至不允许石油交易使用美元之外的货币进行结算，它又如何会平等地对待其他国家的货币呢？从这个意义上说，哈耶克的"货币非国家化"

---

① 张维迎：《从套利到创新：企业家与中国经济增长方式的转变》，《比较》2017 年第 2 辑。

② ［英］哈耶克：《货币的非国家化：对多元货币理论与实践的分析》，姚中秋译，海南出版社 2019 年版，第 1 页。

方案是一个更典型的乌托邦。事实上，哈耶克承认，"多种货币竞争的理论从来没有得到过认真的研究"，"（政府）垄断如果被废除，且货币开始放开，并由私人机构供应（即供应不同的货币）时，会出现什么样的情形，我们也无法找到一个形成的答案"①；同时，哈耶克也承认，"一种统一的货币大大有助于人们进行价格的比较，因而能够促进竞争的深化和市场的发育"②。既然如此，哈耶克为何积极探究并倡导这种"对于普通公众来说过于离奇和陌生"的激进的改革建议呢？关键在于他对政府及其官僚行为的不信任。

其实，哈耶克也承认政府独占货币发行权，以及发行统一的货币有助于人们进行价格比较，进而能够促进竞争的深化和市场的发育。问题是，哈耶克又认为，"这样的好处当然不能抵消这种制度所带来的种种弊端。这种制度具有一切垄断行为的弊端：即使你对它们的产品不满意也必须使用，最重要的是，这种制度禁止人们探寻满足某种需求的更好办法，而垄断者没有这种激励"，"如果公众明白，为了得到在日常交易中仅使用一种货币所带来的便利，他们付出了周期性通货膨胀和币值不稳定的代价，那么他们不得不偶尔考虑使用自己熟悉的货币之外的其他货币的好处，他们很可能就会发现，这种制度为免太过分了"③。由此就带来了困惑：既然商品竞争通常会走向垄断，为何货币发行竞争就不会导向垄断呢？要知道，货币发行具有更强的规模经济（这包括技术和使用中的自反馈效应等），由此，货币发行也必然会比绝大多数商品具有更强的垄断性。既然如此，又如何保证货币发行的私人垄断者不会利用独有信息或者炮制虚假信息而超量发行货币以获得更

---

① ［英］哈耶克：《货币的非国家化：对多元货币理论与实践的分析》，姚中秋译，海南出版社 2019 年版，第 7 页。

② ［英］哈耶克：《货币的非国家化：对多元货币理论与实践的分析》，姚中秋译，海南出版社 2019 年版，第 8 页。

③ ［英］哈耶克：《货币的非国家化：对多元货币理论与实践的分析》，姚中秋译，海南出版社 2019 年版，第 8 页。

大的个人利益呢？同时，由技术官僚构成的政府机构难道比私人垄断者更缺乏激励来妥善管理货币发行吗？要知道，这些技术官僚属于凡勃伦意义上的生产阶级，其行为更主要是基于工作本能；相反，私人垄断者则属于凡勃伦意义上的非生产阶级，其行为更主要是基于虚荣本能和营利动机。更不要说，公共机构远比私人组织更容易受到社会大众和专家学者的评论和监督，从而具有更强的动力和压力去不断优化货币管理。

可见，尽管凡勃伦开创的美国制度学派和哈耶克为代表的奥地利学派都将经济周期与信用联系在一起，但两者之间存在根本性的不同。首先，在经济周期的根源上。奥地利学派将经济波动和经济周期归咎于货币数量波动：货币数量变动影响受相对价格制约的生产数量和方向，从而会在整个社会结构中导致资源分配的变动，最终引发了经济危机。与此不同，凡勃伦将经济周期归咎于由工作本能激发的社会生产方式与掠夺本能激发的私有产权制度之间的对抗性矛盾：不在所有者倾向于运用价格制度而非财货制造来获取优厚利润，这会导致资本价值膨胀和过度生产，导致消费不足和价格下降，最终引发了经济危机。其次，在信用变动的来源上。奥地利学派认为，信用扩张主要是国家政策和银行行为的结果而这又源于国家垄断货币的发行权。因此，货币发行和银行私人化就可以解决这一问题，因为私人银行自身要承担过度发行货币的严重后果，从而必然会根据交易的实际需要来提供货币。与此不同，凡勃伦却指出，银行信用的收缩根本上源自银行家的逐利本能以及情势发展的不确定性，资本品生产能力的限制根本上也源自新技术带来的冲击。因此，银行和货币发行私人化根本不能解决这一问题，反而会加剧这一问题。最后，在经济周期的性质上。哈耶克等人也承认市场存在噪音，正是在受到"错误的"市场信号影响下企业家重新安排生产结构，从而将企业家的预测失误视为经济周期的必要部分。但是，奥地利学派又认为这种"噪声"是次要的，而将政府政策视为引起市场利率与自然利率相脱节的根本因素，从而将经济波动视为是市场受到外来干扰的必然结果。与此不同，凡勃伦将经济波动视为市场内生的，根本上源自企业家的逐利本能以及为此提供支持的自由市场制度；进一步地，后来的加尔布雷斯则指出，生产者主权的兴起使得逐利企业家有意识地诱导人们非真实需要的奢侈性需求，并在相关产业上进行大量投资，而这些被诱导的需求则往往会因某些偶然因素而缩减，进而造成整个需求链的突然崩溃，乃至爆发出大规模的产能过剩和经济危机。

六、尾论：重申凡勃伦的二分法思维

正是基于工作和虚荣这两类本能，凡勃伦发展出二分法思维并确立了制度学派的分析基础，进而由此深刻地揭示了自由市场和资本主义制度的内在对抗性。一般地，这种对抗性表现在这样三大维度上：（1）基于社会心理观，凡勃伦区分了两类个人和阶级：第一类个人和阶级的行为由剥削本能或掠夺性本能所支配，第二类个人和阶级的行为则由工作本能、父母天性和随便好奇心的发展所支配；（2）基于经济学观，凡勃伦看到了"工业"势力和"商业"势力之间存在相同的两分法，存在追求金钱和技术创新，以及营销与生产之间的对抗；（3）基于社会学观，"有闲阶级"的"恪守利益"和"公道作风"与"普通人类"创新和合作特征之间也显示出相似的两分法。① 由此，凡勃伦对资本主义生产方式提出了批判：现代生产是社会性过程而非个人性过程，但资本主义在中的私有产权定律却将之看成私有的或个人的，从而就产生了一种基本的社会对抗。其中，社会产生的发展是由工作本能和好奇心驱动的，而私有产权则是掠夺性本能所激发。显然，工作本能先于掠夺本能，并比掠夺本能更加基本，但在阶级分化的社会中掠夺本能却统治着工作本能。

① ［美］亨特：《经济思想史：一种批判性的视角》，颜鹏飞总译校，上海财经大学出版社 2007 年版，第 272 页。

进而，沿着二分法思维，凡勃伦还基于机器利用和企业经营而区分了两大阶级：一是生产者阶级，包括工程师、技术员、科学家和工人，他们受工作本能的驱使，从而将制造物品视为经济活动的根本目的；二是企业家阶级，包括老板、经理和商业推销员等，他们受虚荣本能的驱使，从而凭借所有权来控制工业以期获取优厚的利润。凡勃伦认为，两者之间之所以存在如此对立，主要起因于他们的生活习惯所滋生的不同思想。例如，生产者受到机器生产的训练，养成了从因果关系来观察物质和解释事实的习惯，并产生一种怀疑的、唯事实是问的性质，这一切都有利于他们逐渐摆脱过去习俗和道德标准的影响；相反，企业家注在与利害相联系，所关心的是金钱利益、权力和财产的多少，他们的许多思想也都是由过去的习俗蜕变而来。事实上，凡勃伦指出，有闲阶级会阻碍社会文化的发展，并列举了三大原因：（1）有闲阶级本身所固有的惯性；（2）有闲阶级在明显浪费和保守主义上一贯的示范作用；（3）有闲阶级本身所依据的财富与生活资料不均等分配制度所发生的间接作用。①

同时，正是受虚荣本能的趋势及各种"礼仪"制度的支配，现代资本主义社会中就存在广泛的既得利益集团，既包括通过限制产品来攫取高额利润的垄断企业组织，也包括控制劳动市场的工会等劳工组织。凡勃伦认为，这些利益集团为了使自身的收益保持在高于"普通人"挣得的"竞争"水平以上，往往都倾向于放弃效率。进而，正是由于企业组织和有组织的劳工合起来都会破坏生产，因此，体现技术利益发展的支配力量就落到了工程师和工业管理者身上。在凡勃伦看来，只有他们才是不结盟的"普通人"，究其原因，他们很大程度上是由公共费用培训出来的，从而可以清楚地认识到企业组织和有组织的劳工将技术滥用于盈利目的的做法，因而也就会起来改变金融资本主义的工业秩序。为此，在《工程师和价格制度》一书中，凡

①　［美］凡勃伦：《有闲阶级论》，蔡受百译，商务印书馆1964年版，第150页。

勃伦提出，资本主义的未来应该由工程师、科学家和技术专家组成的"技术人员委员会"来发动一场革命，从既得利益集团和不在所有者手中接管产业组织，由他们来承担重新安排生产体系的职能，让他们操纵企业以为公共商品而生产，从而实现领导社会的彻底改革。

沿着凡勃伦开创的思路及"不在所有者"思想，贝利和米恩斯提出了所有权与经营权的分离及内部人控制思想，从而对股东控制现代公司的传统理论构成了挑战。贝利和米恩斯写道："那些现代公司中投资的财产拥有者实际上就是将自己的财富交给了公司的控制者，这样他就将自己独立的拥有者身份换成了资本报酬的接受者身份。"① 后期制度主义的领军者加尔布雷思指出，现代工业组织已经发生了这样几方面的变化（1）权利的转移，专业的技术知识成为决定企业成功的决定性要素，支配权力也由资本家转移到专业技术人员手中；（2）经营动机的改变，技术阶层的经营动机不再是获取利润最大化，而是追求阶层成员满意的和安定的工作以及有升职加薪和提高声誉权力的机会；（3）企业组织的计划性，这包括以计划价格出售计划产品量，与其他厂商订立投入产出合约，获取政府补贴和有保证的市场等。这意味着，公司的性质和运用目标也已经发生了根本性的变化。例如，多德指出，现代公司已经成了一种公共的机构，而不是股东们的私人财产，因而也有一种社会责任，也应该为社会做爱心奉献；公司企业之所以出现，就是因为它和社会成员的互动能够创造纯粹的市场交易无法带来的收益。② 这样，利益相关者社会观的企业理论就逐渐兴起了。

然而，20 世纪 30 年代的经济大危机却将经济学者的兴趣从微观行为引向了宏观政策。究其原因，治标的财政货币政策而非治本的社会制度改革更

---

① A. Berle, G. Means, *The Modern Corporation and Private Property*, New York: Macmillan, 1932, p. 3.

② E. Dodd, "For Whom are Corporate Managers Trustees?", *Havard Law Review*, Vol. 45, No. 7 (May 1932), pp. 1145-1163.

容易获得当政者的青睐，匆忙拼凑出的应时政策也缺乏有效的可操作的方案；相应地，很多制度主义者也转向了凯恩斯主义经济学，从而导致了美国制度主义迅速衰落。在此期间，只有少数学者继续继承和发展了凡勃伦开创的分析思维，延续了制度主义的学术薪火，其中的代表人物就是艾尔斯。艾尔斯在"凡勃伦二分法"的基础上构建了更为系统的技术一礼仪分析范式：社会由仪式体系和工具体系构成，其中，仪式体系源于迷信、物质以及对未知事物的恐惧，从而是保守的和阻碍性的；相反，工具体系则是人类实用主义特征的体现，追求人类生命的延续和社会质量的提高，从而是进步的。在艾尔斯看，技术进步是自发的，并与其他工具相结合而产生出更新的工具，这样，工具体系不断克服仪式体系的阻碍就导致了社会进步。在仪式体系和工具体系的基础上，艾尔斯还进一步界分了价格经济和工业经济：价格经济是价格价值的源泉，工业经济则是工具价值的源泉；其中，工具价值是更基本的价值。这种价值决定于科学和技术，产生于工业经济或技术过程。艾尔斯强调，经济学作为一门社会科学，不可能回避人对价值问题的关注；人也不是靠模仿经济人的行为来谋生的，而是通过操纵工具和机器、运用知识和技能来谋生的。为此，艾尔斯将经济学视为追求实现工具价值的价值科学。自此，"凡勃伦—艾尔斯传统"就成为制度主义的主流，沿袭这一传统的主要人物有福斯特、马克·图尔、保罗·布什等。① 在很大程度上，凡勃伦发展的二分法也是对古典经济学思维的承袭，尤其是借鉴了古典经济学家对生产性劳动和非生产性劳动的区分，由此也就可以深刻地剖析现实社会中问题。不幸的是，新古典自由主义经济学却基于还原论思维而混同了所有市场活动，进而基于肯定性理性而为所有市场行为辩护，由此也就抛弃了极有价值的二分法分析思维。

---

① 参见张林：《新制度主义》，经济日报出版社 2006 年版，第 6 页。

4. "企业家精神" 的经济双重性
——对企业家创新活动的性质甄别

导读：逐利的企业家在市场经济中往往会采取不同行为方式，有的促进财富创造和经济增长，有的则破坏财富创造和经济增长。相应地，基于不同维度就可以将企业家区分为生产性企业家和非生产性企业家，或者创新型企业家和破坏型企业家，或者工程师型企业家和商人型企业家，等等。同时，生产性企业家的创新活动不仅是指技术和产品的创新，而且也包括新技术和新产品的传播，因为两者都有利于生产力的提升。因此，为了防止技术创新和传播之间潜含的搭便车问题，就需要建立一整套的社会制度安排以促成各类生产性企业家之间的分工合作。

一、引言

随着市场经济的推进和深入，创新在市场竞争和经济增长中的作用日益凸显；相应地，企业家在其中所扮演的角色也就得到重视和强调，乃至时下中国社会就出现了"应像尊重科学家一样尊重企业家"的呼声。但是，正如前面几章表明的，一方面，米塞斯等奥地利学派学者高度推崇企业家精神，以及企业家在推动技术进步和经济增长的根本性作用；另一方面，凡勃伦等美国制度学派学者则更倾向于将企业家阶级看成是现代经济增长的破坏者。为何会存在如此差异呢？关键就在于，两大经济学派所赋予企业家的内涵是不同的。同时,在现实世界中,我们确实也可以看到,一方面存在像爱迪生、比尔·盖茨、乔布斯、稻盛和夫及任正非这些令人尊敬的实业家,他们的发明创造极大地造福了社会;但另一方面也存在像德里帕斯卡(俄罗斯前首富)、麦道夫(前纳斯达克主席、美国史上最大诈骗案制造者)、艾伦·斯坦福(美国金融家、庞氏骗局设计者)、别列佐夫斯基(俄罗斯金融寡头)、卡洛斯·斯利姆(墨西哥地产商和通信大亨),以及中国 20 世纪上半叶的"四大家族"这些臭名昭著的掠夺者,他们往往也以企业家的身份出现在世人面前;同时,更多的是约翰·摩根(摩根商行创立者)、约翰·洛克菲勒(美国石油大亨)、安德鲁·卡内基(美国钢铁巨鳄)、亨利·福特(福特汽车公司的建立者)、约瑟夫·沃顿(美国费城企业家和沃顿商学院捐赠者)这样兼具生产性和掠夺性的人物。所以,鲍莫尔就问道:"如果说有道德败坏的企业家,也有品质高尚的企业家——他们无一不是经济增长故事中的主角——为什么在经济理论中很少提及后者,而对于前者事实上完全避而不谈?"①

显然,所有问题的关键就在于,我们如何定义企业家?鲍莫尔认为,对企业家下一个严格的定义非常困难,因为选择任何特性来定义企业家都"难免会排除这个天生微妙而难以捉摸的角色的一些特征、行为和成就";相应地,他更愿意用"企业家"术语"来描述经济中的这样一些人:他们采取的行动或多或少有点标新立异,而且需要运用想象力、勇敢、机灵、领导力、毅力和决心来追求财富、权力和地位——尽管顺序上并不重要"②。在这里,追求财富、权力和地位的企业家为实现其目的在市场经济中所采取行为方式往往会存在明显不同,进而对社会经济发展所产生的作用也存在很大差异。显然,从促进社会经济发展的角度看,关键在于将企业家行为引向何处?或者说将企业家资源配置到何处?鲍莫尔说:"企业家的善行和恶

① [美]鲍莫尔:《企业家精神》,孙智君等译,武汉大学出版社 2010 年版,自序。
② [美]鲍莫尔:《企业家精神》,孙智君等译,武汉大学出版社 2010 年版,第 8 页。

行，或者说不带一点感情色彩，在生产性行为和非生产性行为之间的配置结果，对于经济增长绩效是极为重要的，它绝不是对于经济无足轻重的偶然事件。报酬结构也会影响到企业家在占用其时间的不同生产性行为之间的配置，即在创新行为和扩散新技术行为之间的配置"。①

有鉴于此，本章集中对企业家精神的内涵展开系统梳理，进而深入辨析企业家不同性质的创新活动。由此，我们也就可以更清晰地尊重和捍卫那些工程师型企业家和生产性创新活动，进而采取积极措施来有效地引导企业家精神的合理配置。

二、企业家和企业家精神的内涵

一般地，基于在社会经济中所承担的积极角色，企业家往往被归纳成四种类型。（1）不确定性的承担者，这最早源于重农学派先驱坎铁隆，并为后来的奈特等人所发展。坎铁隆认为，不同于拿固定工资的其他人，企业家拿的是不确定的工资，企业家活动的本质是冒险，而其所承担的风险可以从获得的利润中得到补偿；同时，市场竞争就是为争夺同样一些顾客的竞争者之间的竞争过程，因而企业家的活动是竞争的本质。（2）协调者，这可追溯到古典经济学时期的萨伊，并为巴纳德和德鲁克等人所承袭和发扬。萨伊认为，企业家在"不同生产者阶层之间"及"生产者与消费者之间"充当了"沟通的纽带"，进而将企业家精神与劳动、土地和资本并列而作为第四种生产要素，这种四分法也为其他经济学家所沿用。进而，现代经济学人对企业家精神的推崇和对企业家功能的重视则主要来源于奥地利学派的学说，它又有两大基本路向。（3）创新者，这一思想源于熊彼特并形成了新熊彼特学派。熊彼特认为，是企业家创造了新产品、新工艺、新市场、新原料和

---

① ［美］鲍莫尔：《企业家精神》，孙智君等译，武汉大学出版社 2010 年版，自序。

新的组织形式。(4)套利者,这主要为米塞斯、柯兹纳及现代奥利学派的学者所阐发。按照现代奥地利学派的主流理解,纯粹企业家是在企业家警觉的引领下从事发现和利用市场中的赢利机会并通过低价进和高价出而获取利润的人,相应地,一个利润机会的发现意味着对于不存在的某种可得物的发现,这就是企业家利润的实质。那么,我们究竟该如何理解企业家精神以及企业家职能呢?

(一)企业家行为的不同性质辨识

从经济学说史上看,坎铁隆、萨伊等人的见解都构成了奥地利学派企业家才能观的思想渊源,不过,对之影响最大的还是源自中世纪的经院学派。可以说,经院学派塑造了奥地利学派经济学的基本特征:人总是以稀缺性手段追求最大化的目标。到13世纪,欧洲的商品市场、货币市场和信用市场得到蓬勃发展,此时,一些学者开始采用均衡和非均衡两种方法来探究市场机制的运行,其中,采用非均衡方法的萨拉曼卡学派学者主要研究企业在市场中的作用,并由此得出两大结论:(1)企业家的创新活动使得市场充满了不确定性;(2)企业家对外部干扰做出反应而推动企业发展。为此,罗斯巴德甚至称他们为"原初的奥地利学者",认为他们"在发展一种'原初的奥地利式的'动态企业家理论方面,已经远远超出了当前追求形式主义的微观经济学"①。事实上,奥地利学派的核心词汇"企业家才能"(entrepreneurship)就源于西班牙语中的 empresa,而 empresa 和英语、法语中的 entrepreneur 都是源自拉丁语动词 in prehendo-endi-ensum,其意思是"去发现、去看、去感知、去认识和去俘获",拉丁词 in prehensa 包含了"行动"和"去拿、去抓"之意。因此,empresa 就与"行动"同义。相应地,奥地利学派使用"entrepreneurship"一词的含义"本质上是由发现或觉察机会来

---

① [美]罗斯巴德:《亚当·斯密以前的经济思想:奥地利学派视角下的经济思想史》(第一卷),张凤林译,商务印书馆2012年版,导言第8页。

实现某个目的、去获得收益或利润，以及采取行动来利用环境中产生的这些机会所组成"，它体现了"一种能使一个人发现和把握其周遭发生事情的持续警惕性"。进而，现代奥地利学派就将敏锐和警觉视为企业家精神的核心，并将任何能够发现和把握机会"以调整当前行为而实现未来目标的人"视为"企业家"。① 相应地，企业家活动就体现在从事发现和利用市场的利润机会，并在低价进和高价出之间获得利润，因此，企业家利润根本上来自套利而非创造。

不过，从警觉特性及其逐利行为来定义的企业家仅仅体现了现代奥地利学派的主流认知，它源于米塞斯并为柯兹纳发扬壮大。与此不同，源于维塞尔并为熊彼特发展的路向则将创新视为企业家精神的核心，强调企业家的创造性活动及其在创造利润的过程中对经济发展的推动。事实上，熊彼特就将企业家定义为创新者，并将创新视为企业家利润的来源。关于奥地利学派在对企业家精神理解上的两大路向区别，柯兹纳写道："熊彼特认为这些短期过程由追随者的模仿活动组成……企业家精神是属于那些聪明的、富有想象力的、勇敢和足智多谋的创新者。而我们则认为，只要市场参与者意识到做某事哪怕一点点不同于现存的做法，就可能更加准确地预期实际的可得利润，那么，这就是运用企业家精髓"②；"熊彼特用价格竞争来说明非企业家的普遍竞争，而用新产品和新技术来说明充满活力的企业家竞争。对我们来说，价格竞争过程，如由新产品、新技术和新组织形式表现出来一样是企业家的、动态的"③。也就是说，按照熊彼特路线的理解，企业家精神根本上体现为创新而非对市场利润机会的警觉心和敏锐性。那么，创新动力又来自

① ［西］德索托：《奥地利学派：市场秩序与企业家创造性》，朱海就译，浙江大学出版社 2010 年版，第 19—20 页。

② ［美］柯兹纳：《竞争与企业家精神》，刘业进译，浙江大学出版社 2013 年版，第 107 页。

③ ［美］柯兹纳：《竞争与企业家精神》，刘业进译，浙江大学出版社 2013 年版，第 108 页。

何处呢？要深刻揭示这一点，根本上需要回到凡勃伦对人类本能所做的刻画。

按照凡勃伦的分析，人类行为根本上由两类本能所驱动：（1）与"好奇天性"和"父母天性"相联系的工作本能，它将人类导向财富生产和技术创造等活动；（2）与自我表现和私利追求相联系的虚荣本能，它将人类导向财富掠夺和恶性竞争等活动。显然，由虚荣本能驱动的逐利活动对社会经济发展所产生的作用往往是破坏性而非建设性的，根本上也不是熊彼特意义上致力于创利的企业家。当然，如果按照米塞斯—柯兹纳进路，所有基于警觉心而从市场波动中进行逐利（套利）的人都被称为企业家，那么，由虚荣本能驱动的人也可以归属于"企业家"。但是，这类"企业家"中更多的并非生产者而是投机者，并非技术革新者而是利润攫取者。例如，墨西哥地产商和通信大亨卡洛斯·斯利姆主要就是利用个人的市场敏锐性，以及政商关系而积累起巨额财富，这些财富往往被公认为不是他发挥生产性作用的结果。从这个意义上，我们也可以说，创新主要源自人类的工作本能和好奇心而非虚荣本能和逐利心。其中，工作本能促使人们致力于财富的制造，好奇心则驱使人们努力突破技术现状；相反，虚荣本能往往促使人们以占有财富为目的的行动，逐利心所激发的机会主义更驱使人们通过破坏或转移（如寻租）来获得个人财富。

因此，市场上存在着两类不同性质的逐利行为：一部分是生产性的，另一部分则是非生产性的。这里还需要做进一步的说明：（1）这里的生产性活动，包含了任何直接或间接地对财富创造或经济产出做出贡献的活动，而不是仅仅局限在斯密或马克思所讲直接创造物质产品的生产性劳动；（2）非生产性的逐利行为又可以分成单纯的财富转移行为及财富破坏行为，前者表现为单纯的寻租，后者则更体现为抢瓷器活动。当然，更多的市场活动兼有两种属性，如绝大多数创新都会衍生出负外部性，包括攫取资源、污染环境，以及损害他人福利等。相应地，沿着米塞斯—柯兹纳路向而基于市场逐利的角度，我们就可以区分开两类企业家：一类是生产性企业家，一类是非生产性企业家。进而，如果将这些逐利行为都视为广义的创新活动，那么，沿着熊彼特路向并根据创新活动对社会财富的影响，我们又可以将企业家分成这样两类：一类是建设型企业家，一类是破坏型企业家。确实，无论是从财富创造还是从财富转移甚或是从财富破坏中获取个人收益，某种程度上都体现了当事者的某种创新，甚至黑手党教父的行为往往也被视为具有高度的企业家精神。在这里，鲍莫尔将寻租定义为"通过采取一些不违反公认的社会法律的手段，为追求经济租而付出的资源成本"①。相应地，鲍莫尔就认为："熊彼特对企业家行为所列举的内容可以被扩展到包括那些在寻租方式上的创新行为，譬如，发现一种以前没有被用过的法律策略，而第一次使用这种策略的人能够有效地把租金转移到自己的腰包"；进而，鲍莫尔强调，"如果可以把企业家简单地定义为那些机灵而创造性地寻找途径来增进自己的财富、权力和声望的人，那么，可以肯定的是，并不是所有的企业家都会极度关心那些实现了自己目标的行为是否也同样或多或少地增加了社会产出，或者，就此而论，是否实际上成为生产的障碍"②。

（二）企业家与其他市场主体的界分

一般来说，创新是企业家行为的根本特性，不过，熊彼特所谓的创新并不是指科学发现和发明，而主要是指企业家利用新思想创造出的新的生产资源的组织以增进利润的过程。在熊彼特看来，科技发明只要还没有付诸应用，它在经济上就不起作用；相反，企业家则把发明付诸实施，把一个无形的创意转变成可操作的、经济上可行的经营活动。显然，从此视角出发，就不仅要将企业家与资本家区分开来，而且需要将企业家和发明家区分开来。当然，企业家也可能是发明家，但企业家作为发明家仅仅是一种偶然的巧

① ［美］鲍莫尔：《企业家精神》，孙智君等译，武汉大学出版社 2010 年版，第 58 页。
② ［美］鲍莫尔：《企业家精神》，孙智君等译，武汉大学出版社 2010 年版，第 32 页。

合；同时，作为发明家的品质和作用与企业家根本不同：发明家更多地是源于工作本能或好奇心的冲动。同样，企业家也可能是资本家，但企业家作为资本家也仅仅是一种偶然的巧合；同时，作为资本家的品质和作用与企业家根本不同：资本家更主要是承担投资冒险的风险。鲍莫尔认为，风险承担是资本家的职能，对风险承担的补偿则是资本家收益的重要组成部分。① 从这个角度上说，那些风险投资者本质上是资本家而不是企业家。此外，企业家也可能是管理者，但企业家与管理者合一的情形体现了所有权和经营权还没有分开，这主要适用于规模不大的企业，适用于企业组织的等级制（链）不长、从而组织管理相对简单的情形。有鉴于此，我们有必要对市场经济中承担重要角色的三类主体进行界分。

首先，需要将企业家与发明家进行区分。一般地，科技发明家和创新型企业家的共性在于，他们都拥有较强的创新精神，并且都是在工作本能和好奇心促动下进行创造性活动的人。不过，两者的差异在于：发明家的发明和创新活动往往纯粹由好奇心所驱动而不怎么计较利益得失，创新型企业家则致力于将发明与商业结合起来并从财富创造而非财富转移中寻求个人利益最大化。同时，科技发明家和创新型企业家的创造活动往往都会为社会带来新的财富，而且，创新性越强，所带来的社会财富也越多，对社会经济发展的贡献也越大。相应地，科技发明家和创新型企业家的一个明显差异在于，两者从其所创造社会财富中获取个人收益的份额往往存在很大差异：一个人的科技发明家属性越强，他对个人收益的份额大小也就越不在意。譬如，世界互联网的发明者伯纳斯-李（Berners-Lee）就无偿地公开发明成果为社会使用，而没有申请专利并从中谋取个人利益；其他诸如图灵（A. Turing）、汤斯（C. Townes）、巴丁（J. Bardeen）、高锟等人的科技发明都为人类福祉做出重大贡献，但他们本人却没有由此获取高额收益。与此不同，比尔·盖

---

① ［美］鲍莫尔：《企业家精神》，孙智君等译，武汉大学出版社 2010 年版，第 7 页。

茨、乔布斯、扎克伯格、孙正义、杨致远、拉里·佩奇、贝索斯，以及中国的马云、马化腾、李彦宏、丁磊等商业天才，他们都是将前人或他人的发明成果运用到商业中并由此获取巨额个人收益。显然，前一类人就是极具创新精神的科技发明家，后一类人则是拥有高度商业头脑的创新型企业家。熊彼特写道："（剩余）落入把织机引入到循环流转的那些人手里；而不是落入单纯的发明家，也不是落入单纯的（织机）制造者或使用者手里，那些按订单承造织机的人将会只获得成本价格，那些根据产品说明书来使用织机的人，初时买织机所付代价甚昂，以致几乎得不到什么利润。利润将归属于那些成功把织机引入到产业的人们，不管他们是制造并使用织机，还是只制造或只使用织机，都无关紧要。"①

其次，需要将企业家与资本家进行区分，这需要进一步审视奥地利学派对企业家的主流定义。奥地利学派的主流观点倾向于将企业家与资本家合二为一，基本逻辑是：纯粹企业家通过发现和利用市场机会来获取利润，但一些利润机会往往包含着种种时间耗费过程，如低资源成本和高商品收益之间的差异就使得这种资源可以产生某种当前利润的机会；进而，由于生产需要时间，因而此时的利润机会就需要资本投资，而投资则是资本家的角色。柯兹纳就将利润的获取分为两种情形：（1）纯粹的企业家通过"租借"资本家的货币资本而获得这种利润，而资本家因"出借"货币资本而获得的就是利息，这是资本所有者收入的实质；（2）如果一个企业家恰好自己拥有资产，因而企业家和资本家这两种角色就会合二为一，他所寻求最大化的也就不再是企业家利润，而是凭借资源所有权获取的准租金。② 事实上，按照奥地利学派定义企业家才能的基本逻辑，当资本所有者在将资本"出借"给这个企业家而不是那个企业家时，也是基于对不同企业家才能及其盈利机

①　[美]熊彼特：《经济发展理论》，何畏等译，商务印书馆 1990 年版，第 151 页。
②　[美]柯兹纳：《竞争与企业家精神》，刘业进译，浙江大学出版社 2013 年版，第 41—42 页。

会的警觉；相应地，资本家雇用这个企业家而非那个企业家来组织生产和管理企业也展现了更高层次的警觉，因而也应该属于企业家。但是，从创新角度而言，企业家的创新可以带来新的财富，而资本家的冒险往往只是产生财富的转移。为此，熊彼特强调，"企业家从来不是风险承担者……如果新事业失败，贷款给这个企业的债权人就会倒霉。……如果这个企业家是靠过去的利润来经营，或者利用原属于他的'静态'企业的生产手段来经营，那他也只是以资本家或商品拥有者的身份，而不是以企业家的身份，来承担风险。在任何情况下，承担风险并不构成企业家职能的一个要素。哪怕在名声方面他可能要冒风险，但他从来不承担失败的直接经济责任"①。

最后，我们还需要将企业家和管理者区分开，这一点鲍莫尔做了详细的论述。一般地，管理者主要关注可行的生产过程是否能够和技术进行合理组合，既满足于当前的产出水平，又适合预期产出水平；相应地，管理者负责检查连续生产过程的当前效率，包括节约成本、制定满足合同要求的计划、日常的代价和广告开支决策等，也即主管那些包含在企业习惯模式中的行为和决策。与此不同，企业家则致力于寻找新的思想并将它们付诸实施，从而需要承担领导、有时甚至是动员的工作；相应地，企业家主要负责最优地实现企业目标的决策，而不是从事常规性活动，也不能允许事情变得墨守成规。② 用经济学的术语讲，管理者是要让生产从生产可能性边界的内点尽可能地接近边界，企业家则是致力于拓展生产可能性边界。在很大程度上，正是由于企业家的行为是创新性的，并且是与个人的警觉特征联系在一起的，因而企业家才能往往就具有先天性，很难通过后天的学习和教育得到很大提高，这与管理者能力存在显著差异。甚至米塞斯也认为："为了在商业上取得成功，一个人不必非要从工商管理学校得到一个学位不可。这些学校训练

①　［美］熊彼特：《经济发展理论》，何畏等译，商务印书馆1990年版，第157页。
②　［美］鲍莫尔：《企业家精神》，孙智君等译，武汉大学出版社2010年版，第3—4页。

的只是会照章办事的低级职员而已，而决不可能训练出企业家来。企业家是无法训练的。一个人之所以能够成为企业家，在于他能够把握机会和填补市场空白。这需要敏锐的判断力、远见卓识和充沛的精力，显然这是任何特殊的教育都无法提供的。那些最成功的企业家，如果以学术教育水准来衡量，通常只不过是一介白丁而已。"① 同样，鲍莫尔也写道："（各商学院）希望能够训练一些学生成为企业家，但是结果往往只是做到传授一些管理者的技能。"② 在很大程度上，正是由于企业家行为从事的是非常规的冒险活动，而不是简单地在给定的选择集合中进行成本—收益的最优化计算，从而就不能还原为机械而被动的计算器；相应地，企业家角色也就很难被纳入以新古典经济学为主的正规企业模型中，一些企业行为分析模型中冠以"企业家"的实质上是"管理者"行为。

三、企业家在经济发展中的双重作用

在很大程度上，正是由于奥地利学派将企业家界定为创新者或套利者，这两类角色分别在财富创造和资源配置方面发挥核心作用。进而，奥地利学派的信徒们往往就混用这两类企业家角色的创新性和警觉心来为一切市场活动进行辩护：一方面，企业家的创新活动推动了技术发明和财富创造，从而是值得赞赏的；另一方面，在市场中进行套利的几乎所有的市场主体都具有某种警觉心，从而也就都具有企业家精神。基于两者的混合，奥地利学派及其信徒就得出结论说：几乎所有市场主体都是企业家，几乎一切市场行为都是企业家行为，而几乎所有企业家行为都是生产性的，因而市场主体的一切行为也就值得赞颂。果真如此吗？我们继续对企业家在实际经济活动中的作

---

① ［奥］米塞斯：《人的行动：关于经济学的论文》，余晖译，上海世纪出版集团 2013 年版，第 338 页。

② ［美］鲍莫尔：《企业家精神》，孙智君等译，武汉大学出版社 2010 年版，第 17 页。

用进行梳理和辨析。

（一）企业家对经济发展的双重性

奥地利学派将企业家置于经济发展的中心地位，并高度推崇那种能够发现和把握机会并以调整当前行为而实现目标的"企业家"：正是这些"企业家"发现和利用各种潜在的商业机会并展开激烈的相互竞争，结果，不仅促使分散的市场信息得以快速地传递开来，而且创造出以前不曾存在的信息以获取利润，进而通过辨别套利机会而将市场推向均衡。但是，不同于奥地利学派将企业家活动都视为生产性的，鲍莫尔认为，"企业家常常根本没有任何生产性贡献，而且，有时还由于从事了凡勃伦所描绘的对生产的'系统性破坏'，从而扮演着破坏性角色。这种情形并不是偶然发生的——只要经济中的报酬结构如下：寻租类（以及更糟糕的）非生产性行为的收益高过生产性行为——它就会发生"①。尤其是，这种逐利行为所滋生的破坏性作用随着市场堕落效应的偏盛而日益普遍和严重。究其原因，市场经济的发展带来了社会攀比和过度竞争，这使得人们更加注重物质利益，愈加热衷于炫耀性消费，虚荣心得到不断膨胀，进而使得工作本能日渐式微而虚荣本能则获得无约束的释放；相应地，逐利的企业家往往更倾向于通过寻租而非创利的方式来获取收益，进而，商人型企业家的逐利行为也就会日益压倒工程师型企业家的创利活动，并对社会财富创造和社会经济发展起到越来越显著的破坏性作用而不是生产性的作用。正是由于逐利企业家在市场经济活动中角色和作用发生了明显锐变，凡勃伦就将逐利的企业家（阶级）和生产的工程师或生产者（阶级）区分开来，认为他们分别代表了商业和工业、赚钱和生产、机器利用和企业经营的两极。

在凡勃伦看来，由虚荣本能驱动的财富追逐和由工作本能驱使的财富创

---

① ［美］鲍莫尔：《企业家精神》，孙智君等译，武汉大学出版社 2010 年版，第 1 页。

造之间存在根本性差异。从一般意义上说，前者主要体现为商人行为，后者则是真正的企业家行为。但是，奥地利学派却将在市场逐利者都视为"企业家"，而将财富创造者视为"技术员"。譬如，米塞斯就写道："企业家雇佣的技术人员，是指那些有能力和技术从事特殊种类工作的人。他们包括伟大的发明家、应用科学领域的优秀人才、建筑师、设计员以及一般工匠。在实现其企业技术计划时，企业家本人也加入他们的行列。技术人员的工作虽然辛苦和艰难，但只有企业家以及雇佣者的身份才能将他们的劳动导向确定的目标"①，"技术人员从他纯技术的观点，对于解决这些细节问题的可替代方法，或者难以识别其区别，或者容易因某一方法能够得到最大的物质产量而加以选择。但企业家却是由利润动机所驱使的。这一点使得他更趋向于最为经济的解决方法，即他会注意尽量避免使用某些生产要素，否则就可能损害消费者最迫切的欲望的满足"②。当然，出于为企业家的逐利行为辩护，奥地利学派赋予这些逐利"企业家"以承担市场不确定性和决定资源配置的功能，进而将企业家的利润视为是承担不确定性的报酬；同时，奥地利学派还赋予市场主体以某种自主承担风险的警觉心，从而就将市场中的所有逐利行为都合理化了。但与此不同，凡勃伦更深刻地看到了现实世界中由虚荣本能和逐利心驱动的"企业家"活动对生产和技术的破坏，因而将企业家阶级作为与生产阶级或工程师阶级相对立的一极而加以批判。

确实，在现实世界中，我们可以看到大量的非生产性或破坏型企业家，他们不是通过财富创造而是通过财富转移甚至在财富破坏的过程中获取个人的巨额利益。

更进一步地，几乎所有的创新活动都会带来或多或少的外部性，从而都

---

① ［奥］米塞斯：《人的行动：关于经济学的论文》，余晖译，上海世纪出版集团 2013 年版，第 328 页。

② ［奥］米塞斯：《人的行动：关于经济学的论文》，余晖译，上海世纪出版集团 2013 年版，第 329 页。

会对他人或社会带来影响。譬如，A因发明某物而取得专利权，结果，B仅仅晚了一段时间发明出来或者说晚了几个小时申请，他就再也无法使用该发明物，而之前他却为之投入了大量的财力和精力。显然，B遭受到A创新活动的负外部性。当然，在这个创新活动中，发明物对社会发展整体是有利的，只是像B这样的少数人蒙受了损失。因此，为了缓解这种负外部性所造成的影响，我们往往对专利权设定一个期限，这个期限需要综合考虑对创新发明的激励以及专利权带来的负外部性。这种现象也非常普遍。例如，苹果等智能手机的出现导致了诺基亚、摩托罗拉、爱立信等传统通信巨头的破产，电灯的发明淘汰了原有的油灯，等等，这就是外部性。尤其是，那些盗版、山寨和造假伪劣品等在很大程度上也可以看作是创新，但具有显著的负外部性，盗版和山寨严重损害了原创者的利益，而造假伪劣则明显损害消费者利益。当然，外部性既可以是正面的，也可以是负面的，如技术进步就带来显著的正外部性。既然如此，我们又如何界分这些创新呢？根本上说，我们不能简单地忽视创新活动的外部性，而是要具体考察不同创新活动所带来的外部性净值，进而要剖析具有的收益享有和成本的承担。譬如，随着市场堕落效应的日益严重，由逐利心驱使的市场主体往往只关心个人利益，乃至不惜采取损害他人利益的方式，这就是破坏性创新，它会带来严重的负外部性；相应地，针对这种市场行为或创新活动，国家就需要以规章或法律的形式加以限制甚至禁止。

正是由于外部性的广泛存在，就为政府介入市场经济活动提供了坚实的理论基础。关于这一点，我们也可以从弗尔德瓦里有关公共品的分析中获得启发。弗尔德瓦里认为，市场根本上应以道德为基础，从而并不意味着"允许一切"，如盗窃就不能算是市场。事实上，完全市场包括了生产、交换及自愿消费，而包括欺骗在内的任何强制都违背市场道德和违反财产所有权；进而，在完全市场经济下，所有的资源都有其所有者，这些所有权都受到保护。显然，如果一个人的创新活动带来了环境污染等外部性，这就使得受害者的所有权受到了侵犯，而施加者实际上就是对别人所有权的盗窃；相应地，一个实行完全自由市场的政府就应该要求施加者对其造成的损失进行赔偿，如果不主动赔偿，政府就应该对其征收庇古税。正是基于这一逻辑，弗尔德瓦里认为，政府的征税并不是干扰市场，而是执行市场的权利，这个权利就是通过阻止负面的外延来促进经济更加自由。当然，弗尔德瓦里虽然承认外部性的广泛存在，由此也主张引入政府的积极作用。但是，他却不承认这种外部性是市场失灵造成的，而是认为政府的作用恰恰是维护了应有的完全市场。① 这就带来了一个问题：究竟应该如何定义市场失灵？一般地，如果将市场失灵界定为放任个人行为所造成的现实市场结果，那么，负的外部性就是市场失灵的一个重要内容。但是，弗尔德瓦里却设定了一种理想的完全市场，由此将现实市场中出现的问题归咎为政府的过失，进而要求政府采取行动也维护市场的正常运作。显然，弗尔德瓦里口中的完全市场只是一种逻辑化的市场，它根本不可能在现实中存在。②

总之，上面一系列的现实和分析都表明，市场上的逐利企业家对经济发展所起的作用是双重的：工程师型企业家是创新性的和生产性的，对社会经济发展往往具有显著的建设性作用；商人型企业家则是纯粹逐利性的和非生产性的，对社会经济发展往往带有明显的破坏性作用。有鉴于此，当前社会各界也大多对工程师型企业家的创新活动赞誉有加，但由此奥地利学派却将"企业家"一词泛化了，乃至对所有的市场逐利活动都持赞同态度，从而也就严重遮蔽和误导了社会大众对不同市场行为乃至创新活动的认识。

（二）技术创新和传播的平衡机制

我们称赞技术创新的同时，往往还会忽视另一类对经济发展起重要作用

---

① ［美］弗尔德瓦里：《公共物品与私人社区：社会服务的市场供给》，郑秉文译，经济管理出版社 2011 年版，作者中文版前言第 8 页。
② 朱富强：《市场的逻辑还是逻辑化的市场：流行市场观的逻辑缺陷》，《财经研究》2014 年第 5 期。

的市场行为，这就是技术传播。鲍莫尔指出："'创新'一词并没有对生产性企业家在技术进步和经济增长方面的贡献予以充分的估计。技术进步至少有两类，其中一类往往为经济学文献所忽略。它不但取决于潜在新创新涌现的速度，而且也取决于这些创新通过现实世界的生产性行为而被扩散和采用的速度……（事实上，）如果众多的生产者中只有一家运用了有价值的创新，很明显，这给生产力带来的好处要远远少于该创新被广泛采用多带来的好处。因此，新技术传播的速度越快，它对生产力的贡献越大，这是显而易见的道理。"① 在现实世界中，一些人充分利用现有的技术进行产品生产，他们不仅从中获取了大量的个人收益，而且也促进了新技术的传播，从而大大发挥和提升了创新所潜在的生产力。显然，这些人也是企业家，他们不仅敏锐地把握市场机会而获利，而且也极大地推动了社会发展，进而也就是生产性企业家。

在鲍莫尔看来，"只要创新总本正言还未成为一种常规化的过程，那么技术扩散的主要手段就是一个企业家阶层，它具有一种可称为'创新性模仿'的能力"；当然，"随着创新过程常规化的增加，也会产生其他的技术转移机制。其中包括跨国公司、生产设备制造商，它们可以视为'技术共享公会'"②。从历史上看，英国和荷兰发明了精密钟表的关键技术，但到了19世纪中叶之前却转移到了瑞士和美国；进而，在20世纪初瑞士人发表了石英表，到后来也逐渐转移到了日本。③ 在很大程度上，正是由于技术创新具有高度的扩散性，因而欠发达国家就可以充分利用发达国家已有的技术实现生产力的快速提升和产业结构的有效升级。因此，新结构经济学认为，发展中国家可以承担类似创新传播者的角色，通过充分利用发达国家的技术创

---

① ［美］鲍莫尔：《企业家精神》，孙智君等译，武汉大学出版社2010年版，第1—2页。

② ［美］鲍莫尔：《企业家精神》，孙智君等译，武汉大学出版社2010年版，第192页。

③ ［美］鲍莫尔：《企业家精神》，孙智君等译，武汉大学出版社2010年版，第177—178页。

新，不仅可以缩短发达国家垄断创新利润的时间，而且还可以加速发展中国家的产业升级。问题在于，如何有效利用发达国家的技术创新呢？这也正是新结构经济学所关注的重要议题。

正是由于技术传播可以充分发挥技术使用的规模经济，鲍莫尔将新技术的传播也视为企业家的创新活动而给予非常高的评价。不过，这里也衍生出一个问题：既然技术创新和进步潜含的正效应能够被他人利用而惠及他人，那么，又有哪个以利润最大化的企业家愿意独自承担成本去创新呢？更不要说，企业家的应用创新还依赖技术研发，而重大的技术发明往往需要很长的时间。例如，第一台瓦特—博尔顿蒸汽机的面世花了瓦特十余年的时间，而产生有价值的应用又依赖后续 1/4 世纪的改进和扩散工作。既然如此，又如何有效促进技术发明和产业创新呢？大体而言，这涉及以下三方面的问题。

首先，要通过专利保护等形式在技术创新和传播之间取得平衡。一般来说，技术创新具有很强的正外部性并容易引发搭便车行为，因而现代社会对技术发明和创新往往通过专利等形式给予保护。但同时，这个保护期也不能过长，其主要原因有二：（1）任何技术发明和创新都是建立在以前知识的基础之上；（2）过长的保护期会严重影响技术的扩散和生产力的提升。马祖卡托指出："专利本身不应被视为一种'权利'，而应成为一种激励相关领域创新的工具，但同时不影响公共部门获得回报。"[①] 此外，我们还可以获得两点进一步的认知。一方面，就创新型企业家而言，只要技术创新者可以在一定时期内收回成本并有足够的利润，即使他的创新成果具有很强的外部性，他也愿意从事创新。更不要说，创新本身是一个不断积累的内生发展过程，企业家通过创新获得的技术领先地位往往会使它在新的产品创新中保持继续的领先。在很大程度上，这也就是奥尔森在论述集体行动逻辑时所揭示的。奥尔森的集体行动理论认为，在成员众多且同质化明显的大集团中，

---

①　［英］马祖卡托：《增长的悖论：全球经济中的创造者和攫取者》，何文忠、周璐莹、李宇鑫译，中信出版集团 2020 年版，第 194 页。

由于个体的积极行为对于整个集体来说其作用和影响力是微不足道的，从而就会产生严重的搭便车行为，进而导致集体行动变得不可能。但是，在成员的"规模"不等或对集体物品带来的收益份额不等的集体中，成员对集体物品的兴趣越大，从集体物品所带来收益中获取的份额也越大，从而愿意承担的成本比例将更高，从而导致集体行动成为现实。① 另一方面，就模仿型企业家而言，他往往也不是完全复制创新者的产品，相反，往往是创新产品的后续改进的主要承担者。鲍莫尔提出了两点理由：（1）专利限制或者创新者成功的保密会阻止精确的模仿；（2）模仿者经常被锁定在与初始创新者的竞争性斗争中，并且如同迟到者一样，他获得胜利的唯一机会就是提供一种改进或者更便宜的产品。② 在很大程度上，正是创新型企业家和模仿型企业家之间的互动，就导致新技术的演进呈现出一个连续过程。

其次，可以创造出一种企业合作的制度和文化。一般地，如果技术和产品创新由某些企业或企业家单方面供给，而其他企业或企业家则搭便车并从创新扩散中获利，那么，单个企业或企业家就会失去创新的动力。但是，如果技术和产品创新是多边的，每个企业或企业家都进行不同的技术和产品创新活动，并且又可以从其他企业或企业家的创新扩散中获利，那么，单个企业或企业家也就会具有创新的动力，而且还会形成有效的分工协作。在很大程度上，当前蒸蒸日上的产业集群就呈现这种特征，而硅谷则是一个非常典型的例子。萨克森宁剖析道："硅谷有一个以地区网络为基础的工业体系，能促进各个专业制造商集体地学习和灵活地调整一系列相关的技术。该地区密集的社会网络和开放的劳工市场弘扬了不断实验探索和开拓进取的创业精神。各公司之间开展激烈的竞争，与此同时又通过非正式交流和合作，相互学习技术和变化中的市场营销方法；松散联系的班组结构鼓励了公司各部门

---

① ［美］奥尔森：《集体行动的逻辑》，陈郁等译，上海三联书店/上海人民出版社 1995 年版，第 40—42 页。

② ［美］鲍莫尔：《企业家精神》，孙智君等译，武汉大学出版社 2010 年版，第 195 页。

之间以及各部门与公司外的供应商之间进行横向的交流。在网络系统中，公司和部门职能界限相互融合，各公司之间的界限和公司与贸易协会和大学等当地机构之间的界限也已打破。"① 当然，要真正促进共同创新和相互借鉴，关键在于要形成一种联系紧密的社会网络，并在此基础上塑造出"强互惠"的集体文化和治理结构。有鉴于此，鲍莫尔还提出一个"技术共享公会"假说：市场力量常常激励企业加入一种信息交流安排，这一安排涉及从隐含契约到详细说明的法律约定，而对那些试图独立于这种技术公会之外、不共享技术信息的任何企业施加严厉的惩罚，这样，就将技术创新的外部性内部化，进而可以促进对创新的投资。②

最后，可以以政府的研发投入等形式来弥补私人创新的不足。事实上，按照熊彼特的理解，企业家不同于发明家，企业家主要将发明家的成果付诸实践。在此之前，发明家的科技创新活动就没有相应的报酬，这使得发明的冲动往往会遭到抑制和窒息，这在商业社会尤其如此。有鉴于此，科技创新和发明就需要公共资源或政府的资助，如国家创新孵化基地等的建设，在此基础上，企业家可以做进一步的创新型应用。同时，科技创新和发明具有很强的公共品特性，技术进步具有明显的正外部效应，从而也就需要并应该由政府资金提供支持。在很大程度上，这也就是企业精神和有为政府之间的共进互补。从历史实践中也可以看到，中华人民共和国成立后之所以能够迅速建立起初具规模的工业体系，很大程度上就是当时各个国有或集体产权的企业之间像兄弟一样"互帮互学"的结果：一旦一个企业研发出了某种技术或产品，它们往往就会派出一组技术人员帮助其他单位或地区建立起相应的工厂和产品生产线，如当时全国各地的中小型氮肥厂就是这么建立起来的。显然，从技术的传播角度上说，具有某种公共性的产权结构反而可能会比完

---

① ［美］萨克森宁：《地区优势：硅谷和 128 公路地区的文化与竞争》，曹蓬等译，上海远东出版社 1999 年版，第 4 页。

② ［美］鲍莫尔：《企业家精神》，孙智君等译，武汉大学出版社 2010 年版，第 208 页。

全私有的产权结构更有效率，也更有利于社会生产力的提高和整体社会福利的增进。究其原因，垄断的私有企业为了维持自身的垄断利润更有可能储藏"发明"，或者利用法律支持千方百计地阻止和延缓技术传播而保住自己的优势，至少是不愿无偿向社会尤其是竞争对手提供。相反，国有企业的垄断利益并不为特定个人所独占，国有企业的上级主管单位更是关注所辖企业的全面进步，从而更有可能展开技术交流和推广。

四、结语

迄今为止，学术界对"企业家"概念的使用还非常混乱，因而就有必要对"企业家"内涵重新界定，以便更清楚和深入地剖析现实世界中不同市场主体的行为差异。例如，鲍莫尔就将企业家区分为：（1）创新型企业家，主要从事创新活动，包括属于工程领域的新生产技术、新产品、新资源、新营销渠道和新商业组织形式等；（2）模仿型企业家，将技术或其他创新思想或生产过程从一个企业或地区扩散到另一企业或地区，这不仅为常规技术和工艺开辟了新的运用场所，而且还打破了创新型企业家的垄断性而迫使他展开新的创新；（3）非生产性企业家，从事那种对真实经济产出没有任何贡献的创新；（4）寻租型企业家，寻求一个经济体中当前的或潜在的部分垄断利润的活动。① 进而，为了使得我们的认识更有条理、更为清晰，这里从两个层次对企业家及其角色承担进行梳理。第一个层次在行为驱动力，主要应该甄别两类驱动力：一是由好奇心和工作本能驱动的是发明家和工程师，它主要致力于财富创造活动；二是由逐利心和虚荣本能驱动的是企业家和商人，它主要实施财富获取活动。第二个层次在企业家的获利方式上，主要应该甄别两类获利方式：一是从为社会创造财富过程中获利，这主

---

① ［美］鲍莫尔：《企业家精神》，孙智君等译，武汉大学出版社 2010 年版，第 10—11 页。

要是从事创利活动；二是从社会财富转移过程中获利，这主要是从事寻租活动。其中，由于寻租过程实质上也就是收益再分配过程，因而就可能出现掠夺性竞争并进而演变为抢瓷器过程，从而就会造成社会财富的浪费和损害；相应地，基于逐利对社会财富影响的角度，企业家精神又可以被分为破坏性企业家精神和建设性企业家精神。由此，我们就可以深刻审视奥地利学派的主流"企业家才能"理论：一方面，它没有能够区分破坏型企业家精神和建设型企业家精神，也没有区分逐利的商人型企业家和创利的工程师型企业家；另一方面，它又将企业家精神的内涵从好奇的创新性和责任承担转向对市场盈利机会的警觉心和敏锐性，进而就将企业家等同于市场上的逐利者，从而也就导致"企业家"一词的使用被泛化了。

同时，社会经济的持续发展，不仅有赖于技术和产品的创新，而且也有赖于新技术和新产品的扩散和传播，两者都有助于社会生产力的提升。事实上，技术创新的使用不仅具有正外部性和规模经济特性，而且各类技术之间也具有强烈的互补性：两类技术的单独应用所产生的收益要小于联合应用产生的收益。汪丁丁就指出，知识之间具有互补性和互替性两类关系，但互补性在知识稀缺情况下总是占主导地位。[①] 在现代互联网经济中，技术开发和利用过程中的互补性更为显著，这可以从以下三个方面加以说明：（1）技术创新呈现出非线性扩展和协同效应，单个企业很难靠自身的力量而跟上技术变化的步伐，进而需要依赖合作来获得竞争所需的资源；（2）技术创新的价值就在于被使用，通过合作和开放的方式将会极大地提高技术的利用效率；（3）合作也有利于技术创造的风险分担，从而有利于资源的投入。在很大程度上，互联网将远空间距离的企业和人员都聚集在一起，从而形成了巨大的蔟群，而蔟群的最大特点就是技术信息和成员利益的互补性：每个人的探索都为他人的发现提供了基础，每个人的发现都为他人的应用提供了

---

① 汪丁丁：《自由人的自由联合：汪丁丁论网络经济》，鹭江出版社 2000 年版，第 143 页。

条件，从而就形成了技术创新和应用的良性自反馈效应。不过，技术创新的过度竞争往往潜含了某种破坏性，在技术传播和使用过程中又潜含的搭便车问题，两者都会抑制技术的创新和使用。更为甚者，逐利心驱动的企业家不仅会致力于技术创新和传播，而且只要有能力还会努力限制技术的扩散和传播，从而致力于消除自身技术创新的正外部性；相应地，不仅技术所带来生产力潜力被严重抑制，而且反过来还进一步窒息了技术创新。在现实世界中，很多技术都被垄断了很长时间，以致还没有广为人知并得到广泛使用就已经被淘汰了。显然，要促进技术的有效创新和传播，就有赖于一整套的社会制度安排，需要实现市场机制、法律机制和政府机制之间的互补协调，这有助于增进各经济主体在知识的创造和应用间的分工合作，进而尽可能地将企业家精神引向财富创造和生产力提升的领域和方向。

5. 奥地利学派为何如此迷恋市场

——思维逻辑和分析范式的解悉

　　导读： 新古典自由主义经济学诸流派都极度推崇自由竞争的市场机制，其中，新古典经济学构建了逻辑化的市场来为市场出清辩护，奥地利学派则将自由市场与企业家才能发挥结合在一起，而这成为当前市场原教旨主义的主要理论基础。然而，尽管奥地利学派尤其是其中的教义派极力推崇企业家功能和自由市场机制而否定有为政府和产业政策的合理有效性，由此却忽视了不同类型的企业家以及不同性质的创新活动，也忽视了不同类型的行为互动对社会发展的不同影响。其关键原因就在于，奥地利学派在分析逻辑上存在严重局限：（1）在市场主体的"异质"内涵的设定上，仅仅关注自然性差异，而忽视了更为重要的社会性差异；（2）在市场主体的行为逻辑的理解上，将自然性差异嵌入在理性分析框架中，从而忽视了社会性差异带来的权力因素对理性的侵蚀；（3）在企业家精神的内涵认知上，主要从警觉性而非创造性来定义企业家精神，进而就理想化了市场机制的协调作用和企业家的逐利行为；（4）在社会大众的能力认知上，承袭了新古典经济学的理性经济人分析框架，从而忽视了有限理性的市场主体往往会被错误的信息及强烈的诱惑所误导；（5）最终，在分析思维和范式上，克服了新古典经济学根基于科学主义认知观的科学不思，却又陷入了根植于神秘主义认知观的科学不思。

126

一、引言

现代市场经济中那些将科学发现应用于产业和实践的人通常被称为企业家，他们的创新活动带来了新的产品和产业，并且极大地推动了财富创造、经济增长和市场扩展。进而，通过将这类企业家的"范型"化，奥地利学派将市场经济中的创业者乃至逐利者都视为企业家，并赋予其以极高的荣耀：不仅将之视为社会经济发展的根本动源，而且由此主张无节制的市场化政策。不过，第一章通过对企业家精神内涵和企业家类型所做的深层次爬梳和界分，我们可以全面而清楚地识别企业家在现代经济活动中所扮演的不同角色。由此也就至少可以形成这样两点认识：一方面，企业家在推动经济增长和市场演化中起到了积极而重要的作用，它有助于防止经济活动落入成规，进而推动市场秩序的持续扩展；另一方面，企业家本身也有不同类型，而不同类型的企业家行为对社会经济产生的作用往往截然不同。鲍莫尔就强调指出，"很明显，企业家精神并不能被认为是高尚的代名词。不能说那些带有创新性的东西就一定值得赞赏的。因为它并不总是能够提升社会的利益。所以，本书的一个论点是，要制定与企业家精神有关的合理政策，关键之一在于要寻找到那些阻止或防止企业家精神被用于非生产性用途的各种措施"①。

同时，鲍莫尔还通过历史和现实与大量例子来证明：（1）在特定时空下，起主导作用的游戏规则往往是决定企业家行为和引导企业家资源配置的主要因素之一，因为规则支配着一种企业家行为相对于另一种行为的报酬水平，进而寻求收益最大化的企业家就会随着游戏规则的改变而改变其创新活动；（2）企业家精神在生产性和非生产性活动上的配置，反过来又会对经

---

① ［美］鲍莫尔：《企业家精神》，孙智君等译，武汉大学出版社 2010 年版，第 11—12 页。

济中的创新能力以及技术发明的扩散程度产生深远的影响。同样，通过对自由市场以及企业家行为所潜含问题的深刻揭示，阿克洛夫和席勒也告诫说："如果商家信奉的是'利益至上'这一经济学假定，自由市场经济就会充斥着操纵与欺骗行为……（因为）市场竞争的压力会迫使他们以设局和欺骗为手段，诱导顾客花冤枉钱购买自己原本不需要的东西，让员工做毫无意义的工作，使我们的生活最终变得一团糟。"① 由此可见，奥地利学派仅仅看到了那些具有明显生产性且影响广泛的"明星"企业家的创新行为，却忽视了大量由逐利驱动而具有明显破坏性的市场行为。为何会这样呢？这就涉及奥地利学派的分析思维。那么，奥地利学派的分析思维何以导致经济学人看不到市场内含的问题？根本上，这就涉及奥地利学派对于市场主体的特征设定，这包括市场主体的理性特征和市场主体之间的差异这两大方面。有鉴于此，本章致力于从市场主体的特征维度对奥地利学派分析思维展开深层的考察，由此挖掘其为自由市场和企业家行为进行辩护的逻辑缺陷，这也就有助于更深刻地认识一个真实的市场。

二、奥地利学派的分析思维解析

在很大程度上，奥地利学派的教义派将企业家行为和企业家精神先验化和理想化了，既没有界分不同类型的企业家，也没有界分企业家创新活动的不同性质，更没有从全局上来把握企业家行为的不同后果。那么，这些奥地利学派的信徒们为何会持有如此坚定的理想化的企业家信念呢？这不仅涉及奥地利学派自身的思维特色，而且也涉及这些信徒们对奥地利学派大师思维的认知。可以说，奥地利学派的教义派传人并没有深刻领会奥地利学派先驱们所开辟的方法论思维：哪些体现了深邃的洞识？哪些又存在明显的不足？

---

① ［美］阿克洛夫、［美］席勒：《钓愚：操纵与欺骗的经济学》，张军译，中信出版集团 2016 年版，前言。

正因为不能甄别出嵌入奥地利学派思维中的高次元精神和低次元具象，他们也就不知道应该如何进行甄别和发展而只是简单地照搬奥地利学派的方法和思维。有鉴于此，这里对奥地利学派的流行思维和分析逻辑再次展开逻辑而系统的剖析。

（一）奥地利学派对新古典经济学的方法推进

一般地，奥地利学派的分析思维有别于新古典经济学的重要方法论特色在于，它采用了方法论个体主义而不是原子个体主义。方法论个体主义强调，任何可作社会现象分析的事物都是由个体组成的，从而必须从个体行为和动机的剖析入手；同时，由于每个个体的行为都嵌入了特定的意向性和目标，因而作为个人主义的行为又必然是独特的。相应地，如何从现实存在的个体行为出发成功地过渡到宏观整体现象，从而实现微观行为与宏观现象的整合，就成为方法论个体主义的关键。在这里，方法论个体主义就潜含了行为主体的异质性设定。究其原因，在同质化原子主体的设定下，宏观现象就只是个体行为的简单倍数或简单加总，但这样就无法理解宏观现象与微观行为之间的差异，也无法理解宏观行为与平均行为之间的差异。正因如此，奥地利学派就将市场主体设定为异质的，并从异质个体的互动中探究社会现象的形成和演化，由此来剖析和揭示市场的运行机制及其动态变化过程，而市场的动态演变过程实质上就体现出货币、利率、资本、生产、收入、产品以及市场等的结构性特征；相应地，奥地利学派不仅仅是关注货币、储蓄、投资和产品的总量，更不是关注一般的物价水平或利率水平等。

问题在于，究竟该如何设定异质的市场主体呢？根本上，这需要将社会个体"嵌入"在具体的社会关系之中，需要从具体的社会关系中探寻与特定社会角色相联系的目标和价值；相反，这不能先验地依据理性选择框架来确定个人偏好，因为这种个体偏好必然是空泛的。正是由于市场主体嵌入在具体的社会关系之中，这又派生出两点含义：（1）人们在不同时空下所显示的偏好和目标往往会存在差异，由此产生的行为方式和逐利手段往往也有很大不同，从而就不能先验地给定特定的行为目标和分析框架；（2）不同社会关系所孕育的偏好往往具有不同的性质，如昂贵性偏好、廉价性偏好、冒犯性偏好等，不同偏好的追求和实现对社会发展所带来的后果也是不同的，从而就不能不加区别地合理化各种偏好及其追求行为。不幸的是，奥地利学派的分析恰恰就是对这些不同偏好"存而不论"，同时就承袭了新古典经济学的理性人分析思维。这样，奥地利学派就将所有的偏好、目标和行为方式都视为一种合理的存在，从而也就无法深刻地揭示市场经济活动中存在的大量不合理行为和现象。为此，这里就奥地利学派在分析思维所存在的缺陷逐层剖析。

（二）局限之一：市场主体的"异质"性设定

奥地利学派承认人际相异性，具体表现为，现实个体之间先天地存在各种各样的差异（能力、天赋、出身等），由此产生出人与人之间的各种不平等。进而，在奥地利学派看来，个体间的不平等具有这样的积极意义：（1）它是人类社会分工与合作的基础，也是人类社会持续发展的基础；（2）个体间的不平等也是自然的，在一般性法律规则面前就可以拥有人人平等的机会。问题是，奥地利学派所理解的人际相异性在内容上又是非常片面和狭隘的，这可以从两方面加以说明：（1）奥地利学派并没有考虑人性及其行为的社会环境依赖性，而是将资本主义制度下的逐利视为人类行为的基本意向性①，进而不同个体间的差异性偏好则容纳在广义效用之中；相应地，奥地利学派实质上还是使用了先验的理性经济人概念，只是引入了能力和信息等

---

① 事实上，尽管奥地利学派将人的意向性视为研究行为的出发点，但实际上并没有对动机展开深入的探索，而仅仅将人类动机和系统的结果都视为不确定的，从而仅仅停留在人际动机的差异上。与此不同，马克思则致力于从阶级地位或利益关系中探究个人行为的动机，进而研究了由个体所构成的集体行动；凡勃伦则将人类行为动机追溯到本能，并从本能的二分发展中分析不同阶层的个体在行为上的差异。

方面的差异。（2）奥地利学派主要考虑的是源自生理和偏好等自然条件的差异，而不是源自资源占有等社会性条件的差异；显然，社会性差异将衍生出个体间在权力和地位上的不平等，由此就会将纯粹市场竞争下的形式平等导向实质不平等，因为以平等对待不平等就是实质的不平等。在很大程度上，正是由于奥地利学派仅仅关注由偏好、口味形成的异质性，进而，在分散而互补的市场知识之下，就强调了个体间进行分工合作的必要性和必然性；相应地，人类社会在无数次的个人互动中就形成了一种连续性的扩展秩序，由此导致奥地利学派所理解的市场结构也是连续的，处于动态地演进和优化之中。

然而，在现实市场交换中，无论是信息的不对称还是地位的不平等，都会衍生出互动过程中市场主体的权力不平等。显然，考虑到市场主体在社会地位和权力上的不平等，那么，人际异质性就不仅可以成为社会分工和合作、进而也是社会经济发展的基础，而且也可能成为社会剥削和掠夺、进而也是不断升级的社会争斗的基础，社会中必会存在广泛的剥削和奴役现象。考虑到这种争斗，我们就可以明白：（1）无论是市场结构、商品结构、生产结构以及劳动结构，还是更广义的社会结构，它们的发展变化往往并非一定是连续性的，而更可能会呈现出断续性；（2）无论市场秩序还是社会秩序，它们都不是持续扩展下去，而是很可能会出现内卷和中断。由此，我们就可以理解广泛的市场失灵现象。进而，我们也就可以对奥地利学派的分析方法有更全面的认知：一方面，奥地利学派基于个体行动对社会经济现象进行剖析和阐释，进而引入了对行为动机、人的意向性以及人际相异性的关注，这是相对于新古典经济学的进步；另一方面，它对行为主体的设定依然存在严重的缺陷，集中表现为以自然性差异来掩盖了社会性差异，并局限于以自然性来分析异质性个体间的互动。正因为忽视了社会性的不平等，奥地利学派就忽视和否定了权力因素对市场竞争以及均衡结果的影响，乃至将市场演化视为连续性的过程。

（三）局限之二：市场主体的行为逻辑理解

奥地利学派不仅将人际异质性锁定在自然性差异上，而且还将自然性差异嵌入在理性分析框架中，由此来分析市场主体的行为，进而考察市场交换和生产活动等。这样，基于市场主体在偏好、目的以及知识上的差异性，奥地利学派也就揭示出市场经济中生产、交换、资本等结构性的存在。更一般地，这些经济结构之所以会形成，主要可以看成是市场主体充分利用自身资源进行创利或套利活动的结果。例如，货币的不均等投放导致价格和利率的结构差异，进而引发产品或产业的结构性扩张和收缩，最终造成了经济波动。其中，货币的不均等投放又源自政府不合理的货币政策，而自由放任则可以避免这一点。在分析市场结构和动态发展时，奥地利学派还采用了纵向分析方法。其基本思维是：社会经济结构本身就是一个整体，整个市场就是一长串处于不同完成阶段的生产过程。显然，这个过程是如此复杂和精微乃至根本不可能出自人为的设计，而且，政府对其中任一阶段的干涉都会引发其他阶段的连锁反应，进而造成预料不到的后果。由此，奥地利学派强调，这个复杂的生产过程就只能依靠市场的自发调节，并由此来挖掘引导市场调节的价格机制。这样，通过对市场和生产结构的分析，奥地利学派不仅揭示了自发秩序中的市场协调发展，而且还为斯密的"无形的手"原理夯实了机理。

然而，在这里，奥地利学派不仅无视市场主体的有限理性，乃至将个人决策和行为仅仅思维个人知识的函数；同时，市场主体还忽视了市场主体之间的社会性差异，乃至不再关注和重视由社会性差异所衍生出的权力不平等。正是由于忽视了人类理性的有限性和差异性，奥地利学派也就看不到权力对理性的侵蚀。事实上，无论一个人多么理性，只要缺乏足够的力量，它就无法在交易中获取应得的或公正的收益份额，在各种赤裸裸的剥削面前也无能为力。尼采等人很早就指出，理性和情感在权力意志面前都是无助的，都只是被权力玩弄于股掌之间的工具。进而，美国制度学派就将权力因素引入社会经济现象的分析之中，并由此深入探究了人类本能对社会行为的影响以及由此塑造出的现实制度。在现实生活中，正是由于人类理性的有限性及其造成的集体无理性，由此也就造就了自由市场交换中广泛存在的囚徒困境现象，造成了自发秩序中广泛存在的内卷化问题，但这些都为奥地利学派所忽视和无视；同时，也正是由于市场主体因社会性差异而衍生出权力不平等，由此就造成了现实世界中分工形态和合作形式的扭曲，造成了现实市场中收入分配的不公平，造成了市场经济中广泛存在的财富转移和攫取现象，但无论是新古典经济学还是奥地利学派抑或其他正统经济学派对这些事实似乎都视而不见。最后，正是由于忽视了市场主体间的权力不平等，奥地利学派的关注也集中价格竞争上而忽视广泛的非价格竞争，进而无视逐利企业家的寻租行为以及那些破坏性的创新活动，乃至刻意否定普遍存在的垄断现象。

（四）局限之三：企业家精神的内涵认知

奥地利学派之所以无视企业家的破坏性逐利行为，根本上就在于它以市场主体的自然性差异取代社会性差异，进而从警觉性而非创造性来定义企业家精神。事实上，自米塞斯和哈耶克以来，企业家的作用就逐渐被限定在发现市场信息和利润机会方面，而人类心智的创造性作用则被淡化和忽视了。既然企业家精神体现在警觉心上，由比就可以推演出，所有市场主体都有相同性质的企业家精神，其中的差异只不过在于警觉性的程度不一样；同时，既然企业家的作用体现为市场信息和利润机会的发现和传播，那么，由私利所激发出的破坏性创造活动以及信息隐藏活动等也就被忽视了。按照这一逻辑，每个市场主体都致力于市场信息和利润机会的发现和利用，由此就会促进市场信息的传播，进而推动市场本身的不断演化和成熟。同时仅仅在偏好、目的和信息上具有自然性差异的市场主体也会自觉地遵守一般性的市场规则，都会自觉地践行"为己利他"行为机理，以至每一次市场交易或互动都会促进分工和合作的深化。这样，基于这一逻辑，奥地利学派就塑造出一个乌托邦式的美好市场，进而也就理想化了市场机制的协调作用和企业家（进而包括所有市场主体）的逐利行为。也正因为市场机制被设定得如此美好和高效，奥地利学派自然就会极力排斥和否定政府的社会经济政策。事实上，即使其中的温和者如哈耶克也只赞同最低社会保障制度，更不要说积极干预市场的经济和产业政策。

然而，利润发现和利润创造之间是存在差异的，考虑到这些，就会形成完全不同的市场认知。葛劳蕊-帕勒莫就指出，局限于发现的分析试图证明不受阻碍的市场具有高效率，而创造维度的引入则产生出对均衡和非均衡市场力量共存的认识。① 更为深层次的原因在于，创造维度的引入有助于我们更广泛地考虑市场主体的权力差异以及相应的行为动机等等。在很大程度上，正是基于逐利的动机，"企业家"们只要有可能就会通过隐瞒信息或制造"假信息"来获取收益；而且，只要破坏性创新所带来的收益高于建设性创新，"企业家"们就会有极大的动力去从事破坏性创新；进而，只要法律等游戏规则允许，"企业家"们就可以利用其权力直接压榨他人获取收益。同时，正是基于权力的差异，"企业家"们往往会充分利用其地位进行寻租，利用市场竞争压制弱势者；进而，正是由于创造力的差异，"企业家"们也会通过刻意地创造市场非均衡来获利。阿克洛夫和希勒就写道："资本主义……并不是自动地生产人们真正需要的东西，而是生产人们认为有需要且愿意为此付钱的东西。如果人们愿意为药品付钱，资本主义就生产药品；而如果人们还愿意为包治百病的假药付钱，资本主义就会生产假药。19 世纪的美国也的确有一个专门生产假专

① ［法］葛劳蕊-帕勒莫：《发现与创造：奥地利学派市场过程观的含义》，载［英］霍奇逊主编：《制度与演化经济学现代文选：关键性概念》，贾根良等译，高等教育出版社2005年版，第87页。

利的行业。"① 正因如此，现实市场中盛行的不是遵循"为己利他"机理的合作行为，而是充满了掠夺和欺诈；相应地，我们就需要对现实市场中的掠夺和欺诈行为进行管制，进而对市场规则和运行机制加以纠正和完善，而这往往需要引入有为政府的积极作用。

（五）局限之四：社会大众的能力认知

承袭新古典经济学的思维，奥地利学派依旧将市场主体视为（完全）理性的，不仅能够清楚地知道自己的需求和偏好，而且能够为实现自身最大化目标而选择合理或理性的方式。但在真实世界中，绝大多数人都不能如经济人所假设的那般理性地行为，从而不能基于行为功利主义的痛苦和快乐的比较而将人还原无所不能的计算反应器。相反，市场主体往往会为错误的信息所遮蔽，或者为强烈的劝说所诱惑，并由此往往干出一些不符合自身利益的蠢事。阿克洛夫和席勒就指出，尽管学会在财务上量入为出是很简单的事，但即使在发达国家，大多数成年人在晚上睡觉前往往也会为能否支付月底账单而忧虑。为什么会这样呢？究其原因，尽管人们往往在 99% 的时间里都很谨慎，但只要在 1% 的时间里挥金如土，那么，之前的一切也会付之东流。正因如此，那些逐利而敏锐的商家或"企业家"就致力于捕捉这 1% 的机会，并且一旦发现这个弱点就会迅速采取欺骗行动以获取超额利润。例如，通过广告等手段来提醒人们还有很多需求没有得到满足，由此来诱导人们不断地买买买。在这里，阿克洛夫和席勒将欺骗行为定义为：一种设局使他人达成自己而非他人的意愿的行为。在阿克洛夫和席勒看来，这种欺骗行为就像人们钓鱼，而在现实世界中拿着钓竿坐等鱼上钩的精明"企业家"不计其数；相应地，无论人们如何警觉，都迟早会被他人"钓到"。在这

---

① ［美］阿克洛夫希勒（即席勒）：《动物精神》，黄志强等译，中信出版社 2012 年版，第 24 页。

里，阿克洛夫和席勒又区分了两类受骗者：（1）心理型受骗者，主要是指包括理性受感性支配以及对现实存在认知障碍而采取不当行为的人；（2）信息型受骗者，主要是指误入他人所设的圈套而采取错误行为的人。①

既然社会大众如此容易上当受骗，这就要求我们重新审视为现代主流经济学所误用的"理性"一词。根本上说，人类区别于其他一般动物的理性表现在：人类能够为追求长期利益而克制短期欲望或者约束自身的短视行为。其中就潜含了人类理性的两大基本特征：（1）认知力，体现为行为者辨识长远利益以及确定最优目标的认知能力，这主要与知识和信息结构有关；（2）意志力，体现为行为者为实现长远利益和最大化目标而抵制短期诱惑的克制能力，这主要与意志和毅力程度有关。由此可以得到两点基本论断：（1）所有市场主体的认知力和克制力都是有限的，从而也就不可能存在完全理性；（2）不同市场主体在认知力和克制力上也存在显著的差异，从而不同市场主体又是理性程度不同的。在很大程度上，阿克洛夫和席勒界定的两类受骗者分别对应了意志力薄弱和认知力欠缺这两种有限理性者，而那些机敏的"企业家"正是充分利用这些弱点来谋取利润。关于这一点，我们依然可以看阿克洛夫和席勒所举的几个例子：就信息型欺骗而言，19世纪80年代，平克汉姆敏锐地发现不少女性担心自己的肾出问题，于是"发明"平克汉姆药丸，声称可以治愈肾病，大家竟然都相信了；就心理型欺骗而言，大多数烟民都知道吸烟有害健康，而这种对健康的损害也完全不能被吸烟时的短暂快乐所补偿，但是很多人还是抵制不住诱惑而吸烟，甚至将吸烟看成是一种很酷的事，这也就造就了烟厂的高利润。

（六）局限之五：社会政策的后果认知

由于将所有市场主体视为（完全）理性的，而且市场信息是充分的，

---

① ［美］阿克洛夫、席勒：《钓愚：操纵与欺骗的经济学》，张军译，中信出版集团2016年版，前言。

因而奥地利学派对政策后果也存在明显的认识不足。根基于市场有效的信条，新古典自由主义经济学倾向于将提高人们选择集和自由度的社会政策都视为积极有效的，认为它有助于提升个人和社会的经济福利水平；相应地，穷人之所以穷，根源于它缺乏选择自由度，从而无法利用发现的市场机会获取利益。那么，如何帮助穷人摆脱这一困境呢？新古典自由主义经济学人所倡导的一个重要思路就是金融自由化，鼓励商业金融机构对贫穷者发放小额贷款，从而帮助他摆脱贫困。问题是，广为经济学人赞誉的小额贷款在现实世界中的效果如何呢？显然，我们不能仅仅停留在一些表象上，仅仅看到愿意看到的一面，而应该更深刻地认识它带来的双重性影响。例如，尤努斯创办的格莱珉银行（Grameen Bank）就呈现出这样的双重作用：一方面，它最初向农村妇女们发放贷款取得了一定的成功，如不少妇女用贷款购买了一部手机出租给本村村民使用而获利颇丰；另一方面，随着这种"手机妇女"越来越多，她们能够凭此获得的收入变得越来越少，最后甚至连贷款也还不起了。正是在这种情况下，小额借贷的资金就越来越多地被用于生活消费而不再是生产投资。这包括两部分：（1）红白喜事之类的"平衡消费"；（2）满足个人欲望的"奢侈消费"。显然，这两类借贷都刺激了超前消费。例如，就平衡消费而言，它用于弥补家庭在出现儿女婚嫁或高寿病逝之类特定事件时的暂时收入亏空。但显然，如果没有借贷这一渠道，收入亏空的家庭往往就只能更为节俭地举办这些红白喜事。但现在有了借贷这一渠道，在盛行的相邻人情或面子效应的作用下，收入亏空的家庭就"被迫"依据贷款来举办更大规模的喜事。又如，就奢侈消费而言，它主要满足个人特定冲动产生的欲望。但显然，如果没有借贷这一渠道，一个收入很低的家庭即使有高消费欲望也无法付诸实施；但现在有了借贷这一渠道，即使非常谨慎的人在某些因素的刺激下也可能会借助贷款来提高暂时的消费水平。

　　显然，如果借贷资金广泛地被用于消费，那么，小额贷款就会对一些个人、家庭乃至社会的发展带来严重问题。其原因在于，这些借贷资金终究要归还，而它又不可能带来收益，反而会增加穷人的负担。其结果就是，这些家庭或个人就会变得越来越贫困，同时银行的呆账也会越来越多。进而，伴随着违约和呆账的攀升，小额信贷机构也就会逐渐提高对潜在借款人的要求。譬如，要求客户每周都要偿还一定量的钱，而且通常是从贷款发出一周之后就开始算。但显然，这种做法对那些急需用钱的人来说又是不现实的，因为他们并不确定自己什么时候能够开始还贷；进而，这种做法也是与真正的企业家精神相违背的，因为企业家精神的基本特性就是冒险。在这种情况下，大多数穷人家庭还是倾向于以更高利率向放债人借钱，而不是像小额信贷机构借钱。① 实践也表明，随着信用卡业务的推广，人们越来越容易通过借贷进行超前消费，结果，家庭债务在收入中的比重迅速增加。在美国，每 1000 人中破产数则由 1982 年的 2.8 人上升到了 1998 年的 5 人，而且这一上升势头越来越猛。② 那么，人们为何会借钱进行超前消费呢？根本上，这就在于人类理性具有有限性，从而难以克制欲望的冲动。也正因如此，人们往往需要采取某些"提高不方便"的措施来帮助自己提升的"克制力"，如酗酒的丈夫可以将零钱交给妻子保管以提高喝酒的麻烦。③ 但是，诸如小额贷款、信用支付之类的现代工具却方便人们即时消费，它们往往不是增加而是弱化人们的意志。这也意味着，这些看似增加选择集和提升自由度的措施，根本上却降低了人们的克制力，使得消费者的行为更不理性。

由此，我们就需要对一些"现代性"政策进行重新审视。在日常生活

---

① ［印度］班纳吉、［法］迪弗洛：《贫穷的本质：我们为什么摆脱不了贫穷》，景芳译，中信出版集团 2018 年版，第 7 章。

② ［美］多德：《资本主义及其经济学：一种批判的历史》，熊婴译，江苏人民出版社 2013 年版，第 261 页。

③ ［美］谢林：《承诺的策略》，王永钦、薛峰译，上海世纪出版集团 2009 年版，第 68—69 页。

中，人们的行为并不是基于理性计算，人们面对众多选项也没有足够的能力进行理性计算；相反，人们的行为往往深受信息所支配，为激情所驱使，也为各种心理效应（如锚定效应、禀赋效应、现状偏见、体验效用等）所诱导。① 正因如此，一些"明智"的厂商就会有意识地引导消费者的偏好和选择②，这也就是厂商的"助推"，其目的在于追求厂商利益的最大化。与此相对应，塞勒等则强调，政府或公共部门也可以运用"助推"在不需要强迫的情况下引导人们做出更理性的选择，进而提高社会大众或消费者的利益。③ 这种"助推"也是广泛的，如阿克洛夫和席勒就指出："在消费者不能轻易分辨产品质量的领域，政府保护是特别重要的。许多产品都有安全要求，这是一个法律问题。"④ 当然，自由主义者对政府干涉市场的行为持坚决的反对态度。例如，伯林在批评政府对个人自由的控制时说："在这个世界上，没有一个暴君不以这种理想自我的名义，为最邪恶的高压辩护；而这种所谓理想自我的成熟，是他用也自己某种程度上残酷的、表面看来（只有从低级自我的角度来看才是表面的）在道德上可憎的方法带来的。"⑤ 问题是，我们也可以反过来提问：当市场上出现的各种不伦理并且明显不利穷人的行为和现象时，新古典自由主义经济学不正是以"这都是市场主体的理性选择、从而体现了他的最大效用"进行辩护的吗？在很大程度上，逐利企业家之所以能够通过欺诈行为获取高额利润，关键在于他们能够敏锐地把握人性的弱点进而诱导其做出于己不利的选择。

---

① ［美］施瓦茨：《选择的悖论：从心理学解读人的经济行为》，梁嘉歆等译，浙江人民出版社 2013 年版，第 80 页。

② 朱富强：《不确定情形下的市场定价机制：基于权力结构的新古典经济学价格理论审视》，《财经研究》2018 年第 5 期。

③ ［美］塞勒、桑斯坦：《助推：如何做出有关健康、财富与幸福的最佳决策》，刘宁译，中信出版集团 2018 年版。

④ ［美］阿克洛夫、希勒（即席勒）：《动物精神》，黄志强等译，中信出版社 2012 年版，第 24 页。

⑤ ［英］伯林：《自由论》，胡传胜译，译林出版社 2003 年版，第 373 页。

（七）局限之六：神秘主义的科学不思

奥地利学派教义派之所以持有如此强烈的唯市场论，根本上还在于嵌入肯定性理性之中，从而将自己封闭在一元化的特定解释共同体内，乃至无法看到它无力且不愿看到的方面。关于这一点，这里做深层次的审视。一方面，奥地利学派克服了新古典经济学基于实证主义和科学主义思维而实践"科学不思"的弊端。这种"科学不思"主要源于自然科学的科学主义认知观：任何人类行为和社会现象都可以在理性分析框架下得到阐释，进而社会事物间的因果关系也可以通过计量分析得到揭示，从而也就排除人类的思想。① 例如，个人行为被化约为在可选择目标之间进行求最大值的数学计算，而不再考虑人类行为用途技术选择之间的区别，也不考虑不同个体受同一经济刺激所产生的不同行为反应。另一方面，奥地利学派基于自然主义思维和肯定性理性而嵌入了一种新型的"科学不思"。这种"科学不思"主要源于一种"真理＝现实"或"本质＝现象"的神秘主义认知观：真理被视为一种存在比非存在更可取的价值准则，本质则体现了事物运动中的现象总和；进而就有，凡是现实的都被视为合理的，凡是合理的也必然是现实的。事实上，在奥地利学派看来，不受干涉的市场价格就是公正价格，自然秩序就是正义秩序；相应地，市场价格将分散行为引向市场协调，自然秩序则产生持续扩展。为了给有效市场信条提供基础，新古典经济学打造了原子主义的逻辑化市场，奥地利学派则引入了具有高度敏锐性的企业家。阿克洛夫和席勒继续写道："证明资本主义运行良好的一个普遍做法是，找一个积极进取、干预承担风险的CEO。杰克·韦尔奇在短短 5 年内将通用电气的雇员规模从 411000 人裁减到

---

① 这种内涵的肯定性理性根本将世界看成了一个静止的统一体。关于这一点，可以追溯到被视为第一个理性主义者的巴门尼德，他强调一切实在的东西只能通过理性被把握，而且变化在逻辑上是不可能的，那些所谓的变化只是感觉在欺骗我们。显然，这种理念深深地嵌入在现代经济学之中，乃至现代经济学根本上都只是一种静态分析。

299000 人，人们借用中子弹爆炸戏称也为'中子杰克'。杰克·韦尔奇并没有因此感到愧疚，根据资本主义的信条，他也无须如此。相反，他只是在尽自己的职责，让通用电气的利润最大化。但是，正因为有了这样的 CEO，他们毫无愧意地为自己赚钱，为其所在的公司赚钱。"①

问题是，奥地利学派所崇尚的公正价格和自然秩序是如何形成和扩展的呢？市场经济中又是如何实现"私利即公意"这一预定原理的呢？根本上，这无法依赖人类的理性能力加以剖析，而只能依赖于对"上帝"意旨的神秘主义信仰。譬如，按照这种自然秩序或自然法信奉者的观点，私有财产就是人拥有的自然的、与生俱来的神圣权利，私有财产制度也就最符合人性的制度，而一个不能保护私有财产的社会制度则是违反自然的，从而也就不能持久存在的。但是，纯粹法学创始人凯尔森却指出，"这一学说几乎是不能证明的。历史表明，除了建立私有财产制的法律秩序以外，还有其他法律秩序充其量也只在非常有限的范围内承认私有财产。……到底是私有财产原则为基础的资本主义制度较好，还是以共有财产原则为基础的共产主义制度较好，乃是另一个问题。无论如何私有财产在历史上并不是法律秩序所能依据的唯一原则，宣称私有财产是自然权利，因为它是唯一合乎自然的，这是使一个特殊原则绝对化的企图，而这种原则在历史上只在一定时期，并且在一定的政治和经济条件下，才变为实在法"；同时，"也有人以自然法学说的特定方法鼓吹社会主义，而私有财产社会被宣称是违反自然的。人们用这种方法总可以主张并且明白地证明相反的假设，自然法原则无论表位为赞同或反对一个实在法律秩序，反正在任何情况下，他们的效力都有赖于非客观性的价值判断"②。同样，法学家米尔恩也没有将私有财产列为人权的 7 项基

---

① ［美］阿克洛夫、希勒（即席勒）：《动物精神》，黄志强等译，中信出版社 2012 年版，第 27 页。

② ［奥］凯尔森：《法与国家的一般理论》，沈宗灵译，中国大百科全书出版社 1996 年版，第 10—11 页。

本权利之一，其理由是，"某种形式的财产制度为社会生活本身所必需，但它在不同的共同体内可以采取不同的形式。至于它采取哪一种形式则取决于共同体的生活方式、经济水平和特定的道德。宣称'私有'财产为社会生活本身所必需，也就否认了实际财产共有的公社或集体农庄是一种可能的社会生活方式"①。

在很大程度上，正是由于包括奥地利学派在内的新古典自由主义经济学将市场秩序等同于自然秩序，进而又将之诉诸超自然的信仰（如上帝），由此也就削弱了人们对自身行为的责任担当。进而也反映出正统经济学中的两大极端流派——无论是新古典经济学还是奥地利学派——都缺乏对现实世界进行实质性"思考"的旨趣和能力。汪丁丁曾指出，"今日西医之不科学，在于它抛弃了盖伦当年的理想——让每个人都成为自己的医生。因为每一个人都是唯一的"②；"与西医相比，中医的优越性及眼下的严重问题，全在于它最终依据着的根深蒂固的神秘主义思想"③。在很大程度上，新古典经济学和奥地利学派分别倡导的两种市场观分别对应着西医和中医的特点：一个对应着唯理主义，试图通过一个新的制度设计来弥补前一制度的不足；一个对应着神秘主义，相信人体的自动调节可以实现有机体和谐。那么，方法论存在显著差异的两类正统经济学为何都会患上"科学不思"之病症呢？根本上就在于，它们都根植于肯定性理性思维：一个是对人类理性能力的肯定，一个是对现实世界存在的肯定。④ 有鉴于此，要克服正统经济学的"科学不思"病症，就需要引入否定性理性和批判理性主义思维，而这也是人

---

① ［英］米尔恩：《人的权利与人的多样性：人权哲学》，夏勇等译，中国大百科全书1995年版，第180页。

② 汪丁丁：《身体与生命，西医与中医》，中央广播电视大学出版社2012年版，第5页。

③ 汪丁丁：《身体与生命，西医与中医》，中央广播电视大学出版社2012年版，第13页。

④ 朱富强：《肯定性理性思维与现代主流经济学困境：唯理主义与社会达尔文主义的思维悖论》，《上海财经大学学报》2019年第3期。

类理性的根本特性。正是基于否定性理性和批判理性主义思维，我们就不是简单地认同现实市场的运行机制，也不是设计出一个新的机制来取代市场，而是要深入剖析现实市场机制的运行特点及其问题，进而补充和完善市场机制。那么，我们如何剖析现实市场机制在配置资源以及引导社会发展上的问题呢？一个简单的思路就是正如本文已经指出的，只要改变市场主体的前提假定，引入市场主体的异质性所衍生的权力不平等，那么，正统经济学为市场有效性辩护所依据的种种理论就不再成立了。①

（八）全面认识奥地利学派的思维缺陷

通过上述逐层分析，我们就可以深入了解奥地利学派的思维缺陷：一方面，它突破了新古典经济学的原子个体主义以及数量化的分析思维，从而向真实世界迈进了一大步；另一方面，它依然没有摆脱自然主义和肯定性理性思维的束缚，从而对市场经济的认识依然存在严重不足。正是基于这种思维，奥地利学派不是抽象地分析个别或总体现象，而是深入到对社会结构的分析，这包括资本结构、劳动结构、生产结构、市场结构以及利率结构等，从而更深入地探究了市场经济的动态变化及其蕴含的经济危机。同时，这些结构性分析又几乎都囿于社会结构的自然性或物质性，而没有剖析社会结构的社会性，从而也就很难真正认识到"自发"市场的扭曲和非均衡性，很难真正认识到它的深层次问题。譬如，格兰诺维特就指出，"如果没有一种分裂的社会结构，企业家就没有机会使各部分之间的资源流动成为营利来源。但是，填补'空缺'并不是一件轻而易举的小事，企业家不仅要具有奥地利经济学传统所强调的认知智慧，还要有运用团结与义务网络来动源社会资源的能力"②。那

---

① 朱富强：《市场的逻辑还是逻辑化的市场：流行市场观的逻辑缺陷》，《财经研究》2014 年第 5 期。
② ［美］格兰诺维特：《镶嵌：社会网与经济行动》，罗家德等译，社会科学文献出版社2015 年版，第 171 页。

么，市场结构又是如何形成的呢？在很大程度上，一切市场现象根本上都是市场主体的互动结果；相应地，市场结构的存在也就意味着市场主体间存在差异，由市场主体着手也就可以更深刻地剖析市场结构问题。

正因如此，本章引入市场主体之间的社会性差异，以及由此产生的权力关系和相应行为方式的分析，由此，我们不仅可以更清楚地认识到奥地利学派在市场主体的"异质性"设定，以及由此展开的行为分析上的不足，而且还可以进一步深刻地揭示出奥地利学派在市场结构认知上的浅显性。相应地，通过系统地剖析奥地利学派的先验设定和分析逻辑，我们也就可以容易理解这样一系列的问题：它为何将市场设定一个基于由不均衡到均衡的良性循环而持续发展的过程？它为何将企业家的自主创新和套利行为将导向市场协调和分工合作？进而，它为何忽视或无视企业家及其他市场主体的寻租行为和破坏性创新？根本上就在于，逐利的企业家会利用生产性的和非生产性的一切手段来最大化其利益，究竟选择何种手段则取决于社会规则。事实上，阿克洛夫和席勒就指出，每次经济衰退都有腐败和欺诈的影子，这包括发行垃圾债券、会计操作、次级抵押贷款、出售信用等；而且，这些欺诈和腐败主要不是源自政府管制，而是来自商人的逐利欲求。明显的证据是，这些腐败和欺诈更主要发生在监管放松之后，阿克洛夫和席勒写道："随着各种金融创新的出现以及金融监管对这一创新的放开，腐败或欺诈就会获得新的滋生机会。"[①] 之所以如此，就在于现实市场中的规则并非是合理的，获利最大的企业家往往是最善于利用这种规则的人。

三、自由市场的理论基础依旧脆弱

新古典自由主义经济学对自由市场和自发秩序的迷恋主要基于奥地利学

---

① ［美］阿克洛夫、希勒（即席勒）：《动物精神》，黄志强等译，中信出版社 2012 年版，第 39 页。

派交易以及斯密的"无形的手"理论，进而新古典经济学在还原主义思维的指导下运用抽象的理性逻辑和数理建模来为之提供"严密"的论证。那么，这些逻辑分析和论证能够为自由市场夯实理论基础吗？这里做进一步的审视。

（一）奥地利学派的市场观审视

在现代经济学中，对市场竞争和企业家精神做出最为细致阐述的是奥地利学派，它以企业家理论来为市场有效说提供理论基础，并逐渐为绝大多数经济学人所认同和接受。然而，自由市场并非就是一定有效的，企业家行为也并非一定是生产性的。相反，在自由市场中，无论是市场主体还是市场客体都存在严重的缺陷，这促使市场主体往往采取侵害他人利益以及危害社会发展的方式来获取个人利益。阿克洛夫和席勒就以老虎机为例写道：老虎机原来只是一款自动售货机，但一些机敏的"企业家"发现可以将这种装置变成赌博机，而人们往往具有赌博的天性和缺乏控制的能力；结果，很多人坐在老虎机旁浑然忘我地不停地投币，在老虎机毁掉了众多人的生活后，政府监管部门终于开始介入了。所以，阿克洛夫和席勒写道："从 19 世纪 90 年代到现在，老虎机在历史上发挥的积极和消极作用其实和市场本身很类似。总体而言，我们是市场的支持者。自由市场制度源自自由与和谐的社会。只有那些可以使人们免于恐惧的和平社会才能催生出繁荣的市场。但是，逐利心理不仅会催生能向我们兜售产品的售货机，还能催生那些吞噬金钱并让我们难以自拔的老虎机"；也就是说，"市场带来的并非都是美好的事物。它同样刺激了企业操纵和误导我们的判断，从而给经济带来了诸多问题"①。

既然如此，奥地利学派又为何如此热衷于为市场和企业家高唱赞歌呢？根本上就在于其分析思维：一方面，它承袭了新古典经济学的理性分析框

① ［美］阿克洛夫、席勒：《钓愚：操纵与欺骗的经济学》，张军译，中信出版集团2016 年版，前言。

架，而只是引入了人际异质性；另一方面，它依旧无视人类理性的有限性，同时又只是将市场主体的异质性简单地归咎为偏好（口味）和目的的差异，进而还将这些偏好（口味）和目的都视为自然产生的，从而也就不再对这些偏好和目的展开更深层的讨论、界分和评估。凡勃伦指出，奥地利学派只是把人看作仅仅追求满足既定欲望的消费者，而没有考察人类欲望和目的本身的累积性变化。① 事实上，阿克洛夫和席勒就区分了两类口味：第一种口味体现了真正对消费者有利的偏好；第二种口味体现了消费者实际选择的不良嗜好。在很大程度上，这种选择性的偏好（口味）往往是源自社会尤其是厂商（或企业家）的诱导。为此，阿克洛夫和席勒又剖析了"企业家"的两种挣钱方式：（1）把价值一元的产品卖给消费者并以更低成本生产该产品的诚实方式；（2）误导消费者以使他们将根本不值一元的产品看成一元的欺骗方式。显然，在逐利心的驱使下，很多"企业家"致力于提供的可能就不是人们真正需要的东西，而是迎合和诱发人性弱点并从中获利最大的东西。正因如此，尽管新古典自由主义经济学往往将竞争性市场均衡视为帕累托最优，但阿克洛夫和席勒却指出，这种最优只是体现了人们不良嗜好的最大程度的满足，而不是那些真正有利的口味的满足。② 在这里，我们就可以深刻地揭示出自由市场的实际后果，这种后果又嵌入自由市场经济中的两类"自由"行动之中：一是消费者的自由选择，二是逐利者欺骗交易对象的自由设局。也就是说，企业家的逐利行为并不一定带来社会福利的实质提升，进而这也意味着，自由市场并非就是有效的。

在这里，我们就需要深入辨识市场失灵的两大根源：（1）由市场客体的不完善所造成的市场失灵，如市场信息的不完全和不对称、规模经济和自然

---

① ［美］凡勃伦：《科学在现代文明中的地位》，张林、张天龙译，商务印书馆 2008 年版，第 58 页。

② ［美］阿克洛夫、［美］席勒：《钓愚：操纵与欺骗的经济学》，张军译，中信出版集团 2016 年版，第 9 页。

垄断的存在、公共品造成的搭便车行为、广泛的外部性带来的社会成本等；（2）由市场主体的缺陷所造成的市场失灵，这集中体现在个体理性的有限性和个体之间的异质性。显然，传统的新古典经济学就是从市场客体维度上来认识市场失灵的，但同时又认为由那些私心的政府官僚来决策会造成比市场失灵更为严重的政府失灵。因此，基于"两害相较取其轻"原则，新古典经济学反对政府对自由市场的干预，而是致力于完善市场客体（即致力于促使信息传播等方式来健全市场机制）来降低乃至最终消除市场失灵，进而构建完美的一般均衡模型来为其市场有效说提供支持。但是，新古典经济学有效市场说所依赖的一般均衡模型毕竟是建立在众多不现实的假设之上，给出的是一种逻辑化的市场而非真实的市场，从而会遭到现实主义者的批判。

不过，奥地利学派进一步指出，自由市场的效率根本就不需要依据这些复杂模型来证明，因为垄断、公共品以及外部性等都是不存在的，而市场价格本身就是一个节约信息而高度有效的通信系统，它能够有效地传播消费者、生产者以及市场供求状况的信息。但显然，奥地利学派所关注的依然是第一类市场失灵，却忽视了更为持久的第二类市场失灵，更没有考虑到第二类市场失灵的持久存在反过来又会导致第一类市场失灵无法解决。例如，市场主体的逐利心以及相互之间的争夺必然会导致信息的隐藏和噪声的散发，市场主体之间的信息不对称和权力不平等等必然产生依靠垄断地位的创租而非创利行为，市场主体之间的攀比也会促生和扩大外部性，等等。斯蒂格利茨就宣称，信息更像空气，它的充足是其他事情发生的前提条件；而如果信息缺失或只有部分信息，那么哈耶克的通信系统也就无法运转。为此，斯蒂格利茨写道："无所不在的隐藏信息问题，应当消除人们脑海中普遍存在的错误假设，即认为市场是资源配置最有效的方式。"①

这些都反映出，奥地利学派几乎所有的认知偏见都源于分析思维上的根

---

① 转引自〔美〕卡西迪：《市场是怎么失败的》，刘晓峰、纪晓峰译，机械工业出版社2011年版，第114页。

本性缺陷：一方面，它忽视了人类理性的有限性，从而也就无视市场中的欺骗与被欺骗现象；另一方面，它又忽视了人际异质性中的社会性内容，进而无视了市场竞争力以外的权力问题。按照戴维·扬的说法，奥地利学派对权力侵入经济分析具有一种长期厌恶。戴维·扬写道："奥地利学派经济学家几乎总是对'权力是内在于自由市场经济'的观点不予理睬。这不意味着在奥地利学派理论中不涉及或没有讨论过权力。相反，一些接触的奥地利学派经济学家对权力做出了许多讨论和评论，但所有这些讨论和评论的目的是试图否认它的重要性。"① 在这里，戴维·扬举了庞巴维克的例子，他认为抢劫、敲诈和奴役等权力或控制对更宽广的经济环境可能具有重要影响，但将这些都归属经济问题的另一个不同范畴，从而在经济规律的探讨中不再考虑。后来，哈耶克等人进一步将其研究设定在"竞争的资本主义"范畴，这种竞争性是指没有权力的市场资本主义，将政府干预等权力因素排除了出去。更为极端的罗斯巴德将"权力"仅仅指称国家的"暴力"干预和国有企业的"强制垄断"地位，而"经济权力"只不过是自由地拒绝交易的权力，每个人都有这种权力，从而是平等的。但是，正如前文指出的，市场主体本身就是异质性的，这种异质性造成了市场地位的不平等，造成交易权力的不对称；相应地，现实市场中就不可能出现真正"自愿"的交换，"自愿"本身就是权力的函数。正是从这个角度上说，任何市场经济和市场行为中都嵌入了权力关系，要真正了解市场机制的运行，就必须剖析这些因素，否则依然只能获得一个逻辑化的市场。

（二）理性选择分析的思维缺陷

奥地利学派之所以致力于阐释和宣传市场机制，并与新古典经济学一样推崇市场和企业家，更为深层且根本性的原因则在于，它们都根植于自然主

---

① ［英］戴维·扬：《权力在经济理论中的含义与作用》，载［英］霍奇逊主编：《制度与演化经济学现代文选：关键性概念》，贾根良等译，高等教育出版社 2005 年版，第 78 页。

义的先验性思维。米塞斯就自豪地宣称："努力得出普遍正确知识的人类行动科学是一个理论体系，它迄今为止最精心地构建的分支是经济学。在其他所有分支中，这门科学是先验的，而不是经验的。正如逻辑学和数学一样，它不是得自经验，它先于经验"，"我们这门科学不考虑偶然性，只考虑本质。它的目的是理解普遍性，而它的程序是形式化的和公理化。它看待行动和行动发生的条件，不是以我们在日常生活中所遇到的它们的具体形式，也不是以其实际的背景，就像我们在每门自然和历史科学中看待它们的那样，而是把它们看作形式的构造物，它能使我们理解纯粹人类行动的形式"①；相应地，"经济学的定理不是来自于事实的观察，而是从行动的基本范畴中演绎出来的，这个范畴有时被表达为经济原则（例如，节约的必要性），有时表达为价值原理或成本原理。它们是先验地推导出来的，因此也就对属于这样推导出来的基本原则的无可置疑的确定性提出了要求权"②。

问题是，科学的本质在于揭示自然世界和生活世界的运行规律而不是纯粹抽象的逻辑推理，进而生活世界更是由具体关系中的人类行为互动塑造的。因此，要真正认识市场运行机制，显然就需要剖析真实世界的行为机理。然而，根基于先验的自然主义思维，奥地利学派却与新古典经济学一样先验地将市场主体设定为同质的理性经济人，进而将其分析建立在理性选择框架之上，由此得出了与现实世界明显不符的系列论断。正因如此，米塞斯的极端先验性遭到众多学者的批判，甚至他的学生哈耶克也与这种纯逻辑演绎的观点划清界限。③ 但是，这种先验的理性设定及其分析思维并没有从奥地利学派以及新古典自由主义经济学中消逝，相反，奥地利学派中的教义派

---

① ［奥］米塞斯：《经济学的认识论问题》，梁小民译，经济科学出版社 2001 年版，第12 页。

② ［奥］米塞斯：《经济学的认识论问题》，梁小民译，经济科学出版社 2001 年版，第16 页。

③ ［美］柯兹纳：《米塞斯评传：其人及其经济学》，朱海就译，海南出版社 2018 年版，第81 页。

尤其致力于阐述和发扬米塞斯的这种先验主义分析思维。有鉴于此，基于市场主体的特征维度，我们就可以对奥地利学派分析思维进行深层次的考察，由此不仅可以挖掘其为自由市场和企业家行为进行辩护的逻辑缺陷，而且也有助于更深刻地认识一个真实的市场。①

　　一般地，流行的理性选择说将市场主体视为（完全）理性的，而且也是完全自主的；相应地，自由竞争中的社会互动和市场交易不仅不会遇到障碍，而且还会导向市场的扩展和协调，导向社会分工的持续扩展。正因如此，只要根基于理性选择分析框架，无论是采用数理建模推理还是采用文字思辨逻辑，最终都必然会得出市场有效的新古典自由主义结论。无论是李嘉图、瓦尔拉斯、阿罗、莫迪利安尼等数理派提出的一般均衡原理、福利经济学三大定理、生产要素边际分配净尽定理、莫迪利安尼-米勒定理、李嘉图等价原理，还是斯密、巴斯夏、哈耶克、科斯等文字派提出的"无形的手"原理、利益和谐论、自发秩序原理、科斯中性定理等都是如此。然而，如果考虑到社会主体的异质性，考虑到市场交易中的权力和地位不平等，那么，就会得出反新古典自由主义的结论。当然，异质性和权力结构等都很难得以量化，从而也就难以构建严格的数理模型，而更多的只是运用思辨逻辑的文字表述。正是基于这一分析，我们也就不难理解：热衷于数理建模的现代主流经济学界为何充盈着新古典自由主义者，而更擅长思辨的社会科学其他领域则会出现更多的反新古典自由主义学者。

　　显然，包括奥地利学派和新古典经济学在内的新古典自由主义经济学正是先验地以同等理性的经济人为核心假设：一方面，经济人是超道德的，新古典经济学设定了同质的原子个体，奥地利学派则设定了创利而非寻租的企业家；另一方面，经济人是理性的，新古典经济学由此打造出均衡的逻辑化市场，奥地利学派则由此预设了不断扩展的市场协调。正是根基于先验的理

----

① 朱富强：《市场的逻辑还是逻辑化的市场：流行市场观的逻辑缺陷》，《财经研究》2014 年第 5 期。

性经济人假设，新古典自由主义经济学认为，个人会理性地追求由其固有欲望所决定的个人利益，由此不仅可以实现社会利益的最大化，而且可以促使有效率的制度得以确立而发展。但是，自由市场制度也许适应简单的社会情境，却难以适应日益复杂化的现实社会和现代市场经济。法学家考默萨就指出，"当存在无法消除的无知、残余的不确定性，以及信息不对称的可能性时，我们不愿意看到的结果往往就会发生。首先，这些因素可能会有助于形成不公正、无效率的交易。其次，也可能是最致命的，是许多相关当事人害怕自己的无知，往往选择不参与交易。而这些交易原本会给他们自己、交易对方以及社会整体带来更多的效用"①。

事实上，奥地利学派努力地将其对自由市场的信念与斯密的"无形的手"原理相联结，但显然，它严重忽视了斯密提出并倡导"无形的手"原理的社会基础。在斯密那个时代，市场经济正处于迅猛发展阶段，市场交易依然以熟人之间的小规模交易为主，而且交易行为依旧受到社会伦理的明显制约，因而市场之恶还没有得到显著的传播。但是，后来随着市场交易半径越来越长，逐利心就冲破了社会伦理的束缚而恣意横生，乃至市场之恶也就得到了充分的展露。凡勃伦在《企业论》中就指出，到19世纪70年代，随着工业扩展带来了破坏性竞争和兼并浪潮，资本主义竞争已经变样了，斯密意义上的竞争已经退场了。其理由是，此时的竞争变成了控制生产的商业企业与作为消费者的公众之间的竞争，而商业企业实现有效竞争的主要支出就是以广告为主的推销和削减产品之类的人为破坏。尤其是随着金融资本与工业资本的分裂以及金融霸权的兴起，逐利的金融资本甚至不惜以破坏生产和财富创造来获取高额利益，从而进一步加剧了经济的不稳定，2008年的经济危机以及2015年的中国互联网经济泡沫都反映出了这一点。为此，明斯基就将新古典经济学所描述的图景称为"物物交换范式"或"乡村集市范

---

① ［美］考默萨：《法律的限度：法治、权利的供给与需求》，申卫星、王琦译，商务印书馆2007年版，第145页。

式"，而将现代市场中银行家与企业家之间的交易并关涉金融相互关系和现金流网络的图景称为"华尔街范式"，进而认定"华尔街范式"才是研究现代资本主义市场运行的适当范式。①

马克思很早就指出，资本是没有办法才从事物质生产这种倒霉的事情，它也不愿意去从事物质生产，它总希望有更快、更轻松的赚钱手段。正因如此，在过去一两个世纪里，资本已经显著地从工业资本转向金融资本，资本主义国家也已经从"'竞争性的'经济转变成了'有组织的'经济"②；相应地，各种类型的市场失灵和市场堕落效应就已获得了尽情的展露，金融资本的危害在进入 21 世纪后更显突出和严重。然而，从欧洲转到美国后的经济学却更加推崇自由市场，主张自由贸易，由此甚至形成了具有明显差异的两大经济思潮。例如，94.8%的美国经济学家支持或有保留地支持"关税和配额将减少经济福利"这一命题，而法国的数据则是 70.4%，奥地利为 85.7%，瑞士为 87.4%，德国为 93.8%。③ 奥地利学派从欧洲转到美国后也出现了巨大的思想转变：事实上，庞巴维克被称为资产阶级的马克思，维克塞尔则是资产阶级的激进分子。但是，奥地利学派的信徒们却片面地承袭自由意志论者米塞斯（以及哈耶克）的思想，从而对市场经济所暴露出来的问题往往采取漠然视之的态度。这是为什么呢？多德就写道："或许对斯密而言，'工业化成就的副作用'是可以饶恕的罪过；但我们无法原谅今天的经济学家对人们已经认清的过去和现实的漠视：他们的忽视是蓄意的——这是他们专业训练的一部分。"④ 根本上，这就受制于西方个人自由主义的意识形态和政治哲学。

---

① 李黎力：《明斯基经济思想研究》，商务印书馆 2018 年版，第 120 页。

② ［美］雷诺兹：《经济学的三个世界》，朱泱等译，商务印书馆 2013 年版，第 51 页。

③ B. S. Frey, et al., "Consensus and Dissension among Economists: An Empirical Inquiry", *American Economic Review*, Vol. 74, No. 5（1984），pp. 986-994.

④ ［美］多德：《资本主义及其经济学：一种批判的历史》，熊婴译，江苏人民出版社 2013 年版，第 42—43 页。

（三）重审斯密的"无形的手"

为了给自己的理论信条和政策主张提供支持，无论是奥地利学教义派学人还是其他新古典自由主义经济学人，他们通常会将其对市场行为的理解追溯到被誉为"经济学之父"的斯密，从而凭借传统智慧来提高社会大众的认可。问题是，斯密的自利人假说以及相应的"无形的手"原理根本上根植于熟人市场的社会伦理之中：它强调，要获得个人利益，就需要与他人交换，进而必须考虑他人利益，由此才有个人利益和社会利益之间的一致性。但在现实世界中，那些极端地受私利激发的市场主体往往会蜕变成不关注他人和社会利益的经济人而不是"为己利他"人，进而基于经济人所展开的互动所导向的往往是囚徒困境而非利益共进。在这个意义上说，现代主流经济学基于经济人假设而得出的"无形的手"命题犯了合成谬误（fallacy of composition）：由每个人都是理性的推寻出互动的集体也是理性的，由每个人的利益最大化推导出整个社会的利益最大化。

按照斯密的真实想法，要获得个人利益，就要与他人交换，从而必须考虑他人利益，由此才能在追求个人利益的同时增进社会利益。这就意味着，"看不见的手成功与否取决于个体商人是否选择通过政治影响、权力的使用以及其他方式去追求他们自己的利益。……看不见的手既要求有良好的制度也要求有良好的规范，通过这种方式人们在明确界定的游戏规则中追求他们的利益，而不是通过试图影响制度与规则来追求利益"，而这种良好的制度根本上"是习俗的结果"。在很大程度上，正是根植于习俗之中，"胆小、善良的商人……就不寻求与其他商人一起去获得国内生产的特权。它只是倾向于国内生产"；进而，"斯密笔下天真的商人（就）被描述为阿姆斯特丹的居民，从事柯尼斯堡的玉米和里斯本的水果贸易"①。问题是，随着资本

---

① ［英］艾玛·罗斯柴尔德：《经济情操仓：亚当·斯密、孔多塞与启蒙运动》，赵劲松、别曼译，社会科学文献出版社 2019 年版，第 204—205 页。

主义的发展以及市场规模的不断扩大，市场主体就不再是农产品集市中的水果商、面包师、屠夫，而是具有一定市场垄断力乃至高度垄断性的大贸易商、大资本家。作为现实主义者，斯密显然深深地认识到这一点，所以，他指出：（1）那些整日盘算个人利益的资产阶级通常既不打算促进公共利益，也不知道自己能在什么程度上促进这种利益；（2）这些人的个人利益"从来不是和公共利益完全一致"，而且，"一般地说，他们的利益在于欺骗公众，甚至在于压迫公众。事实上，公众也被他们所欺骗所压迫"①。

其实，斯密对人性的认知在很大程度上受到休谟《人性论》的影响。休谟认为，"利己心，当它在自由活动的时候，确是并不促使我们作出诚实行为的，而是一切非义和暴行的源泉；而且人如果不矫正并约束那种欲望的自然活动，他就不能改正那些恶行"②。就当时的情形而言，逐利的商人通常会采取各种方式来获取垄断而减少竞争，这必然不利于公众利益；同时，几乎所有的政策法规也都是商人与制造者设计的，这就必然使得"我们制造者的利益，受到了最特别的注意。消费者或不如说是其他生产者的利益，就为着制造者的利益而被牺牲了"③。相应地，英国经济史学家托尼对当时的情形则描写道："尽管贸易本身是高尚的，绝大多数商人却是骗子，的确'仅次于虚伪的教士，居民中没有一个阶级比它对基督教共和国更有害'；他们的工作是放高利贷和垄断，以及收买政府去监视他们二者。"④ 正因如此，尽管斯密运用"无形的手"隐喻来说服立法者允许个人商人可以运用他们以最有利的方式来实现他们自己的目标，但他同时又对纯粹市场机制以

---

① ［英］斯密：《国民财富的性质和原因的研究》（上卷），郭大力、王亚南译，商务印书馆1972年版，第244页。
② ［英］休谟：《人性论》（下册），关文运译，商务印书馆1997年版，第520页。
③ ［英］斯密：《国民财富的性质和原因的研究》（下卷），郭大力、王亚南译，商务印书馆1974年版，第229页。
④ ［英］托尼：《宗教与资本主义的兴起》，沈汉等译，商务印书馆2017年版，第137页。

及大商人和大资本家的逐利行为充满警惕。斯考森就指出，斯密尽管信仰市场，但绝不是商人或特殊利益集团的辩护士。相反，他的目标在于说服立法者，抵制对商人既得利益集团的支持与采取行动促进共同利益。①

更为甚者，尽管斯密的"无形的手"原理被后人视为深刻的洞见而广为赞誉，但实际上，这很可能只是 20 世纪新古典自由主义经济学人的看法，而不是斯密本人的真实思想。曾任世界上首席经济学家的巴苏就写道："斯密显然没有把'看不见的手'作为自己想要表达的'核心观点'，因为在《国富论》的第一版中，'看不见的手'这一词条甚至没有被纳入'索引'中。只是在他去世后的版本中，'看不见的手'才被纳入。"② 哈佛大学的经济史学家艾玛·罗斯柴尔德梳理了斯密分别在三个不同场合对"无形的手"这一术语的使用：（1）在 18 世纪 50 年代所写的《天文学史》中指出，诸如打雷与风暴等"大自然的无规律事件"是由"智慧但无形的存在——神、鬼、巫婆、精灵、仙人"决定的，而"火燃烧、水冲刷；（则）由于自身性质的自然规律……宙斯的看不见的手从未作用在那些事情上"。（2）1759 年出版的《道德情操论》则指出，那些富裕的所有者仅仅在"天生的自私与贪婪"驱使下去追求满足"他们自己的虚荣和贪得无厌的欲望"，因此，尽管他们的确雇佣了上千贫穷的工人来生产奢侈品，以至"他们被一只看不见的手所引导……来促进社会的利益，他们并未打算这样，也不知道它的存在"；（3）在 1776 年出版的《国富论》中探讨国际贸易时指出，如果没有进口限制，商人出于"他自己的保障"的考虑仍然会倾向于支持国内产业，进而会促进"社会的"利益，"在这种情况下，一只看不见的手引导他去实现一个并非是他本意的目标"。由此，艾玛·罗斯柴尔德认为，

① ［美］斯考森：《现代经济学的历程：大思想家的生平和思想》，马春文等译，长春人民出版社 2006 年版，第 23 页。

② ［印度］巴苏：《信念共同体：法和经济学的新方法》，宣晓伟译，中信出版社 2020 年版，第 139 页。

"斯密对于看不见的手的态度在这三种情况下的每一个上都是相似的，而且是讽刺的。他取笑了在《天文学史》中相信看不见的手的多神论者；在《道德情操论》和《国富论》中，他取笑了那些由看不见的手所指引的人们。他也取笑了那些相信神的秩序和体系的哲学家们"；进而，"斯密本人似乎没有高度重视看不见的手，而且他三次都是粗略地提及它"，甚至"斯密的评论家也提到，在 21 世纪之前，看不见的手只是很少被提及"①。

由此，我们就可以更全面地认识斯密的"无形的手"。按照艾玛·罗斯柴尔德的看法，斯密使用"无形的手"隐喻只是"在暗示会存在一种无须设计的秩序的情况下，一个社会无须处于一个监管一切的最高统治者的控制之下也可以繁荣"，但 21 世纪所理解的"无形的手"却在暗示"事实上在没有政府管理的情况下，社会最终将会是繁荣的或有序的"；显然，后者"不是斯密明确表达的一种可能性。在某种重要的意义上，它只不过是一个希望或者是一个暗示"。事实上，"可以认为斯密曾断言，秩序的存在并不意味着设计的存在。这是对看不见的手的严肃且非讽刺的运用：人们的努力会获得成效，还能够成功地使整个社会获益，而无须服从于最高统治者与立法者的管理。……但是，斯密在《国富论》或其他地方并没有表明设计的不存在本身是确保制度或繁荣的充分条件。设计的不存在并不意味着秩序的不存在"②。然而，尽管斯密是以温和的且具讽刺性的方式提出"无形的手"，但这一思想却被现代主流的新古典自由主义经济学人宣扬自发秩序和自由市场以及倡导无限制市场经济的理论依据，进而也成为奥地利学派教义派所持政策主张的理论依据。有鉴于此，这里再次回顾一下艾玛·罗斯柴尔德对自由主义思想潜含的两大缺陷所做的剖析。

---

① ［美］艾玛·罗斯柴尔德：《经济情操论：亚当·斯密、孔多塞与启蒙运动》，赵劲松、别曼译，社会科学文献出版社 2019 年版，第 181—182 页。

② ［美］艾玛·罗斯柴尔德：《经济情操论：亚当·斯密、孔多塞与启蒙运动》，赵劲松、别曼译，社会科学文献出版社 2019 年版，第 223—224 页。

第一，它忽视了金钱与政治权力之间的转化。事实上，斯密在《国富论》中就剖析了人们通过政治手段来追求其经济目标的可能，但是，造成这一可能的市场势力的环境在自由主义思想中被忽略掉了。艾玛·罗斯柴尔德写道："当存在着广泛的市场力量时，自由的经济秩序——由看不见的手所安排的体系——是无效的。市场经济中的个体参与者从不同的初始禀赋出发，他们的禀赋随着时间而变化，而且他们有时候试图使用这些禀赋（钱、权力）来影响经济规则本身。如果他们这样做了，那么在任何实质性的规模或者对于任何实际的成功而言，看不见的手几乎是无用的。但是，防止人们使用他们自己的禀赋本身就是对自由的未被。防止人们试图去影响公共政策就是颠覆政治自由"；"因此，经济竞争与政治竞争的影响范围对于自由的经济秩序而言有着决定性的重要意义。它还影响着人们有关社会秩序，有关在一个给定的社会秩序中实现他们的目标的是，以及他们如何改变才能帮助他们实现这些目标的观点"①。

第二，它嵌入了对自由经济体系的乐观主义信仰。事实上，斯密本人就生活在一个极度不确定但富有想象力的时代，从而对人们的生活方式和思维方式都抱有宽容态度，进而相信人们不会以不正义的方式来追求其利益，而且相信他们也希望生活在一个不受压迫和剥削的社会中，这些都构成了经济自由体系的基础。艾玛·罗斯柴尔德写道："如果存在任何乐观主义的话，关于均衡乐观主义就是在确立经济制度的规则中经济政策的效率性。相比之下，看不见的手的'进化了的秩序'的说法完全基于进化理论"；相应地，就斯密而言，"在经济政策的经验和知识中（尤其是在金钱向权力的转化的方面），他几乎没有信心，而且在制度的永久智慧中，他甚至有更好的信心。但是，他的确有两个理由来信赖看不见的手所安排的体系。就现代思想而言，一个理由是非经济的（或者是不与效率有关）；在这个体系中，人们

①　［美］艾玛·罗斯柴尔德：《经济情撰论：亚当·斯密、孔多塞与启蒙运动》，赵劲松、别曼译，社会科学文献出版社 2019 年版，第 256 页。

做出的他们自己关于生活方式、工作地点、如何花钱等的选择。与那种这些选择都是政府调控的目标体系相比，它是更加公正的。另一个理由是——关于排除策略或第二个最坏的结果的观点——与效率有关……自由体系不是所有体系中最糟糕的，至少它比调控体系更有效率"①。

总之，迄今为止，尽管现代主流的新古典自由主义经济学极力推崇并迷恋自由竞争和市场秩序，但是，这种学说体系与其说是建立在坚实的科学理论基础之上，不如说是依赖于先验的特定信念并运用各种措辞为之进行辩护。休谟写道："用不着渊博的知识，就可以发现现在各种科学的缺陷情况，即使门外的群众，根据他们所听到的吵闹的声音，也可以断定科学门内并非一切顺利。任何事物都是论辩的题材，学者们对它都持有相反的意见。对于一些最为微不足道的问题，我们也爱争辩，而对于一些极为重要的问题，我们却也不能给予确定的结论。争辩层出不穷，就像没有一件事情是确定的，而当人们进行争辩之际，却又表现出极大的热忱，就像一切都是确定似的。在这一切吵闹中间，获得胜利者不是理性，而是辩才。任何人只要具有辩才，把他的荒诞不经的假设，说得天花乱坠，就用不着怕得不到新的信徒。获得胜利者不是持矛执剑的武士，而是军中的号手、鼓手和乐队。"② 这意味着，对那些习以为常的流行观念和传统智慧，真正的学者应该持有审慎的态度，不仅需要拥有广博的知识，而且需要持有批判性思维。休谟继续写道："真理如果毕竟是人类能力所能及的，我们可以断言，它必然是隐藏在深奥的地方。最伟大的天才花了极大的精力，还是没有收获；我们如果希望真理可以不劳而获，那真可谓是狂妄自大了。"③

---

① ［美］艾玛·罗斯柴尔德：《经济情操论：亚当·斯密、孔多塞与启蒙运动》，赵劲松、别曼译，社会科学文献出版社 2019 年版，第 258 页。
② ［英］休谟：《人性论》（上册），关文运译，商务印书馆 1997 年版，第 5—6 页。
③ ［英］休谟：《人性论》（上册），关文运译，商务印书馆 1997 年版，第 6 页。

四、结语

奥地利学派之所以如此推崇和迷恋市场，根本上在于，它和新古典经济学一样都将分析逻辑建立在先验的经济人假设及其派生的理性选择框架之上，从而也就嵌入了特定的意识形态之中。但是，正如凯恩斯很早就批评的："说是私人利益与社会利益一定互相一致，这一点并无根据，上天并不是这样来统治世界的。说是两者利益实际上互相一致，这个说法也不确，在下界并不是这样来管理社会的。说是开明的利己主义总是为公共利益努力的，这也不是根据经济学原理得出的正确推论。况且利己主义一般也并不是开明的；当个人各自从事于争取实现他自己的目的时，往往会过于愚昧，或过于脆弱，甚至连这方面的目的也难以实现。"[1] 同样，宾默尔也写道："与所有的经济学家一样，我被灌输的观念是，在大多数情况下市场机制是配置资源的有效的并在信息上也有效的工具。但是，自由主义者认为市场能够在真空中运行的观点却是大错特错。没有一个适当的社会契约作为背景，我们甚至无法理解私有产权的概念。"[2] 要知道，凯恩斯和宾默尔都自称是辉格党人，从而总体上都是市场的拥护者，但也都看到了市场的问题。

有鉴于此，卡尔·波兰尼指出，这种学说错误地假定，在不考虑社会关系的情况下就能对现实经济的运行机制进行充分的理论解释。[3] 既然如此，包括奥地利学派在内的新古典自由主义经济学人为何又以先验假设而非现实观察作为分析的起点呢？根本上又在于，他们试图构建一种普适性而非历时性的理论，进而致力于探究基于逻辑的理性真理。对此，琼·罗宾逊很早就

---

① ［英］凯恩斯：《劝说集》，蔡受百译，商务印书馆 2016 年版，第 258 页。

② ［英］宾默尔：《博弈论与社会契约（第 2 卷上）：公正博弈》，潘春阳等译，上海财经大学出版社 2016 年版，第 184 页。

③ ［英］戴尔：《卡尔·波兰尼：市场的限度》，焦兵译，中国社会科学出版社 2016 年版，第 125 页。

指出："既然他们相信自己是在追求永恒的原理，他们就很少关注实际形势的历史特征，尤其是他们倾向于用平等的小有产者社会的经济学来分析先进的资本主义。因此，正统派的竞争观，势必要求每个市场的每种商品由许多按照个人主义方式行动的生产者供应，他们不会受公开的共谋约束，也不会受不自觉的阶级忠诚约束；正统派的竞争观还要求任何个人可以自由进入他感兴趣的任何活动。"① 正是基于这种错误的假设，新古典自由主义经济学对现实的解释往往是根基于先验的信念而非对现实的经验观察。

譬如，奥地利学派宣称，"穷人是现代创新的主要受益者"②"穷人从现代经济增长中收益最多"③"穷人向来是企业家尊严和自由的主要受益人"④。确实，现代社会经济的发展很大程度上可以归功于技术进步和产品创新，而企业家在技术传播和产品创新过程中又起到了推动和领导作用；同时，正是由于企业家引导的创新，整个社会都蒙受其利，进而也导致穷人的境遇得以改善。但问题是，究竟谁从市场中享受更大的利益？明显的事实是，在市场经济如此偏盛以及企业家得到如此推崇的今天，社会收入差距也要比人类历史上任何时期都要大。哈维就指出，当前全球最有钱的 100 名富豪仅在 2012 年就新增了 2400 亿美元，而这笔新财富足以立即终结世界的贫穷问题。⑤ 显然，奥地利学派的论断与其说是基于理论和现实的充足基础，不如说是基于某种先验的肯定性理性思维。

其实，我们不妨思考这一问题：不要说穷人成为经济增长的主要受益

---

① ［英］琼·罗宾逊：《论马克思主义经济学》，邬巧飞译，商务印书馆 2019 年版，第 19 页。

② ［美］麦克洛斯基：《企业家的尊严：为什么经济学无法解释现代世界》，沈路等译，中国社会科学出版社 2018 年版，第 94 页。

③ ［美］麦克洛斯基：《企业家的尊严：为什么经济学无法解释现代世界》，沈路等译，中国社会科学出版社 2018 年版，第 97 页。

④ ［美］麦克洛斯基：《企业家的尊严：为什么经济学无法解释现代世界》，沈路等译，中国社会科学出版社 2018 年版，第 103 页。

⑤ ［美］大卫·哈维：《资本社会的 17 个矛盾》，许瑞宋译，中信出版集团 2017 年版，前言第 XI 页。

人，即使仅仅能够成为平均受益人，那么，凯恩斯在 1930 年所预言的情形在现代社会就会得到印证：工人们的每周工作时间将会缩减至 15 小时。①但现实却是，普通工人的工作时间还是每周保持在 40 小时左右，发展中国家的工人劳动时间则更是长得多。为什么会出现这种情形呢？根本原因就在于，现代技术进步和创新所创造出的收益在分配上是极端不均等的，强势的一小撮人占有了绝大部分收益；进而，除了在初始分配中的不公平外，强势者还会凭借自身的信息偏在和交易能力等优势，并利用市场机制的缺陷而在交换、消费以及投资过程中进一步转移穷人的收益。然而，面对现实市场中出现的信息欺诈、利益掠夺、两极分化以及秩序中断等现象，以奥地利学派为代表的新古典自由主义经济学却很少加以认真的关注或对待，这在很大程度上源于奥地利学派在哲学思维上的肯定性理性以及在方法论上的先验预设。正因如此，通过对奥地利学派分析思维以及方法论缺陷的剖析，整个新古典自由主义经济学推崇市场机制的理论基础就会分崩离析，由此也就会导向多元化的治理模式，进而也就会引入政府在现代经济活动中的积极角色，这也就是下篇致力探究的内容。休谟就指出："政府虽然也是由人类所有的缺点所支配的一些人所组成的，可是它却借着最精微的、最巧妙的一种发明，成为在某种程度上免去了所有这些缺点的一个组织。"②

当然，尽管自由放任的市场经济远不像奥地利学派所相信和宣称的那样有效，但是，这并不就意味着，由此将导向其对立的（传统的）国家经济或计划经济，而是更应该实现有效市场和有为政府的有机结合。关于这一点，我们最后看一下勒讷在其《统制经济学》一书中的开篇说明："这本书名为《统制经济学》，自然有与凡人经济学迥然不同的含义，但是统治的意思不一定是集体主义。它意味着慎重地实施最能促进社会利益的一切政策，而不是预先判断集体所有和经营或某种形式的私人企业这个争论问题。与统

---

① ［英］凯恩斯：《劝说集》，蔡受百译，商务印书馆 2016 年版，第 304 页。
② ［英］休谟：《人性论》（下册），关文运译，商务印书馆 1997 年版，第 579 页。

制相对立的放任，并不是要摆脱重商主义的教条和私人垄断的利益。这种摆脱本身可以看作是为社会利益而实行的统制。亚当·斯密肯定是抱着这个看法。说得确切些，统制经济学是与这样一种态度相对立的，即认为政府要听其自然，只因为它是政府，作为政府，它是无权干涉企业的。这个右派教条（有时是由私人势力鼓吹起来的）系根据一种反社会的态度，它不是（或拒绝）把经济活动看作满足人们需要的手段，而是把企业看作纯粹个人谋生或发财致富的方法，财富的发现者或获得者享有不可动摇的权利——这种权利有时与民主制度本身等同起来"①；"右派教条实际上是说，政府决不应当干涉牟利的企业，与此相反的左派教条，是要实行百分之百的集体主义，把任何追求私人利润的企业都看成是不道德，而不予以法律保障。我们的任务是要采取一条介于这两种教条之间的道路，既不认为私人企业是唯一完善的制度，也不认为国家所有制是唯一完善的制度——这就是要考虑一个国家，它能运用它的统制权来使最能促进公共利益的方针在每一特殊场合下都能够得到实施"②。

---

① ［美］勒讷：《统制经济学》，陈彪如译，商务印书馆 2016 年版，第 6 页。
② ［美］勒讷：《统制经济学》，陈彪如译，商务印书馆 2016 年版，第 7 页。

现代监管下的有为型政府

　　基于逐利的目的，企业家不仅会从事生产性活动，而且也会从事破坏性活动。因此，无论是企业行动还是市场行为都需要依赖社会制度的引导，无论是组织治理还是社会治理都需要引入政府的积极功能。明显的例子就是当前畸形繁荣的共享经济，共享经济市场几乎完全处于一种无序状态。同样，蓬勃发展的互联网经济也带来了巨大的挑战，因为它造成了明显的市场垄断，加速收入分配的两极化。此外，随着经济全球化带来的收益在国与国之间的大规模转移，垄断的竞争对象和收益的流动方向与以前相比有了根本性变化，从而导致政府所采取的反垄断政策也相应改变。当然，政府在社会和企业治理中所承担的角色，并不仅仅局限在对不正当的或危害社会利益的行为进行规制，而且也在于唤起并有效配置稀缺性的企业家精神，由此实现有效市场和有为政府的互补和共进。有鉴于此，本篇通过对当前社会经济中的典型现象和事例的剖析，来辨识政府在参与企业组织的治理和市场活动的监管中的角色，由此为政府的积极经济功能提供理论基础。

6. 共享经济的现代发展及治理要求
——以共享单车为例的逻辑剖析

导读：共享经济减少了物品的闲置而最大限度地发挥了物品的功效，不仅可以增进生产者剩余和消费者剩余，而且也有利于打造新型的低碳环保的经济形态。但同时，共享经济的无序发展也带来了两大严重问题：（1）准公共品性质滋生出大量的搭便车行为，进而使得运营商受损；（2）准公共品性质还滋生出强烈的负外部性，进而使得运营商获利。第一个问题的解决有赖于有效的治理机制，其中最佳机制是"强互惠"机制，而这依赖于社会网络的建设和文化伦理的培育；第二个问题的解决有赖于明确的责任界定，其中可行的措施是设立"维安基金"，而这有赖于新的制度安排和立法思考。一般地，只有解决上述两大问题，才能全面衡量新兴共享经济的真实经济价值，进而才能更好地引导共享经济的有序发展。在很大程度上，共享泡沫的产生和破灭都体现出市场创新的盲目性，从而就需要政府的积极规划和引导。

一、引言

互联网技术促生了一些新兴产业，进而极大地重塑了社会经济生态，而其中一个重要成果就是以"互联网+"模式为依据的共享经济（sharing economy）。尤其是，共享经济因党的十八大倡导"绿色、创新、共享、发展"的新型经济理念获得了迅猛发展，如共享单车、共享汽车、共享充电宝、共享雨伞等不断涌现。那么，如何全面看待共享经济呢？一方面，共享经济使得闲置产能得到充分利用，从而得以最大限度地创造出剩余价值；这也使得供求双方都可以获得收益：供给方可以从其物品使用权的短期让渡中获得额外收益，需求方则从产品或服务的廉价共享中获得消费者剩余。另一方面，共享经济在蓬勃发展的过程中也逐渐暴露出不少问题：（1）由于物品共享过程会呈现出明显的公共品特性，进而就会衍生出日益严重的搭便车现象；（2）新出现的共享物品在使用过程中也带来了显著的负外部性，进而对交通管理、公共卫生、社会秩序等造成了严重障碍。

以 2016 年来人们体验最深的共享单车为例。一方面，依托强大的市场资本的支持和规范成熟的市场化运作，共享单车在短短两年中已经成为各大校园和城市最便捷的代步工具；另一方面，由于迄今还缺乏有效的相关法律和规范，这导致共享单车被损坏、盗窃、免费使用以及扰乱交通等问题也暴露得非常明显。其结果是，共享单车在取得短暂的畸形繁荣之后，就有企业出现资金链断裂，造成大量社会财富的浪费。既然如此，又如何正确处理共享单车以及整个共享经济所面临的这些问题呢？根本上，这有赖于有针对性的监管和治理机制。进而，又应该建立何种制度安排以突破当前困境并促进共享经济的持续发展呢？显然，这首先又有赖于对共享经济基本特性的剖析，进而探究其基本特性所衍生出对社会关系的影响，才能有针对性地提出解决方案。为此，本章尝试以共享单车为对象的分析来对共享经济的基本属性及其衍生的问题展开学理性的探索，并由此来探寻相关的制度安排和政府功能。

二、共享经济的运营特征

从定义上说，共享经济是指以获得一定报酬为主要目的而在陌生人之间进行物品使用权的临时性转移或共享的经济模式。其实，这种经济模式并不是新鲜事物，在传统社会中朋友或邻里之间就存在大量的物品借用以及信息共享关系，后来则发展为租借婚纱礼服、合伙（顺道）搭车等。美国得克萨斯州立大学社会学教授费尔逊（M. Felson）和伊利诺伊大学社会学教授斯潘思（J. Spaeth）在1978年就提出了"共享经济"这一概念。不过，传统的物品或信息共享往往受制于空间和关系两大要素：一方面，共享往往仅限于个人所能触达的空间之内；另一方面，共享需要有双方之间一定程度的信任关系才能达成。但是，随着互联网的兴起，物品或信息共享的空间和关系就被大大拓展了：最初是人们在虚拟社区、BBS、论坛上以匿名为主的共享社会资源和共同获得经济红利，2010年前后则开始出现了Uber、Airbnb等一系列的实物共享平台，从而一种以一定报酬为主要目的而对闲散物品、劳动力、教育医疗资源的让渡使用并进行直接实物交割和货币支付的现代"共享经济"就蓬勃发展起来。

目前，共享经济主要有三种基本形态：（1）相对传统的租赁方式，供给者提供所有物，需求方使用他人物品并支付一定费用；（2）第三方平台通过互联网聚集供给者和需求者并完成共享交易过程，但平台仅仅审核需求者和供给者身份，提供后台保障和支付平台等，并由此收取一定的业务费用；（3）平台方同时也是供给方，从原料采购到物品生产再到销售全链条式服务，如时下流行的共享单车就属于此类。其中，后两种是公司化经营模式，它涉及了三大主体：物品或服务的需求方、供给方以及创建共享经济平台的第三方，这个第三方可以是商业机构、组织或者政府。同时，共享经济平台在前端帮助个体供给者解决办公场地（WeWork模式）和资金（P2P贷款）的问题，在后端帮助他们解决聚集需求者的问题。从这个意义上说，共享经济还体现为"钱"的共享，它能够消除资金提供方与资金需求方之间的中介环节而促进双方最直接地交易。例如，据公开数据统计，共享充电宝从2017年3月31日到4月10日这10天时间获得5笔金额达3亿元的融资，40 天时间则获得 11 笔金额约 12 亿元的融资，有腾讯、元璟资本、红杉资本、高榕资本等近 35 家机构介入。① 相应地，共享经济也将激活金融业，促使传统持牌金融机构转型为基于互联网的信息提供平台。

由此，我们可以看到，共享经济的实现依赖于闲置资源、使用权、连接、信息、流动性这五大要素。互联网下的共享经济之所以获得迅猛发展，就在于网络平台将供给方和需求方聚集起来，不仅借助四通八达的网络建立了供给者和需求者的信息匹配，而且也使得线下的闲散物品或服务得以整合，通过促进这些闲散资源的流动而得以提供廉价的物品或服务。尤其是，共享经济还体现了去中介化和再中介化的过程：去中介化体现在打破了个体供给者对商业组织的传统依附而直接向最终用户提供服务或物品，再中介化则体现为个体供给者通过互联网的共享经济平台而接触到更广泛的需求方。正是由于互联网将大量的个体供给者和需求者连接到一起，将大量分散的闲置资源整合到一起，不仅通过促进这些资源的流动和合理配置提高使用效率，而且还通过推动这些资源的二次开发利用获得额外的收益。此外，由于资源和物品的共享，也可以降低资源的浪费和耗费，减少环境的污染和破坏，从而有助于推动低碳环保的经济增长。

此外，基于互联网的共享经济学还具有强烈的规模经济特点。一般地，共享物品的运营主要包括两方面的成本：（1）固定成本，包括网络平台的建设、共享物品的购买等，这方面的成本往往非常高；（2）可变成本，这主要包括增加一次使用所带来物品维护修理费用和平台运营费用等，这方面的成本相对较低。事实上，用户增加所带来的平台运营费用在边际上几乎为零，使用频率提高所加快的折旧损耗也要比带来的收益小得多。从这个角度上说，共享物品每增加一个供给或需求而需要额外付出的边际成本往往非常低，从而具有显著的规模经济。其基本特点是：参与交易的人数越多，交易

---

① 董邱格：《共享充电 40 天融资 12 亿　投资人：三个月可收回成本》，2017 年 5 月 18 日，见 https://t.qianzhan.com/caijing/detail/170518-540febc7.html。

越频繁，单个人或单个交易需要分摊的成本就越低，从而也就具有越强的竞争力。相反，如果人数和交易达不到一定的规模，那么所分摊的成本就非常大，乃至根本无法形成交易。有鉴于此，提供共享经济平台的第三方首要目标就是壮大规模，包括增加用户数量和使用频率，从而降低平均成本来取得竞争优势；进而，规模的壮大又依赖于巨额的固定投资，从而也就依赖强大的融资能力。

最后，共享经济还属于典型的双边市场：一方参与者越多，另一方得到的收益就越大。这样，供给和需求两个群体就相互吸引、相互促进，进而产生出不断放大的网络效应。共享经济凸显出明显的主流化现象：共享物品的供给数量越多，愿意加入的用户越多，单位物品的使用频率越高，供给者由此获得的收益越大，进而可以通过降低价格以获取竞争优势；相应地，用户获得的消费者剩余也就大，又吸引更多的用户加入，进而进一步提升供给者的收益和竞争优势。正是基于这种主流化优势，共享经济的运营商都希望迅速提高其企业的规模，从而也就想方设法地扩大融资。

三、共享经济的物品特性

共享经济在时下中国社会早已如星星之火，并呈现燎原之势。其中，有一些已经取得了初步的成功，但也有不少遭到了重大挫败。那么，为何会出现如此的不同呢？根本上，这就需要剖析共享物品的特征，看哪些物品能够通过市场机制而有效地实现共享。一般地，共享经济具有两大基本特征：（1）它不是物品或服务的买卖，因为并没有出现所有权的转移；（2）它也不等同于两人直接的租借，因为使用权让渡出现在多人之间，同一物品往往在多人之间流动。相反，能够共享的物品或服务往往也具有这样一些基本特点：（1）使用权和所有权易分离（物品固有特征）；（2）使用状况易受监控（相应的技术水平）；（3）需求面广且使用频繁（具有规模经济）。显然，对共享物品特点的剖析，可以帮助投资者更好地选择共享物品的投资，也可以帮助我们预测哪些共享物品有更大的成功几率。有鉴于此，这里就共享物品的三大主要特点做一说明。

（一）使用权和所有权易分离

共享经济是指将物品或服务让与给他人使用并由此获取收益。这有两点含义：（1）让与的是使用权而非所有权，从而必然要求使用权与所有权相分离；（2）正是由于使用权从所有权中分离出来而被单独出售，才可以获得收益。也就是说，作为共享经济的物品必须是那种使用权和所有权容易分离的物品，同时，使用权的使用过程往往不会损害所有权的独立性和完整性（当然，这是相对的）；否则，就成为商品的买卖，而不是物品的共享。例如，目前被称为共享物品的汽车、自行车、房屋、充电宝、KTV、健身房、车位、雨伞、篮球等，都具有这样的特征。关于这一点，我们可以回顾经院哲学的集大成者托马斯·阿奎那对物品的界分。阿奎那将物品分为消费物和固定物，其中，固定物是指在使用中不被消费掉的物品，它具有与实体分开的用途，因而所有权和使用权可以分别出售。相反，消费物则是指在使用中就被消费掉的物品，消费物的让渡和使用是分不开的，因而它的使用权和所有权不能分开出售。进而，阿奎那认为，固定物的使用权出租产生了使用收益，因此，租借者在归还物品的同时需要为自己的享受支付代价，从而出租人可以得到租金。相反，消费物在排他性的使用过程中就消耗了，因而就不能要求租借者在归还物品的同时为从消费中获得的享受支付另外的代价。[①]当然，在现实世界中，使用权和所有权完全分开往往也是做不到的，因为物品在使用过程中往往也会受损。相应地，作为共享的物品就应该是那些在共享过程中不易损坏并且具有保值性的物品，而那些损耗性强以及折旧过快的

---

① 参见朱富强：《经济学说史——思想发展与流派渊源》，清华大学出版社 2013 年版，第 50 页。

物品则不适合作共享物品。这意味着，像儿童玩具这类在恶劣环境使用会严重耗损的物品往往不适合作为共享物品，像手机、电脑这类因技术进步而更新换代比较快物品也不适合作为共享物品，而像珠宝首饰这类价值难以确定的产品也不适合作为共享物品。

（二）使用状况易受监控

由于共享物品可以在不同人之间流转使用，从而带有一定的公共品特征；同时，由于共享物品的使用者必须单独收费，从而又具有一定的排他性。有鉴于此，共享物品往往不能是纯公共品，而且使用状况也需要能够容易监控，从而可以更恰当地被视为准公共品。一般地，公共品具有不同于私人品的三个显著特征：（1）效用的不可分割性，指公共品不可分割成许多可以买卖的单位；（2）收益的非排他性，指任何人消费公共品不排除他人消费，或者从技术加以排除几乎不可能或排除成本很高；（3）消费的非竞争性，指新增消费者不需增加公共品的供给成本，或者任何人对公共品的消费不会影响其他人同时享用该公共品的数量和质量。同时，收益的非排他性和消费的非竞争性被视为公共品更为根本的特征，但同时集这两大特征于一身的公共品并不十分多见；而且，即使具备这两大特征，也可能存在特征上的强弱之分。一般地，不完全具备这两种特征的产品就被称为准公共品。显然，按照纯公共品的这两种特性，谁付款谁使用以及谁受益的原则就无法实现，进而就不可避免地会出现"搭便车"现象。有鉴于此，商业机构要从共享物品的供给和消费中获益，就需要采用一定技术而建立起使用和消费过程中的排他性。例如，共享单车之所以能够排除免费搭便车者，主要是采用以下一系列的排他性技术：（1）利用现代卫星技术进行定位；（2）通过互联网平台可以快速搜寻附近的单车；（3）利用网络支付平台可以在无人监管下实现实时计费；（4）利用现代智能技术可以进行密码开锁和上锁。一般地，只有建立起一整套的监督和管理体系，才能有效保障物品供给者的所有权，才能保障他在物品共享中获利，而那些管理性较差的物品往往面临有借无还或者产生严重破坏而难以索赔的问题。这也意味着，任何行业的共享经济要能够壮大，关键就在于能够进行有效管理，能够有效克服"搭便车"问题。显然，诸如共享马扎之类根本无法通过技术手段排除不付费者使用，从而也就成为市场经济中的一种噱头，根本无法成为普遍共享的物品。

（三）物品需求具有普遍性

共享物品的供给者要在廉价的使用中获利，一个重要的条件就是使用频率要高，进而也意味共享物品具有广泛的需求，可以获取使用上的规模经济。一般地，我们可以将初始物品的市场投入看成是固定成本，而将每一次使用造成的损失成本（如维修）看成单位可变成本或边际成本。显然，随着使用频率和数量的增加，每次使用的平均成本就会下降，这就是共享经济的规模经济，进而使用价格下降。那么，哪些物品具有广泛的需求和使用频率呢？这往往与人们的生活水平、生活方式以及生活环境有关。一般地，满足人们基本需求的那些物品往往有很大的需求，如"滴滴出行"就是一个典型例子。同时，随着人们越来越重视健康生活，共享健身应运而生。大多数物品往往只有在一定人口规模的城市中才可以找到相对密集的需求者，因而共享单车、共享汽车、共享雨伞、共享篮球、共享打印机、共享洗衣机等也主要出现在城市中。当然，虽然住房也是基本需求品，但由于使用期往往较长，交易频率并不高，这导致共享房屋并不会比直接的房屋出租具有明显的经济性，除非在那些以旅游度假为主的地段，这要比宾馆廉价得多。此外，共享需求的物品往往与价格有关，考虑到这一点，共享物品的价值就不宜过高或过低：价值过高的物品往往会影响需求量和交易频率，导致物品使用的流动性不足，如珠宝首饰就往往难以发展成为大规模的共享经济；价值过低的物品不仅本身使用的收益过低，而且人们还有租不如买的心理而导致需求量不足，如充电宝因本身价格不高且容易携带而只有小众且低频的需求，甚至还面临着即将进入实际应用的无线充电技术的冲击。最后，一些具有私密性和隐秘性的物品往往也难以有大量需求，从而形成不了宏大的共享经济，如衣服、电脑、手机、水杯等。

基于上述分析，我们就可以理解，为何共享单车能够迅速壮大成为共享经济的代表？根本上就在于共享单车满足上述三大要求：（1）使用权和所有权可以适当分离，尤其损耗和折旧可以被控制在一定范围内；（2）单车本身满足消费排他性的要求，且通过现代卫星和网络技术可以对使用状况进行相当程度的监控；（3）中大型城市的使用频率较高，尤其是地铁的广泛建设触动了人们出行"最后一公里'的痛点：地铁公交覆盖不到，打车浪费，步行又太累，而共享单车正好无缝对接，因而人口密集的地铁站点、公交站点、校园、居民区、商业区、公共服务区等就有大量的共享单车停放；（4）其他，单车的价值介于不低不高之间，单车的价值也几乎不存在无形折旧的损耗，单车被个人专有使用往往会存在大量的闲置，现代互联网技术则将提供单车供求的信息收集、处理、传播和交流的功能。

四、公共品性滋生的公地悲剧问题

共享物品具有明显的公共品特性，这自然也会滋生出公共品所潜含的各种公地悲剧和搭便车问题。例如，共享单车使用中就出现这样一些问题：大量共享单车被故意破坏和抛弃（如车座和车轮被盗窃、整车被扔进河里），有人私自拆锁而不付钱使用（如大量车锁被破坏而被人任意使用），私自上锁而将共享物品私人化（如共享单车被停放地下室或家里），甚至还会出现贴上误导性的二维码条以诈取钱财（如不少车牌被涂污），等等。如果这类准公共品的损坏和盗窃行为不受到制止，那么就会衍生出一个显著的"破窗效应"：在没有人破坏智能密码锁之前，大家都会遵循有偿使用的原则，但一旦有人率先凭借破坏性解锁而免费使用，那么，后面就会有很多人都采取"搭便车"行为；在没有人私自挪移共享单车之前，大家都会按照规则使用和停放它，但一旦有人将它停放到地下室并加了私锁，那么，更多的私人占有行为就会发生；同样，没有人损害和丢弃共享单车之前，共享单车就会完好无损，但一旦出现了破坏和丢弃行为，更多的破坏和丢弃行为就会接踵而来，乃至到处都是残破的共享单车。

在很大程度上，"破窗效应"也是公共品和准公共品潜含的一个重要特征，其含义是：一个房子如果窗户破了而不去修补，那么，没多久其他窗户也会莫名其妙地被人打破；如果一面墙出现一些涂鸦而没有被及时清洗掉，那么，整面墙上很快就会布满了乱七八糟、不堪入目的东西；人们在保持干净的地面上往往不好意思丢垃圾，但地上一旦出现了垃圾，人们就会毫不犹豫地丢垃圾而丝毫不觉羞愧。如何理解这一效应呢？很大程度上源于人的心理意识。例如，当人们看到"第一扇破窗"时，就会引发这样的心理意识：窗是可以被打破的，没有惩罚；相应地，这种想法不知不觉就会导致我们成为第二双手、第三双手。又如，人们走在街上拿着一张雪糕的包装纸却找不到垃圾筒，如果此时看到地上是脏的就会想：环境早就脏了，我扔的这点儿垃圾起不到关键性作用，但如果地上很干净，我们所丢的垃圾就显得很突出，也更可能会招来其他人异样或不满的眼光。同样，如果家里打扫得干干净净，那么前来做客的朋友就不会随便吸烟，至少也会请主人帮他找一个烟灰缸。但是，如果家里随处可见的尘土和纸屑，那么客人也就很少找主人要烟灰缸，而是直接把烟蒂扔到地上。

显然，破窗效应表明，环境中的不良现象如果被放任自流，就会诱使越来越多的人仿效，从而使得不良行为变本加厉。要解决这一问题的关键在于，必须防微杜渐，从微小的小恶开始抓起，从而避免今后的积重难返和法不责众的现象。例如，纽约的地铁曾被认为是"可以为所欲为、无法无天的场所"，针对纽约地铁犯罪率的飙升，纽约市交通警察局长布拉顿受"破窗效应"启发而全力打击逃票，结果发现，每七名逃票者中就有一名是通缉犯，每二十名逃票者中就有一名携带凶器，这样，通过打击逃票，地铁站的犯罪率也显著下降，治安大幅好转。同样，在破窗效应的作用下，共享单车被大量丢弃、损害和偷窃愈发严重，运营商因此需要承担额外的车辆置换、维护、维修和寻找等成本，从而损失惨重。据说，摩拜初期设计生产一辆车的费用高达 6000 元，尽管后来单车成本随着量的增加而逐步降低到 3000 元再到 1000 元以内，但这笔投入依然是巨大的。那么，运营商如何降低这种公共品特性所造成的损失呢？这就需要加强对共享物品使用的源头监管。如何进行监管呢？主要途径无非有三：自己监督、聘用第三方监督、社会共同监督。

首先，运营商自身对其投放市场的共享物品进行监管。其方式大致有二：（1）招聘并组建稽查人员，在主要投放点或高频率使用点进行不定时巡查，及早发现那些损害和免费使用共享物品的现象；（2）建立网上"纠察小分队"，发动广大用户上报车辆被偷盗或被违规使用的线索，并用积分、返券等方式来激励那些忠实客户。但是，这种单单依靠运营商自身的力量进行监控是非常有限的。一方面，就组建稽查人员而言，这将花费大量的人力和物力，而且还不一定能够有效解决问题。因为运营商的稽查人员是没有执法资格的，可能会引发大量的冲突，甚至会引起更大的抗衡力量而出现有组织的损害和偷盗行为。另一方面，就网上"纠察小分队"而言，要有效激励广大用户积极上报也需要花费大量的资源，而小恩小惠往往不足以产生这样的激励；网络通报也会出现信息的真实性纠纷，除非抓现行，大多数人就可以否认违规行为，而且运营商也没有权力进行事后处罚。关于后者实际上也就潜含了一个"理性选民假说"：当用户举报所获得的收益足够小时，几乎没有多少用户有花费成本监督他人的积极性；相应地，除非运营商从处罚某个违规者中可以带来巨大收益，否则它也没有积极性对之进行处罚。

其次，运营商聘用第三方人员对其投放市场的共享物品进行监管。其方式也大致有二：（1）聘请共享物品集中投放地或者高频使用地的原有检查人员，如校园的保安、住宅小区的门卫、商业区和公共服务区的服务员，以及地铁站点和公交站点的管理员等；（2）与政府合作请求相关部门人员协助监督，主要包括分布在城市街道以及住宅各地的警察（巡警、交警、民警等）和协警。其优势在于：（1）这些人员分布广，可以更有效地发现和制止那些违规使用者；（2）这些人员原本就有自己从事的工作，因而附带监管就具有明显的范围经济效果。但是，这种方式的监管也存在一系列问题。（1）需要支付的监管成本同样巨大。既然要聘请他人帮助监管，当然就需要支付一定的报酬；即使政府部门的警察和协警等也因为增加了工作而需要加派人手，当然也应该由运营商支付。尽管第三方监督是附带的，每个人所收取的报酬要比专职监管人员要低很多，但是，考虑到数目如此庞大的校园、小区、商业区、服务区以及大街上的保安、警察和协警等，需要支付的总数一定会非常巨大。（2）存在代理问题。在这里，运营商和分布各处的第三方人员之间就存在委托—代理关系，由于他们的收益不一致，就会滋生出严重的代理问题。这有两个原因：一方面，如果这些第三方人员所获得的报酬很少，他们就没有很大的积极性去处理一个个非常烦琐的违规行为；另一方面，即使运营商发现了第三方人员的不尽责行为，它也无法像对待自身员工一样加以惩罚。

最后，运营商依靠社会大众的资源行为对违规使用者进行监管。譬如，有公德心的公民看到小孩在私自打开共享单车的智能锁时，就可以去斥责或阻止他的违规行为；有正义感的公民看到有人在刻意损害共享单车时，也可以进行举报或直接上前阻止。那么，这些人们为何愿意且能够去阻止那些似乎"与己无关"的违规行为呢？显然，这无法用现代经济学的经济人假说加以解释，因为这些第三方的行为使自己承担了惩罚成本却没有任何收益。相反，这里潜含了一种现代主流经济学忽视的"强互惠"行为。一般地，"强互惠"表现为：人们倾向于与那些守信者进行合作而对那些背信者进行惩罚，尽管这些处罚往往需要花费一定成本。显然，"强互惠"行为不同于传统的"弱互惠"行为，因为传统"弱互惠"建立在当事人之间的互惠利他主义或直接互惠主义之上：谁损害了我，我就一定要处罚他。相反，"强互惠"所惩罚对象并不是曾经损害自己的背信者，而是曾经损害他人的背信者。例如，银行往往不愿贷款给曾有过不良信用记录的人，日本企业往往也不愿与违背行业规范的企业做生意。在这里，"强互惠"行为需要承担一定的私人成本，而收益却由所有人分享。不过，多数人的类似行为就形成了相互利他主义，最终也会有利于自身的长期利益。在很大程度上，人类社会的合作都可以通过这种"强互惠"行为来解释，人们往往愿意遵循共同设立的规则。而且，"强互惠"现象在大而复杂的社会中往往比小规模的社会中更有意义，因为在更大规模的社会中，交往者之间的信息更不对称，而强互惠行为所施行的第三方惩罚有助于抑制这类欺骗和背信行为。那么，大规模社会中的"强互惠"行为是如何形成的？一般地，千丝万缕的社会网络将市场个体联系了起来，从而使得他们从看似孤立的个体变成了共生的群体，从而合作就是他们的最佳选择。因此，要为"强互惠"行为提供坚实的社会基础，就需要打造人与人之间频繁互动的社会网络关系，培育强烈的集体主义文化，最终打造出一种社会共同治理机制。① 显然，这就需要重新深化对社会网络和社会相互联系的认知，而现代主流经济学的分析根本上却是局部性的。

五、负外部性滋生的责任界定问题

前文集中剖析了运营商因为共享物品的准公共品特性而受损的情形，但在另一方面，运营商也会因为共享物品的负外部性而获益。譬如，共享单车在

---

① 朱富强：《社会共同治理观的逻辑基础》，《中山大学学报》2010 年第 5 期。

现代社会运营的一个基本要求是：用户用完后需要停放在适当地点以方便下一位用户使用。这就带来了两个问题：（1）如何保障用户用完后停放在适当地点？（2）共享单车应该停放在什么地点才是适当的？前者涉及人类行为的监管问题，后者涉及法律和规则的设计问题。这两者都是共享单车作为一个新事物所衍生出的负外部性问题，因而经营者也必须对这种外部性买单。

首先，就用户对共享物品的处置而言。一般来说，共享物品在使用后应该停放在适当地点，这不仅是为了便于其他用户使用，更是为了维护社会秩序，保障交通畅通。但是，现实中却出现了共享单车乱停放的现象，造成了交通状况恶化，增加了城市交通管理的难度，甚至加大了城市交通管理的财政支出。为什么会这样呢？这就涉及人类行为中的道德风险和逆向选择：逆向选择意味着人们会利用事前信息的非对称性等选择有利于自身收益最大化却不利于他人或社会利益的行为，如那些具有高风险概率的人往往更愿意购买保险，具有高风险的项目往往更愿意以高利率借款；道德风险则意味着人们会利用事后信息的非对称性、不确定性以及契约的不完全性而采取的不利于他人或社会的行为，如投保的人往往就不愿再花费同样的努力去提防风险，股东在公司上市后也就没有以前的积极性来监管企业的运营。在共享单车的使用中，逆向选择主要体现为隐藏个人信息而不规范地使用共享单车，如假借他人的信息注册并使用单车；道德风险则主要体现为隐藏个人行动而任意处置共享单车，如将单车任意放置在不安全的环境下。事实上，作为私人品的单车，使用者在用完后往往会将它停放在正确的地点，以降低单车被偷窃、丢弃、损害或处罚的风险。但是，作为共享物品的单车，使用者在用完后的停放就要随意得多，因为共享单车被偷窃、丢弃、损害或处罚都不会损害自身利益。

其次，就共享物品的存放占地而言。绝大多数共享物品置于公共场所都面临着一个停放问题，尤其是像单车这类共享物品，尽管单个车辆占地不大，但由于数量庞大，因而总占地面积就非常大。同时，由于很多城市长期推行以汽车为中心的交通建设，导致自行车专用车道缺乏，自行车停放点也越来越少。随着大量的共享单车涌入城市，单车停放就成为城市管理的一个大难题。进而，为了避免交通混乱，一些城市已经在开辟新的共享单车停放点。例如，深圳市交通运输委员会发布的《关于鼓励规范互联网自行车服务的若干意见（征求意见稿）》《深圳市自行车停放区（路侧带）设置指引（试行）》就明确指出，自行车停放不得妨碍行人通行，在占用人行道停放时须保证 1.5 米的剩余人行空间，并且指出适宜停放区域包括轨道站出入口后方及两侧、公交站台两侧空地或者高架桥、人行天桥下空间。① 但是，其中也潜含了这样的问题：既然这些原本属于公用地的停放点是为了满足共享单车而设置的，而共享单车的收益却为运营商所专有，那么，共享单车是否需要为这些停放点买单呢？事实上，共享单车的路边停放或者定点停放，只要它没有为之付款，就需要受到政府有关部门的管制或取缔，因为它本质上就与占道经营没有什么区别。进而，共享单车衍生出的另外一些公共服务，如增加的交通事故、清除违规的停放车辆等，运营商是否应该另外支付呢？事实上，政府提供的很多公共物品——无论是路边空间还是道路疏通和交通秩序维持——最终都源自所有人们的纳税资金，相应地，公共品收益理应为纳税人所分享，而不能为少数资本谋利服务；否则，如果收益归资本，而成本由社会承担，那么，运营商就会获得了不应有的收益，进而将导致"共享经济"过度发展。更不要说，一些共享物品如高功率的充电柜置身于人流密集的商场和超市中，或者破损物品堆积在公共场所，往往还潜含了安全隐患，运营商是否应该为之购买保险呢？事实上，当共享单车进入美国、新加坡时，政府立马评估其对公共路权、公共秩序等的影响。显然，考虑共享物品投放和运营带来的负外部生，那么，运营商在正常的税收之外还应该另外交付一笔维安基金以作补偿。

---

① 《"网红"单车该停哪里 终于有城市出规定了!》，2016 年 12 月 28 日，见 http://finance.jrj.com.cn/2016/12/28092-21897798.shtml。

最后，就共享物品的法律保护而言。例如，共享单车被损坏、丢弃和偷盗，那么，警察该不该管呢？从现有法律上说，只要被损坏、丢弃和偷盗共享单车达到一定的数量，够得上立案标准，那么，无论从私有财产还是公有财产保护上说，警察和法院都应该管。但问题是，共享物品又不同于传统的私人品和公共品。一方面，私人品首先要所有者尽保管和维护的职责，因而私人品通常放置在私人处所，可以有效防止被损坏、丢弃和偷盗。但是，共享物品通常放置在公共场所，所有者也没有采取相应的或有效的监管措施，无法有效防止被损坏、丢弃和偷盗。试问：如果一个人满大街撒钱，然后可以要求警察帮他找回来吗？在这里，我们可以将国家比作保险公司，每个人都交了一定的税收作为国家为其产品进行保险的保险费，在损失风险发生时，国家就需要拿出保险费来弥补受损者的损失。问题是，如果不同物品的发生风险的概率是不同的，它们需要支付的保险费或保费率能够相同吗？显然，传统私人品的所有者为保障其物品安全付出了种种努力或花费，降低了其物品被损坏、丢弃和偷盗的风险。在这种情况下，当风险发生时，保险公司当然就应该进行赔付。与此不同，共享物品所有者并没有为其物品提供同样多的保护努力，以至其物品被损坏、丢弃和偷盗的风险非常高。在这种情况下，当风险发生时，保险公司当然也就可以拒绝赔付，或者事先要求共享物品所有者交付一笔更大的保险金（即税收）。另一方面，公共品的收益为所有成员所分享，政府当然可以动用所有人缴付的税收为其提供以降低它被损坏、丢弃和偷盗的风险；同时，当风险发生时，国家也就可以为损失进行追讨。与此不同，共享物品的收益为特定私人所独有，政府当然不应该动用所有人交付的税收为其提供保护以降低它被损坏、丢弃和偷盗的风险；同时，当风险发生时，国家也不可以为损失进行追讨，除非共享物品所有者交付了额外的保险费。显然，这两方面都表明，共享物品要获得国家相关机构的保护以及追讨损失，就应该在传统私人品所缴付的政策税收外再缴一笔额外的风险基金或税收；而且，只有提供这一笔风险基金或税收后，才可以更全面地衡量共享物品所带来的真实收益。

可见，正是由于共享物品的投放和使用往往会滋生严重的负外部性，相应地，要全面衡量共享经济的收益，就必须将这些负外部性考虑在内；同时，为了以更真实的成本来引导资源配置，运营商也就必须缴纳一笔额外的费用以补偿这些外部性。例如，就共享单车而言，如果车辆乱停乱放，就会影响交通和市容；如果专门开辟出停放点，就占用了属于大家的公共土地；如果共享单车运营中出现了车辆被损、被盗以及被弃而事件而要求警方查处，就额外增加了警力负担。有鉴于此，由共享经济所衍生出的一系列现象并不能完全照搬既有的法律规章。例如，《治安管理处罚法》第四十九条规定："盗窃、诈骗、哄抢、抢夺、敲诈勒索或者故意损毁公私财物的，处五日以上十日以下拘留，可以并处五百元以下罚款；情节较重的，处十日以上十五日以下拘留，可以并处一千元以下罚款。"显然，给共享单车上私锁而导致他人无法使用，或者私自带回家或藏在"私密处"，这些行为在某种程度上也构成了对运营商私有财产的侵犯，并符合盗窃罪和侵占罪的构成要件。但是，这并不需要或应该进行刑事立案，即使当运营商向法院提起告诉，并且更接近于按民事案件进行处理，因为运营商本身也应承担有效保护其财产的责任。又如，《道路交通管理条例》第八十四条规定：未征得公安机关同意，占用道路影响车辆通行的，处五十元以下罚款或者警告。显然，共享单车被违规停放或者随意丢弃时，也构成了违反交通管理条例的要件。但是，公安机关在进行处罚时，并不仅仅是用户要承担责任，运营商也要承担责任，除非在合同条款中明确违规停放的认定标准、处罚以及被处罚人违规行为的申诉处理等。据报道，2017年6月1日上午，一家共享雨伞企业在上海首批投放了100把共享雨伞，在短短一日之内这100把共享雨伞全被借走，但无一人归还。① 试问，警察如何按照失窃案进行追查呢？企业不应该自己承担后果吗？即使在法律制度相对健

① 刘志刚：《羊群效应下，共享经济做走了"乌托邦"的美梦》，2017年6月7日，见 https://tech.sina.com.cn/zl/post/detail/i/2017-06-07/pid_8511240.htm。

全的美国，共享经济的发展也不顺利。例如，就价格相对昂贵的电动踏板车而言，它以每小时 24 公里速度在行人中间闪转腾挪，不断按响车把上的小铃铛，随意停放则导致人行道障碍横生，自行车道和轮椅通道被堵，店前被堵得水泄不通。面对这种负外部性，一些人刻意地割断控制器和刹车的电线，压平轮胎，拆掉车把手和车座，将车上涂上粪便，把车挂在树上、扔进垃圾桶、丢进旧金山湾，甚至拆下各个零件组装售卖。① 有鉴于此，随着共享经济的蓬勃发展，就需要出台新的行业运营规则以及相关监管政策，也需要制定和修订一些相关法律，更需要塑造更为良性的人性和伦理，明确共享经济的发展方向，而不至于产生劣币驱逐良币的效应。

六、结语

共享单车的出现和发展有效地整合了分散在各处的闲置资源，极大提高了这些物品的使用频率，降低了这些物品的无形或自然折旧，从而最大限度地发挥了物品的功效，并增进了生产者剩余和消费者剩余，这显然有利于经济的环保健康和可持续发展。但与此同时，共享物品的投放和运营也会带来两方面的问题。一方面，它的准公共品性质会滋生出显著的"搭便车"行为，而这往往会损害运营商的利益。显然，为了解决搭便车问题，运营商就需要寻求有效的治理机制，而最佳机制应该是唤起全民正义感的"强互惠"机制，而这种"强互惠"机制又依赖于社会网络的建设和集体主义文化的培育。另一方面，它也会滋生出强烈的负外部性，而这往往使得运营商获利。显然，为了解决负外部性问题，运营商就应该承担起其应尽的责任，需要为场地占用、影响交通以及物品监督等支付成本，或者设置一定的维安基金以增加政府有关部门的服务供给，进而导向新的制度安排和立法思考。只

----

① 《被砸被剪被抹粪 共享电动踏板车在旧金山屡遭破坏》，2018 年 6 月 4 日，见 http：//tech. 163. com/18/0604/01/DJDTVQ9N00097U7R. html。

有解决上述两大问题，才能全面衡量新兴共享经济的真实经济价值，才能更好地引导共享经济的有序发展。否则，在心理放大效应的驱动下，运营商的逐利行为将会产生这样的严重后果：一方面，受美好预期以及短期利润的吸引，大量资本在短期间内会盲目涌入该领域，从而导致共享泡沫越吹越大；另一方面，当其他问题暴露而引发真实利润的下降或不如预期时，这些资本又可能会大规模地撤出，造成新的产能闲置和资源浪费，甚至由此爆发严重的经济危机。

当然，无论是解决"搭便车"问题的"强互惠"或社会共同治理还是解决负外部性问题的责任界定和法律安排，都不是一蹴而就的事，也都需要政府在其中发挥积极的作用。同时，考虑到有效监督的困难，一些共享物品的公共品化发展也是一个可行方案，因为这不仅可以通过每个人分享公共品而解决搭便车问题，而且也可以通过将负外部性内部化而解决收益分配不公问题。在将共享物品公共品化后，政府就可以动用公共财政来提供单车等共享物品，由政府来承担日常的管理和运营费用。其好处在于：（1）可以广泛地利用分布各处的警察以及其他公共部门人员，对违规使用进行监管；（2）可以利用现有法律以损坏、盗窃或侵占公共财产罪对一些损坏、盗窃或丢弃共享物品的行为进行法律处罚；（3）更甚者，这也有助于将外部性内部化，从而可以更全面地衡量共享经济创新所带来的整体福利。但是，这也存在一些不利之处：（1）不同共享物品的推出需要对市场需求的敏感性，而这种敏感性往往为创新型企业家所拥有，政府接管共享物品就会导致共享经济发展缓慢；（2）政府的官僚机构往往缺乏私人那样的内在激励来管好和用好共享物品，进而会产生物品乱放置、破损严重等现象；（3）共享物品的投放和共享经济的发展往往需要庞大的资金，这不是政府财政所能承担的。因此，作为一个新事物，共享经济的发展和治理还需要在实践中不断优化。但无论如何，真正的学者需要看到商业创新所伴随的外部性问题而不是简单地为之呐喊和辩护，也需要引入有为政府在产业规划和监管方面的恰当角色。

7. 互联网经济的现代发展及其挑战
——基本特征、发展瓶颈和两难困境

导读："互联网＋"企业的创新和互联网经济的发展是推行"供给侧改革"的重要举措，能否成功根本上有赖于技术创新和企业家精神，而企业家精神的缺乏可能成为当前制约互联网经济发展的瓶颈。同时，互联网经济具有产业集中化和产品主流化这两大基本特征，由此必然会衍生出技术创新的两难困境。因此，如何在技术的创造和利用之间以及报酬激励和研发投入之间取得平衡，就成为互联网经济时代值得研究的核心议题。此外，互联网经济的发展还会带来市场保护、经济虚拟化、收入差距拉大等问题，而这些都应该成为现代经济学关注的重要议题。

一、引言

"供给侧改革"注重从产品供给角度推动经济增长，注重提供满足人们真实需要的优质产品和服务。根本上说，供给侧基于效用原则，是为了实现社会效用最大化。与此不同，需求侧基于收益原则，因为产品的市场需求不仅受效用影响，更主要受消费者的购买力影响；相应地，由需求引导的市场经济往往会提供满足具有较高购买力的富人所需要的产品和服务，所实现的也是厂商的私人收益最大化而非社会效用最大化。正是基于厂商的个人收益原则，当某产业或产品出现结构性过剩或失衡时，私人企业往往不会降价出售给产品的需求者或不足者，反而宁愿将之销毁或浪费以造成为稀缺，由此就可以提升该产品的市场价格谋求更多利益。经济危机时有大量的牛奶和面粉被倒入大海，而同时又有更多人得不到最基本的食物。既然如此，又如何从供给侧角度来生产满足人们真实需要的优质产品和服务呢？根本上，这就需要关注人类需求层次和结构的变化，需要关注社会生活和科学技术的发展进程。显然，随着知识经济和智能时代的来临，优化产品和服务供给的关键就在于利用现代科技和互联网技术，将之与现代生产和商业联结起来。相应地，一个流行的观点就认为，现代社会中创业的突破口和引擎体现在"互联网+"企业上，进行产品结构转型的关键则在于大力发展互联网经济。

事实上，2014 年 11 月，李克强在首届世界互联网大会上就指出，互联网是大众创业、万众创新的新工具。① 所谓"互联网+"产业，简单地就是互联网加传统行业；不过，这也不是两者的简单相加，而是两者利用互联网技术与互联网平台的深度融合，并由此创造出新的价值与新的发展生态。就"互联网+"发展的形势而言，它不仅已经全面应用到第三产业之中，并直接创造出诸如互联网金融、互联网交通、互联网医疗、互联网教育等新兴产业；而且还逐步向第一和第二产业渗透，并有力地促进了传统产业变革。同时，借助网络获取信息、进行预测和决策，现代制造业的管理变得更加柔性化，不仅有助于实现精益化管理，促使生产流程、供应链组织变得更加高效，而且还有助于推动"供给侧管理"，能够提供满足消费者需求的产品和服务。最后，随着互联网技术的发展，生产、交换、分配、消费等经济活动越来越依赖信息网络，网络成了信息交流和产品交易的舞台，并衍生出庞大的互联网经济。问题是，如何保障互联网经济和"互联网+"产业持续而健康地发展？如何使互联网经济成为优化产品供给的工具而不是相反？如何利

---

① 《李克强同世界互联网大会中外代表座谈时强调 促进互联网共享共治 推动大众创业万众创新》，2014 年 11 月 21 日，见 http://media.people.com.cn/n/2014/1121/c40606-26065302.html。

用互联网经济为社会经济发展注入新的动力和活力？显然，互联网经济和"互联网+"产业在现实发展过程中潜伏着一系列的新挑战，处理不好将会引发社会经济的新困境。基于防微杜渐的考虑，本章对互联网经济发展过程中可能出现的重大问题进行逻辑剖析。

二、互联网经济的基本特点：集中化和主流化

互联网经济的最大特点是它的规模经济：规模越大，效率越高。相应地，产生了两大重要特征：（1）互联网产业的集中度非常高。实际上，如果在一定时期内的市场容量具有上限，那么，互联网产业的典型结构必定是高度集中的。（2）互联网产品具有主流化趋势。实际上，随着知识成为关键的生产要素，技术创新成为企业的核心竞争力，那么，市场中的主流化趋势就会越来越强盛。同时，产业集中和产品主流化之间也存在相互强化，这不仅使自由竞争的基础遭受瓦解，而且也对流行的经济理论构成了挑战。

首先，就产业结构的集中而言。互联网产业结构的集中程度非常明显，如电子商务领域的沃尔玛、亚马逊、eBay 全球、阿里和京东等，搜索引擎领域的谷歌、雅虎、百度和 360 等，即时通信的 Skype、QQ、Facebook、和飞信和信鸽等，互联网金融领域的微信支付、余额宝、易付宝、百付宝和快钱等。正是由于互联网产业的高度集中性，尽管政府极力鼓动和支持"大众创业、万众创新"，并给予减税降费、种子基金等支持，并由此迎来了万民创业时代，但是，互联网企业创新发展到一定阶段后，必然会出现大规模的企业兼并潮。我们可以乐观地预计，在未来十几年中国的绝大多数互联网行业都会形成几家企业巨头，否则，就无法与那些跨国互联网企业相抗衡。

其次，就产品的主流化趋势而言。主流化的通俗说法就是"剃须刀和

刀片"原理：赠送剃须刀是为了售出更多的刀片，或赠送刀片是为了售出剃须刀。究其原因，一旦数以万计的用户对你的产品产生了依赖感，你就锁定了这群用户，并消除了竞争。21世纪初就出现这样一个事例：英国以1美元价格向加拿大出售了一架航空母舰。英国为何愿意做这样一个看似亏本极大的买卖呢？很大程度上就在于主流化的思维：英国所着眼的并不仅仅是航空母舰这活生生的可见产品，更主要是着眼于今后长期的服务交易。同时，主流化还存在一个的基本原理：占有的市场份额越大，获得的收益也就越多。为此，主流化的目标就是要锁定一大批固定的客户。例如，Compuserve公司本来遥遥领先，但1995年AOL（American Online）通过赠送数百万份PC机桌面软件而迅速占领了市场。①

主流化现象在当今社会之所以迅速崛起，最根本的原因在于知识越来越成为关键的生产要素。以知识为主的产品生产具有这样两大特点：（1）固定投入很高，如技术创新和开发投入都需要很大成本，这就极大地提高了后来者的进入门槛，并巩固先入者的市场地位；（2）边际生产成本很低，几乎降到了零的地步，甚至边际成本已经变成负的，这就有利于先入者迅速扩大它的规模。事实上，工业社会时代，企业的固定成本大约占40%—60%，其他则为可变成本；但信息社会时代，企业的固定成本几乎占了99%，而只有1%是可变成本。例如，1990年以来，大英百科全书多卷本的销售量下降了50%，光盘技术使得全书的成本从原来印刷型的200—300美元，下降到光盘型的1.5美元。而且，信息技术改变了企业的成本结构，带来了信息技术的成本转换效应：企业可变成本将大量地沉淀为固定成本。② 在这种情况下，提升市场份额就是企业生存和发展的基础。

相应地，主流化效应在高薪产业以及互联网产业中表现得尤其明显。梅

① ［美］勒维斯：《非摩擦经济：网络时代的经济模式》，卞正东等译，江苏人民出版社2000年版，第4—6页。

② 谢康等：《企业信息化的竞争优势》，《经济研究》1999年第9期。

特卡夫（R. MetCalfe）定律就指出，对于一个联结有 n 台机器（计算机、电话等）的通信网络来说，其潜在的价值以 n 的平方 [确切地应该是 n（n-1）] 数增长，即网络的价值随着网络新用户的增加而呈指数增长。正是在这种背景下，1982 年法国政府建立了一个微型电信网（Minitel）——一个给每个家庭提供类似于万维网（www）信息的首家法国国内"互联网"系统，它通过赠送其电信设备而赢得了 1500 多万用户，从而使其网络终端赢得了用户的广泛接受。事实上，几乎所有的电脑公司都是如此，不仅包括诸如英特尔、Bay Networks、世嘉、索尼、乐声、Matshushita 等硬件公司，也包括微软、网景、Adobe、Macromedia、SpyGlass、Cybercash 等软件公司。而且，像世嘉、索尼、乐声和 Matshushita 等公司每售出一台游戏机都要亏损 150 美元，甚至更多，但它们依然做这种亏本买卖，目的就是为了吸引客户，为其游戏软件赢得市场份额。打个比方说，在信息经济中，消费者吃得越多，就越感到饥饿。譬如，网景公司就是通过将其环球网浏览器的价格降至冰点，而使其普及程度一夜之间升到了沸点。

最后，互联网经济时代之所以盛行主流化现象，根本上与技术不断加速更新有关。例如，IT 产业中就流行一个摩尔定律：计算机处理能力（芯片性能）每 18 个月就提升 1 倍；吉尔德定律则指出，特性系统的光纤传输总带宽每隔 12 个月就会增长 3 倍。这种不断升级换代的技术竞争压力使得每一个企业都必须牢牢地把握传统顾客，并开拓新的顾客，那些最终推出新技术的企业就会取得主流化优势。达维多定律则指出，进入市场的第一代产品能够自动获得 50% 的份额。在这种情形下，任何企业在本产业中都会努力第一个淘汰自己的产品，因为被其他企业淘汰也就意味着失去了市场。譬如，Jupiter 的研究报告说，1999 年网上销售额的 94% 将来自企业老产品的市场，如 Charles Schwab 的网上证券交易已经吞食了它的传统交易收入的 70%。相反，1998 年年初还保有 65% 网上保密系统销售份额的 Security Dynamics 因担心新技术侵蚀老技术的市场，而将一个新技术的部门分离出去，结果短短三个月内就从盈利变为亏损。① 而且，即使自己的产品还不完美，但也必须在其他公司的产品推出之前打进市场，否则就会失去先机。譬如，微软凭借它的办公室自动化软件对市场的占领，每年通过常规升级就可以创造出数十亿美元的利润。究其原因，高昂的培训费用以及微软的品牌与使用该软件的用户之间形成了团结合作的社区效应，以致很少有客户打算放弃使用该产品。

三、互联网经济发展的瓶颈　企业家精神

鉴于互联网经济的两大基本特征，一个国家要发展互联网经济，关键在于技术创新，而且是持续不断的技术创新。事实上，即使由于历史原因，一个企业似乎暂时占据了较大的市场份额，甚至处于暂时的技术领先地位，但是，如果缺乏技术的更新和主导，那么，随着社会需求的变化，原先的市场份额也会失去，原来领先的技术就会瞬间陈旧。尤其是，从互联网技术角度上讲，迄今欧美国家还处于技术领先地位，国内互联网企业依旧处于跟随者地位，同时，社会需求往往又受技术领先的跨国企业所诱导。因此，国内企业目前占据的市场份额往往并不稳定，这些市场份额在市场开放后很可能会迅速丢失，从而导致相关行业的萎缩以及整体经济的衰退。

当然，一个国家要发展和壮大互联网经济，技术创新能力的提高不仅依赖于企业的自主投资和创新精神，还需要国家力量的支持，其中关键是形成一套有效的国家创新体系。

首先，就国家的创新体系而言，这主要表现为政府通过减税降费、提供种子基金等来降低创业成本和风险，从而培育一批新型产业和企业。事实上，任何时代的经济发展都依赖于基础设施，这有助于为市场有效运行提供

---

① 汪丁丁：《自由人的自由联合：汪丁丁论网络经济》，鹭江出版社 2000 年版，第 21 页。

支持，对市场不及或失灵的地方加以补充。同时，在任何时代，基础设施的投资和建设都是政府经济职能的主要方面，目的在于为市场机制运行夯实基础结构、完善保障结构。按照丹尼尔·贝尔的分类，现代社会的基础结构主要有三种：（1）运载人员和货物的交通运输，如公路、铁路、运河等；（2）输送动力的能源公用事业，如石油管道、煤气、电力等；（3）输送信息的电讯行业，包括电话、电视以及因特网等。① 显然，在互联网经济时代，互联网就成为最为重要的基础设施。正是通过将具体经济活动附着在互联网上而形成各种"互联网+"企业，如广告业和互联网相结合就出现了百度，传统集市与互联网相结合就出现了淘宝，传统百货卖场与互联网相结合就出现了京东，传统银行与互联网相结合就出现了支付宝，传统安保服务与互联网相结合就出现了360互联网安全公司，传统婚介与互联网相结合就出现了世纪佳缘，传统农业与互联网相结合就出现了阳光舌尖。有鉴于此，近年来国家层面部署了"众创空间"平台，不仅通过减税降费措施来支持创业创新，而且还设立400亿元新兴产业创业投资引导基金，各省、自治区、直辖市也在积极推动万民创业创新战略。

其次，就企业的自主创新而言，这主要体现为企业自主地将互联网与经济行为相相结合，利用互联网平台的长尾效应创造出满足市场需求的产品，并通过企业规模的扩大而创造规模经济效益。互联网经济毕竟是由市场主导的，一切竞争行为归根到底发生在企业之间，因而根本上依赖于企业的自主创新能力，而结合具体环境的不断创新则是企业家精神的核心。凡勃伦认为，技术创新、改进和不断成熟根本上源于人类的"工作本能"（workmanship）和"随便好奇心"（idle curiosity），而这种"工作本能"和"随便好奇心"则是企业家精神的核心，它推动生产效率的提高和生产规模的壮大。从实践来看，那些行业领军的互联网企业主要都是依靠自主创新来不断开拓

---

① ［美］贝尔：《后工业社会的来临：对社会预测的一项探索》，高铦等译，新华出版社1997年版，1976年版序言。

市场的。阿里通过对高鑫零售、饿了么、Lazada 和 Trendyol、恒生电子和 WorldFirst、优酷土豆和文化中国、UC 优视、高德地图的大额收购而进军到了零售、本地生活、跨境电商、金融、网络视频、手机技术、数字地图等领域；腾讯巨额投资了京东、美团、拼多多、快手、每日优鲜、58 同城、猎豹、同程旅游等，甚至购买了特斯拉 5% 的股票份额；百度仅在 2017 年的投资并购就涉及 36 个公司，主要涉及 VF/AR 与智能硬件、智能汽车与人工智能、大数据、电商与汽车、房产服务、媒体等。

不过，互联网经济的兴起体现为互联网技术能够广泛运用到几乎所有产业，从而就不能仅仅依赖几家公司，正是需要形成普遍性的大众创业。只有这样，才能充分利用和发展互联网掀起一场新的经济发展或企业革命，并由此打造经济发展的新常态。同时，理论和实践也表明，持续的创新往往并非源自领先的巨头企业，而是来自第二集团的追随者，并由此形成倒逼机制，形成此伏彼起的创新潮。威廉姆森总结说："作为一般规律，一种行业的四个最大企业的研究开发费用比例和生产力上来说均比不上紧随其后、小一些的对手们。"[1] 例如，诺基亚的手机曾雄踞整个市场，诺基亚的塞班系统也是大众心目中的主流系统，而谷歌的安卓系统开始只是一种非主流，从而受到市场的排斥。在这种情势下，安卓系统积极创新，它带来的体验效果也比较好，开始为越来越多的人所接受。究其原因，小企业难以获得规模经济，难以采取总成本领先的竞争战略。为此，小企业就只有打破既定格局才能最大化自身收益，从而就会选择创新。事实上，一旦创新成功，落后的小企业就可以取代大企业的地位赶超，即使创新失败，也没有多大损失，因为大企业并不能完全占据整个市场。其守成博弈展开式如图 7-1 所示。与此不同，领先者往往不需要依靠创新就可以占据市场，同时往往也不敢轻易进行创新。这是因为，在不确定的市场中，如果推出的创新产品恰恰不幸为市场所

---

[1] ［美］威廉姆森：《反托拉斯经济学：兼并、协约和策略行为》，张群群、黄涛译，经济科学出版社 1999 年版，第 20—21 页。

排斥，反而会危害现有的市场地位构成。其博弈展开式见图 7-2 所示。

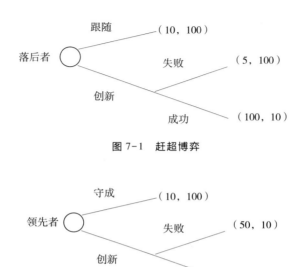

图 7-1　赶超博弈

图 7-2　守成博弈

同时，在不确定的市场中，领先公司为维持其优势地位，往往采用这样的策略：模仿尾随者。具体做法是：首先观察其他公司的创新产品在市场中的检验结果，然后再迅速跟进那些成功创新的企业。这是相对保守也相对保险的策略，模仿尾随者博弈展开式如图 7-3 所示。其基本策略是：让其他IT 厂家率先推出相关产品，在它证明符合市场需求并开拓了市场之后才采取模仿策略，选择了恰当时机推出相关产品，并借助自己积累起来的庞大用户群而抢占市场。在竞争性市场中，即使领先公司为尽可能地获得更大市场而进行创新，也会努力避免创新危及原来的地位或者冲击原来占有的市场，从而会针对新的收益或市场而推行产品差异化的创新策略。差异化创新博弈展开式如图 7-4 所示，其中差异化创新取得成功的概率 r 要大于全盘创新成功的概率 q。譬如，企业在进行模仿的同时还着手优化创新，从而继续吸引用户，并不断拓展业务。

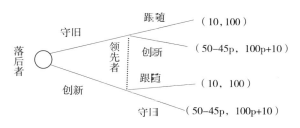

图 7-3 模仿尾随者博弈

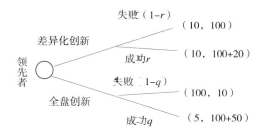

图 7-4 差异化创新博弈

显然，创新依赖于企业家精神，问题是，当前中国社会是否存在足够的企业家精神以推动互联网经济革命呢？这正是关键所在，企业家精神的缺乏构成了当前互联网经济发展的瓶颈。事实上，2015 年上半年股市之所以暴跌，除了实体经济增长缓慢、先前过长上涨而回调、大（海外）资本操纵者的刻意做空、媒体对利空消息刻意渲染、"追涨杀跌"的非理性效应、杠杆交易产生的扩大效应等原因外，还有一个直接的触发因素，就是创业板管理层的"套现"行为，这反映出管理层本身对自己企业发展缺乏信心，这种悲观前景经过媒体的宣扬，最终毁掉了民众对中国经济发展的信心，从而在虚高股市中就出现了恐慌性杀跌。据 Wind 资讯统计，仅在 2015 年 5 月初至 5 月 27 日收盘不到一个月的时间内，创业板上市公司中就已有 583 家次公告了包括控股股东、持股 5% 以上股东及公司高管等重要股东的减持行为，而 4 月和 3 月的这一数据仅为 227 家次和 389 家次。按市值算，2015 年

3月至5月27日，创业板重要股东合计减持市值已逾410亿元。① 而从2015年年初到6月17日，有1234家上市公司的重要股东累计减持4771亿元。譬如，万邦达公司股价从8.67元一路上扬到51.96元后，包括董事长、多位董事、监事甚至董秘的配偶等在短短3个月内共合计减持1.66亿股股份，累计金额达到59.81亿元。②

其实，当创业板股指从1500点左右一路狂飙到近4000点，以致到2015年6月5日收盘创业板平均市盈率已达143倍时，大量资金之所以还不断涌入创业板，它就不再是依据当前的盈利率，而是看中企业的发展前景，相信在新一轮的发展机遇中各行业都会出现几个像亚马逊、谷歌、Facebook、eBay、阿里、百度、腾讯、网易、搜狐、新浪、360之类的巨型"互联网+"企业。而且，中国社会也完全有基础建立起这样一系列的巨型"互联网+"企业。究其原因，"互联网+"企业具有明显的规模经济特性，而中国庞大的地域和人口则提供这样的市场规模，现在需要的是利用某种契机将之启动和壮大。不幸的是，在创业板股指高涨之际，这些"互联网+"企业的大股东和管理者不是利用所获得的大量资金进行规模扩张、产品创新和企业并购，而是选择减持股票以套现，乃至不惜辞职了事。这些都充分暴露出，这些新企业的创办者和管理者本身对企业发展缺乏信心，这种心理传递到市场就会迅速降低投资者的信心，从而导致在股指高位的恐慌性抛售。

在很大程度上，那些热衷投机和逐利的人是商人而非企业家，企业家的真正本色在于创造和创新。关于这一点，这里重温一下美国制度学派创始人凡勃伦的学说。凡勃伦认为，人类主要有两大本能：改进技术的工作本能和追求利益的虚荣本能。显然，由两类本能衍生出了两类制度：工作本能产生

---

① 《创业板大股东套现加速　龙头股已现调整》，2015年5月27日，见 https://www.yicai.com/news/4623728.html。

② 《万邦达高管高点套现近60亿　股民称"太过巧合"》，2015年7月6日，见 https://business.sohu.com/20150706/n416219861.shtml。

了改进技术的动机，并促进了技术制度的动态发展，它表现为"机器操作"，如机器过程、发明、生产方法和技术等；虚荣本能在动态的技术制度之基础上衍生出了一套有关特定产权的礼仪制度，主要是指产权、社会与经济结构、金融制度等。同时，两类本能还衍生出两类资本：技术上耐用的工业资本和能够带来高额利润的礼仪资本，并进一步产生了作为工作性的产业和作为掠夺性的商业。受虚荣本能的支配，企业主的兴趣在于赚钱而不是制造产品，从而会将大量的资本投放在广告以及非耐用奢侈产品（如时髦商品、专卖品、高能耗的汽车）等的生产上；同时，基于盈利的目的，企业家所企图的只是对产业做暂时的空制，以便提前抛售或获取某种间接利益。这反映出企业主所努力的目标不在于如何维持工业设备的恒久效力，而是在于如何影响目前的市况，或别的大户的心理，或投资者一时的信心，而这种逐利行为最终会破坏财货生产。为此，凡勃伦将财货生产和营利动机区分开来，真正的企业家精神根植于"工作本能"而非"虚荣本能"，追求"制造物品"而非"营利动机"，致力于生产手段和机器的创造和设计而非价格控制、企业兼并以及广泛的欺诈行为。

可见，当前那些创业板创办者和管理层在股市高位套现行为已经充分地暴露出，他们并不是真正的企业家，缺乏以技术创新和产品制造为己任的精神。相反，他们只是追逐短期利润的投机者，把赚钱当作主要或唯一动机。正是由于这些高管们不是真正的企业家，从而必然不会关心企业的长期发展和壮大，也就缺乏对企业的有效管理和技术创新。正是由于企业家精神的严重匮乏，就构成了当前互联网经济发展的瓶颈。在缺乏企业家精神的社会，任何产业革新和经济发展都可能成为短期狂热。

四、互联网经济面临的新挑战：两难困境

互联网经济带来了明显的主流化现象，此时的市场竞争呈现出这样一个

显著特点：越来越取决于新产品推出的速度而不是产品的质量。为此，在互联网经济时代，大多数公司不仅要努力推进技术创新，而且为了取得主流化优势被迫缩短创新周期，乃至在产品还存有缺陷时就推向市场，进而不断地推出新的补丁或者新的系列产品。这意味着，互联网经济时代的市场竞争具有强烈的短视效应，并会造成资源的极大浪费。之所以出现这种短视行为，很大程度上又是由互联网的锦标赛制报酬体系以及厂商的利润最大化原则所决定的，因为锦标赛制报酬体系使得只有领先者才可以获得投资回报，因而为了使自己的投资不会白费，各企业就必然存在发明冲动，不仅会加大基础创新投入，而且会加快成果提炼，从而就必然会造成研究的拥挤和资源的浪费。关于这一点，运用博弈思维可以得到清楚的解释。

假设，发明的成本 C 和收益 R 的当前折现价值都随发明期待时间而递减：对收入来说，发明日期的延迟减少了从发明使用中（或特许他人使用中）得到的收益的现在价值；对成本来说，发明时期越短，需要投入的成本就越高（显然，如果 t 为 0 的话，发明的成本将无穷大）。显然，如果该技术创新是独家投资的，那么该投资者将会在 T^* 时产出知识，此时他获得的利润最大，如图 7-5 所示。但在现实中，每一个领域都存在着众多的投资者，并且往往只有一个竞争者能够实际完成投资，而其他投资者的先前投资则都将成为沉淀成本。正是由于存在竞争性威胁，就会对成功发明者的时间选定产生显著影响。

假设，原先有投资者 1，他根据利润最大化原则应该选择在 T_1^* 时完成发明。但是，现在新进入一个具有更高发明成本的投资者 2，显然，为了获得投资回报，投资者 2 就不会选择在其最大利润的时点上完成发明，而是会抢在时间点 T_1^* 前推出发明。考虑到这一点，为了防止可能的投资浪费，投资者 1 也就不会等到时间点 T_1^* 时才推出发明，而力争在投资者 2 推出发明前率先推出。这样，博弈的最终结果是，投资者 1 将在投资者 2 的利润点 T'_2 期时就完成发明，从而保证自己的利润，如图 7-6 所示。进一步地，如果有更多的竞争者参与，发明的期限就可能一再提前。因此，冲动性的发明与先入优势的强化效应相互强化，会加速发明的掠夺性开发，促成浪费性的过早发明，同时降低了发明的收益。

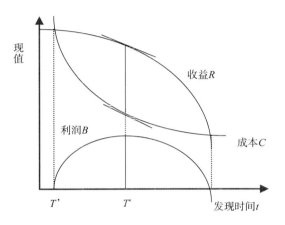

图 7-5　收益最大化的发明期限

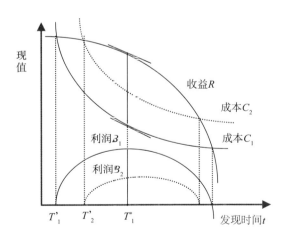

图 7-6　竞争威胁下的发明期限

同时，在主流化竞争态势下，为了抢先占据市场，竞争性企业往往在技术还没成熟之前就将有缺陷的产品推向市场。譬如，英特尔的微处理器并不总是性能最好、速度最快的，但总是新一代产品中最早的。曾有一次例外，IBM、Motorola 和苹果三家公司联手先于英特尔推出了 PowerPC 微处理器，对英特尔造成了强大的冲击，迫使英特尔缩短了当时极其成功的 486 处理器的技术生命，推出了 586，这就是名噪一时的新闻"英特尔牺牲 486，支撑奔腾 586"。同样，微软也深知，与其成为最佳产品，不如成为首家产品。正因如此，软件业曾经预测微软公司要经过三个版本的改进才能使其完善，事实上微软从未使其产品达到完善状态。相反，一旦其产品完善了，用户也就没有必要购买该软件的下一个版本，而没有版本升级，微软的销量就会暴跌。从这个意义上说，主流化所造成的短视和浪费也正是过度竞争的结果，而这是很难依靠市场机制自身加以克服的。

此外，主流化竞争中的短视行为，不仅会造成技术创新过程中的投入拥挤和资源浪费，而且还会因产品的缺陷给消费者造成更大的损失。例如，费尔斯通的轮胎就因产品故障导致了将近 175 人死亡和 700 人受伤，其对手固特异（Goodyear）轮胎则造成了 120 人受伤和 15 人死亡。近年来产品召回事件就不断重演。从丰田为例：2010 年 4 月 20 日，丰田宣布在国外市场召回雷克萨斯品牌 GX460 及丰田品牌 Prado 的部分车型约 3.4 万辆，原因是存在汽车稳定控制系统（VSC）程序设定不当的问题。2010 年 10 月 21 日，丰田宣布在全球范围内召回 153 万辆问题汽车，原因是刹车总泵油封存在缺陷而可能会影响行驶安全。2010 年 11 月 4 日，丰田宣布在日本和欧洲召回 Compact iQ 与 Passo 两款小型汽车约 13.58 万辆，原因是震动会使动力转向感应器失灵而导致汽车转向困难。2011 年 1 月 26 日，丰田宣布将在日本国内召回 2000 年 5 月至 2008 年 10 月生产的 170 万辆汽车，其中包括日本国内市场的 120 万辆以及海外市场的 42.1 万辆，原因是存在漏油隐患。2011 年 2 月 24 日，丰田宣布在美国市场召回 217 万辆汽车以解决油门踏板存在的问题，原因是相关汽车的踏板可能陷入车底垫中或卡入驾驶员一侧的脚垫。2011 年 3 月 23 日，丰田宣布召回部分进口 2003—2006 年款雷克萨斯（Lexus）RX300/350 汽车约 5202 辆，原因是进行驾驶员侧地毯压板作业时有可能会造成地毯压板向加速踏板方向倾斜，并接触到踏板臂，可能造成加速踏板无法回位。2012 年 10 月 10 日，丰田宣布召回小型车"威姿"（VITZ）等六款车型共约 46 万辆汽车，原因是电动车窗的开关存在缺陷。这种召回事件几乎发生在所有现代科技产品上，如 2015 年 8 月苹果公司就宣布召回在 2014 年 9 月至 2015 年 1 月之间售出的 iPhone 6 Plus。①

显然，由于恶性竞争中的短视行为在当前 IT 产业中的更是明显，越来越多的产品暴露出严重缺陷。例如，韩国三星电子公司宣布，由于 Note7 手机在全球范围内发生的因电池缺陷造成的爆炸和起火事故，自 2016 年 9 月 2 日起召回全球 10 个国家和地区共 250 万部 Note7 手机，这是 IT 行业最大召回案。② 2001 年，松下 EB-GD92 机型因频繁出现显示屏频闪、错码、缺行，自动关机、键盘不灵等现象，随后松下公司着手调查，确定发生故障的手机是因为 2000 年 6—12 月，一批不合格的尺寸稍大的零件混入了流水线，并宣布给消费者换机。③ 2006 年，戴尔公司被迫召回 410 万个笔记本电脑电池，因为这些由日本索尼公司制造的电池存在起火危险。④ 2007 年，诺基亚 52 款手机使用的松下产"BL-5C"电池在充电时有可能由于短路而产生过热现象并导致电池移位，从而宣布在全球范围内召回 4600 万块松下制造的手机电池。⑤ 2014 年，苹果公司宣布免费更换 iPhone 6 Plus 的 iSight 摄像头，

---

① 《丰田召回事件》，https://baike.baidu.com/item/丰田召回事件。

② 《三星 note7 手机全球召回》，2016 年 9 月 16 日，https://money.163.com/16/0916/07/C12OI0R9002580S6.html。

③ 《松下 GD92"问题"手机可更换》，2001 年 2 月 25 日，https://tech.sina.com.cn/it/t/55075.shtml。

④ 《戴尔召回 410 万块笔记本电池》，2006 年 8 月 16 日，news.sina.com.cn/w/2006-08-16/06249760860s.shtml。

⑤ 《诺基亚全球召回 4600 万块自有品牌 BL—5C 电池》，2007 年 8 月 14 日，digi.it.sohu.com/20070814/n251584673.shtml。

因为其中存在一个可能因故障而导致照片模糊不清的组件。① 2015 年，TCL 召回 28000 台问题手机，因为手机出现 MBN 文件丢失，通信射频调试方面和天线模块存在缺陷，以及散热设计处理存在不足等问题，这是国内手机首例召回事件。② 2016 年，苹果宣布召回自从 2003 年随同产品出售的部分电源适配器，因为其存在电击危险；亚马逊在英国召回了 Fire 平板电脑的电源适配器，因为它们存在潜在的电击风险；英特尔宣布召回旗下的 Basis Peak 健身智能手表，因为该设备可能因过热灼伤用户皮肤；微软召回了旗下 Surface Pro 二合一平板电脑的充电器，因为电器过热起火；苹果召回 Beats Pill XL 扬声器，因为电池会引起机身过热并引发火灾。③

最后，审视一个流行观点：专利制度不是最优也是次优的制度安排，某些人之所以垄断了技术进步红利，也就在于他对人类做出了相应贡献。相反，如果没有他的贡献，人类社会将损失更大。这也是现代主流经济学为市场收益分配尤其是企业高管高薪辩护的理由：没有这些高管的贡献，企业损失将会更大。果真如此吗？马特·瑞德利（Matt Ridley）的《基础科学真能产生很多新发明吗？》一文提出了反驳，他说："创新是一件神秘的、难以指挥的事。技术似乎以一种不可阻挡的、演化的进步而变化，我们大概不能阻止它，也不太可能大大促进它。"而且，他还举了发明史上的大量例子：在爱迪生之前，至少 23 个人已经发明了某种形式的白炽灯；伊莱沙·格雷（Elisha Gray）和亚历山大·格雷厄姆·贝尔（Alexander Graham Bell）在同一天申请了电话专利；在谷歌 1996 年横空出世前，已经有几十个搜索引擎存在；有 6 个不同的人发明温度计，3 个人发明皮下注射，4 个人发明疫苗

---

① 《部分 iPhone6Plus 后摄像头有故障　苹果免费更换》，2015 年 8 月 24 日，www.jiemian.com/article/361763.html。

② 《TCL 原价召回 2.8 万台"问题手机"》，2015 年 7 月 7 日，tc.people.com.cn/n/2015/0707/c183008-27263332.html。

③ 《尴尬了！盘点科技史上 10 大召回事件》，2016 年 9 月 29 日，hi.people.com.cn/n2/2016/0929/c231179-29077877.html。

接种，5 个人发明电报，4 个人发明照相，5 个人发明轮船，6 个人发明电气铁路。基础科学方面也是如此：英语国家的波义耳定律（Boyle's Law）就是法语国家的马里奥特定律（Mariotte's Law）；牛顿和莱布尼茨都宣称独立发明了微积分；达尔文在华莱士的竞争刺激下发表了他的进化论，而且两人都是在读了同一本书——马尔萨斯的《人口论》之后想到了同一个理论。为此，斯坦福大学的经济学家布莱恩·阿瑟认为，技术是自组织的，并且可以繁殖而适应环境。①

事实上，现代社会之所以要创设与专利制度（知识产权），根本目的在于通过让系统保持高效运作而创造价值。这体现在专利的两方面功能：（1）专用功能，给予发明者一定时期的垄断权以奖励和鼓励他进行发明创新；（2）公开功能，确保发明创新在专利到期后能够迅速扩散而得到充分利用。但是，正如马祖卡托指出的，当今的专利"交易"已经失衡，专利制度不再有助于创新型经济，反而滋生越来越显著的非生产性企业精神。这种发展主要源于专利制度的四大变化：（1）专利保护内容。自美国 1980 年通过《贝耶—多尔法案》（Bayh-Dole Act）允许大学和政府研究实验室对公共资助研究的成果持有专利以来，专利领域就持续向"上游"发展，受到保护的不再局限于"发明"这个产品，而且包括产品背后的知识；专利也不再局限于使用或商业效用的发明，而且涵括有助于提高探索可能性的"发现"，如诊断程序、数据库、分析方法以及相关的科学原理等。显然，这种做法严重导致了技术扩散延迟，阻碍了后续创新，因为研发者已经无法及时利用以前在出版物中就可以获得的专有信息。（2）专利保护期限。自美国 1984 年通过《哈奇—维克斯曼法案》（Hatch-Waxman Act）让品牌药的专利期得以延长以来，专利期在行业律师的操控下就不断延长。娱乐业将版权保护就从 40 年增加到了 95 年。（3）专利获得的难易度。由于美国的预算紧缩削减了

---

① ［英］马特·瑞德利：《基础科学真能产生很多新发明吗》,《华尔街日报》2015 年 10 月 23 日。

专利检查的工作人员数量，从而使得专利权的获得也变得更为容易。（4）寻求专利保护的原因。大型公司越来越使用"战略"模式来围绕各地区进行专利申请，从而严重阻碍了相关技术的扩散；同时，一些"专利蟑螂"（patent trolls）还"战略性"持有各种专利，它们既不从事生产也不从事研发，而是通过专利诉讼来赚取高额利润。为此，马祖卡托写道："专利可以强化垄断，滥用市场力量，阻碍知识的传播和后续创新，并使公共资助和集体创造的研究更容易走向私有化"；而且，"（当下）专利的发展（恰恰就）推动了寻租、价值萃取、价值破坏、战略博弈以及公共资助的科学研究成果的私有化，但偏偏没有促进价值创造"①。

可见，基于前文一系列的分析，我们发现互联网经济时代所面临的一个重大挑战：如何在促进技术创新的同时避免资源的浪费。事实上，知识是可重复使用的，相同的知识的重复制造对整个社会并不会带来额外的价值，而锦标赛制报酬体系激发的主流化竞争必然会导致知识利用的不充分。一般地，互联网经济的竞争关键在技术创新，但技术创新的报酬激励效率和的研发投入效率之间存在两难：一方面，如果报酬激励不强（如知识产权保护较弱），技术创新就难以获得市场回报，而且还具有"公共品效应"，必然会导致研发投入不足；另一方面，如果报酬激励过强（如实行锦标赛制报酬体系），那么，又会引起投资拥挤而造成资源浪费。同时，技术的创造效率和利用效率之间也存在两难：一方面，技术发明只有在不存在利用障碍的情况下才能最大程度地实现它的价值，这意味着，诸如专利、版权和基于商业秘密的财产权等的作用对社会总福利而言都是无效率的，这是知识的公共性决定的；另一方面，科技发明如果得不到保护，研发创造就会失去激励，从而技术的创造效率下降，这是知识产权的私有性决定的。因此，如何在技术的创造和利用以及报酬激励和研发投入之间取得平衡，就是互联网经济时代的核心议题。

---

① ［英］马祖卡托：《增长的悖论：全球经济中的创造者和攫取者》，何文忠等译，中信出版集团 2020 年版，第 176—177 页。

五、互联网经济带来的其他社会问题

除了上述"互联网+"经济在发展过程中遇到的障碍之外，由于互联网经济具有不同于传统经济的根本特性，它将给整个社会经济带来巨大影响，而如何应对也就需要加以深入研究。为此，这里就一些重大问题再做简要阐述。

（一）全球一体化下的市场保护问题

"互联网+"是典型的规模经济行业，先占者具有显著的先入优势；同时，在有限的市场规模下，将会产生一个垄断性的行业结构。因此，在技术为发达国家主导，且存在亚马逊、谷歌、Facebook、eBay、雅虎以及 Twitter 等巨型跨国互联网公司背景下，就需要对国内市场加以保护。在 2020 年世界市值最高的 20 家互联网公司中，美国占了 11 家，中国占了 9 席。① 美国互联网公司之所以能够占领世界各国市场，就在于它仅凭自身的庞大市场就可以获得规模经济，而其他国家不仅市场狭窄而且不加保护。同时，中国互联网公司之所以能够异军突起，重要原因就在于中国政府对 IT 行业实施了一系列的保护。同样，要使得互联网经济成为当前社会经济发展的引擎，使得各领域都出现互联网创新和企业的成长，依旧需要市场的保护，因为在很多领域美国企业都已经处于领先地位。此外，由于互联网经济面临着报酬激励和产权保护上的两难困境，从国家利益考虑，国家在知识产权的保护力度上应该内外有别：对本国知识产权的保护力度要大，因为这有利于本国的研发投入和技术创新；对国外的知识产权的保护力度则应适可而止，否则将严重制约本身互联网企业的发展。当然，在全球经济一体化以及知识产权日益

---

① 《全球最大的 20 家互联网企业，全部被中美两国占据》，2020 年 9 月 3 日，https://new.qq.com/omn/20200903/20200903A0OTXZOO.html。

受到关注的情形下，如何平衡两者关系也是一个重要技巧，也将考验当政者的智慧或政府部门的能力。

（二）虚拟经济与实体经济的平衡问题

本质上，虚拟经济表现为货币经济，它在一定程度上会促进实体经济的发展，但是在发展过程中往往又会与实物经济的脱节，从而误导实物经济的发展，误导资金的投资方向，乃至造成需求结构扭曲和失衡，并最终可能导致经济的崩溃。显然，"互联网+"产业根本上不是制造业，它既不能生产产品，也不能简单地增加生产能力。相反，它的主要功能在于增加消费端的基础设施供给，通过新供给来创造新需求，进而由新需求推动新消费，再由新消费倒逼而促进产品的创造和产业的变革。由此，如果互联网经济走上非理性发展路径，也可能造成商业支配工业的局面；相应地，"企业经营热情"将盖过"机械操作"，并导致工业品技术创新的投入不足。这意味着互联网经济的发展本身也是个双刃剑：一方面，它为实体经济提供信息、交易及投资等支持，从而有利于推动实体经济的发展；另一方面，它也可能虹吸实体经济的利益和资金，从而严重制约实体经济的发展。

（三）经济发展与收入差距控制问题

互联网产业具有高度的集中性，因而互联网经济的发展必然会加速收入的集中。事实上，作为互联网发源地的美国硅谷，不仅拥有世界最为知名的电子工业，而且掌握着全世界最值钱的互联网公司。例如，2014 年底，中国四大互联网巨头（阿里、腾讯、百度与京东）的总市值达到 4260 亿美元，而美国四大互联网巨头（谷歌、Facebook、亚马逊和 eBay）的总市值达 7970 亿美元。① 但在短短的 5 年内，亚马逊、谷歌和 Facebook 的总市值就

---

① 网易科技：《全球市值最高 20 家互联网公司排名出炉：阿里第三》，2014 年 9 月 18 日，http://www.idcps.com/news/20140918/77722.html。

发展到了 9723.4 亿美元、7910.1 美元和 5750.3 美元并具 2019 年全世界市值最高的互联网公司排名中的前三位，腾讯、阿里、百度和京东的总市值则达到 4346.6 美元、4321.2 美元、881.1 美元和 419.9 美元，分别处于排名的第四、第五、第十一和第十五位，其他字节跳动、网易、美团点评也呈现出迅猛发展之势。① 同时，在福布斯 2020 全球富豪榜中，亚马逊的贝佐斯以 1821 亿美元高居第一，微软的盖茨以 1148 亿美元位居第二，Facebook 的扎克伯格以 939 亿美元位列第四，另外，甲骨文软件的埃里森以 781 亿美元排第八，微软的鲍尔默以 704 亿美元排第九，沃尔玛的艾丽斯．沃尔顿、吉姆．沃尔顿和罗伯特．沃尔顿分别以 653 亿美元、651 亿和 647 美元排第十一、十二和十四，谷歌的佩奇和布林以 648 亿美元和 631 亿美元排第十三和十六；中国的富豪则有，钟睒睒以 592 亿美元排第十七，马化腾以 571 亿美元排第十九，马云以 507 亿美元排第二十一，何享健以 302 亿美元排第三十九，李嘉诚以 294 亿美元排第四十。② 同时，由于互联网企业是资本密集型的，因而它一方面催生出大量的富豪，另一方面却造成普通大众的失业。例如，百度 2005 年在纳斯达克交易所上市后造就了 8 位亿万富翁、50 位千万富翁和 240 位百万富翁，而百度当时的总员工数量才 750 人。再如，阿里在 2014 年赴美上市，更是以创历史造富记录的速度"批量生产"了上万名千万富翁。按阿里 50% 的员工持股计算，阿里持股员工约为 11000 多人，上市后每人平均可套现将近 422 万美元，约合人民币 2591 万元。③ 互联网经济的快速发展将会对社会收入分配产生根本性影响，形成日益显著的金字塔型收入结构：最上层的 1% 乃至 0.1% 所获得的收入份额越来越大。相应地，

---

① 《全球市值最高的互联网公司排名 腾讯排第六 前三都是美国公司》，2019 年 11 月 25 日，https://www.phb123.com/qiye/38429.html。

② 《福布斯 2020 全球富豪榜》，2020 年 11 月 23 日，https://www.phb123.com/renwu/fuhao/shishi.html。

③ 王新喜：《中国互联网为什么盛产富豪？》，2015 年 8 月 25 日，http://view.inews.qq.com/a/TEC2015082502799403。

这也就潜伏了巨大的社会危机，从而就需要引起学界和政府的高度关注。米德在半个多世纪之前就预言说："极为有利可图的自动化工业所需的操作机器的工人数量会大大减少，从而工资率就会大幅度下降，就必须有劳动密集型商品和服务生产的大规模扩张，而对这些商品和服务的需求来自少数亿万富翁，我们将回到一个超级世界，其中到处是贫困的无产者和管家、男仆、女佣和其他前呼后拥的人。"① 互联网经济将为这一灾难性前景提供进一步的可能。

六、结语

作为一种新的产业和经济形态，"互联网＋"有助于充分发挥互联网在社会资源配置中的优化和集成作用，从而提升全社会的创新力和生产力，成为推动产业结构转型和社会经济发展的新动力；同时，互联网将生产和需求有机结合起来，消费者的需求通过互联网可以瞬间反映到生产供给端，因而互联网经济的发展也成为"供给侧改革"的基本立足点。事实上，在过去的十几年里，中国互联网产业也取得了快速发展，互联网产业增速超过整个国家 GDP 增速的 5 倍，互联网经济占 GDP 的比重也已经超过很多发达国家。然而，正如本章分析的，"互联网＋"能否塑造产业结构的新常态，很大程度上依赖于技术创新的水平以及相应的企业家精神；同时，互联网经济的技术创新还面临一系列的两难困境，这种挑战要求必须找到平衡兼顾的解决方法。正因如此，面对互联网经济的迅猛发展，一个社会也应该未雨绸缪，充分把握互联网经济的特性，把它引到良性发展的轨道上，否则很可能会潜藏着很大风险，乃会引起社会经济的巨大震荡。所有这些，都需要政府有关部门做前瞻性的详细分析，并适时地制定方针和规则加以引导和规范。

---

① ［英］米德：《自由、公平和效率》，崔之元、王文玉译，东方出版社 2013 年版，第 35 页。

8. 经济垄断的新趋势及其政府管制
——当前反垄断行为的政治经济学解读

导读：大企业不仅可以而且确实会利用市场支配力获得转移收益，从而扰乱财富的合理分配并抑制整个社会的价值创造。为此，大企业应该且实际上会遭受反垄断行为的审查。同时，随着经济全球化的推行，大企业依其市场支配力所获得的转移收益越来越不局限于国内，主要的利益受损者越来越转向他国民众。为此，世界各国的反垄断行为也就呈现出越来越明显的倾向性。此外，那些知名外资大企业凭借其规模经济为中国社会提供了物美价廉的产品和服务，提高了国人的消费剩余和经济福利；同时，这些外资大企业也因独占市场而挤压了本土相关产业和企业的发展空间，从而造成本国长远的福利损失。

一、引言

《中华人民共和国反垄断法》于 2007 年 8 月 30 日通过并自 2008 年 8 月 1 日起施行，它由三部门共同执法：国家发展改革委负责与价格相关垄断行为的查处，包括价格的垄断协议、滥用市场支配地位、滥用行政权力排除和限制竞争的垄断行为；市场监管总局负责除价格以外的垄断行为查处；商务部负责经营者集中的审查。《反垄断法》的实施力度在 2014 年上半年有了显著的增强，其中的一个标志就是，2014 年 8 月 20 日国家发展改革委开出的天价罚单：日本住友等 8 家零部件企业因价格垄断行为被处罚 8.3 亿余元，日本精工等 4 家轴承企业因价格垄断行为被处罚约 4 亿元。同时，三部门所展开的反垄断调查并不局限于日本企业，而是广泛涉及了奔驰、奥迪、高通、微软等知名外资企业。

然而，由于中国近年接二连三地对一些知名外资企业进行反垄断调查，这就引起各方面的高度关注和广泛争议。批评者认为，中国反垄断监管已严重干扰了绩效企业的正常运作，甚至沦为保护国内企业利益的工具。果真如此吗？不可否认，任何国家的反垄断都有一定的倾向性。尤其是，在汽车等领域，跨国公司占有市场的绝大份额，因而在这些行业受到调查和处罚也主要是外资企业，由此凸显出了中国反垄断的倾向性。当然，这种倾向性并不仅仅出现在当前中国政府的反垄断调查中，而且也是现代各国反垄断行为的普遍特征；同时，这一特征随着经济全球化的推行而日益明显，这表现为日益加剧的国际贸易摩擦。那么，为何会存在这种倾向性呢？这就涉及具体的政治和经济利益。因此，本章对何以进行反垄断调查以及各国反垄断调查为何存在明显倾向性展开政治经济学的解读。

二、为何要进行反垄断干预？

反垄断政策在经济学界一直引起争论乃至非议，因为垄断的性质是多样的，有经济性的、自然性的、资源性的、行政性的及国家性的，等等。一般地，不同类型的垄断产生的经济后果是不同的，从而应该采取差别性的具体政策。如果是资源性垄断，就会产生资源租占有和分配的不合理，从而应该对资源重新进行分配；如果是行政性垄断，就会出现因管制产生的租金以及相应的寻租行为，从而应该对特许权的分配进行改革；如果是国家性垄断，那么就涉及是否符合国家利益以及利益是否为全民所分享，从而应该对收入分配规则和监督体系进行改革；如果是自然性垄断，就会因规模报酬递增而产生更高收益，从而只能借助财政等政策进行收入再分配而不是分拆企业；如果是经济性垄断，那么就会因先入优势而限制竞争和创新，从而必须借助法律加以调节和干预。中国目前反垄断调查主要针对的是自然性垄断和经济性垄断。

然而，目前最引起争议的恰恰是自然性垄断和经济性垄断，因为两者往往难以区分，这就涉及对企业行为的认定和监管。所以，《中华人民共和国反垄断法》规定了三类垄断行为：（1）经营者达成垄断协议；（2）经营者滥用市场支配地位；（3）具有或者可能具有排除、限制竞争效果的经营者集中。尤其是，第五条和第六条分别强调："经营者可以通过公平竞争、自愿联合，依法实施集中，扩大经营规模，提高市场竞争能力"，"具有市场支配地位的经营者，不得滥用市场支配地位，排除、限制竞争"。例如，国家发展改革委 2014 年 8 月对日本 8 家汽车零部件企业和 4 家轴承企业进行处罚的理由是，这些企业为减少竞争而达成并实施了汽车零部件、轴承的价格垄断协议，不正当地影响了我国汽车零部件及整车、轴承的价格，损害了下游制造商的合法权益和我国消费者利益。又如，2014 年 9 月 10 日，100 多家欧洲汽车零部件生产商宣称，在中国汽车零部件只能销售给汽车制造商授权的 4S 店，而不能销售给独立的维修店；结果，4S 店的销售价格通常是独立维修店的两倍以上，而在欧洲这两种销售渠道的价格差距不会超过 20%。

因此，反垄断并不是简单地反对规模经济，反垄断法也不等同于反对大企业的法律。问题是，企业规模大了以后，它就开始拥有了市场支配力，进而可以利用这种支配力来攫取更高利润。在很大程度上，这部分高额利润并不是来自通过创新等的价值创造，而主要是来自从其他企业或消费者身上的价值转移，这往往会扭曲合理的财富分配，并抑制整个社会的价值创造。从这个角度上讲，尽管大企业并非必然会遭遇反垄断法的审查，但反垄断审查却主要是围绕大企业展开。究其原因，通常只有企业规模达到一定程度后才能搞垄断，才能利用市场支配力实施捆绑销售、提升自身产品价格以及压低供货价格，等等。

施蒂格勒就曾指出，现代大公司（美国）没有一个不是通过某种程度、某种方式的兼并而成长起来的，几乎没有一家大公司主要是靠内部扩张而成长起来的。① 那么，企业组织为什么需要且又为什么能够实行兼并呢？传统经济学认为，获取规模经济是企业进行兼并的主要原因，同时，规模不经济又是限制企业兼并的重要因素。也就是说，传统经济学认为，只有存在规模经济的情况下才会有真正的企业兼并行为。但是，施蒂格勒认为，只要不存在显著的规模不经济，即兼并形成的大公司和兼并前的小公司的成本相比，既不更低，也不更高，兼并仍会发生。究其原因，兼并后形成的大公司具有市场力量，能获得垄断利润。② 更为甚者，即使大企业没有滥用市场支配力，由于沉淀成本的存在，也会导致要素市场失灵，阻碍更有效率企业的进入。

AC 是小企业的平均成本，MC 是小企业的边际成本，完全竞争下的均衡点为 F，此时没有利润；而在所有这些相同企业联合起来形成一家大企业，此时独家垄断企业的总需求曲线 AR，边际收益曲线为 MR，该企业的均衡点为 G，可得利润 "$OC \times DE$"。当然，在这种情况下，新的企业开始进入，垄断企业的需求曲线左移，利润减少，甚至直到价格恢复到原来的 OB，此时的垄断企业是亏损的，如图 8-1 所示。因此，这种兼并使得企业净利润为：前一阶段的垄断利润和后一阶段的垄断亏损之和。施蒂格勒认为，如果新企业的进入不是太快，兼并者可以在相当长一段时期内获得垄断利润。即使新企业进入以后导致兼并者将永远处于亏损状态，但亏损现值不

---

① ［美］施蒂格勒：《产业组织和政府管制》，潘振民译，上海人民出版社、上海三联书店 1996 年版，第 4 页。

② ［美］施蒂格勒：《产业组织和政府管制》，潘振民译，上海人民出版社、上海三联书店 1996 年版，第 16 页。

一定大于以后获得的垄断利润。

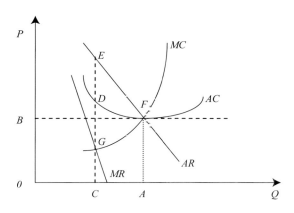

图 8-1　企业一体化扩张中的垄断收益

事实上，随着规模扩大，该企业的产品市场占有率就会相应提高；同时，市场占有率的提高显然可以增强它在要素市场上的谈判地位，从而就可以压低其他企业供应的原材料以及中间产品的价格。马克思就指出："大资本家总是比小资本家买得便宜，因为他的进货数量大，所以，他贱卖也不会亏损。"① 加尔布雷思在《丰裕社会》《新工业国》以及《经济学与公共目标》等书中也指出，现代大企业成为市场的操纵力量，消费者主权也被生产者主权所代替：现代大生产者不仅能自行设计和生产商品并规定价格，而且可运用广告和推销术以劝说消费者按照它们设定的销售计划和价格来购买商品。相反，小的竞争性工商业缺乏这种力量，而只能受大工业的剥削和压迫。这不仅造成收入的不均等，而且使得两种体系的不平衡加剧，这表现为大企业对小企业的剥削，以及发达国家对第三世界国家的剥削。

可见，从社会角度看，垄断企业通过规模扩张而获得转移收益，这是以牺牲其他人的利益为前提，因而社会总福利往往是下降的。（1）在短时期

① K. Marx，*Economic and Philosophic Manuscripts of 1844*，New York：Buffalo，1988，p. 43.

内，通过市场占有率来提高企业规模对单个企业来说是可行的，它可以掠夺其他企业的财富。但是，长期来看，必然是缺乏效率的，因为这种短期效率仅仅是建立在收益分割的基础上，而不是做大整块蛋糕。（2）从单一国家的角度上看，通过市场占有率来提高企业规模也是可行的，因为它可以获得来自其他国家和地区的转移收益。但是，对全人类社会而言，明显存在着不合理一面，因为这是以其他国家民众的福利损失为代价。因此，对企业的垄断行为加以抑制是合理的，也是必要的，这有助于社会整体利益的提高。

三、现代反垄断为何有倾向性？

前文指出，规模的扩张有助于提高企业的市场支配力，而垄断企业往往会借助这种力量来获取转移收益。结果，这不但损害了其他企业和消费者的利益，而且还会导致社会整体利益的降低。正因如此，大多数国家都会对这种扩张行为加以限制，包括颁发各种反托拉斯以及反卡特尔的法律。不过，随着经济全球化的推进，20世纪90年代中期之后，各国政府的反垄断审查出现了显著变化：一方面，对本国企业组织的一体化兼并及其垄断行为的管制大大放松了；另一方面，对外资企业的兼并和垄断行为的管制却愈发严厉了。现代政府的反垄断行为为何会出现这种明显的倾向性呢？很大程度上，就在于垄断企业所获得的转移收益之来源出现了转向：从国内市场向世界市场。早先，企业竞争主要是在国内市场上进行，转移利益为垄断企业所占有，而损失则为本国消费者或其他企业所承担，相应地，西方各国政府的反托拉斯法较严。但在全球化的今天，企业竞争是在更广泛的国际市场上进行，这样，一方面，转移利益归本国垄断企业所占有；另一方面，损失却主要由其他国家的竞争企业或消费者所承担。因此，西方各国逐渐放松了对本国跨国企业的垄断限制，同时，对业务主要在国内的那些大企业仍然有较严的垄断限制，而且特别限制他国企业对本国企业的兼并和垄断行为。关于这一点，我们可以看两个呈现鲜明对比的案例。

案例1. 作为全球最大的软件商，微软在美国国内一直面临着反垄断调查。1997年10月，美国司法部起诉微软将网络浏览器与"视窗"捆绑在一起销售，限制了竞争；2000年4月3日，哥伦比亚特区联邦地区法院官宣布微软从事了"排他性的、反竞争的和掠夺性的行动以保持它的垄断权力"，企图垄断网络浏览器市场，违反了《谢尔曼反托拉斯法》。2000年6月7日的正式判决，命令微软一分为二，其中一个负责生产和销售Windows操作系统软件，另一个生产和销售应用软件等其他产品；严禁微软公司因个人电脑制造商采用其他竞争公司的产品或与其他竞争公司交易而对其进行报复；对Windows操作系统实行统一定价；给电脑制造商以自由采用Windows操作系统的权力；禁止微软以销售Windows产品为条件来销售网络浏览器等其他产品；禁止微软与其潜在的竞争对手达成瓜分市场的协议等。

案例2. 与微软境遇形成鲜明对比的是，波音对麦道的兼并获得了美国政府的积极支持。1996年12月14日，波音以133亿美元收购麦道，将麦道变成波音的全资子公司。这一合并计划立即遭到了欧盟委员会的强烈反对，因为合并将形成航空航天行业的全球性"巨无霸"，新波音公司的资产总额达500亿美元，将独占全球民用飞机市场65%以上的份额。显然，这一超级垄断企业明显违反了《反托拉斯法》，尤其是严重威胁空中客车的市场生存空间。因此，欧盟委员会于1997年3月7日做出决定，禁止该计划的实施，但美国政府却支持合并。此后，经过与美国联邦贸易委员会、美国司法部、国防部多次沟通与磋商的情况下，欧盟委员会于1997年3月19日依据《合并控制条例》第6条第1款启动程序，在对麦道与波音附加一定的义务后做出决议以批准二者的合并计划。

显然，美国政府在上述两案例中的态度和政策具有明显的不同。为什么会如此呢？根本原因在于，在微软垄断和波音垄断中所造成的收益—成本分担是不同的：美国的软件产业在世界上处于绝对优势，这方面的垄断所威胁和损害的主要是美国本国的其他公司的利益，因而就产生了对之拆分的压力和利益诉求。相反，受波音—麦道兼并损害的主要是欧盟空中客车的利益，因而美国政府反而会积极促成其合并行为。事实上，空中客车本身就是英国、法国、德国、西班牙四国政府用各自的航空制造企业组成的垄断企业，并获得政府固定补贴、免税优惠、研发补贴等政策支持。到 1994 年，空中客车的订货首次超过波音，全球市场份额为 48%（波音为 46%）。正是基于国家利益的考虑，美国政府积极维护本国大企业的利益，从而积极支持和参与波音兼并麦道的活动。在很大程度上，巨无霸波音的出现是美国政府通过各种政策有意促成的结果。例如，为了促使两者合并，1996 年 11 月五角大楼把设计 21 世纪战斗机的合同交给了从来没有独立研制过战斗机的波音而不是具有强大的战斗机设计、生产能力的麦道。

正是考虑到自身社会的、经济的、政治的利益，现代世界各国的反垄断行为就具有明显的倾向性。事实上，在竞争全球化的当今世界，发达国家的反垄断政策不再局限于国内市场和国内企业竞争，而主要根据国际市场结构来评估垄断行为并采取相应的对策。尤其是，由于企业规模扩展或者捆绑销售等几乎都是以损害他国利益或者全球消费者福利为前提，受益者是本国公司或者公司所在国家的消费者，因而各国都努力保护和壮大本国的公司。例如，2005 年美国司法部批准最大家电企业惠而浦公司以 17 亿美元并购第三大家电企业美泰克公司时就是基于这样的考虑：美国家电市场已不仅限于国内，而是全球化的市场；相应地，尽管两家公司合并后的新公司在美国白色家电市场中将占有 70% 的市场份额，但它仍面临着韩国 LG、日本松下、中国海尔等外国同行的竞争压力，而合并将使美国企业在全球家电行业竞争中更有力量。相反，2001 年 7 月欧盟则否决了通用电气试图以 470 亿美元收购霍尼韦尔的计划，其理由是，通用电气成功合并霍尼韦尔的航机租用部门后将会垄断航机引擎及航电仪器市场。

由此，反观当前中国政府所推行的反垄断行为，也可以清楚地看到这样两点。

第一，反垄断并非是中国政府的独特行为，而是世界各国尤其发达国家的列行性行为。例如，2013 年 9 月 26 日，美国司法部宣布对包括三菱电机在内的 9 家日本企业所承认的国际价格操纵阴谋罚款超过 7.40 亿美元，① 到 2014 年 6 月 3 日已有 34 名汽车零部件企业高管和 27 家零部件制造商认罪并遭到超过 23 亿美元的处罚，其中轮胎制造商普利司通承认在 2001—2008 年操纵汽车零部件销售价格而同意支付 4.25 亿美元的罚款。② 又如，欧盟从 2012 年起开始对汽车零部件制造商展开反垄断调查，并于 2013 年 7 月对日本矢崎、德国莱尼、日本矢崎下属的 S－Y 系统科技股份有限公司和古河电气公司这 4 家汽车零件商进行处罚，2014 年 3 月 18 日又对 5 家密谋组建汽车轴承卡特尔联盟的零部件供应商进行处罚。③ 同样，2014 年 8 月 20 日，加拿大竞争局宣布日本汽车配件供应商电装公司因串谋投标违反加拿大《竞争法》而被罚款 245 万加元，同时，自 2013 年 4 月起至今加拿大相关法院总共裁决的罚款额达 5200 万加元。④ 在很大程度上，中国推进《反垄断法》的实施只不过是在与国际接轨，而之所以对这些国际垄断行为进行限制，因为它们严重损害了本国的利益。

第二，中国政府的反垄断行为并非只是针对国外企业，执法的选择性倾向并不像一些人宣扬得那样明显。例如，2014 年 9 月，浙江省 23 家财产保险公司以及其行业协会联合就因垄断被国家发展改革委处罚款 1.1 亿元，创

---

① 《9 家日企承认操纵美国汽配价格 被罚 7.4 亿美元》，2013 年 9 月 27 日，http://news. sohu. com/20130927/n387328942. shtml。

② 《反垄断风暴刮向汽车零部件行业 12 家日企难逃重罚》，2014 年 8 月 6 日，https://www. yicai. com/news/4004260. html。

③ 《涉嫌联合控制车用钢价 博世宝马大众等在德接受反垄断调查》，2016 年 7 月 6 日，https://www. yicai. com/news/5038698. html。

④ 《加拿大汽车反垄断毫不手软》，2014 年 8 月 28 日，http://world. people. com. cn/n/2014/0828/c157278-25554223. html。

下了保险行业被处罚的新纪录。① 同样，2014 年 9 月，吉林亚泰集团水泥销售有限公司、北方水泥有限公司、冀东水泥吉林有限公司三家因实施价格垄断被依法罚款共 1.1439 亿元。② 此外，2013 年年初贵州茅台、四川五粮液公司层因强令各经销商保价而被国家发展改革委处以 4.49 亿元罚款，③ 2013 年 8 月老凤祥等 5 家金店因垄断金价而被国家发展改革委罚款 1009.37 万元，④ 2013 年 8 月广州合生元生物制品有限公司等 6 家乳粉生产企业因价格垄断行为而被国家发展改革委罚款 6.6873 亿元。⑤ 实际上，截止到 2014 年 9 月，国家发展改革委查处企业及行业协会组织共计 335 家，其中外资企业 33 家，约占其查处企业总数的 10%；工商部门立案查处的外资企业只有微软涉嫌垄断案和利乐公司涉嫌垄断案 2 件，而案件当事人为国有企业、民营企业、公司制企业和行业协会等的则有 37 件，占其案件总数的 95%。⑥ 同时，自 2013 年年初以来，中国反垄断开出了约 29.4 亿元的罚单，其中国内企业占绝对份额。⑦ 之所以如此，就在于这些垄断行为所损害的主要是国内社会大众的利益，进而也阻碍了国内其他企业的发展。

可见，基于政治经济学的视角，我们可以更好地理解当前中国政府的一些"悖论"行为：一方面，中国政府推动的反垄断调查正如火如荼地进行，

① 《浙江保险行业违反反垄断法被处 1.1 亿元罚款》，2014 年 9 月 2 日，http://news.sina.com.cn/o/2014-09-02/154230783264.shtm。

② 《发改委：三家水泥企业实施价格垄断罚款 1.14 亿》，2014 年 9 月 9 日，http://news.sina.com.cn/c/2014-09-09/150330814030.shtml。

③ 《因价格垄断"茅五"传重罚 4.49 亿》，2013 年 2 月 20 日，http://finance.china.com.cn/stock/special/mtwlyfk/20130220/1289879.shtml。

④ 《发改委：老凤祥等 5 家金店垄断金价被罚千万》，2013 年 8 月 12 日，https://sh.qq.com/a/20130812/016606.htm。

⑤ 《合生元等 6 家乳企被罚约 6.7 亿元》，2013 年 8 月 8 日，http://finance.sina.com.cn/chanjing/gsnews/20130808/103716385528.shtml。

⑥ 《三部门：反垄断调查外企涉案占 10% 没选择性执法》，2014 年 9 月 11 日，http://news.sina.com.cn/c/2014-09-11/195330828404.shtml。

⑦ 《为何不对石油电力反垄断：行政垄断非市场垄断》，2014 年 9 月 12 日，http://finance.sina.com.cn/energy/industrydynamics/20140912/031620271803.shtml。

尤其集中在一些知名外资企业身上而产生巨大社会反响；另一方面，中国政府又在积极推动一些巨型企业的合并重组。例如，2014 年年底中国南车和北车决定合并为中国中车股份有限公司，2015 年 5 月中国电力投资集团公司与国家核电重组成立国家电力投资集团公司；2015 年年底中国远洋运输（集团）总公司与中国海运（集团）总公司重组为中国远洋海运集团有限公司；2017 年 11 月 20 日中国国电集团公司与神华集团有限公司进行重组，2016 年 9 月 22 日宝钢集团有限公司与武汉钢铁（集团）公司重组为中国宝武钢铁集团有限公司，2019 年 9 月 19 日中国宝武钢铁集团有限公司又与马钢（集团）控股有限公司进行重组；2019 年 10 月 25 日中国船舶工业集团与中国船舶重工集团实施联合重组。事实上，国务院国资委研究中心发布的《2018 中国国企国资改革发展报告》就显示：并购重组将成为国企改革发展的中心枢纽，这尤其集中在前瞻战略产业、生态环境保护、共用技术平台等领域加强重组并购，这些战略性重组的目的是从"国内竞争为主"向"国内外竞争并重"转变，甚至可能会出现按照"一个业务板块，一家集团公司"或"一个产业，一家集团公司"的方向进行整合。显然，基于全球经济竞争的背景下进行考虑，我们对发生在当前中国社会乃至世界范围内呈现的反垄断调查以及重组并购行为就会有更深入的认识。

四、反垄断是否会危害经济发展？

基于全球竞争和国际市场的争夺，现代各国的反垄断调查呈现出明显的倾向性。问题是，这种倾向性的反垄断调查是否有利于像中国这样的发展中国家的长期经济发展呢？在很大程度上，一些经济学人之所以极力反对当前中国政府发动的反垄断调查，主要基于这样两个观点：（1）目前遭到调查的那些大企业基本上是自然垄断或经济垄断性而非行政垄断性企业，都是在市场竞争中取得巨大成功的企业，它们不仅有很好的运营绩效，有着巨大的品牌声誉，而且往往还引领社会技术创新；（2）那些知名外资大企业为中国社会带来了先进的设备和技术，提供了物美价廉的产品和服务，从而提高了本国人的消费剩余和经济福利。尤其是，在这些经济学人看来，中国具有明显倾向性的反垄断调查实际上会导致自由贸易政策的逆转，这不仅会迫使外资企业的退出中国市场，而且还会最终导致中国经济发展的中断和国民福利的下降。

为此，我们就需要审慎思考：现实是否果真会朝这些经济学人所预知的方向发展？答案是，不尽然。在很大程度上，上述种观点犯了"破窗谬误"：没有全面审视垄断行为产生的长期后果，也没有考虑外资企业对中国社会经济发展造成的长期和短期、全面和局部的影响，更没有考虑不同行业的市场竞争特征。

确实，一些行业及其企业具有明显的规模经济，它所制定的价格也就不算太高，甚至比其他小企业的价格还要低一些（当然，更主要是因为面临着反垄断调查的威胁）。例如，在遭到美国司法部的反垄断起诉时，微软就认为，它的行为只是众多市场竞争行为中的一种，并给消费者带来了净福利的不断增加。产业组织理论专家理查德·斯默兰（R. Schmalensee）就指出，如果微软要实施其垄断力量，完全可以将"视窗98"的销售价格定在2000美元以上，而微软的实际定价远低于这一水平。但是，这并不意味着，这些大企业的行为就没有垄断性，对社会经济的发展就没有危害。事实上，微软通过将产品价格定在一个较低水平上而力图在短期内大面积地占领市场，同时又将大量资源投入到新产品开发中而不断更新自己的成熟产品，通过这种不停的创新活动来阻止竞争者或潜在竞争者的进入。显然，大多数人往往只是看到目前获得的低价格产品，只关心暂时享受到的低价福利，却不容易看到其他竞争者所遭受的损失，看不到这些企业的垄断行为对社会创新产生的潜在抑制，看不到对社会福利的长期不利影响。

事实上，随着市场不确定性的加剧和需求的不断变化，越来越多的创新已经不是发生在已有的、技术力量和资金雄厚的大企业，而更主要源自那些看上去既无技术力量、又无资金的小企业。例如，在个人电脑市场，新概念更多是来自苹果、太阳电脑以及其他新创立的公司，而不是老牌的 IBM，个人电脑操作系统最初就是 IBM 向微软购买的。曼斯菲尔德就发现，在汽油和煤油行业中，创新对企业规模的比例在第六大企业中达到最大，而钢铁业中这一排位还要低许多。① 问题是，小企业在开创之初往往难以获得规模经济，进而也就难以获得有利的价格竞争优势。尤其是，如果该行业的市场规模还具有明显的上限，那么，这些创新就会由于原有大企业对市场的占有以及其他垄断行为而遭到限制。在很大程度上，人类的很多创造发明都因此而无法顺利诞生或刚出生就夭折，而这些后果往往无法为普通社会大众所看到。

尤其是，从社会福利和产业发展的角度看，国际贸易和资本引入对一国社会经济所产生的影响也是双面的，从而更加需要针对具体领域和行业分别提出有针对性的对外经济政策，而不是简单笼统地争辩全球化和自由贸易的利弊。一方面，通过资本输出和并不平等的贸易规则，西方发达国家从中国社会获取了大量的财富的同时，发展中国家也因资本、产业和技术的转移而获得诸多好处：训练的劳动者的生产技能，带来了先进的生产技术，从而极大地提升了生产力。基于这一维度，经济自由主义和经济全球化对发展中国家来说总体上是非常有利的：西方社会看似获得了暂时的利益，但长期来看却是有弊无利，这在当前世界的经济竞争形势已经可以明显看出。另一方面，发展中国家尽管在短期内获得了技术的进步和生产力的提高，但在某些领域却会受到路径锁定效应的发展影响，使得某些产业长久地乃至永远地丧失市场和发展机会。从这个角度上说，发展中国家是否能够利用发达国家的技术和资本输出来发展产业和生产力，关键取决于它的具体行业和应对方

---

① E. Mansfield, "Academic Research and Industrial Innovation", *Research Policy*, Vol. 20, No. 1 (1991), pp. 1–13.

式：在不同行业如果应对不当，那么，就不仅会损害巨大的财富，而且也会严重制约产业和生产力的未来发展。①

例如，由于外资的引入使得一国的经济状态从原初点 O 发展到 E 状态，这种变化在使得外资企业 X 收益增进的同时却没有损害本国企业 Y 的收益。因此，根据帕累托原则，这种变化获得外资企业 X 的赞同，而本国企业 Y 则似乎也不应反对。问题是，这种认知是短视的，显然，如果考虑到这种改变对未来发展的影响，那么，本国企业 Y 就有理由强烈反对。究其原因在于，从 O 点转化到 E 点的状态改变，极大地影响了本国企业 Y 未来所获收益的可能范围：F 上面的区域都被排除在外了。即尽管从每一次孤立的交易行为或制度安排来看，国内企业 Y 似乎没有损失，甚至还会因技术外溢等获得收益，但是，如果从长远看，本国企业 Y 却因为未来发展空间受到压缩而严重受损了。更为极端的情形是，路径锁定效应（如既得利益者力量的不断壮大）会使得未来的制度安排沿着横轴线向右延伸（从 O 点一直推进到 A 点），而不是沿着折线前进。最终结果就是，外资企业 X 获得了所有的利益，而本国企业 Y 则一无所获，如图 8-2 所示。

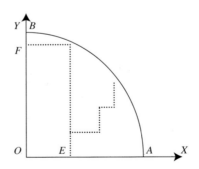

图 8-2　交换价值与发展空间的替代

---

① 朱富强：《经济增长的逻辑：新结构经济学视角》，北京大学出版社 2018 年版，第82—83 页。

事实上，正是由于每一次渐进式制度安排往往会进一步强化既得利益者的收益，结果社会收入分配就沿着横轴线从 O 点一直推进到 A 点，处于纵坐标上的社会大众就很少能够享受社会发展所带来的收益。由此，我们可以审查外资企业对我国社会经济发展的全面影响：外资的输入虽然可以提高中国大众的绝对生活水平，但也很可能会限制国人未来的发展空间，从而导致长期收益的丧失。一个明显的例子就是中国汽车业的发展：市场的无限制开放使得国外汽车品牌几乎占领了整个中国市场，中国汽车业则没有产生和发展的空间。关于这一点，只要看看这些外资汽车企业的利润来源就行了，① 正是为了在中国攫取更多的高额利润，越来越多的跨国汽车企业巨头把亚太区总部设在中国。同时，正是由于大部分市场已经被占领，中国汽车企业就无法上规模，从而不仅无法降低成本，也无法进行技术创新。

显然，上述的分析有助于澄清两大重要问题。

第一，倾向性的反垄断调查是否会损害本国产业的发展。赖纳特指出，制造业几乎都与技术变迁、规模递增和不完全竞争相联系，因而不受限制的市场开放也必然会在某种程度上限制了本国相应企业的成长。② 因此，他主张一个国家应该通过保护来发展本国制造业。确实，从历史实践来看，西方社会从 17 世纪到 20 世纪的下半叶基本上都是实行贸易保护主义政策，其中实行"自由贸易"的实践仅为 6%，因而被视为"自由贸易时代"的 19 世纪中期只不过是贸易保护主义原则的一个例外，而且此时实际上是温和的贸易保护主义。③ 尤其是，一直被认为通过自由贸易而建立起经济帝国的英

---

① 刘霞：《中国汽车大国背后：外资拿走 70% 利润》，2010 年 9 月 27 日，见 https://au-to. qq. com/a/20100927/000043. htm。

② ［美］赖纳特：《富国为什么富 穷国为什么穷》，杨虎涛、陈国涛等译，中国人民大学出版社 2010 年版，第 5 页。

③ ［英］霍布森：《西方文明的东方起源》，孙建党译，山东画报出版社 2009 年版，第254 页。

国，在斯密《国富论》出版后的 100 多年里实际上实行了比绝大多数国家都高得多的关税。① 不仅英国如此，德国、美国等的制造业发展都是依靠保护政策，如美国自独立之后实行了 150 多年的保护政策。实际上，直到第一次世界大战之前，美国工业品的进口关税一直保持在 40%—50%，是世界上关税最高的国家，是全世界实施保护主义最积极的国家，同时也是经济发展最快的国家。②

第二，倾向性的反垄断调查是否会损害本国人民的福利。图 8-2 所示模型表明，渐进式帕累托改进呈现出一个自我强化的过程，先行者通过对资源的累积性占有而限制后行者的发展空间，并造成了收入分配的两极化。显然，忽视未来福利（发展空间）的现象已经在广泛的社会实践中得到了体现，这是产生当前社会经济一系列困局的根本原因。例如，在帕累托改进原则的社会运行下，社会经济发展的绝大多数收益最终为少数人所占有，而广大社会大众却受益甚少，这导致西方社会收入差距不断拉大，并最终爆发了经济危机，以及衍生的"占领华尔街"运动。事实上，1979—2007 年，美国最高 1% 收入者的税后收入增长了 275%，而第 21%—80% 的收入者的收入增长还不到 40%，最底层 20% 收入者的收入增长只有 18%。③ 同样，中国 40 多年改革开放几乎具有明显的近视性：通过承包、入股、买卖等方式获得国有资产的既得利益者，在先富了之后又开始进一步扩大对自然或社会资源的占有，从而就极大地限制了其他人致富的机会和空间，以致造成了当前收入分配日益两极化的现状。根据北京大学中国社会科学调查中心发布的《中国民生发展报告 2014》，2012 年顶端 1% 的家庭占有全国三分之一以上

---

① ［英］霍布森：《西方文明的东方起源》，孙建党译，山东画报出版社 2009 年版，第 222 页。

② ［英］张夏准：《富国的伪善：自由贸易的迷思与资本主义秘史》，严荣译，社会科学文献出版社 2009 年版，第 40—41 页。

③ ［美］斯蒂格利茨：《不平等的代价》，张子源译，机械工业出版社 2014 年版，第 267—268 页。

的财产，底端 25% 的家庭拥有的财产总量仅在 1% 左右。①

可见，一个政策的推出不仅要看到短期利益，更要看到长期影响，这也是当前各国采取倾向性的反垄断调查的基本依据。事实上，尽管资本输入可以增进本国的交换价值，甚至在总体上提高本国的生产力，使国人的生活水平获得提高，但是，这种生活水平的提高往往是暂时的，因为外资的进入很可能会挤占市场，从而压缩国内产业的未来发展空间，最终反而导致本国长期利益的丧失。同时，不同行业的市场特性是不同的，外资进入对本国行业发展和福利提高的影响也是不同的，从而应该采取选择性的反垄断政策。一般地，如果某领域或行业的市场规模是不断拓展的，且因缺乏规模经济而主要以小企业生产为主，那么，外资的进入并没有多少先占优势，国内资本和企业会逐渐取代外资企业。但是，如果某领域或行业的市场规模具有明显的上限，且该行业的生产又具有显著的规模经济特征，那么，外来资本和企业就会因先占优势而形成对该行业市场的全面控制和占有，因而不加限制的资本流入将会严重窒息未来本国企业的发展空间。因此，在制定对外交易的产业政策时，就不应采取一刀切的做法。

当然，一些经济学人认为，中国政府倾向性的反垄断审查会促使外资撤出，从而影响整体经济和产业的发展。但现实显然不尽然：第一，外资不会轻易撤出，因为中国是世界最大市场并且仍处于发展之中，而撤出后想再进入就要困难得多，甚至从此失去这个最大市场；第二，外资撤出并不会造成灾难，反而会为本国资本和企业发展提供广阔空间，甚至会促进本国品牌的迅速崛起。事实上，凭现有的技术水平和流动程度，本国资本很快就会填补这个空缺；即使还存在一些关键元素的不足，这也会迫使中国政府花大力气去克服这些障碍。正因如此，中国政府开展反垄断调查之后，各跨国公司大

① 赵婀娜：《报告称中国顶端 1% 家庭占有全国三分之一以上财产》，2014 年 7 月 25 日，http：//news. youth. cn/jsxw/201407/t20140725_ 5561684. htm。

体上不是选择对抗，而是主动配合调查甚至纷纷降价"示好"。例如，梅赛德斯—奔驰调低售后服务价格，捷豹路虎下调了厂家指导价，一汽大众奥迪下调原装备件价格。从历史经验看，日本汽车之所以能够在欧美领先的领域异军突起，也就在于当丰田在 1933 年开始进军汽车业不久，日本政府在 1939 年就驱逐了通用汽车公司和福特公司，并用央行的钱来援助丰田。所以，剑桥大学的张夏准说："如果日本在 1960 年代初接受了自由贸易经济学家的教导，肯定就没有凌志车，今天的丰田公司最多也不过是西方某个汽车制造商的小伙伴；更糟的情形可能是，它已经被淘汰出局了。"① 目前，中国关键在于，有一批能够充分利用市场机会和发展空间进行创新的企业家。

五、结语

本章的研究表明，我们在审视反垄断调查时，不仅关注它对现有福利的影响，而且更要看它对社会经济和产业结构的长期影响。基于对社会经济的长期发展角度，对大企业依靠其市场支配力实行的收益转移行为进行抑制是合理的、有必要的；同时，基于国家利益的本位观考虑，现代各国采取的具有倾向性的反垄断审查也是可以理解的。事实上，尽管那些知名外资大企业凭借其规模经济为中国社会提供了物美价廉的产品和服务，提高了国人的消费剩余和经济福利，但是，也因独占市场而挤压了国内相关企业和产业的发展空间，造成国家福利的长远损失。

那么，具有倾向性的反垄断调查对本国社会经济究竟会产生何种影响？关键取决于不同产业结构的市场特性。一般地，如果行业具有典型的规模经济，那么，该行业就需要进行一定程度的保护。

最后，我们还需要更深入地思考：在全球化时代，一个经济落后国家究

---

① ［英］张夏准：《富国的伪善：自由贸易的迷思与资本主义秘史》，严荣译，社会科学文献出版社 2009 年版，第 3 页。

竟如何培育和发展生产力？一般地，这有两条路径：一是从外引进，二是自力更生。那么，究竟应该采用何种路径呢？首先，如果依赖开放政策下的从外引进途径，正如前文分析的，这就涉及两个问题：（1）由此损失的具体交换价值究竟有多大？过大的损失对一国经济发展是不利的；（2）由此造成国内产业被挤占的市场空间有多大？过大的市场空间挤占将导致整个产业的萎缩。其次，如果依赖保护政策下的自力更生途径，这也涉及两个问题：（1）是否存在一批具有创新精神的企业家，他们是否致力于产业和技术的创新，否则依靠保护来获得租金反而窒息生产力的发展；（2）依靠自力更生获得创新的速度如何，能否赶上全球生产力迅猛发展的步伐，否则处于保护的封闭社会中反而会被世界所淘汰。

9. 如何合理地配置"企业家精神"
——兼论有为政府和有效市场的结合

导读：逐利企业家在市场经济中的行为往往具有双重性，有生产性的，也有非生产性的。为了将有限的企业家资源配置到生产性领域，这就有赖于合理的游戏规则；企业家精神的释放以及潜在的个人创新精神转化为现实的集体创新能力，则有赖于较为健全的基础设施和集体组织。显然，这些都有赖于有为政府的积极作用。从这个意义上说，有为政府和企业家才能之间不是替代或冲突性的，而是互补共进的。最后，尽管有为政府引领企业家行为和企业家资源配置等方面发挥着积极功能，但有为政府的作用根本上要以市场有效为依归。要致力于有为政府和有效市场的有机契合，实现市场机制和政府机制的共进互补，这是新结构经济学的基本政策目标。

一、引言

斯密将国民财富的增长归功于劳动生产率的提高，劳动生产率的提高则主要源于社会分工的深化，而社会分工的深化又源于市场交易半径的拓展；阿林·杨格则进一步强调，社会分工的深化又促进了社会生产迂回度的延伸，促进生产工具和技术的进步，进而又促进市场交易半径的拓展。这样，就形成一个市场交易拓展—社会分工深化—市场交易拓展的良性循环。那么，这个良性循环如何转动起来的呢？奥地利学派认为，最核心的驱动力就是企业家。事实上，熊彼特在 100 多年前就指出，正是企业家带来的技术创新打破了静态的经济活动，不仅创造出了市场，而且促进市场交易和分工半径的拓展；后来的奥地利学派学者则进一步拓展了企业家精神的内涵，将之从创新拓展到套利，进而将所有的市场上的逐利活动都视为企业家行为。例如，张维迎就强调，市场在促进经济增长中发挥了两大基本功能：一是资源配置，这源自企业家的套利活动；二是技术进步，这源自企业家的创新活动。① 由此，张维迎得出论断：企业家精神是经济持续增长的源泉，企业家是经济增长的"国王"。②

既然如此，我们究竟该如何理解企业家精神及其在现代经济中的作用呢？一般地，这至少有两点考虑：一方面，正是由于企业家精神在现代市场经济中是至关重要的，因而就需要最大限度地唤起并发挥这种企业家精神；另一方面，正是由于企业家行为对财富创造和经济发展往往有不同的影响，因而就需要合理地配置这些稀缺的企业家资源。在很大程度上，只有很好地实现上述两点，才能够有效促进产业结构升级和经济持续增长，因而这也是新结构经济学值得关注的重要议题。③ 进而，这又需要考虑两个问题：（1）逐利企业家是如何从财富转移或破坏中获取个人利益的呢？这就涉及市场主体之间的异质性以及由此派生的权利不平等。（2）发展中国家又该如何引导企业家资源的合理配置呢？根本上在于完善游戏规则以使得企业家从生产性创新中获得的收益要大于从非生产性活动中获得的收益。基于上述的分析，本章主要致力探寻政府在有效发挥企业家精神和引领企业家行为中的积极作用，并由此探索有效制度安排的构建以实现有效市场与有为政府的结合问题。

---

① 张维迎：《从套利到创新：企业家与中国经济增长方式的转变》，《比较》2017 年第 2 辑。

② 张维迎：《从套利到创新：企业家与中国经济增长方式的转变》，《比较》2017 年第 2 辑。

③ 朱富强：《如何保障政府的积极"有为"：兼评林毅夫有为政府的社会基础》，《财经研究》2017 年第 3 期。

二、欠发达国家如何引领企业家精神

众所周知，欠发达国家所面临的核心议题就是经济增长。问题是，如何推动经济增长呢？长期以来，经济学家对经济增长的关注主要集中在两类资源和两类方式上：一是更多的要素投入（主要是资本和劳动），二是创新和技术革新。一般地，前者将会出现边际收益递减现象，后者则会导致全要素生产率的提升。为此，鲍莫尔等人将这两种增长方式称为蛮力的增长和精明的增长。①

从学说史来看，经济学对这两类增长方式的认识经历了以下三大阶段。首先，自从成为一门独立学科开始，经济学就高度重视劳动和资本等要素的投入对经济增长的推动作用，并发展出了诸如斯密绝对优势和李嘉图比较优势等原理来促进社会分工和提升剩余积累。相应地，人们也往往将劳动分工及专业化所带来的生产率提高为动力的经济发展称为斯密型增长。其次，由于斯密型增长存在这样的根本性问题：经济总量依赖于不断投入的资本或其他资源，而技术变化却不大，因而此类经济增长往往受制于自然资源而难以跳出马尔萨斯陷阱。为此，库兹涅茨提出，经济发展必须摆脱对资源的依赖，而需要引入科学技术来解决生产问题。相应地，人们又将以技术进步及其带来的社会生产率的提高为动力的经济发展称为库兹涅茨型成长。最后，熊彼特又指出，如果现有的资源和技术没有被动员起来并投入使用，也不可能带来经济增长；进而，对这些资源的使用，不仅需要承担风险的企业家精神，而且还需要有将这些技术应用于经济活动而获取利润的创新能力。相应地，人们往往又将以创新为动力的经济发展称为熊彼特型成长，而在其中扮演重要角色的就是创新型企业家。

---

① ［美］鲍莫尔、利坦、斯拉姆：《好的资本主义 坏的资本主义》，刘卫、张春霖译，中信出版集团 2016 年版，第 4 页。

正是根基于熊彼特型成长，鲍莫尔强调："对于一个商业活力不足的经济体而言，推动经济发展的第一要务，是要促使出现一个企业家精神供给不断增加的局面，这将释放该国的经济活力。因此，政策制定者主要关注是什么决定了生产性企业家精神的供给，以及采取何种措施可以扩大其供给。"① 同时，基于对企业家精神的推崇，国内不少经济学人极力否定由政府主导的产业政策。其理由是，产业政策给任何企业、任何行业以任何特殊的政策都不仅会滋生寻租土壤，而且会扼杀企业家精神，而实现创新的唯一途径是在自由市场中的经济试验。这里要解决的一个根本性问题是：政府行为与企业家精神之间是否存在必然的冲突关系？答案是否定的。

事实上，鲍莫尔等人就指出，一个成功的企业家型经济应该具有这样四大要素：（1）易于创办和发展企业，没有那种费钱费时的官僚审核制度，进而就需要有一种运转相对良好的金融制度；（2）给予生产性企业家获得以回报，制度必须在那些对社会有用的企业家活动一出现时就奖励他们，从而使企业家孕育承担创新的风险；（3）制止非生产性活动，制度不能支持那些旨在瓜分而不是做大蛋糕的行为，否则就会将企业家精神引向非生产性领域；（4）保持成功企业家继续创新的势头，制度必须保证获胜的企业家和大型成熟企业继续有持续不断创新和发展的动力。② 在很大程度上，这四大方面也是新结构经济学对产业政策制定和有为政府的基本要求。有鉴于此，这里再次从新结构经济学的思路对唤起和引领企业家行为的政府功能做以下几方面的分析。

首先，经济的持续发展往往由不断出现的新产业所推动，新产业的出现往往又是先行的企业家勇于创新的结果。同时，先行企业家要有效推动技术创新和产业升级，往往需要沿着符合比较优势的产业来进行，而后者则由经

---

① ［美］鲍莫尔：《企业家精神》，孙智君等译，武汉大学出版社 2010 年版，第 18 页。
② ［美］鲍莫尔、利坦、斯拉姆：《好的资本主义 坏的资本主义》，刘卫、张春霖译，中信出版集团 2016 年版，第 7 页。

济体的要素禀赋结构所决定。究其原因，这可以使要素生产成本达到最低，从而有助于提升新产业的市场竞争力。那么，先行企业家何以能够自发地按照要素禀赋结构所决定的比较优势来选择技术与产业呢？这就面临着这样一些问题：（1）企业家在追求自身利润最大化、竞争力最强时按照比较优势来选择的产业和技术往往依赖于一个竞争性市场，竞争性市场促使要素相对价格反映出要素的相对稀缺性。但是，发展中国家和经济转型国家的市场恰恰是不完善的，存在要素配置的严重扭曲，这必然会严重制约企业家的有效创新，就需要政府为有效市场的建设发挥积极作用。（2）先行企业家往往要比后来的企业家承担更大的风险，而创新的成功或失败都会给后来的企业家提供有用的信息。有鉴于此，面对先行企业家所带来的这种正外部性，政府必须给予一定的补偿以激励企业家的冒险行为。（3）先行企业家的创新是否成功，还决定于是否有合适的硬基础设施和软的制度安排，否则就会因巨大的交易成本而导致新产业的失败。显然，发展中国家的软硬基础设施普遍不健全，因而政府就必须发挥积极的作用来解决软硬基础设施的问题，这也是新结构经济学主张的有为政府思想。

其次，自发的创新能否涌现，主要决定于社会是否具有相应的软硬基础设施而非孤立的个人能力。在很大程度上，受奥地利学派企业家才能观的影响，人们往往倾向于运用企业家理论来解释历史上经济增长的兴衰，"如果增长放缓，人们通常认为要把部分原因归咎于企业家精神的衰减。而在另一个时间和地点，大家又用企业家精神的勃发来解释空前的经济增长"①。进而，按照奥地利学派的观点，市场经济越发达，市场波动幅度越小，以及潜含利润机会就越少，对利润机会的发现所需要的敏锐性就越强，由此孕育出的企业家精神也越充沛；与此相应的流行观点就是，发达国家的企业家精神要比发展中国家更为充沛，而发展中国家的企业家精神不足很大程度上就成

---

① ［美］鲍莫尔：《企业家精神》，孙智君等译，武汉大学出版社 2010 年版，第 28 页。

为制约经济发展的关键性因素。但是 张夏准却提出了不同的看法。一方面，发展中国家并不缺乏而是充盈着创新精神，包括大量的独创性服务和随机应变的能力等。例如，发展中国家的大街小巷都充满了为生计的叫卖者，充满了为生活奔波的个体经营者，充满了应对各种突发事件的服务人员，甚至地方官员也变着法子捞取钱财。另一方面，发达国家中的企业家精神也并不像想象的那样充沛。例如，大多数民众都只是在为一家公司工作，从事着高度专业化的工作，而很少有人想过要成为企业家；而且，即使一些人在小时候有创业的梦想，后来也因为种种的困难和风险而放弃了。

既然发展中国家的个人创新精神并不匮乏，那么为何又会如此贫困呢？张夏准认为，根本原因并不在于个体创业动力的缺乏，而在于缺乏发达的生产技术和社会组织。相反，发达国家之所以富裕，则在于它们具有将个体创业动力成功转变为集体创业动力的能力。张夏准举例说："即使是像爱迪生和盖茨这样的极为出色的个人，他们的成功也是因为他们背后有众多的集体组织和制度在支持着他们，例如整个科学基础设施可以让他们获取所需要的知识和进行各种试验；公司法和其他商业法还可以允许他们建立具有复杂组织的大型公司；教育系统可以为这些公司配备高素质的科学家、工程师、高管和工人；金融系统可以在他们需要扩展的时候让他们筹集到大量的资本；专利法和版权法可以保护他们的发明创造；他们生产的产品可以很容易地进入市场，等等。"① 相应地，张夏准强调："当今在决定国家繁荣方面，建立和管理有效组织和机构的集体能力要比个人动力甚至个人才华都重要得多。"② 同样，速水佑次郎在调查菲律宾农村居民的行为时也发现，"'小农'是理性的，并有能力借助于最优利用他们可采用的现代技术，实现收

---

① ［英］张夏准：《资本主义的真相：自由市场经济学家的 23 个秘密》，孙建中译，新华出版社 2011 年版，第 156 页。
② ［英］张夏准：《资本主义的真相：自由市场经济学家的 23 个秘密》，孙建中译，新华出版社 2011 年版，第 157 页。

入最大化。然而，在投入品和产品市场没有发展起来且缺乏运输、探寻和其他基础设施等公共品支持的情形下，他们的进步是有限的"①。林毅夫则以在农贸市场外冒着被警察逮的风险在卖芒果的非洲女孩为例指出，非洲国家具有企业家精神的人不会比其他地方的人少，因为企业家精神是天生的一个本能。② 此外，班纳吉和迪弗洛也举了印度的不少例子，如一些女人在黎明之前会去海边收集湿海沙，然后在交通繁忙之前铺在路面上，借助于车子碾过路面所散发的热气烘干，然后将干燥的海沙带回贫民窟做成洗盘子的沙包出售。③

最后，古今中外的历史实践也表明，政府对软硬基础设施的建设是一国经济快速增长的关键。事实上，前面已经指出，当今世界各国中那些技术发达、经济繁荣的国家之所以如此的原因，与其说是源于每个（或众多）个体都拥有超凡的创新能力，不如说是源于存在有效的社会组织和机构，进而具有强大的集体创新能力。这就带来了新的问题：既然现代社会的创新根本上体现为集体性而非个体性，那么，又如何建立有效的社会组织和机构以促进创新的涌现呢？在很大程度上，这就体现出有为政府另一方面的功能承担。譬如，丹麦、荷兰以及德国的乳制品行业之所以如此强大，关键就在于，它们的农民在国家的帮助下建立了不少的集体组织，共同购买加工设备，共同开拓海外市场；同样，意大利和德国等之所以有许多非常有竞争力的小公司，关键也在于，这些小公司在国家补贴的帮助下建立了行业联合会，从而得以共同投资个人能力难以承受的研发项目和海外营销。更为直接的例子是当前中国社会，阿里、京东、唯品会等一大批电商之所以异军突起，进而培育出一大批

---

① ［日］速水佑次郎：《发展经济学：从贫困到富裕》，李周译，社会科学文献出版社2003年版，序言二第2页。

② 林毅夫：《非洲卖芒果的小女孩也有企业家精神，为什么还这么穷？》，2017年7月8日，见 http://www.guancha.cn/LinYiFu/2017_07_08_417099.shtml。

③ ［印］班纳吉、［法］迪弗洛：《贫穷的本质：我们为什么摆脱不了贫穷》，景芳译，中信出版集团2018年版，第227页。

具有高度创新竞争的个体经营者，一个重要原因也就在于，政府这几年对交通运输和信息网络的大力建设。正是从这个意义上说，政府功能与企业家才能发挥以及技术和产业的创新之间不是矛盾的，而是互补的：政府不仅通过信息共享和行为协调来激发企业的创新行为，而且也通过基础设施和社会组织的建设而将潜在的个人创新精神转化为现实的集体创新能力。

根本上，现代经济增长取决于持续的技术创新、产业升级、劳动生产率水平提升以及软硬基础设施完善，或者说，经济增长本身就体现为一个技术、产业、硬的基础设施、软的制度环境等结构变迁的动态过程。在此过程中，必须有一个积极的"有为政府"，它不仅需要对不具有自身能力但具有长远发展前景的产业和企业进行补贴，需要对技术创新和产业升级的先行者给予外部性的补偿，从而提升企业的个体创新能力；而且，它应该致力于基础设施和社会组织的建设，从而激发出潜在的企业家精神，进而将潜在的个体创新能力转化成实际的社会创新能力。在很大程度上，当前世界各国之间之所以存在如此大的人均收入差距，根本上并不是个源于体生产能力或劳动投入的差异，也不是源于物质资本和人力资本的差异，而更主要应该归咎于全要素生产率的差异，这已为众多的研究所证实。① 例如，伊斯特利和莱文的研究就显示，全要素生产率可以解释人均收入增长率差别的大约 60%，可以解释工人平均收入增长率国别差异的大约 90%。② 进而，全要素生产率又是如何提升的呢？根本上源于要素禀赋配置的合理化、技术在人力和器械上的渗透，以及由分工深化带来的规模经济等。显然，这些都有赖于研发投入和企业家的创新活动，有赖于政府对企业创新行为的激励和协调，也有赖于政府对软硬基础设施的建设，进而有赖于政府推行的合理产业政策。基于

---

① ［美］赫尔普曼：《经济增长的秘密》，王世华、吴筱译，中国人民大学出版社 2007 年版，第 30 页。

② W. Easterly, R. Levine, "It's not Factor Accumulation: Stylized Facts and Growth Models", *World Bank Economic Review*, 2001, pp. 177-219.

上述剖析，就发展中国家而言，我们就可以从更广的视角来审视有为政府在市场开放、产业升级和经济增长过程中的积极职能，如图 9-1 所示。

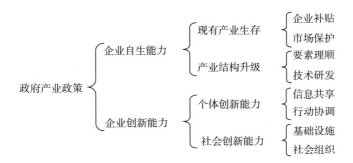

图 9-1 有为政府在产业升级中的基本功能

总之，政府功能与企业家精神并不是矛盾对立的，发展中国家的政府可以并且需要承担很多功能来促使企业家精神的释放和配置。斯蒂格利茨就强调："政府不仅只有一个限制性的功能，它也能起到建设性的和推动性的作用。政府可以鼓励企业家精神，提供物质和社会基础设施，保证教育机会和金融渠道，支持技术和创新。"① 不幸的是，囿于新古典自由主义以及市场有效的信条，现代正统经济学往往只看到创新的表象，乃至把一切创新都看作企业家独自行动的结果，却看不到政府在其中所扮演的基础性也是根本性的作用。同时，由于对孤立个人行为的盲目推崇，一些国际机构热衷于对发展中国家中的个人进行贷款，尤其推崇对穷人发放的小额贷款，把它视为穷人摆脱贫困的重要措施。那么，这种措施有效吗？在很大程度上，这些小额贷款往往被用于儿女婚嫁之类的"平衡消费"，甚至是刺激穷人消费，却根本无法刺激穷人的创业精神。② 显然，经济学说史早就告诉我们，当借贷资

① 林毅夫：《新结构经济学：反思经济发展与政策的理论框架》，苏剑译，北京大学出版社 2014 年版，斯蒂格利茨的书评，第 45 页。
② ［英］张夏准：《资本主义的真相：自由市场经济学家的 23 个秘密》，孙建中译，新华出版社 2011 年版，第 154 页。

金主要用于生活消费而非再生产时，它是创造不出经济剩余的。而且，从历史来看，古代社会中的货币借贷主要用于"平衡消费"，而富人对剩余资金处置方式往往也是窖藏，而很少作生产上的投入。正是基于两者的结合，就构成了古代学者大多反对高利贷以及生息货币的社会基础，阿奎那则通过固定物和消费物的区分而将之上升到理论层次。最后，班纳吉和迪弗洛说："小额信贷甚至不是一种发现企业家的有效方式，包括那些将进一步创建大企业的企业家。"① 由此观之，源于华盛顿共识的流行的扶贫方式存在根本性的方向错误，相反，由中国倡设的亚洲基础设施投资银行（AIIB）重点支持基础设施建设则是一个更合理的方向。

三、有为政府与有效市场的有机结合

前文的分析表明，即使按照奥地利学派的观点——企业家精神的发挥对经济发展起到关键性作用，从潜在的企业家精神到企业家精神的充分发挥，以及从个体创新能力到集体创新能力的转化方面也都依赖有为政府的积极作用。罗德里克就指出，"如果没有有效的政府帮助，很难发生经济结构调整活动"②，"东亚经济体和拉美国家的区别，不在于由政府还是市场驱动了产业升级，而是拉美国家的产业政策不如东亚经济体那样协调和连贯，其结果是拉美国家的产业升级就没有东亚经济体那样深刻和全面"③。当然，尽管本书关注市场尤其是发展中国家的市场所存在的不足，从而主张不能简单地遵循"华盛顿共识"而"言必称市场"。但是，这绝不意味着要转向另一

---

① ［印］班纳吉、［法］迪弗洛：《贫穷的本质：我们为什么摆脱不了贫穷》，景芳译，中信出版集团 2018 年版，第 200 页。
② ［美］罗德里克：《相同的经济学，不同的政策处方》，张军扩等译，中信出版社 2009 年版，第 108 页。
③ ［美］罗德里克：《相同的经济学，不同的政策处方》，张军扩等译，中信出版社 2009 年版，第 109 页。

极：以政府主导的产业政策来取代市场机制的引导，甚至政府也不可能代替市场的基础性作用。事实上，新结构经济学根本主旨是要在过去过分强调政府作用的"结构主义"和现在过分否定政府作用的"新自由主义"之间寻求市场和政府间的互补和平衡，致力于对有为政府与有效市场的有机结合。之所以需要有效市场，这是由资源配置的基础性机制所决定的：只有在有效市场引导的下，市场主体才能采取合理的行为方式，才会有稳健而持续的市场竞争；之所以需要有为政府，这是由市场失灵的广泛存在所要求的：只有有为政府承担起应尽的职能，才能保障一个真正运行有效的市场，才能制定出合理而可行的产业政策。问题在于，如何才能实现有为政府与有效市场的有机结合？这正是新结构经济学关注的重要议题。

新结构经济学将有效市场和有为政府间的关系概括为：市场有效以政府有为为前提，政府有为以市场有效为依归。其中，前一句话是指政府要培育、监管和补充市场，不能无为；后一句话是指政府不能扰乱、破坏和替代市场，不能乱为。① 林德布洛姆曾说过，一个市场就像一把工具，它被设计用来做特定的工作，却并不适合其他的工作；同时，由于人们不太熟悉它到底有什么用处，因而当可以使用它的时候却经常把它留在抽屉里，而在不应当使用它的时候使用它，这像一个粗心地把凿子当螺丝刀使用的业余工匠。② 政府也是如此。问题在于，如何实现有为政府和有效市场的有机结合、进而避免市场失灵和政府失灵呢？一个重要的条件是，需要寻找市场机制和政府机制有效发挥的共同基础。一方面，无论是市场机制还是政府机制，它都包含两方面的内容：一是正式的制度规则，二是非正式的道德伦理。显然，这两者都是对行为主体和决策行为的制约，其中，制度规则是对市场行为或政府决策的外在约束，道德伦理则是对市场行为或政府决策的内

---

① 王勇：《新结构经济学中的有为政府什么样》，《第一财经日报》2017 年 1 月 5 日。
② ［美］林德布洛姆：《政治与市场：世界的政治—经济制度》，王逸舟译，上海三联书店、上海人民出版社 1996 年版，第 108 页。

在约束。另一方面，无论是市场机制还是政府机制，它的有效性都在于提高社会主体的行为决策之合理性，都在于促进社会主体间的行为互动之协调性。显然，这有赖于软硬基础设施的建设，尤其是信息机制的建设以降低交易成本。有鉴于此，这里侧重于从市场主体角度对有效市场和有为政府的基本诉求做简要说明。

首先，就有效市场而言。基于自然主义的思维，现代主流经济学对人类社会的发展提供了如同自然世界一样的方案，试图在人类社会中建立像自然界那样的普遍秩序，从而基于自然神学而注重抽象的一般规则之建设。但显然，抽象的市场规则只能对恶性的机会主义行为起到抑制作用，却无法激发内在的更为主动积极的互惠合作行为。同时，在现实市场中，逐利所引发的过度竞争不仅滋生出各种寻租现象，而且会促使内生交易费用飙升和市场信息的扭曲。实际上，市场根本上不是自然的和先验的，而是在人类的不断互动中逐渐创设的，从而必然渗透了人类社会的认知和道德观，市场伦理也就是市场机制的一个重要。在很大程度上，市场伦理为市场主体的互动提供了一种带字符的信任关系，从而市场主体更关注其他互动者的利益诉求，更倾向于采取互惠合作的方式，进而有助于节约市场信息和减少内生交易费用，这就构成了市场秩序扩展的根本性基础。这意味着，市场机制包括两大基本内容：一般规则和市场伦理。同时，这两大内容的相互关系体现为：一般规则的制定和运行往往都以市场伦理为基础，离开市场伦理的一般规则是根本不存在的。尤其是，如果过分强调一般规则而忽视市场伦理，那么就会极大地激发机会主义心理和策略性行为，最终将会造成市场的严重失灵。① 为此，卡尔·波兰尼就指出，市场社会中必须包含两种对立的力量：一是自由放任的动向以促使市场不断扩张，二是反向而生的保护主义以将市场扩张局限在一定限度内。正是嵌入了健康的市场伦理，才导向了自律性市场。

① 朱富强：《经济学家应该捍卫何种市场经济》，《学术研究》2013 年第 5 期。

其次，就有为政府而言。要保障有为政府的积极"有为"而非"不为"和"乱为"，关键要建立一整套法律规章、监督和升迁奖惩体系，同时在社会中培育起一种浓郁的责任伦理，并由这种责任伦理孕育出一种公共企业家精神。正是基于这种公共企业家精神，政府官员及其他政策相关者就有内在动力和自觉责任去制定和实施一项合理的产业政策，进而与私人企业家精神相配合而促进有为政府和有效市场的有机结合。之所以需要基于责任伦理的公共企业家精神，还可以从两方面加以理解：（1）基于逐利动机的私人企业家精神既可以促进技术进步、产业升级和财富创造，也可能破坏社会财富以及损害他人或社会的利益；（2）简单地将基于信念伦理的私人企业家精神拓展到公共领域，往往潜含理性自负而对社会造成更为严重的破坏性结果。在很大程度上，现代学者尤其是经济学人不加区分这两类企业家精神，没有考虑这些企业家精神所根基的不同伦理。相反，他们往往以信念伦理和私人企业家精神来看待有为政府的功能承担，从而也就会担心"好心办坏事"的现象，进而由此否定有为政府的积极功能。① 正是根基于这种嵌入责任伦理的公共企业家精神，也就导向了自律性政府。

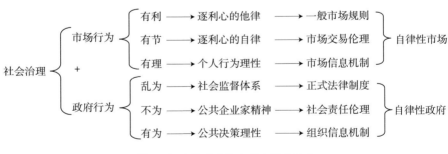

图 9-2　有为政府和有效市场的结合

显然，市场机制和政府机制是互补的，而且存在共通的规则、伦理以及

---

① 朱富强：《如何保障政府的积极"有为"：兼评林毅夫有为政府的社会基础》，《财经研究》2017 年第 3 期。

信息的基础。事实上，法学家考默萨就指出，在人数较少和复杂性较低的简单世界中，无论是根基于私人产权的市场机制还是根基于共有产权的公共机制，乃至所有的制度都能够运行良好。究其原因，一方面，此时背信行为很容易被观察到，各种标准很容易建立起来以制约这些背信行为，进而法院也很容易形成各种规则并运用于审判实践；另一方面，此时各种极为有效的、持续的非正式关系的存在也使得规则和标准成为多余，各方都会以非正式的方式来行事。但是，随着人数和复杂性的增加，各种制度的功效都会出现明显衰减而变得不再那么有效：一方面，建立在特殊关系之上的信任就会衰减，邻里之间的纠纷、不确定性以及投机行为就会增加，由此就产生出以一般规则为基础的法律调节；另一方面，由于人们之间不再保持原来那种简单的人际关系，一般性规则就难以涵盖和规制各种复杂的情形，市场机制对背信和搭便车行为的监督和惩罚也就变得困难。① 正因如此，在日趋复杂的现代社会中，只有将市场机制和政府机制结合起来，才能真正实现"自律性"市场和"自律性"政府，才能构建更稳定而扩展的社会秩序。

在很大程度上，正是基于"自律性"市场和"自律性"政府的结合，作为市场主体的人才能获得真正的自律性自由。究其原因，一个人享受自由的程度根本上与他的理性限度有关。一方面，自由行动本身依赖于正确的观念，不自由行动则依赖于错误的观点。例如，苏格拉底就指出，人类意志完全依赖于认识，人们往往是因为受制于被欲望蒙蔽了的观点才会做出道德上的错误行为。由此也就可以引申出，那些做错事的人往往并不"知道"自己做了什么，因而其行动实际上并不自由。另一方面，人类理性本身包含了认识力和意志力两大内容：一个人的知识越渊博，就越会做出正确的选择和行动；一个人的意志越坚强，就越是能克制短期欲望而实现长远利益。在很大程度上，古代圣贤之所以是自由的，根本上就在于他们不仅是最博学的一

---

① ［美］考默萨：《法律的限度：法治、权利的供给与需求》，申卫星、王琦译，商务印书馆 2007 年版，第 147 页。

群人，进而也是理性程度最高的一群人。也就是说，古代圣贤实现了真正的自律性自由，这正如孔子所说的能够"七十而从心所欲不逾矩"。事实上，俄罗斯东正教哲学家别尔嘉耶夫也指出，"对自由的最普遍的包容一切其他定义的定义，认为自由是人的内在的出自精神的而不是外在的规定。人身上的精神性本质，是真正的自由，而经过彻底思考的对精神的否定，必然是对自由的否定"；相应地，"自由是人的内在的创造力量。通过自由，人可以创造崭新的生活，社会和世界的崭新的生活"①。正是基于这一认识，别尔嘉耶夫否定了流行的强调权利的自由主义，而是将义务作为自由的根本内容，这里实现的也是自律性自由。

同时，基于"自律性"市场和"自律性"政府的结合，也有利于企业家精神的更有效配置和发挥。鲍莫尔就指出，"人群当中从来不缺企业家，企业家总是能够对经济发挥重要作用。不过，企业家的才智可以在多种用途之间进行配置，其中有一些作用并不像我们习惯上对企业家所认识的那样具有建设性和创新型。的确，企业家有时是社会的寄生虫，实际上对经济产生破坏作用。在某个特定的时空，企业家到底会以什么样方式行动，这完全取决于现行的游戏规则——经济中通行的报酬结构"；相应地，鲍莫尔提出这样的假说，"不同时期发生重大变化的是各种游戏规则而不是企业家的供应，正是游戏规则决定着企业家资源的配置对经济的最终影响"②。由此，鲍莫尔强调，我们不能简单地接受"激发企业家精神有助于提升生产率和促进社会秩序扩展"这类说教，而是要制定恰当的政策或调整游戏规则来唤起企业家精神，进而引导企业家资源的恰当配置。不幸的是，受不同学说思维影响的现代经济学人却往往容易走上极端，将企业家精神与产业政策以及市场机制与政府机制对立起来。迪克西特就写道："当经济学家与公共事

---

① ［俄］别尔嘉耶夫：《精神王国与恺撒王国》，安启念等译，浙江人民出版社 2000 年版，第 65 页。

② ［美］鲍莫尔：《企业家精神》，孙智君等译，武汉大学出版社 2010 年版，第 28 页。

务的其他分析家在思考经济政策时，他们常常将市场与政府之间的对立视为基本问题。一方面主张市场易于失灵，政府的出现就是为了纠正市场失灵，并且从总体上讲政府能够胜任这一任务；另一方面则相信市场运转非常良好，政府不是解决市场失灵的良方，而是导致市场失灵出现的原因。"① 在很大程度上，这是迄今为止政府政策在两个极端之间进行转换的主要原因，也是导致政府失灵和市场失灵之间不是相互冲抵而是相互强化的重要原因。

　　总之，从新结构经济学来说，有为政府和有效市场本质上是统一的；而且，也只有两者相统一，才能塑造出市场主体的"道德黄金"行为，才能有效地激发出企业家精神，才能合理地将企业家资源配置到生产性领域，进而最大限度地促进社会经济的持续增长。事实上，卡尔·波兰尼通过对英国工业革命的研究也指出，市场的最初扩张更主要是一种国家行为，只是后来随着工商阶级的壮大才被迫通过立法的形式减少对经济的干预。同时，市场的扩张也不意味着国家权力的缩小，反而会提高政府的干预和管制，如维多利亚时代的英国就存在各种管制和控制。究其原因，私有产权的创造和保护以及市场制度的运作都有赖于国家持久的干预和管制，以排除与私人市场体制相对抗的经济形式和制度，这显然就赋予了政府扩张的权力。但是，由于囿于个人主义的意识形态，占支配地位的新古典经济学往往极端而盲目地推崇所谓的自发或纯粹机制，把市场视为脱嵌于社会结构而自制和自律的存在；相应地，现代经济学人大多会迷信所谓的"三化"改革，进而把"三化"当成改革的目标，这就忽视了与市场相伴随的堕落效应，忽视了市场扩张中潜含的更为严重的新问题。正是基于当前的社会环境和学术误识，我们就需要重温卡尔·波兰尼的告诫："一般而言，进步是必须以社会变动的代价来换取的。如果变动的速度太快，社会就会在变动中瓦解。都铎王室及早期的斯图亚特王室调节制度变迁的速度使变迁成为可以忍受的，并且把其

---

① ［英］迪克西特：《经济政策的制定：交易成本政治学的视角》，刘元春译，中国人民大学出版社2004年版，第1页。

影响导致较少破坏性的方向，因而把英国从像西班牙般的命运中挽救回来。但是其后却没有人将英国的人民从工业革命的冲击中挽救出来。这是人民已经盲目信仰自发性的进步，而且连当时最开明的人也像狂热教徒般追求社会之无止境及无节制的改变。这对人类生活的伪劣影响是难以形容的"①；"虽然世界性的商品市场、世界性的资本市场及世界性的货币市场等组织在金本位制的推动下，为市场机制取得空前的冲力，但却同时产生另一个更深入的运动以对抗市场经济的危害性影响。社会保护自己以对抗自律性市场所具有的危害——这就是当代历史的特色"②。

四、有为政府与企业家精神的互补性

我们对待企业家精神及其在社会经济发展中的作用应该持有辩证的态度，既不能完全轻易地贬斥企业家，应该看到他在技术和产品的创新与传播以及市场信息把握和协调中的积极作用，也不能盲目地吹捧企业家，应该看到他基于私利目的而阻碍创新、制造噪声以及寻求垄断租金等损害他人和社会的行为。事实上，在现实世界中的企业家本来就有不同类型，在市场经济中往往会采取不同行为方式，进而对社会经济发展也就会带来不同的影响，有的促进财富创造和经济增长，有的则破坏财富创造和经济增长。例如，工程师型企业家就是创新性和生产性的，对社会经济发展往往具有建设性作用；商人型企业家则是纯粹逐利性和非生产性的，对社会经济发展往往具有破坏性作用。由此，我们就需要对企业家精神及其在社会发展中的角色承担加以辨析，并积极鼓励和激发那些生产性的创新活动而抑制和惩罚那些破坏

---

① ［匈牙利］卡尔·波兰尼：《巨变：当代政治与经济的起源》，黄树民译，社会科学文献出版社 2013 年版，第 156 页。

② ［匈牙利］卡尔·波兰尼：《巨变：当代政治与经济的起源》，黄树民译，社会科学文献出版社 2013 年版，第 157 页。

性的逐利行为。相应地,为了维持社会经济的持续发展,就需要做两方面的工作:一方面促进技术和产品的创新和传播,另一方面抑制那些过度竞争所导向的破坏性行为。

在很大程度上,逐利的企业家之所以会采取不同的行为方式,根本上源于不同游戏规则或制度安排的激励。鲍莫尔就强调:"为了找到将企业家活动调整到更具有生产性目的的措施,我们不必耐心等待缓慢的文化变迁……同样可行的方式是改变游戏规则,消除那些不合意的制度性影响,而增强那些能够在有利方向上发挥作用的制度性影响。"① 这就意味着,现代社会需要建立有效的制度来引领企业家活动和企业家资源的配置,而不能任由企业家在弱肉强食的"野蛮丛林"中肆意逐利,乃至无视大量逐利行为对社会经济发展的破坏性影响。根本上说,无论是技术创新的鼓励和激发还是破坏性行为的抑制和惩罚,都有赖于一整套的社会制度安排,需要实现市场机制、法律机制和政府机制之间的互补协调;而且,市场经济越发达,市场交易半径越长,人与人之间的经济往来越来越频繁,并且交易越来越多地发生在陌生人之间,此时,信息越来越不对称,破坏性创新动机越来越强盛,从而越需要制度的制约,越体现出政府的作用。

尤其是,在信息技术突飞猛进以及国际竞争日趋激烈的现代社会,中国社会经济的持续增长迫切需要大批真正的企业家,需要庞大的创造性企业家精神。显然,这就有赖于良好的社会制度和分配规则,这不仅有助于将既有的企业家精神吸引到正确的创新活动上来,而且也能促进企业家精神的孕育和成长。同时,良好的产业政策也是有效配置企业家资源的重要措施,它有助于将企业家行为引领到国家重点发展的产业方向上来。进而,健全的软硬基础设施则可以进一步促进潜在企业家精神的思想,可以推动个人创新能力向集体创新能力的转化。显然,无论是制度安排的设计,还是产业政策的制

---

① [美] 鲍莫尔:《企业家精神》,孙智君等译,武汉大学出版社 2010 年版,第 55 页。

定，抑或软硬基础设施的建设，这些都离不开政府的积极参与，相反，恰恰体现了有为政府的功能承担，这也正是新结构经济学的基本主张。

不幸的是，奥地利学派的教义派却倾向于极端地将政府与市场和企业家对立起来，从而不给政府活动留有丝毫余地。例如，米塞斯就写道："要么停止干预市场的自由运作，要么把物质资料以及财富的生产和分配的全部管理权交给政府——除此之外我们根本别无选择。要么实行资本主义，要么实行社会主义，没有中间道路可循。"① 在很大程度上，奥地利学派学者承袭了斯密的熟人市场思维，分析的是一个简单的世界，进而将现代社会的交易形式以及相应的规则过度简化了。法学家考默萨指出："在人数较少、复杂性较低的时候，人们不必要担心政府权力的滥用，更不需要就政府行为施加过多的正式干预。随着人数和复杂性增加到一定程度，限制政府行为的需求越来越大，但却越来越难以界定和实施这种限制和控制。抽象地将问题委托给市场去解决，是远远不够的。此时的问题，并不在于是否应当由市场来充当大多数社会问题的决策者。即便我们完全同意应当由市场来决策，问题是，在人数众多、事件错综复杂的情况下，在一个充斥着各种不完美的制度的世界里，市场又该如何实施和完成上述结果？"②

由此，我们需要审视：奥地利学派学者为何强烈反对政府的干预以及适当的经济规划？德沃金就将哈耶克的理论视为"法治"的"规则教材"（rule book）：它只关注对既定规则的遵守，却不探究规则是否合理；相应地，这种狭隘的理论就难以带来和提升社会正义。③ 更进一步地，也正如哈耶克的传记作者甘布尔指出的，"哈耶克从未真正从事过现代社会学的研

① ［英］甘布尔：《自由的铁笼：哈耶克传》，王晓东、朱之江译，江苏人民出版社2004年版，扉页。

② ［美］考默萨：《法律的限度：法治、权利的供给与需求》，申卫星、王琦译，商务印书馆2007年版，第176页。

③ 参见［美］考默萨：《法律的限度：法治、权利的供给与需求》，申卫星、王琦译，商务印书馆2007年版，第177页。

究——这是哈耶克作为社会学家的最大弱点之一。他似乎从未阅读过很多社会学文献，也很少在文章中提到社会学和马克斯·韦伯。对于研究社会科学在当代工业生活的运作方式方面所取得的成果，他从来没有表现过任何兴趣。他的自由主义学说不是以社会的实际情况为依据，而是依据他想象中应该出现的社会。"[1] 其实，韦伯等社会科学家早就充分认识到了法院和政治在现代社会经济中的作用，进而引入责任伦理来构造"自律性"政府。当然，也正如考夫曼指出的，责任伦理和信念伦理之间并不是彼此相互对立的，"责任伦理如果不具备正确的信念，必然沦为一种平庸的成就伦理，只是要求人类为宇宙从事一种最适化的计划。另一方面，信念伦理如果只是盲目地追求结果，则已经不再立基于正确的信念。唯有想要做许多事，但（在伦理上）又非全能的人，才值得人们把责任托付给他们"[2]。

五、结语

本章的分析表明，市场机制本身存在缺陷，从而也就需要政府发挥积极功能。罗德里克就写道："市场运行得最好的时候不是在政府最弱的时候，而是在政府强大的时候。"[3] 究其基本原因，正如兰格很早就阐明的，理想自由市场经济的均衡条件与善意的中央计划经济所依赖的条件具有惊人的相似性。既然如此，我们为何就一定要偏向理想自由市场经济而否弃中央计划经济呢？更不要说，理想自由市场经济的条件在现实世界中根本就是不可能存在和实现的。既然如此，我们为何不努力去建设更趋善意的政府来弥补自由市场的不足呢？考默萨就指出，"哈耶克的问题在于，他的假定偏离了这

---

① ［英］甘布尔：《自由的铁笼：哈耶克传》，王晓东、朱之江译，江苏人民出版社 2004 年版，第 104 页。

② ［德］考夫曼：《法律哲学》，刘幸义等译，法律出版社 2004 年版，第 439 页。

③ ［英］霍奇森：《资本主义的本质：制度、演化和未来》，张林译，格致出版社、上海三联书店、上海人民出版社 2019 年版，第 6 页。

个关键而棘手的问题——判断市场和政府发挥作用的程度，以及决定由谁来做出判断。由哈耶克的法治说所引出的，是关于'谁来决定决策者'的基础命题"，但是，"即便使完全专注于市场决策的人，也需要想一想，谁应该对'政府在何时、在何地可以作为市场运行的左膀右臂而显出其价值'的命题做出判断。哈耶克并不是一个无政府主义者。与许多其他学者一样，他也希望一个最小国家的出现。（但）政府在确保作为最小国家之基础的契约之实施、财产权利之保护中的重要职能，既不是能够自动实现的，更不是不证自明的，并且随着人数和复杂性的增加，这些职能的实现会变得越来越困难"①。

事实上，萨缪尔森及其信徒就总结了这样五个核心观点：（1）市场在分配稀缺性社会资源并促进生产力和平均生活水平提高方面是一种十分有效的机制；（2）但是，效率的实现过程中并不保证收入分配方面的公平（或正义）；（3）公平的实现要求政府能够在国民之间进行收入再分配，特别是将社会中最富裕的成员的收入再分配到最贫困和最脆弱的社会成员那里；（4）市场从根本上无法提供特定的"公共产品"，如基础设施、环境治理、教育和科学研究等关键领域，而这些领域的产品之足够供应需要依赖政府；（5）市场经济具有导致金融不稳定的内在趋势，这就需要通过积极的政府政策，包括金融管制及设计很好的货币和财政政策，来缓和这种趋势。② 同样，经济史学家亨德森（W. O. Henderson）通过对英国经济史的考察也得出结论说："在自由放任的时代，国家对经济事务的作用是被动的……如果统治阶级对矿井和工厂中发生的巨变有更多的了解，那么随着工业革命而来的城乡社会罪恶本可以更早地得到缓解。"③ 本章则进一步指出，即使在促进

---

① ［美］考默萨：《法律的限度：法治、权利的供给与需求》，申卫星、王琦译，商务印书馆 2007 年版，第 176 页。

② ［美］萨克斯：《文明的代价》，钟振明译，浙江大学出版社 2014 年版，第 27—28 页。

③ 转引自［美］多德：《资本主义及其经济学：一种批判的历史》，熊婴译，江苏人民出版社 2013 年版，第 31 页。

企业家的涌现以及企业家精神的配置等方面，也都需要发挥政府的积极作用：一方面，企业家精神从潜能到实现往往依赖于各种软硬基础设施；另一方面，逐利的企业家究竟会采取何种行为也依赖于游戏规则或法律制度。当然，这里揭示了有为政府的经济功能和积极作用，但不需要也不应该以政府来取代市场，而是要致力于实现有为政府和有效市场的有机契合。正因如此，如何通过制度规则的建设和责任伦理的塑造来实现市场机制和政府机制的共进互补，也就应该成为新结构经济学的根本性议题。

产业升级中的有为型政府

新结构经济学引起了学术界以及社会各界的广泛关注，进而也引起各种学术讨论和争议，有高度赞誉的，也有尖锐批判的。其实，一个新的概念、命题以及学说引起正反不同的解读和论争都是可以理解和，像新结构经济学这样既力图扬弃流行的旧理论又尝试构建"知成一体"的新体系之工作就更容易引起争论。最为基本的原因是，每位学者的知识结构和关注问题往往存在很大差异：有的关注理论逻辑的严密问题，有的关注现实困境的解决问题；有的认同和维护新古典经济学的主流分析框架，有的倾向于否定和反对固化的新古典经济学思维。在反对新古典经济学的声音中，有的持温和态度，也有的持激进态度。那么，如何正确对待这些不同声音呢？一般地，批判性意见往往看到了既有理论或学说所存在的问题，但其导向的理论和政策本身却同样存在缺陷。因此，根本上，一个致力于"知成一体"的学说必须充分考虑这些批判性意见所指出的问题，并尽可能地将这些不同维度的思考纳入统一体系中，由此形成更为周全的看法和政策。本篇沿着此思维做契合尝试，由此来剖析政府在产业发展和升级中的主要功能。

10. 产业竞争优势的动态演变框架

——基于新结构经济学拓展的战略模式

　　导读：发展中国家和经济转型国家在市场从封闭到开放，以及经济从计划到市场的改革初期，存在与生产和交易相关的各种软硬基础设施的瓶颈约束，政府的赶超战略选择也导致众多产业中的生产要素配置存在严重扭曲，进而严重制约了在国际竞争中的产业竞争优势和企业自生能力，因而新结构经济学致力于理顺政府和市场的关系来提升产业的竞争优势和企业的自生能力。进一步地，从动态演进的角度看，除了要素禀赋结构所决定的比较优势之外，影响产业竞争优势和企业自生能力的重要因素还包括生产规模和技术水平，而且，这两大因素在现代国际竞争中的重要性变得日益凸显。因此，通过对比较优势构成因素的进一步拓展，进而剖析这三大要素在比较优势中的构成权重随着社会发展而出现的变化，我们就可以从新结构经济学视角为一国的竞争优势提升和产业升级构建一个更为完整而动态的战略模式和分析框架。

一、引言

　　新结构经济学说体系的根本主旨是，在存在合适的软硬基础设施的条件下，一个经济体中拥有竞争优势的产业内生决定于这个经济体每一个时点给定而随着时间可以变化的要素禀赋结构，由此也就定义了一个经济体在每一时点的最优产业结构以及企业的自生能力。相应地，新结构经济学就将其学说体系和政策主张根基于比较优势理论：一国企业在开放市场环境中能否具有自生能力往往取决于它所处的产业是否在国际分工中具有比较优势，进而，企业的自生能力状况也就决定了该国政府采取何种差异性产业政策和企业贴补政策。① 问题在于，如何理解一个产业的比较优势以及一个企业的自生能力呢？可以说，这是新结构经济学的核心议题，是一系列学说观点和政策主张的前提规定。同时，这也是新结构经济学面临诸多质疑和挑战的渊薮，因为不同学者在理解产业的比较优势时所设定的假设前提是不同的。由此我们应该思考：究竟如何才能全面地理解一国的比较优势以及相应的产业竞争优势？

---

① 林毅夫指出，新结构经济学强调一个经济体的产业结构内生决定于在每一时点给定、随着时间变化的要素禀赋结构。即一国产业结构由要素禀赋结构内生决定，这与赫克歇尔-俄林的模型相似。但同时也存在细微差异：赫克歇尔-俄林模型中进行贸易的两个国家拥有相同的产业，而在新结构经济学中发展中国家和发达国家的产业是不同的。国际贸易理论，尤其是李嘉图侧重由技术产生的比较优势和克鲁格曼强调由规模经济决定的比较优势都是用来解释发展程度相同的国家之间进行贸易的原因（即使赫克歇尔-俄林模型被广泛运用来解释发达国家和发展中国家间的贸易，但其原型也只是为了解释瑞典和英国的贸易，这两个国家也具有相似发展程度）。新结构经济学作为发展经济学的新一波思潮重点在于探讨一个发展中国家如何从低收入水平向高收入水平发展，以及如此产生的相应问题，如在每一个发展阶段的产业如何选择，企业的自生能力如何决定，一个经济体如何最快地从低发展阶段稳定而可持续地向高发展阶段演进，在这个过程中硬的基础设施和作为上层建筑的各种制度安排如何和产业结构相适应以降低交易费用，政府和市场应该如何发挥作用各自，等等。新结构经济学属于发展经济学，其重点并不在于提出一个新的贸易理论，而是指导一个经济体的贸易实践；其基本政策主张是，首先强调一个经济体所选择的产业必须符合该经济体的要素禀赋结构所决定的比较优势，其次才考虑其他贸易理论所强调的规模经济、产业集聚、技术学习等的影响。新结构经济学之所以从要素禀赋结构而不是从规模经济、产业集群、技术学习等其他贸易理论所强调的因素作为分析的切入点和理论体系建设的基础，其原因在于，一个资本相对短缺的国家不可能在不符合比较优势的资本密集的产业上形成规模经济，进而和资本相对丰富同样达成规模经济且这个产业是其比较优势的国家进行竞争（因为前者的要素生产成本会较高）。同样，一个经济体即使掌握了技术，只要其产业违反该经济体的要素禀赋结构所决定的比较优势，这个产业同样不会是该经济体的竞争优势，需要保护补贴才能存在（计划经济国家应该说已经掌握了重工业的技术）。所以，即使一个发展中经济体使其升级的产业达到规模经济并掌握技术，只要这个产业违反其要素禀赋结构所决定的比较优势，也不能实现让经济得到稳定快速发展的目标。显然，这正是为何波特提出竞争优势理论时，强调的第一个决定因素是要素禀赋结构，其次才谈规模经济等的原因。

进而如何才能为不同国家提供竞争优势以及产业升级的基本战略模式和分析框架？这就需要回到比较优势以及竞争优势的本体论理解。一般地，比较优势体现为一国产业或产品在自由市场竞争中所展示出的相对优势。相应地，迄今之所以会出现各种不同的国际贸易理论，根本上就在于，这些学者侧重于从不同维度来探究比较优势的影响因素，乃至所关注的重心往往出现明显不同：李嘉图关注由技术引起的劳动生产率的差异，赫克歇尔和俄林侧重要素禀赋上的差异，克鲁格曼则重视规模经济上的差异，另有其他学者关注人力资本以及相似偏好等。因此，从学理上说，为了对比较优势进行系统而周全的分析，基本框架至少就应该涵括上述三大因素。同时，也需要思考实践层面上所面临这样两大挑战：（1）这三大因素对比较优势的构成比重在不同时空下是不同的，这就产生了具体政策的选择和差异；（2）这三者所构成的潜在比较优势能否转换成现实的产业竞争优势以及企业自生能力，这往往还依赖于各种软硬基础设施等条件。在很大程度上，目前学术界以及实务界对新结构经济学的诸多质疑往往就在于它们混淆了上述两点。有鉴于此，本章致力于对比较优势的影响因素展开系统的剖析，通过将三大因素纳入统一分析框架而给出一个不同阶段的发展战略模式，由此给出更合理的政策方向。

二、从企业自生能力到产业竞争优势

新结构经济学的提出是建立在对前两代发展经济学思潮进行审慎性反思的基础之上。首先，第二次世界大战结束后出现的第一代结构主义发展思潮，它致力于探索发展中国家如何实现跨越式产业发展的赶超策略，进而大力建设与发达国家相类似的资本密集型产业。其结果是，发展中国家的资本密集型产业在世界市场的竞争中并不拥有比较优势，从而只能采取保护主义的进口替代战略。其次，20世纪八九十年代后出现的第二代新古典自由主义发展思潮，它致力于探索发展中国家如何实现激进式制度变革的赶超策略，进而努力构建与发达国家相类似的宏观市场环境。结果，发展中国家的制度和企业改革大多遵循了"华盛顿共识"的倡导，从而走上了市场化、自由化和私有化的改革之路。显然，这两大发展思潮具有这样的共性：都试图采取激进的赶超策略，进而都产生了制约持续性发展的严重障碍。其中，实行进口替代战略的发展中国家后来几乎都陷入了"中等收入陷阱"甚至是"低收入陷阱"，而遵循"华盛顿共识"并推行"三化"改革的经济转型国家也陷入了持久的经济剧痛。由此，新结构经济学关注这一根本问题：这两大发展思潮将一国经济引向如此困境的根本原因是什么？

新结构经济学对两大发展思潮的产业政策进行了审视，由此剖析了其潜含的问题。一方面，第一代结构主义发展思潮带来的进口替代战略不仅造成了生产要素的配置扭曲，而且导致了优先发展产业中的企业也缺乏自生能力，需要靠各种保护补贴才能生存，进而滋生出寻租等问题；相应地，进口替代战略不仅无法创造出真正的经济剩余，而且也无法从不断拓展的国际市场上获得经济增长的持续动力。另一方面，第二代新古典自由主义发展思潮推动的"三化"改革是以企业具有自生能力为理论前提，但封闭市场环境中的"先进产业"往往依赖于政府的保护和补贴，相关企业也就缺乏在开放性市场竞争中必须拥有的自生能力，乃至一旦取消保护补贴而置身于竞争性的开放市场中就会破产和倒闭。同时，即使那些符合比较优势的新产业，在发展过程中也必然会引起外部性和协调问题，但"华盛顿共识"却反对政府所提供必要的帮助，乃至符合比较优势的新产业难于涌现，更无法转化成为实际的国际竞争优势。[①] 有鉴于此，新结构经济学强调，为了避免经济从计划到市场，以及市场从封闭到开放的变动过程中出现大规模的企业倒闭潮以及随后的经济震荡和长期停滞，政府在转型期就应该对那些缺乏自生能

---

① 林毅夫：《华盛顿共识的重新审视——新结构经济学视角》，2016 年 11 月 7 日，见 http：//www. nse. pku. edu. cn/articles/content. aspx？nodeid = 50&page = ContentPage&contentid = 475。

力的企业以及竞争优势不足的产业继续提供必要的保护和补贴；进而，应该采用增量和双轨式的改革并对新产业的发展提供因势利导的推进，而不能遵循"华盛顿共识"所倡导的那种激进改革。因此，自生能力就成为理解新结构经济学的产业政策和政府功能的核心术语。

问题是，何为企业的自生能力呢？新结构经济学给出的基本定义是：在一个开放、竞争的市场中，只要有着正常的管理，就可以预期这个企业可以在没有政府或其他外力的扶持或保护的情况下，获得市场上可以接受的正常利润率。① 发展中国家或经济转型国家的大多数企业为何往往会缺乏自生能力呢？新结构经济学给出的解释是：在长期的赶超战略支配下，发展中国家和经济转型国家往往追求与发达国家相近产业、产品和技术，从而偏离了该国要素禀赋结构所反映的比较优势，也就失去了在世界市场中的竞争能力，以至相应的企业往往只有依靠政府的保护和补贴才能生存和发展。有鉴于此，新结构经济学提出相应的两类产业政策：（1）针对具有自生能力的企业，政策主要以改善软硬基础设施而增进竞争优势为直接目标，进而通过提升要素禀赋结构来促进产业升级；（2）针对不具有自生能力的企业，政策主要以持续的补贴和保护以维持其生存的为直接目标，进而在内外压力之下通过促进其产业和产品的转型和技术的提高来实现自生能力从无到有的转变。②

新的问题是，一个国家应该采取何种措施才能有效提高企业的自生能力呢？新结构经济学的基本观点是：任何给定时间内的最优产业结构都内生于其要素禀赋，一个国家必须首先改变其要素禀赋结构，才能取得技术进步和产业升级。③ 同时，在自然资源禀赋给定的情况下，要素禀赋结构提升的关

---

① 林毅夫：《本体与常无》，北京大学出版社 2005 年版，第 218 页。

② 朱富强：《现代发展经济学如何发展：兼论林毅夫的"比较优势战略"》，《社会科学战线》2016 年第 3 期。

③ 林毅夫：《华盛顿共识的重新审视——新结构经济学视角》，2016 年 11 月 7 日，见 http：//www. nse. pku. edu. cn/articles/content. aspx？nodeid = 50&page = ContentPage&contentid = 475。

键就在于人均可支配资本量的增加，而这又有赖于剩余积累率的提高。那么，如何才能实现资本的快速积累呢？新结构经济学的分析逻辑如下：（1）资本积累率的高低与资本回报率的高低有关；（2）在全球一体化的开放市场中，只有当产品的价格反映了国际市场的价格，投入要素的价格反映了要素禀赋结构中投入要素的相对稀缺性，按照比较优势来选择产业和产品的企业才最有竞争力，才能占有最大可能的市场份额，才有最高的资本回报率；（3）当一国产业具有最高资本回报率时，也就能够最快速地创造出经济剩余和资本积累，而资本的积累则有助于推动要素禀赋结构的提升和比较优势的提升，进而有助于促进产业结构的升级。

也就是说，在生产技术和分工结构给定的条件下，资本回报率的高低主要取决于资源的配置效率；一国要素禀赋结构相符合的产业往往就对应着最高的资源配置效率，相关企业也就具有最高的自生能力。有鉴于此，新结构经济学的基本观点强调，发展中国家和经济转型国家应该推行的是根基于要素禀赋结构的"比较优势战略"，而不是逆比较优势的"进口替代战略"。显然，这与市场从封闭到开放以及经济从计划（统制）到市场（自由）的改革之初的情形相适应：（1）此时的发展中国家和经济转型国家几乎在所有产业的技术水平都全面落后于国际水平，劳动或资源要素就构成参与国际分工中比较优势的关键性因素，尤其是廉价的劳动力成为核心的竞争优势；（2）技术水平上的国内外显著差距使得发展中国家和经济转型国家在引进国外逐渐淘汰的现成先进技术方面不会遇到明显的人为限制，从而能够以较低成本获得相对快速（相对于发达国家以及发展中国家的自主技术开发）的技术进步和生产力提升。

然而，随着市场开放进程的不断深入以及与经济增长相伴随的工资持续上升，发展中国家和经济转型国家所推行的"比较优势战略"就不应该囿于要素禀赋结构，而需要考虑新的发展因素。我们从三方面加以说明：（1）任何产业或企业在国际市场中的竞争优势直接的也是根本性的体现就在产品价格上，而产品价格的高低不仅取决于生产要素的价格，而且还与技术水平和规模经济密切相关；①（2）与经济增长相伴随的劳动工资提升或一般要素价格趋同，使得技术水平和规模经济对竞争优势的影响就变得越来越大；（3）资本积累的提升导致劳动密集型产业向资本密集型产业转移，而产业的资本密集度与企业规模的大小和技术水平的先进程度往往呈现出明显的正相关性，这很大程度上构成了发达国家产业或企业在当今世界市场竞争中的比较优势甚至绝对优势。由此，我们还可以得到两点认识：（1）随着要素禀赋结构的提升，以及相伴随的产业结构升级，发展中国家应该进入具有新的比较优势的产业；（2）要在开放市场中拥有竞争优势，发展中国家的这个新产业及其相应的生产企业还必须具有相应技术和达到一定规模，才能与在该产业中具有比较优势的发达国家企业展开竞争。更一般地，一国的产业偏离其要素禀赋结构的程度越大，就越需要规模和技术方面的优势注入，否则在开放市场中就不可能拥有竞争优势。同时，一国的产业偏离其要素禀赋结构的程度越大，依赖规模和技术方面支持所需要的费用投入也越大；进而，这种投入往往受到一国资源和时间的限制，这也就成为赶超战略遭受失败的重要原因。②

三、决定产业竞争优势的三大因素

上述分析有助于从理论和学理层面深化对市场开放中的产业竞争优势和企业自生能力的"知"。一般地，一个企业在国际市场中的竞争优势反映出它的企业竞争力，这也体现了林毅夫所说的开放市场中的企业自生能力。事

---

① 林毅夫认为，这对任何发展程度的国家都很重要，例如，非洲许多国家的工资水平只有我国的 1/5 甚至 1/10，但在劳动密集的加工产业不能和我国竞争，除了软硬基础设施不好增加了交易费用外，还因为缺乏技术和管理，使得其生产效率低下。

② 林毅夫、任若恩：《东亚经济增长模式相关争论的再探讨》，《经济研究》2007 年第 8 期。

实上，企业要在一定市场环境中具有自生能力，关键在于其产品的生产要素密度要与其拥有的生产要素比例相一致，从而使得劳动、土地和资本等生产要素得到充分而有效的使用，进而所生产出的产品也就具有了比较优势。不过，在不同性质或规模的市场中，生产要素比例往往也不同，市场交易成本也不同；相应地，即使一个企业在某个市场中具有自生能力，但在性质不同或规模更大的其他市场中也可能失去自生能力。这意味着，在一定市场范围内具有比较优势的产业，在加入新的竞争者而形成更大范围的市场竞争后，很可能就不再拥有比较优势，这也就预示着产业结构调整和基础设施建设的必要。显然，这更接近于传统发展中国家以及经济转型国家的实情：它们在市场开放过程中出现的产业比较优势丧失或企业自生能力不足，并不一定是因为产业结构与要素禀赋之间就存在显著脱节，而更可能是凸显出从一个较小规模的国内市场转到另一个规模大得多的国际市场时所面临的比较优势转换，以及相应的要素组合调整。

在某种意义上，开放环境下的企业自生能力也就体现为国际竞争优势，相应地，我们可以从以下三个层次来对国际竞争（力）优势的影响因素进行剖析。第一个层次，国际竞争优势根本上取决于其产品在国际市场上的销售价格，而销售价格又决定于产品生产成本和市场交易成本。其中，前者主要体现为国内环境中的企业自生能力，后者则主要决定于软硬基础设施。第二个层次，决定企业（国内）自生能力的生产成本主要取决于要素成本和规模经济，前者体现为企业所在产业的比较优势，后者则由企业规模和分工水平决定。第三个层次，决定产业比较优势的要素成本可以分解为生产要素价格以及生产要素的使用效率，前者取决于一国的要素禀赋结构，后者则取决于该产业的技术水平。国际竞争力的三层次分析如图 10-1 所示。由于在新结构经济学着重强调了要素禀赋和基础设施，这里进一步对技术水平和经济规模做分析。

首先，就技术水平而言。一般地，劳动、资源、资本以及技术都是现代

图 10-1　国际竞争力的三层次分析

生产的基本要素。这些生产要素往往具有这样的基本特性：（1）土地、能源等自然资源在数量上可以看成是既定的，而在回报上则受制于边际收益递减规律；（2）资本在国际市场上具有比其他生产要素更高的流动性，因而资本短缺对一国经济发展所构成的障碍就日益式微；①（3）劳动要素具有双重特性：一方面粗放式的劳动投入具有边际收益递减取向，另一方面劳动也因嵌入技术因素而存在劳动生产率提高现象；（4）技术则渗入其他生产要素之中，如凝结在劳动者身上就带来了人力资本，凝结在机器设备上升就提高了物质资本，此外还可以以专利等形式作为直接的投入要素，从而可以大大提高生产率，由此成为现代社会中越来越重要的生产要素，也成为决定国际竞争优势的根本性因素。

同时，不同产业的技术进步轨迹往往是不均匀的：一些产业的技术水平因特定原因（如巨大的资源投入或者特定的偶然因素）而发展比较快，而另一些产业的技术则发展比较慢。正因如此，一个国家的不同产业往往会出现不同的技术水平，也就会同时存在使用不同生产要素（劳动、资源和资本等）组合的产业，这在大国尤其明显。因此，在新结构经济学的框架中，一个劳动力相对丰富的国家也可能在一个资本相对丰富的产业中生产劳动相对密集的产品。更重要的是，这意味着一些背离一国要素禀赋结构的产业，甚至往往因先进技术的注入而拥有更大的国际竞争优势。例如，正是依靠政

---

①　当然，资本流入往往与一国包含人力资本和要素禀赋在内的软硬基础设施有关，否则在不恰当金融制度的刺激下往往转化为短期投机性质的热钱，而不是投向实体经济的长期投资资本；进而，跨国公司所实施的无论张夏准意义上的"褐地投资"还是"绿地投资"，往往都难以对发展中国家的技术革新和生产力增长产生根本性的推进。

府金融支持而在技术和生物学上的突破，以色列成为农业技术尤其是干旱终止技术方面的世界领军者，进而在沙漠中创造出农业的比较优势。①

由此可知，纯粹由外生的自然要素禀赋所决定的比较优势，主要体现在技术含量不高乃至技术对生产力影响还不显著的产业上，或者主要体现在整个社会还未出现技术明显分化的工业化初级阶段。事实上，正是基于对历史经验的考察，波特认为，基于要素禀赋的比较优势原理之所以能在 18、19 世纪间风行一时，主要与当时产业还很粗糙、生产形态是劳动力密集而非技术密集有关。在当今社会中，要素禀赋已经被列为重要考虑的产业，除了依赖天然资源的产业外，只剩下那些依靠初级劳动成本或是技术单纯且容易取得的产业。② 同样，也正是针对发展中国家中明显落后的技术水平，新结构经济学的基本出发点就是，侧重于从理顺要素禀赋的角度来提升发展中国家的产业竞争优势和企业自生能力。但问题是，随着生产技术的不断进步，当工业化发展到较为成熟阶段后，技术水平在比较优势中的影响权重就会越来越大，乃至将逐渐成为影响国际竞争力的关键因素。在很大程度上，技术的重要性就充分体现在经济增长方式从资源投入的粗放型到集约型的转变上，从而必然会影响一国产业的国际竞争优势，进而影响一国对产业发展的目标选择。

其实，无论是李嘉图的比较优势原理还是由此发展出的 HOS 理论，它们都以给定的不同生产技术或者以不同要素禀赋结构为前提，主要考虑短期（乃至静态的）的社会效率或交换价值问题。这意味着，这些理论并不适合对中期调整和长期发展的关注。尤其是，生产技术往往随时间推进而呈现出内生演进的趋势，而要素禀赋构成的优势则随时间推进而呈现出日益衰退之

---

① 林毅夫、［喀麦隆］塞勒斯汀·孟加：《战胜命运：跨越贫困陷阱　创造经济奇迹》，张彤晓等译，北京大学出版社 2017 年版，第 10 页。

② ［美］波特：《国家竞争优势》，李明轩、邱如美译，华夏出版社 2001 年版，第 12—15 页。

势。这意味着，在短期内，充分发挥由要素禀赋结构决定的比较优势有助于（迅速）提升产业竞争优势或企业自生能力。但从长远发展来看，一国致力于发展由生产技术带来的比较优势往往更为关键，这种产业很可能会与该国的要素禀赋结构出现一定程度的背离。例如，日本就用近 40 年之久的高关税来保护其汽车行业，其间不仅提供大量的直接和间接补贴，并几乎禁止该行业的外商直接投资，直到该行业在世界市场上变得有竞争力。更进一步地，在经济全球化的今天，任何国家、任何产业、任何企业要保持国际竞争力，都必须花费巨大的乃至越来越多的资源用于技术研发和创新，从而使得致力发展的目标产业与要素禀赋出现一定程度的背离。

然而，根基于要素禀赋的比较优势原理却将每种产品或产品的最佳生产技术视为给定的，每个国家都有相同的能力使用这个技术。为此，张夏准指出，这恰好把决定一个国家是否为发达国家的最关键的因素给假设没了，这就是各国开发和利用技术的不同能力，或所谓的"技术能力"。① 那么，新结构经济学为何强调产业升级应该根基于要素禀赋结构之中呢？一个重要原因就在于它的前提假设：发展中国家面临着一个资本密集度从低到高的技术和产业谱系的给定存在。以引进为主的技术创新和产业升级可以不断进行下去，而根本性的障碍在于资本的稀缺。由此，我们就可以更清楚地认识到，新结构经济学着眼于要素禀赋结构主要有这样几个基本依据：（1）它集中关注处于追赶阶段的发展中国家；（2）它假定全球的产业和技术是一个给定谱系；（3）生产技术内生于生产要素结构之中。从中也可以看出，新结构经济学从来没有否认技术进步（通过盗用、模仿或创新）是维持长期经济增长的根本性来源，而只是强调，技术进步不能与要素禀赋结构相脱节。在这里，通过引入技术利用和创造能力这一维度，我们就可以对发展中国家的产业竞争优势作更全面的审视。

---

① 林毅夫：《新结构经济学：反思经济发展与政策的理论框架》，苏剑译，北京大学出版社 2014 年版，[英] 张夏准的评论，第 162—163 页。

其次，就经济规模而言。如果经济增长的根本动力源于生产要素的投入，那么，生产要素收益递减规律就会发生作用，最终将难以跳出低收入水平的马尔萨斯陷阱或中等收入陷阱。相应地，要摆脱这一困境，主要有两大途径：（1）通过技术水平的提升以提高这些生产要素的使用效率，这是单要素生产率的提高；（2）通过组织规模的扩大以优化这些生产要素的配置效率，这是全要素生产率的提高。一般地，技术进步体现为个人技能的提高以及生产工具的改进，规模扩大则体现为组织结构的变动和劳动分工的深化，体现为生产要素之间组合和协调的优化，进而也就会带来规模报酬递增以及要素报酬递增。事实上，在19世纪下半叶，美国地广人稀，因而在劳动力上甚至技术上都不具有相对英国的比较优势。在这种情形下，美国一开始就朝大规模作业、生产线上进行工业设计，工厂规模平均要比英国高出许多，由此也就获得了更高的生产效率和规模效果，很快就超越了英国。①

同时，技术水平又与经济规模密切相关：一方面，技术的创新和使用往往依赖于一定的生产和组织规模，乃至技术的发明和使用是经济规模的函数；另一方面，技术的创新和使用有助于促进经济规模的扩大，乃至经济规模往往成为技术水平的函数。此外，规模扩大带来的规模经济在更高水平上提高了经济剩余和资本积累，这又有助于推动技术研发和创新。这样，技术进步和规模经济之间又存在着显著的正反馈效应，进而带来持续的规模报酬递增现象。马歇尔就说，自然要素在生产中具有报酬递减倾向，而人类要素在生产中则具有报酬递增倾向。② 其中的重要原因就在于，技术进步及其相伴随的规模经济。其实，无论是劳动密集型产业还是资本密集型产业，分工深度和广度都会随生产和组织规模的扩大以及技术水平的提高而拓展，这是规模报酬递增的内在原因，也是企业内生优势的实质。戴维斯和诺思就写

---

① 赖建诚：《经济史的趣味》，浙江大学出版社2011年版，第149页。
② ［英］马歇尔：《经济学原理》（上卷），朱志泰译，商务印书馆1964年版，第328页。

道:"生产中的规模经济是一种技术现象。其反映的事实是,最具效率的产出可能要求企业规模大到能容纳比个体企业或合伙企业更为复杂的组织的程度。"① 尤其是,在技术日益成为关键生产要素的现代社会,规模报酬递增现象变得越来越凸显,技术研发和使用对企业规模的依赖性也变得越来越强。譬如,现实社会往往会出现这样的明显现象:同一产业中的不同企业,尽管它们使用了相同的要素结构和技术水平,但所获得的资本回报率却相差很大。这是为什么呢? 一个重要原因就是,这些企业的生产规模存在很大差异。

正是基于规模经济的差异,我们也就可以更好地理解这一现象:一些企业选择了根基于一国要素禀赋结构的产业和产品,从而在封闭市场环境中就拥有获得一般利润的自生能力。但是,一旦这些企业置身于开放市场环境中,就仍可能因生产规模太小而缺乏获得一般利润的自生能力。譬如,一些企业因采用了现代技术且具有一定的生产规模而在国内市场拥有显著的竞争优势,但在开放市场中却面临着来自拥有更高技术水平和更大生产规模的企业的竞争,从而也就会失去国际竞争优势。相反,一些企业由于依旧采用传统生产方式且只具有小规模生产而在国内市场缺乏竞争优势,但在开放市场中并没有受到拥有更高技术水平和更大生产规模的企业的竞争,反而拥有国际竞争优势。事实上,早期出口创汇企业往往不是大型现代工业部门,而更多的是小型企业。在这里,我们从内涵上对林毅夫提出的自生能力概念做了扩展,自生能力泛指在没有政府保护或补贴的情况下而依凭正常的管理就能够在竞争性市场获得正常利润率的能力。② 这个竞争性市场可以是封闭的国内市场,也可以是开放的国际市场。

基于上述分析,我们可以得出这样几点认知:(1)在封闭型国内市场中,

---

① 〔美〕戴维斯、诺思:《制度变迁与美国经济增长》,张志华译,格致出版社、上海人民出版社 2019 年版,第 11 页。

② 林毅夫对自生能力的定义是:在具有合适的软硬基础设施的开放竞争市场中,一个具有正常管理能力的企业在没有政府的保护补贴下获得社会可以接受的利润率的能力。

只要产业之间依然是充分竞争的，具有自生能力的企业往往拥有在国内市场中由要素禀赋、技术水平和规模经济等共同决定的竞争优势；在开放型世界市场中，具有自生能力的企业往往拥有在世界市场中由要素禀赋、技术水平和规模经济等共同决定的竞争优势。（2）竞争性市场的范围不同，具有自生能力的企业需要拥有的竞争优势水平也存在差异，其中，在国内市场竞争中不需要依赖政府保护和补贴就能生存的企业，到了国际市场竞争要维持生存很可能就需要政府的保护补贴。（3）由于国际市场比国内市场要大得多，因此，在全球经济一体化的现代社会中，很多产业领域的企业往往也只有达到一定的生产规模才具有参与世界市场竞争的自生能力。从某种意义上，正是由于忽视了竞争的规模问题，一些国家的企业即使在国内市场上已经经受长期的竞争磨炼，但在按照新古典自由主义经济学推崇的"华盛顿共识"而实现全面的市场开放后，大部分企业依然不具有全球竞争环境下的自生能力。

四、提升产业竞争优势的战略模式演变

前文的分析表明，影响一国的产业竞争优势和企业自生能力的因素，不仅仅是要素禀赋，而且也包括技术水平和规模经济，这三大互补因素为不同的学者或学说所强调。当然，要素禀赋、技术水平和规模经济这三大因素对产业竞争优势进而对企业自生能力的影响力在不同时空下往往存在显著差异。一般地，在市场从封闭到开放以及经济从计划到市场的改革初期，发展中国家或经济转型国家不同产业及其内部各个企业的生产规模和技术水平与国际上的相应产业和企业之间的差距都比较相近（相似），① 此时，这些不

---

① 林毅夫认为这个说法不准确，其理由是，在计划经济时代的许多资本密集型产业都拥有巨大的规模，如长春一汽雇佣的人数达 50 万人，而一些轻工业的人数是几千、几百人。笔者对此的解释是：（1）确实要素配置不当是分工扭曲以及使用效率低下的主要原因；（2）当时更为低下的生产率集中体现在小型轻工业企业。

同产业的资本回报率以及相应各企业的自生能力呈现的差异就取决于主要由要素禀赋结构决定的比较优势。相反，在要素结构的扭曲状况因经历市场的调整而得到明显缓解之后，一国产业在世界市场上的竞争优势大小或者相关企业的自生能力程度往往与它的生产规模和技术水平状况日益相关。

同时，如果将三大因素的影响力用权重来表示，那么，在经济发展之初，自然要素禀赋的权重就很大，但其权重将随着经济发展而下降。① 在很大程度上，新结构经济学的基本观点之所以将要素禀赋结构视为决定比较优势的根本要素，一个重要着眼点就是经济起飞时期的发展中国家和要素遭受扭曲的经济转型国家：此时的发展中国家大多处于工业化的初级阶段，技术水平不高，企业规模不大；相应地，最方便的比较优势提升和最快速的比较优势利用就是充分和合理使用既有的要素禀赋，并采取积极措施吸引外资（相应的初级技术往往随着资本而流入），尽管这往往会导向劳动密集型企业和资源密集型企业。② 进而，新结构经济学的基本主张之所以舍像掉技术学习和规模经济等因素，乃至将技术当作外生给定并可免费获得，一个重要考虑就是，为了突出要素禀赋结构在这些发展中国家产业结构的决定作用，进而更有助于构建有别于传统发展经济学的新理论。

当然，随着市场化改革的深入带来生产要素价格的趋同及其带来的国际竞争力的缩小，技术水平和经济规模就变得日益重要。同时，同一产业在不同国家也存在技术和规模上的明显差异（这分别为张夏准和克鲁格曼等人

---

① 当然，要素禀赋、技术水平和规模经济对竞争优势的影响也不在同一水平上：一般地，对不同发展程度的国家，要素禀赋结构的影响都处于首位。基本理由是，一个要素禀赋结构处于低位的国家在违反比较优势的产业上能达到的技术水平和规模经济，在要素禀赋结构处于高位而在这个产业具有比较优势的国家也都能达到，后者的要素生产成本会较低，结果是后者具有竞争优势而前者没有。相反，在同一发展水平的国家，如果要素禀赋结构相同，那么，技术水平和规模经济就成为竞争优势的决定因素。

② 林毅夫认为这个看法不正确，任何产业升级都需要技术的学习，要不然非洲、南亚国家早就从传统农业社会转向劳动密集型制造业发展的工业化现代化。实际上，非洲、南亚国家之所以不能起飞，一方面是缺乏吸引外资的有效政策而使得本国生产要素得不到使用，另一方面则是缺乏相应的基础技术以及人力资本而使得资源难以得到充分利用。

所强调），从而也就构成了基于比较优势进行产业选择的重要考量因素。因此，为了使得新结构经济学更进一步地贴近经济发展和市场竞争的现实情形，在新结构经济学基本关注——着眼于发展中国家在市场从封闭到开放和经济转型国家在经济从计划到市场的改革初期而重视被扭曲的生产要素结构——之外，这里对决定比较优势的主要因素做进一步的分解，从而将技术水平和经济规模引入比较优势的因子分析之中。显然，通盘考虑这些因素，我们就可以更好地理解斯密型经济成长和库兹涅茨型经济成长的结合；考虑这些因素的权重变动和地位更替，有助于我们更好地理解斯密型经济成长向库兹涅茨型经济成长进而熊彼特型经济成长的演变。

事实上，正是以比较优势的因素分解为基础，我们可以细化市场从封闭到开放以及经济从计划到市场的过渡时期的产业政策，进而可以对有为政府的职能承担做进一步的拓展和具体化。譬如，由于这三大因素在比较优势中的构成权重存在嬗变，那么，当由要素禀赋合理化所释放出的竞争优势逐渐递减以至接近耗尽时，竞争优势的继续提升就需要转向另外两大因素。① 基于这一逻辑，我们就可以推延出这样两点结论：（1）不同国家所面临的经济发展阶段不同，因而竞争优势提升的主要内容和方式也存在差异。例如，目前大多数非洲国家还停留在利用后发优势学习和吸收西方既有技术阶段，相反，像中国这样的发展中国家在很多产业上已经着手自主创新。（2）没有有效转变竞争优势的提升方式是造成"中等收入陷阱"的重要原因。其

---

① 林毅夫认为这个说法不准确，其举例说，美国在奥巴马执政时期号召制造业回流，但这些劳动密集型产业因为违反美国的比较优势而使得回流美国成为不可能。所以，即使到了美国这样的发展阶段，其产业还是要发挥要素禀赋结构的比较优势，所不同的是，美国绝大多数的产业技术都在国际上领先，因而只能靠自己的研发才能取得技术创新，而不像发展中国家多数产业是在世界技术的前沿之内有可能靠引进消化来取得技术创新。但实际上，如果美国在这些劳动密集型产业上拥有足够的领先技术和规模经济，它依然可以促使这样的劳动密集型产业回流，这就如时装设计也依旧在意大利和巴黎一样。更重要的是，这里的根本意思是，在不存在要素结构的扭曲后，就需要通过技术水平提升和生产规模扩展来继续推进竞争优势，因为技术进步具有内生性，而企业规模则依然更大的海外市场。

基本原因是，收入水平的不断提高使得这些国家无法与更低收入国家在传统产业进行竞争，而技术和规模的缺乏又使得这些国家无法与更高收入国家在新兴产业进行竞争。①

基于上述分析，我们就可以为一个国家尤其是发展中国家持续提升竞争力、实现比较优势的成分转换提供一个发展战略的动态模式框架，如表10-1所示。我们可以将国际竞争态势分成三个局面，在所有局面中，发达地区的国际竞争优势根本上都来自先进技术和规模经济。在第一局面中，中等发达地区主要借助相对充足的生产要素（尤其是廉价的劳动工资）和次级的生产技术进行竞争，而落后地区或经济转型地区主要依赖更为充足的生产要素（尤其是更为廉价的劳动工资）参与国际竞争；在第二、三局面中，中等发达地区则开始借助日益进步的生产技术和不断扩大的生产组织参与竞争，否则它就很难跨越"中等收入陷阱"；就落后地区或经济转型地区来说，它的比较优势转换则需要分两步走，第二局面主要依据生产要素和不断提升的生产技术，到第三局面才最终依据技术进步和市场规模。

表 10-1　比较优势之成分转换的发展战略框架

	发达地区	中等发达地区	落后或经济转型地区
第一局面	先进技术 + 规模经济	生产要素+技术进步	生产要素
第二局面		技术进步+经济规模	生产要素+技术进步
第三局面			技术进步+经济规模

显然，正是基于这一发展战略的模式框架，我们就清楚地回答萨缪尔森的困扰：如果自由贸易导致两国的生产率发生变化，发展中国家不仅会强化原来的比较优势，而且在原本不具备比较优势的领域出现了技术进步并提升

① 朱富强：《如何通过比较优势的转换来实现产业升级：评林毅夫的新结构经济学》，《学术月刊》2017年第3期。

了生产率，那么将会永久地损害发达国家利益，以致发达国家转而反对经济全球化而实行保护政策。事实上，比较优势的转换正是发展中国家持续推动产业升级的必由路径，也是各种成功国家的历史经验，否则必然会陷入"中等收入陷阱"。同时，也正是由于当前中国努力通过技术引进和创新来实现比较优势转换，从而严重威胁到美国以及其他发达国家的利益，由特朗普政府领衔开始采取各种措施来抑制中国的技术进步和经济增长。正因如此，本章的探究不仅有助于在学理上完善新结构经济学的逻辑和体系，有助于为新结构经济学的进一步发展确立新方向，也有助于在政策上拓展和细化新结构经济学对现实的观察和应用，由此也带来了一系列的研究新议题。

五、结语

新结构经济学提出主要是针对倡导贸易保护主义和进口替代战略的第一代结构主义发展经济学和倡导贸易自由主义和完全市场开放的第二代新古典经济学而言的。第二次世界大战后发展中国家之所以实行贸易保护主义和进口替代战略，一个重要的假设就是，发达国家没有什么国内生产的制造品可以由发展中国家的出口品来取代。但是，正如拉尔等很早就指出的，这个假定并不适用于发展中国家的制造品出口，因为发展中国家在纺织品、服装、鞋类以及工程产品上都具有比较优势，都可以同发达国家的相似产品进行竞争；而且，随着发展中国家资本的积累和生产技术的提升，发展中国家在世界市场上就可以不断取代发达国家逐渐失去优势的产品，进而不断地扩大制造品出口。[①] 同时，随着进口替代战略的失败，第一代结构主义发展经济学逐渐式微，新古典自由主义发展理论则开始勃兴。受此影响，发展中国家的产业政策又转向了另一极端：一反国家对经济的干预而推行私有化、市场

---

① ［英］拉尔：《"发展经济学"的贫困》，葛伟明、朱菁等译，云南人民出版社 1992 年版，第 62 页。

化、自由化政策，试图通过休克疗法来消除在推行进口替代战略时形成的各种干预、扭曲。问题在于：（1）长期以来发展中国家的产业扭曲具有很强的内生性，并没有西方那种竞争性市场以及相应软硬基础设施的存在；（2）由于长期与世界市场相隔绝，发展中国家的企业规模相对较小，技术水平相对较低，这些不是在短期内可以弥补的。有鉴于此，新结构经济学开始倡导传统结构主义发展经济学与新古典经济学分析思维的结合，通过吸收新古典经济学的比较优势原理来倡导发展国家的产业结构转向，并通过有为政府的积极作用来为这种转向提供信息共享、外部性协调以及基础设施等方面的支持。①

事实上，由于发展中国家推行封闭市场环境下的进口替代战略及其相应资本密集型产业造成的生产要素扭曲，造成了在开放性国际市场中产业比较优势的丧失和企业自生能力的不足。但是，新古典经济学的自由竞争和市场开放政策却无视这一点，所推行的激进式体制改革和市场开放造成经济的全面滑坡乃至崩溃。面对这种情势，新结构经济学就把理顺发展中国家在生产中的要素扭曲以提升其在参与国际分工中的比较优势作为提升产业竞争优势和企业自主能力的根本立足点，进而就舍像掉了规模经济和技术水平等对产业的国际竞争优势以及企业的自生能力的影响。不过，根本上说，一国在国际分工中的比较优势具体体现为产业的竞争优势，而影响竞争优势的主要因素则包括生产要素成本、生产要素使用效率（决定于技术水平）以及生产要素间的协同性（体现为规模经济）等。有鉴于此，这里对侧重于要素禀赋的比较优势论做了拓展，尤其高度重视在现代国际竞争中愈来愈起重要作用的规模经济和技术水平。考虑这一点，发展中国家和经济转型国家的市场

---

① 林毅夫的说法是，新结构经济学理论的提出固然是因为结构主义和新古典自由主义的失败，但并不是简单地把结构主义和新古典自由主义的主张结合起来，而是基于对"经济发展是技术不断创新、产业不断升级的结果，而技术和产业又是内生于要素禀赋结构"的分析和认识而得来的。

在从封闭到开放的改革过程中，需要保护的就不仅是那些要素禀赋配置遭受扭曲的产业，而且也包括那些规模经济不足和技术水平落后的关键性产业；进而，如何基于产业的规模经济特性和国内外技术差距来制定出更为周详的市场开放政策，就成为新结构经济学需要重点发展的方向。同时，基于日益普遍的规模经济和内生性的技术进步，产业结构升级也就有小步跑和大跨步这两种基本方式；进而，不同国家如何根据自身条件因地制宜和因势利导地选择合适方式来推进产业升级，也是新结构经济学需要关注的重要方向。

可见，在比较优势中引入技术和规模的考虑，不仅引出了更细化的产业保护和市场开放政策，而且引入更为积极的有为政府角色。当然，这里的研究仅仅是对政府的功能承担给出一个提纲挈领式的思考方向，更具可操作性的产业政策则有待今后更深入的专门研究。究其原因，对由多因素决定的产业竞争优势和企业自主能力的判断往往依赖具体而复杂的时空环境，政府的产业政策和相关职能要随时适应环境的变化，从而不能像以往的计划经济和统制经济一样制定出确切的规划。事实上，新结构经济学在政策制定上的根本立足点就是抓主要矛盾：当在封闭环境中由于要素禀赋的扭曲而造成产业缺乏竞争优势和企业缺乏自身能力时，发展中国家首先需要致力于解决的就是要素扭曲引起的产业结构不合理问题；而当要素扭曲状况已经大为缓解后，发展中国家就需要关注产业的技术水平和规模经济问题，因为同一产业或产品的生产在不同国家所使用的技术和规模往往是有差异的。① 显然，如果不解决与发达国家在技术水平和规模经济上的差异，发展中国家要在国际市场中取得有竞争的比较优势，就只能依赖低廉的要素价格尤其是工资水平（因为一价定律在其他要素发挥了充分作用）。在很大程度上，这正是很多国家陷入"中等收入陷阱"的重要原因。因此，本章对比较优势的影响因素所做的全面考察，也有助于为解决当前中国经济问题进一步厘清思路。

① 朱富强：《GIFF框架的逻辑、现实和意义：兼评林毅夫的新结构经济学》，《人文杂志》2017年第4期。

11. 有为政府如何促进产业结构升级
——产业的差异性保护和升级方式选择

    导读：通过对比较优势构成因素的分解和拓展，以及对其比重关系的动态发展之剖析，带来了一系列新的研究议题。例如，如何在改革过程中对相关产业和企业实行差异性保护政策？显然，这不仅要依据要素禀赋原则，也要依据规模经济原则和技术差距原则。事实上，在复杂的世界市场上，企业参与国际竞争的直接依据就是体现成本或价格的绝对优势原理，而这个绝对优势又是要素禀赋、技术水平和经济规模等基于不同维度的比较优势综合而成的。相应地，规模经济原则强调，根据产业的规模经济特性及其国内的市场规模特性来决定它的开放程度，尤其需要保护那些市场规模具有明显上限且又具有显著规模经济的产业；技术差距原则则强调，根据产业的国内外技术相对差距及其对国内产业的竞争优势提升的影响来决定它的开放程度，尤其要保护那些技术水平与国际领先水平间差距不大且关系战略发展的产业。因此，通过引入规模经济和技术差距两大原则，就可以更好地为新结构经济学的"弯道超车型"产业和追赶型产业奠定更为坚实的理论基础和政策方向。再如，如何有效地推动竞争优势转换和产业结构升级？显然，这不应囿于要素禀赋结构自然变动的小步跑方式，一些国家也可以根据自身国情以技术革新推进跨越式产业升级等。事实上，技术进步通常沿着两种方式前行，由此带来两种产业升级：一是源于创新的技术进步，这导向依赖技术自主开发的逆比较优势的产业升级策略；二是源于传播的技术进步，这导向依赖技术自然转移的顺比较优势的产业升级策略。这两种产业升级方式往往适用于不同的经济体：一个经济体事物规模越大，它就越有能力进行技术开发，进而在某些特定目标产业上可以实现大跨步升级。因此，通过将技术要素引入产业比较优势的关键构成因素之中，就可以更周全地审视并积极推动一国尤其是发展中国家的竞争优势转换和产业结构升级。

一、引言

一般地，真正的"知成一体"学说体系需要满足内在有效性（即理论逻辑的一致性）与外在有效性（即理论与现实间的一致性）这两大条件，而这种工作本身就是极其困难的，甚至是根本无法完成的。究其原因，理论层面的"知"注重的是特定条件下的因果逻辑，实践层面的"成"关注的是不同时空下的主要矛盾。显然，这两者之间往往会潜含了某种脱节，进而会引起不同角度和立场的担忧和批判。新结构经济学也正遭遇此种命运，它引起了来自不同维度和学说的批判。

其中，一些学者担心，新结构经济学强调发展中国家政府在诸如经济起飞这类特定时空下的独特作用最终会被常态化，从而导致政府干预对市场机制的破坏。例如，克鲁格就担心政府缺乏合理的手段对潜在比较优势的甄别，进而担心"新结构经济学被作为政府支持特定产业甚至特定企业的许可证"[①]；张曙光担心在产业升级中政府的因势利导作用往往会退化为政府主导，而政府主导又与让市场成为资源配置的根本机制相矛盾[②]；韦森关注

[①] 林毅夫：《新结构经济学：反思经济发展与政策的理论框架》，苏剑译，北京大学出版社 2014 年版，[美] 安妮·克鲁格的评论，第 40 页。

[②] 张曙光：《市场主导与政府诱导》，载林毅夫：《新结构经济学：反思经济发展与政策的理论框架》，苏剑译，北京大学出版社 2014 年版，第 99 页。

如何避免政府领导人在促进科技发明和创新、产业升级，以及经济结构转型中运用自己手中所掌握的权力和掌控的资源进行个人和家庭的寻租问题①；张维迎和田国强等人则倾向于从信息有限性、激励机制以及制度基础等方面彻底否定产业政策和政府作用②。

与此同时，一些学者又担心，新结构经济学在探究发展中国家经济起飞时注重对生产要素价格的理顺并由此充分发挥比较优势的产业政策会被简单化，乃至会忽视一般市场失灵以及其他因素。例如，斯蒂格利茨认为市场的局限性比林毅夫认为的更严重，即使运行良好的市场经济体本身都既不稳定也不有效③；张夏准认为由要素禀赋构成的比较优势主要适用于对短期效率的关注，而技术是影响产业中期调整和长期发展的更重要因素④；罗德里克则强调技术正反馈效应、规模经济对产业竞争优势的意义，强调有效的产业政策必须根据各国的特定环境和制度加以调整，而不应该认定出口替代战略就一定优于进口替代战略⑤。

显然，这些评论中包含了不少中肯性意见和建设性建议。例如，斯蒂格利茨强调经济增长的原动力主要来源于内生的技术革新⑥，罗德里克关注那些发展背离比较优势的资本密集型产业而成功的历史案例⑦，张夏准提出一些

---

① 韦森：《探索人类社会经济增长的内在机理和未来道路》，载林毅夫：《新结构经济学：反思经济发展与政策的理论框架》，苏剑译，北京大学出版社 2014 年版，第 75 页。

② 田国强：《有限政府，有为政府?》，《财经》2016 年第 64 期。《产业政策思辨会——林毅夫对张维迎》，2016 年 11 月 10 日，见 htt=://www.yicai.com/news/5155368.html。

③ 林毅夫：《新结构经济学：反思经济发展与政策的理论框架》，苏剑译，北京大学出版社 2014 年版，[美] 约瑟夫·斯蒂格利茨的评论，第 44 页。

④ 林毅夫：《新结构经济学：反思经济发展与政策的理论框架》，苏剑译，北京大学出版社 2014 年版，[英] 张夏准的评论，第 161—162 页。

⑤ 林毅夫：《新结构经济学：反思经济发展与政策的理论框架》，苏剑译，北京大学出版社 2014 年版，[美] 丹尼·罗德里克的评论，第 42—43 页。

⑥ 林毅夫：《新结构经济学：反思经济发展与政策的理论框架》，苏剑译，北京大学出版社 2014 年版，[美] 约瑟夫·斯蒂格利茨的评论，第 45 页。

⑦ 林毅夫：《新结构经济学：反思经济发展与政策的理论框架》，苏剑译，北京大学出版社 2014 年版，[美] 丹尼·罗德里克的评论，第 42 页。

国家通过大跨越实现产业升级的可行性。① 再如，余永定对比较优势理论能否作为产业升级的指导理论表示质疑②，张军认为基于比较优势原理将严重限制政府可以选择经济发展政策和战略的自由和机会③，朱富强则强调不同规模经济体可以采取有差异的产业升级方式④。大体而言，这些建设性建议集中体现在以下几方面：（1）市场根本上的不完全性；（2）要素禀赋结构的可变性；（3）资本的异质性；（4）技术进步的内生性；（5）规模经济的普遍性；（6）产业升级的断续性；（7）社会生产力与比较优势的冲突；（8）有为政府对市场机制和企业家精神的挤压；等等。归纳起来，这些质疑又主要集中在这样三大问题：什么决定了一国产业的竞争优势和一国企业的自生能力？政府在提升产业竞争优势和企业自生能力过程中该如何承担积极功能？政府在承担积极功能的同时又如何保障不会压制私人的创新精神和市场的功能发挥？

因此，面对各方面的批判和争论，合理的基本态度是：一方面可以对那些可能的误解做些澄清，因为大多数评论毕竟都是基于评论者关注的某个特定视角；另一方面则更应该积极地借鉴和吸收那些中肯和建设性建议，由此在争论中促进理论发展成熟。同时，由于新结构经济学的很多文章都在做解释和澄清的工作，因而本章就主要集中在借鉴和吸收方面，并尽可能地将张夏准、罗德里克、斯蒂格利茨、克鲁格曼等人的建设性建议纳入新结构经济学框架体系之中。其原因在于，一方面，这些基于不同侧面的观察和分析根本上是互补的；另一方面，这也有助于发展和完善新结构经济学学说体系，从而实现新结构经济学所试图达到的"知成一体"的目标。基于上述考虑，

---

① 林毅夫：《新结构经济学：反思经济发展与政策的理论框架》，苏剑译，北京大学出版社 2014 年版，[英] 张夏准的评论，第 175 页。

② 余永定：《发展经济学的重构》，载林毅夫：《新结构经济学：反思经济发展与政策的理论框架》，苏剑译，北京大学出版社 2014 年版，第 93 页。

③ 张军：《"比较优势"的拓展与局限》，载林毅夫：《新结构经济学：反思经济发展与政策的理论框架》，苏剑译，北京大学出版社 2014 年版，第 113 页。

④ 朱富强：《如何通过比较优势的转换来实现产业升级：评林毅夫的新结构经济学》，《学术月刊》2017 年第 3 期。

我们需要致力于这样几大基本问题的审视：（1）影响一国产业竞争优势的主要因素是什么？（2）体制改革过程中如何实行选择性的产业保护？（3）不同国家如何选择产业结构的升级方式？（4）有为政府和有效市场如何实现有效互补？显然，通过对这些问题的逻辑性分析和解答，将有助于在学理上推进新结构经济学理论体系的完善，进而为制定更为周详而可行的产业政策提供思路。显然，第10章对第一个问题展开深入探索，也为本章对后续几大问题的分析奠定了基础。

二、不同产业的差异性保护原则

相对于新古典自由主义推行市场化、私有化和自由化的发展思潮，新结构经济学的经济政策赋予政府以积极的经济功能。其基本理由是，过去赶超战略下那些优先部门中的企业在新的开放市场中往往不具有自生能力，但这些部门对经济转型期的社会稳定和国防安全具有重要意义，从而就需要国家继续给予一定的补贴和保护以维系它们的生存和发展。在这里，新结构经济学对企业自生能力的评判主要从产业竞争优势着手，进而，又集中将产业竞争优势归结为由要素禀赋结构所决定的比较优势；由此得出结论，只有在自由竞争的市场环境中，企业才会自然地进入具有潜在比较优势的产业。与此同时，新结构经济学又考虑到产业或企业能否顺利转型或转换所面临的一系列障碍：（1）拥有潜在比较优势的产业要转化成具有现实竞争优势的产业发展还有赖于交易成本的降低，而交易成本大小则与软硬基础设施以及规模经济等有关①；（2）先行企业往往要承担一定的风险，从而需要对之给予一定的外部性补偿以激励这些企业承担风险而进行创新。尤其是，潜在比较优势往往由要素禀赋、经济规模和技术水平等多因素决定，而不仅仅决定于要

---

① 正是由于产业竞争优势与规模经济有关，因而新结构经济学主张选择性的而非普惠式的产业政策。至于技术对竞争优势的影响，新结构经济学将之归类为软的基础设施。

素禀赋这单一因素。正是引入规模经济和技术水平的考虑，对产业竞争优势和企业自生能力的认知就被拓宽了。相应地，在改革开放过程中，政府要对那些缺乏自生能力的企业提供适当的保护，这就不应局限于自然要素禀赋遭受扭曲性使用的那些产业，还必须关注因规模和技术等影响而致使竞争优势受到限制的那些产业。由此，我们需要思考这样的问题：在市场开放过程中如何针对不同产业的特性而制定出差异性的保护政策？正是基于这一问题意识，这里继续以影响产业竞争优势或企业自生能力的上述三大因素为基准展开系统剖析，其中又辨识了国际市场竞争所遵循的优势原则，由此可以对一国尤其是发展中国家的市场开放政策提供清晰思路。

（一）国际市场竞争的基本原则

无论是企业还是产业，要在开放市场环境中得以生存和壮大，关键是要在世界市场上拥有相当的竞争优势或自生能力。相应地，识别各产业或企业的国际竞争力差距，就成为发展中国家在市场化改革过程中制定产业政策的基本依据。那么，如何全面辨识一国在世界市场中的产业竞争优势和企业自生能力呢？我们首先就此做一辨识。

1. 从自生能力到目标产业

一般地，在经济起飞初期，发展中国家的生产主要是为了满足国内需求，并且，糟糕的交通基础设施还使得国内市场被分隔成一个个规模更小的地方市场。在这种情况下，企业的规模通常比较小，所有产业的技术水平几乎都与国际之间存在非常显著的差距。[1] 要获得与发达国家相近的生产规模和技术水平，发展中国家的企业往往需要投入更为庞大的资源，而这恰恰不是此时的发展中国家所能承受的。在这种情形下，影响发展中国家的产业竞

---

① 林毅夫认为，不能说生产食品加工的产业和生产日化的产业技术没有明显的分化。但实际上，这里主要比较不同产业与国际先进水平的技术差距，在技术差距不明显的情况下，各产业的竞争优势就主要由要素禀赋结构决定。

争优势和企业自生能力的核心因素就在于，它是否合理配置了那些具有比较优势的要素禀赋。这意味着，要素禀赋之所以构成企业竞争优势或企业自生能力的关键要素，这恰恰就体现在一国或一区范围内，也就是在封闭情境中。但是，新结构经济学却用"是否符合要素禀赋结构"来作为评估一国产业竞争优势或企业自生能力的基本维度，并且还认为，根基于这种比较优势的产业和相关企业在开放市场环境中将会展示出更大的"潜在"竞争能力。其理由是，在给定技术自由扩散的情况下，符合要素禀赋结构的产业将会有最低水平的要素生产成本。也就是说，新结构经济学的观点设定了一个基本前提：技术能够自由扩散，同时也不考虑经济规模差异。

不过，随着市场开放的推进以及生产要素扭曲情形的缓解，发展中国家就逐渐进入常态的国际竞争中。此时，企业自生能力就不再仅仅或主要取决于它所使用的自然要素禀赋，而是越来越取决于技术水平和规模经济等要素。① 这意味着，原先在一国、一区的封闭经济体内因合理使用自然要素禀赋而具有自生能力的企业，在进入开放的世界市场之后也可能变得不再具有竞争优势和自生能力，因为它可能会面临着技术更为先进或者规模更为庞大的企业竞争。事实上，随着经济全球化的推进，具有国际竞争力而能够在世界市场上生存和扩张的企业通常都是具有相当规模经济的企业，尽管不同产业的规模经济特性往往有很大差异。其中，技术和资本密集型企业通常具有显著的规模经济特性，从而具有强大竞争力的通常都是巨大的跨国公司；而劳动密集型企业的规模经济特性则相对不显著，从而也就可以容纳大量（以低工资劳力为主要生产要素）的小企业。这也就意味着，企业自生能力本身就具有相对性，与所处的竞争环境有关。在很大程度上可以说，正是没有考虑到竞争优势的转换和自生能力的丧失，才导致那些实行休克疗法的国

---

① 在很大程度上，新结构经济学的关注重点在于：发展中国家如何更有效地实现产业发展？以及非相似要素禀赋国家之间如何竞争？相应地，它突出了具有比较优势的产业和技术对要素禀赋结构的内生性，进而也就将同一产业的生产技术都视为相同的。

家出现大面积的企业破产和经济衰退。

由于发展中国家和转型经济国家在技术水平和规模经济方面都存在明显不足，在国际竞争中通常主要在技术水平不高和规模经济不显著的劳动密集型产业上依靠低工资进行竞争并得以生存。在很大程度上，也正是基于这一实然映像，新结构经济学突出并放大了自然要素禀赋在产业竞争优势中的地位和作用，导致潜藏着深层的问题。

事实上，正是由于世界市场上的竞争态势出现了显著变化，对一国产业竞争优势和企业自生能力进行评判的难度也就大大增加了。那么，此时的发展中国家又如何确立其应该大力发展的目标产业呢？新结构经济学的基本主张是，借助要素禀赋结构相似、发展程度较高、且快速发展的经济体中的成熟产业来加以判断。① 但是，这种产业目标确定方式显然面临着这样两大问题：（1）它以新兴发展中国家能够拥有相近的技术和规模为前提②，但显然，这并不现实。事实上，如果考虑到技术进步的内生演化性，我们就不能简单地以一国要素禀赋构成的比较优势来确定产业的竞争优势，因而这里进一步将产业目标的选择拓展到技术和规模存在明显差异的情境。（2）它简单地借鉴其他国家在另一情境下的"经验"，但显然，这往往会犯工具主义谬误。事实上，一国所面对的社会环境和市场情形已经显著不同于它的"先进"，如当前新兴市场经济国家所面对的国际市场特征就明显不同于东亚"四小龙"崛起时期。

---

① 林毅夫：《新结构经济学：反思经济发展与政策的理论框架》，苏剑译，北京大学出版社 2014 年版，第 194 页。

② 林毅夫认为，新结构经济学的"增长甄别和因势利导"框架中并无此假定，相反，在产业升级中自然包括技术的学习并且也要达到相应的合适规模。例如 20 世纪 50 年代，韩国和中国台湾地区还处于农业经济，仅有的工业大多属于小作坊式的，满足当地市场的小工厂。随着日本快速发展，工资上涨，到了 60 年代在劳动密集加工出口产业失掉比较优势，韩国和中国台湾地区升级到劳动密集加工出口产业，不仅要学习新技术，而且工厂的规模往往达到数千上万人。问题是，新结构经济学认为不同国家的同一产业使用的是相似技术，而技术又内生在产业之中，这显然也就意味着将技术视为外生给定的。

2. 从比较优势到绝对优势

更为重要的是，新结构经济学的分析主要从比较优势来确定国际市场中的产业分工以及相关企业的竞争能力，这就面临着这样的问题：如何确定一国的产业比较优势？一般地，在两个国家或产业之间进行贸易竞争时，我们很容易找到各自的比较优势，并且，每一方几乎都存在比较优势。但是，如果参与贸易竞争的国家或产业超过两个，要判断各自的比较优势就变得困难得多，更不要说，有的国家或产业甚至根本找不到自身的比较优势。在很大程度上，要在产业选择和企业发展中直接使用相对比较优势原理，这主要适用于两个国家或者少数国家间进行贸易的情形，此时任何产业的竞争者都只是少数。相反，这往往难以适用于众多国家和无数企业参与贸易竞争的情形，而这恰恰是现实世界的基本特征。

为了让读者直观地认识这一点，这里以最为简单的三个国家三种商品的国际贸易为例进行解析。在表 11-1 所示的"3×3"贸易模型中①，按照比较优势原则如何进行国际分工和生产呢？我们逐一剖析如下：（1）如果在产品 A 和产品 B 之间展开贸易，国家 1 在产品 A 的生产上具有比较优势，而国家 3 在产品 B 的生产上具有比较优势，因而国际贸易和分工将在国家 1 和国家 3 之间展开。（2）如果在产品 B 和产品 C 之间展开贸易，国家 1 在产品 C 的生产上具有比较优势，而国家 3 在产品 B 的生产上具有比较优势，因而国际贸易和分工依然在国家 1 和国家 3 之间展开。（3）如果在产品 C 和产品 A 之间展开贸易，国家 1 在产品 A 的生产上具有比较优势，而国家 3 在产品 C 的生产上具有比较优势，因而国际贸易和分工还是在国家 1 和国家 3 之间展开。显然，在这个"3×3"贸易模型中，基于比较优势原理进行贸易和分工的结果就是：国家 1 生产产品 A，国家 3 生产产品 B，产品 C 则由国家 1 和国家 3 共同

① 表 11-1 是根据李嘉图比较优势原理而假设各国存在给定的不同生产技术。但它同样可以转换为 HOS 理论下的给定要素禀赋情形：三个国家拥有三种产品 A、B、C 的生产要素不同，从而导致在单位时间内带来的产品收益结果为表 11-1 中的数字。

生产，而国家 2 却找不到任何按照比较优势可以生产的产品。那么，国家 2 是否就因此被排除在国际贸易之外了呢？显然不是。要知道，国家 2 在产品 C 的生产上具有明显的绝对优势，它当然可以专业生产产品 C。

表 11-1 "3×3" 贸易模型

	效率（件/天）		
	产品 A	产品 B	产品 C
国家 1	8	2	8
国家 2	4	4	10
国家 3	2	8	8

更进一步地，表 11-1 所示的 "3×3" 贸易模型也只是对一个极其简单情形的简要说明，而现实世界的贸易关系要复杂得多，因为国际贸易涉及数百个国家，所涉及的产业、产品和企业更是数以万计。尤其是，真实世界中国际贸易和分工的复杂性还体现在：不同规模的经济体往往具有不同的生产能力，不同产业或产品存在不同的市场规模，不同产业或产品则存在不同的规模经济或成本变动趋势，等等。面对这么复杂的真实世界，我们又如何确定不同产业或产品的比较优势呢？事实上，施瓦茨在《选择的悖论》中就指出，人们所面临的选项越多时进行选择的结果往往不是最优，反而是更为糟糕的。由此，就有塞勒等人所倡导的《助推》，进而才会社会契约中"默认项"的广泛设置。其原因就如西蒙所指出的，人的理性是非常有限的，根本无法在数百个国家或者成千上万种产业、产品或企业的竞争中敏锐地识别出或理性地计算出其具有比较优势的产业和产品，进而最大限度地发挥其比较优势来获取最大交换收益。相反，识别或判断一国产业或产品主要由成本或价格高低所体现的绝对优势，这要相对容易得多。有鉴于此，根据更为直观的由产品价格或成本所显示的绝对优势来选择产业或产品，就是一个更

为理性和切实可行的依据，这也就是在国际贸易中实际贯彻的绝对优势原则。同时，基于绝对优势原则来选择产业或产品也符合信息节约原理，从而也就更容易为世界各国的实践所采用。

当然，尽管这里揭示出绝对优势是各国企业参与国际竞争时所真实参照和关注的，但这并不排斥比较优势原理。这至少可以体现在这样两方面：第一，这一绝对优势不是指生产能力上的优势，而是指生产成本上的优势，而成本优势本身就容纳了要素禀赋（如劳动工资、资本利润、资源租金等）、技术水平以及规模经济等因素。第二，比较优势可以从不同维度进行观察（如李嘉图的技术、俄林的要素禀赋、克鲁格曼的经济规模），这些不同维度的比较优势在现实世界竞争中总合成了绝对优势。此外，现实世界的真实贸易情形远比上述的理论和逻辑分析复杂，并且必然是绝对优势原理和比较优势原理共同起作用。关于这一点，我们又可以从两方面加以说明：一方面，如果一个国家在所有产业或者很多产业领域都拥有绝对优势，那么，基于静态的最大利益考虑，它就会首先选择其比较优势最大的产业（即绝对优势度最大或利润率最高的产业）。[1] 另一方面，在同质产品的国际竞争中，一国特定产业的绝对优势根本上取决于其成本，而成本大小则与劳动、资本、土地的价格以及劳动生产率和技术水平有关。显然，这些因素都曾被不同学说当作决定产业竞争优势的要素禀赋，因而绝对优势实质上已经内含了不同要素禀赋所决定的比较优势。也就是说，绝对优势原则的提出并不排斥和否定比较优势原理在产业选择或企业竞争中的作用发挥，相反，基于各个层面提升和改变比较优势的综合就构成了总体概念上的绝对优势。

既然如此，这里为何要重点强调绝对优势原则呢？其主要原因在于，在产业选择和产品生产中，要素禀赋的丰度仅仅影响了单位要素的价格，生产技术则影响了这些要素的利用效率，而规模经济又进一步影响了各类生产要

---

① 朱富强：《如何制定市场开放的产业政策：对林毅夫追赶型产业政策的拓展》，《教学与研究》2017 年第 3 期。

素的联合效率。这三者都是影响产品成本的重要因素，并且构成了不同维度的比较优势。这些比较优势最终都被综合成为产品的价格信号，价格的高低就决定了一国产业或者产品能否参与世界市场的竞争，以及能从国际贸易中获得多少剩余。因此，绝对优势就成为判断一国的某产业之国际竞争力的根本基础，这一判断标准更直观，也更便于发展中国家在产业选择和竞争优势提升中进行甄别和操作。也就是说，（要素禀赋、技术水平和规模经济）任何单一方面的因素都无法确立一国在相关产业上的比较优势，无法自动成为该产品的国际竞争优势。譬如，一些阿拉伯国家拥有丰富的石油资源，但这一要素禀赋并不能自动使得这些国家在炼油及其他相关产业上拥有比较优势和竞争优势，因为它还缺乏足够先进的生产技术。这样，通过对真实世界市场中竞争依据的考察，一国对产业目标的确定就显得更为清晰：一般地，基于绝对优势原则，每个国家都应该而且会致力于发展其综合成本更低、进而在国际竞争中的绝对优势更为明显或者绝对优势更容易提升的产业。

最后，基于绝对优势原则，我们可以更容易理解，伴随着经济发展带来的工资不断上升，无论是发达国家还是新兴市场国家的原有产业都会逐渐失去国际竞争优势；相应地，为了抵消工资成本上升对国际竞争优势的不利影响，这些国家就必须努力通过技术进步的方式来提高劳动生产率。①，根据

---

① 约翰·穆勒很早就指出，工资水平并不是一个完全由自然因素决定，而是体现了涉及文化、传统、制度和现实的社会选择。在开放的国际竞争环境中，只要技术水平得到改进，工资水平可以相应提高，并同时保持国际竞争力不变。相反，如果技术水平得不到改进，那么工资水平将永远停留在较低水平，这与一国的人口多少并没有很大关系。从这个角度上讲，过于偏重根于要素禀赋结构的比较优势往往会有误导性，它对要素的社会性考虑不足。究其原因，即使基于比较优势的交换而获得最大的资本积累，但资本积累也不意味着技术进步和产业升级，因为不同产业所使用的资本根本上是异质的。但新结构经济学的看法却是：资本的不断积累导致劳动相对价格的提高，因而企业主就会选择资本和技术密集型更高的产业。这里的问题还是在于，它将资本和技术视为外生的，并且可以随时获得；进而，这又依赖一个前提，本国与国际先进水平相差很大，从而导致资本和技术的流入不存在障碍。但实际情况却是：（1）资本和技术在国际间的流动往往存在不同程度的障碍：本国与国际领先水平越是接近，流动障碍就越大；（2）资本和技术本质上都是异质的，它的内生成长和蓄积都需要大量的投入：技术越是先进，需要的投入往往也越大。

绝对优势原则，由于劳动工资的上升而对国际竞争优势产生影响最大的是劳动密集型产业，因此，那些致力于跳出"中等收入陷阱"的国家就需要转向资本密集型产业，而这又会导致资本有机构成越来越高。显然，这体现了产业升级的基本特征，同时，这是由劳动密集型产业和资本次密集型产业向其他国家转移的过程。从这个角度上说，资本有机构成的提高和产业结构的升级，主要是由于工资上升而引发的绝对优势式微所衍生出的倒逼效应发酵的结果。同时，如果技术进步所提升的绝对优势要大于工资上升所抑制的绝对优势，那么，资本有机构成更高的产业在国际竞争中就会有更大的绝对优势，从而也会产生更大的国际竞争力以及更高的利润水平。至于如何取得技术进步，则是需要另外专门讨论的议题。

（二）不同产业的市场开放原则

在第一代结构主义发展经济学的理论指导下，发展中国家基于赶超目的而倾向于发展资本密集型产业；同时，这些产业背离了要素禀赋结构所决定的比较优势恰恰构成了发展中国家在参与国际市场分工初期所具竞争优势的根本性内容，这导致相关企业在开放市场环境中缺乏自生能力。有鉴于此，新结构经济学主张采用渐进双轨的体制改革方式和市场开放政策：一方面，对那些因背离由要素禀赋所决定的比较优势的产业，以及由此缺乏自生能力的企业，在转型期应该保留必要的补贴和保护；另一方面，对原来那些符合要素禀赋所决定的比较优势却受到抑制的产业，放开准入并鼓励竞争以促进其发展。不过，这种保护措施对发展中国家并不足够，这里接着分析。

前文的分析指出，即使一国的产业选择符合其要素禀赋结构所决定的比较优势，技术水平和经济规模等因素也会极大地影响它的国际竞争优势。尤其是，由于技术进步具有自我演化的特性，以及现代工业也具有普遍的规模经济，因而，在世界市场上经受长期竞争而生存下来的跨国公司往往都拥有技术创新和规模经济方面的巨大优势；相应地，发展中国家和经济转型国家的企业，即使因选择了与其要素禀赋结构相适应的产业而在国内封闭市场中拥有自生能力，但一旦进入开放的世界市场之后，也会因为缺乏相应的技术水平和规模经济而失去其自生能力。或者直接说，一个企业要在开放市场环境中具有自生能力，就需要拥有要素禀赋、技术水平和规模经济等方面的综合竞争优势。

考虑到发展中国家和经济转型国家的企业规模和技术特性，在改革过程中，如果对国内市场实行无保留的完全开放，那么，除了少数在要素禀赋上具有显著比较优势的产业（如矿产资源和农业）外，其他产业就很有可能被阻挡在世界市场之外。相应地，这个国家的发展结果往往是，或者呈现出单一的产业结构（通常或者是劳动密集型产业或者是资源密集型产业），或者出现整体经济的萎缩或停滞（即几乎所有产业都无法获得足够的市场份额）。其中，前者在亚洲、非洲、拉丁美洲的很多发展中国家中表现得非常明显，后者则充分体现在苏联和东欧社会主义国家。事实上，在经济全球化没有如此紧密之前，众多发展中国家的社会经济都处于封闭环境下，而且，那些非社会主义的发展中小国往往没有足够能力或者没有足够意愿推行经济赶超战略。因此，在原先的国内市场范围内，产业发展基本上符合要素禀赋结构，企业也具有一定的自生能力。但是，经济全球化的扩展打破了原先的封闭环境，原先有自生能力的企业在开放市场中就可能不再具有自生能力，原先基于比较优势发展的各产业在国际市场中也可能不再具有竞争优势。显然，考虑到企业自生能力在从封闭到开放的市场转换过程中可能的丧失问题，发展中国家和经济转型国家就需要对相关产业实行一定程度的保护，需要为这些产业的企业成长和规模壮大留有一定的市场空间。否则，在没有限制的市场开放下，这些产业的国内市场就会在短时间内为跨国公司所占有，而本国企业则失去了适应环境而成长到拥有规模经济的市场空间。①

----

① 朱富强：《如何制定市场开放的产业政策：对林毅夫追赶型产业政策的拓展》，《教学与研究》2017 年第 3 期。

因此，对发展中国家和经济转型国家来说，即使某个产业已经符合要素禀赋结构决定的比较优势，往往也需要受到一定程度的保护。一个明显的例子是，印度的 IT 产业尤其是软件业在世界市场上长期具有明显的比较优势，但是，现在的智能手机等产品的市场份额却越来越多地为来自中国的手机品牌小米、联想和 OPPO 等占有。为何会如此呢？一个重要原因就在于，印度外包式的软件业在发展上明显受制于海外需求，加上国内收入差距悬殊而导致市场狭窄，而中国智能手机业依凭国内的庞大规模已经具有相当的规模经济。① 有鉴于此，像 Micromax 和 Intex 等曾经主导印度手机市场的手机制造商都起来呼吁印度政府采取附加关税等手段对本土企业进行保护。问题是，发展中国家或经济转型国家究竟应该如何对不同产业进行选择性的市场保护？一般地，除了要保护那些在封闭市场环境中要素结构遭受扭曲的产业外，还需要考虑影响产业竞争优势的另外两大重要因素：该产业的规模经济特性和该产业的国内外技术差距。关于从国际竞争力到市场开放原则的逻辑，我们用图 11-1 做简化表示。

| 要素价格高
生产规模小
技术水平低 | 导致→ | 国际竞争力低 | 产业政策→ | 差异性保护 | 市场政策←·········→ | 差异性开放 | 三大原则 | 要素扭曲原则
规模经济原则
技术差距原则 |

图 11-1 发展中国家的市场开放原则

显然，上述框架对新结构经济学的早先假设做了推进：由于技术本身是一个不断建设和演化过程，发展中国家并不能自动获得新产业中的技术能力。有鉴于此，张夏准就强调，"获得更高技术能力的过程的本质，是一个试图赶上技术先进国家的国家，需要建立和保护它不具比较优势的产业"②。

---

① 当然，也有收入水平以及产业配套等方面的因素：印度的人均 GDP 只有中国的五分之一，手机所需要的电子零部件产业落后，而且，自主品牌的手机还要有大量的研发投入。

② 林毅夫：《新结构经济学：反思经济发展与政策的理论框架》，苏剑译，北京大学出版社 2014 年版，[英] 张夏准的评论，第 165 页。

同时，由于要素禀赋结构方面的保护原则已经为新结构经济学重点阐发，下面就与规模和技术相关的市场开放原则做简要剖析。

首先，规模经济原则。一般地，不同产业往往具有不同的规模经济特性和市场规模特性，相应地，当发展中国家或经济转型国家实行完全的市场开放时，外资大规模进入对本国企业的成长以及整体经济的发展所造成的影响将会因产业的不同而呈现出明显差异。有鉴于此，发展中国家或经济转型国家推行市场开放政策所依据的一个重要原则就是，根据产业的规模经济特性及其国内的市场规模特性来决定它的开放程度。（1）如果某产业的市场规模具有不断拓展的潜力，且该产业主要以缺乏规模经济的小企业生产为主，那么，就可以实行充分的市场开放政策。究其原因，在此类产业中，即使本国企业因市场开放而破产和倒闭，但率先进入的外资企业也不会取得显著的先占优势；相应地，该产业依然会留下足够的市场空间以供后起的本国企业成长和壮大。（2）如果某产业的市场规模具有明显的拓展上限，且该产业的生产又具有显著的规模经济特征，那么，就应该推行某种程度的市场保护。究其原因，在此类产业中，外国资本和企业往往会具有明显的先占优势，并由此形成对国内市场的全面控制和占有；相应地，不加限制的直接资本进入将会严重压缩或窒息本国企业的未来发展空间，甚至导致该行业根本就不会再有本国企业。①

其次，技术差距原则。一般地，从技术层面讲，一国对某产业究竟应该实行何种开放或保护政策，首先需要考虑这样两个方面：（1）该产业的技术水平是否具有国际领先地位，从而能够在开放市场中取得相当的竞争优势、进而可以获得高额的交换价值；（2）该产业的技术水平能否通过市场开放而获得提升，或者至少比在封闭市场环境中的技术水平提高更为快速，从而可以不断缩小与国际领先水平之间的差距。事实上，考虑到在劳动和资本等生产要素的价格不变的情况下，各产业在世界市场中的竞争优势主要取

---

① 正是由这类特征的产业会带来垄断的一般趋势，施蒂格勒提出了"斯密定理困境"一词。

决于技术水平的相对差距，而且，那些技术稍微领先的国家就可能占据世界市场（这里假设企业具有无限生产能力，而且产品没有差异）。① 也正因如此，在毫无缓冲、毫无准备的市场开放下，发展中国家的最先进生产部门往往最先遭受沉重打击②，这充分体现在苏联、东欧社会主义国家的经济转型过程中。有鉴于此，针对不同产业的国内外技术相对差距及其对发展中国家的产业竞争优势与提升的影响，不同产业的市场开放应该遵循技术差距原则。具体表现为：（1）如果某产业的技术水平与国际领先水平之间相差巨大，那么，通过市场开放来加强技术和商业交流往往是加快该产业的技术进步的重要且基本途径；（2）如果某产业的技术水平与国际领先水平间的差距不大，那么，就可以且应该对该产业采取基于边际原则③的市场保护，进而通过政策扶持或集中资源的技术攻关来取得国际竞争优势。④

显然，通过引入规模经济原则和技术差距原则的考虑，就可以为新结构经济学中的"弯道超车型"产业和追赶型产业的发展奠定更为坚实的理论基础和政策方向。一方面，就"弯道超车型"产业而言，主要体现为信息通信以及现代智能等知识型产业。这种产业往往具有这样两大特点：（1）技术更新快，但研发投入大；（2）规模经济显著，但初始固定资本大。显然，"弯道超车型"产业的发展就需要对国内市场一定程度的保护（甚至有

---

① 例如，苹果手机尽管技术稍微领先于小米、OPPO、vivo 手机，但并没有独占市场。其主要原因在于，（1）美国的劳动力成本高，导致苹果手机的价格高；（2）手机市场本身存在明显的分层，从而也就容易手机业的差异化发展。

② ［美］赖纳特：《富国为什么富 穷国为什么穷》，杨虎涛、陈国涛等译，中国人民大学出版社 2010 年版，第 130 页。

③ 技术差距最小的产业可以实现完全市场开放，因为不大的技术差距所造成的竞争劣势完全可以由更大幅度的劳动工资优势弥补。有鉴于此，尽管华为、小米、OPPO、vivo 等手机在技术上要低于三星、苹果手机，但由于差距不大，因而我国也就不需要对手机产业采取市场保护注册；同样，尽管三一重工、中联重科和德国的西门子、美国的卡特彼勒之间也存在稍许技术差距，但也不需要对装备制造业采取市场保护政策。

④ 朱富强：《如何制定市场开放的产业政策：对林毅夫追赶型产业政策的拓展》，《教学与研究》2017 年第 3 期。

时还需要政府资源的集中投入），否则，国外先进产业一旦进入就会严重挤压后起的本土相关产业。从现实情形看，这些产业的国际垄断性非常明显，甚至"互联网+企业"的巨头几乎都集中在美国，就是因为美国企业利用先发优势而迅速占领世界市场。另一方面，就追赶型产业而言，主要体现为汽车、高端装备业和高端材料等高端制造产业。这种产业的特点是：（1）发展中国家的技术和附加值水平与发达国家同类产业都存在一定差距，但差距大小在不同产业上存在差异；（2）如果说这种差距在开放之初对大多数产业来说都非常巨大，那么，追赶型产业的技术差距随着开放的深入已经大为缩小。显然，在这种情况下，发展中国家就可以通过适当的市场保护和资源补贴快速提升一些产业的竞争优势和一些企业的自生能力。①

最后，根据先易后难的上述边际开放原则，我们还可以理解金融业为何需要率先改革，因为金融业改革要比国有企业更为容易，而且，规范有效的银企关系也是健全企业运行机制的重要内容。② 事实上，发达金融体系不仅为企业提供有效的融资渠道和充足的市场信息，而且还要求企业提供税前利润、固定资本、流动资本等方面的财务数据以及股份结构、管理层构成、控制权分布、债权—债务关系等信息，从而有助于激励和迫使企业构建相对完善而透明的治理结构。当然，金融业的市场化改革并不意味着资本账户的全盘开放，其原因在于：（1）金融业也是典型的规模经济行业，全盘开放导致金融业为外资控制将会严重影响本国的社会经济安全；（2）在金融衍生

---

① 当然，新结构经济学的基本观点是，将技术视为具有高度的国际扩散性，从而发展中国家可以利用世界上已有的技术；相应地，在判断是否需要自主研发和创新时，主要考虑所在的行业是否已经处于世界产业和技术的前沿，因为最前沿的产业没有任何国际技术可以照搬。由此，需要进行自主技术研发的主要是产业和技术均处于全球前沿的发达国家，发展中国家需要自主研发则主要是战略型、领先型和弯道超车型产业，因为这些产业的技术很难引进；退出型产业的自主研发主要在产品设计上，目的在于控制产业链的国际分工；追赶型产业的技术则以引进为主，研发主要在流程上。

② 朱富强：《经济增长的逻辑：基于新结构经济学视角》，北京大学出版社 2018 年版，第 218 页。

工具不断创新的经济全球时代，金融业全盘开放将会促生和吸引大量投机性的热钱，这只会流向股票市场和房地产市场等，造成资产泡沫，对实体经济生产力水平的提高却没有帮助，这些已经为林毅夫所强调。① 事实上，目前社会大众之所以强烈反对金融开放，重要的担忧就是，金融开放导致国外游资涌入而扰乱国内经济——金融秩序，同时也会加速资本外逃和流失。例如，如果外国资金可以自由进入股票市场，那么一些国际金融大鳄就可能在国内资本市场坐庄而左右中国股市变动。又如，如果外国银行可以自由地在国内吸收存款并借贷给国外企业，那么，就会导致国内制造业资金大量流失。尤其是，当前中国金融市场出现非常不稳定的因素，这包括存在了很长时期的房地产泡沫，P2P泡沫崩溃引发的金融信心不足，股票市场的信心脆弱，以及国际政治经济环境的恶化，等等。正因如此，我们需要将金融开放和资本项目自由化区分开：一方面，允许国外银行等金融机构在国内运营，并为储户和企业提供更为便捷和更低成本的服务，进而促进整个金融业的运营效率和管理水平的提升；另一方面，不允许这些外资金融机构将其吸纳的储蓄或运营收益自由地由人民币转换为美元或其他国际货币，也不能随意地将国际货币转换成人民币来购买中国的有形资产和金融资产，更不能自由地将这些投资在中国资产、利润以及存款转移出境。事实上，这方面的资本项目管制并没有放松，也决不能轻易放松。试想：按照WTO的国民待遇原则，本国金融机构的上述经营活动尤其是外汇买卖和跨境资本流动等要受到银保监会等的严格管制，外资金融机构又何能例外呢？

三、政府推进产业升级的基本方式

在第二次世界大战后第一代结构主义发展经济学所推行的赶超战略下，

---

① Justin Yifu Lin，"Why I do not Support Complete Capital Account Liberalization"，*China Economic Journal*，Vol. 8，No. 1（2015），pp. 86-93.

传统计划经济国家和发展中国家往往倾向于采取价格倒挂或集中资源的方式发展资本密集型产业，不仅没能实现赶超，反而导致产业结构出现了或多或少的要素配置扭曲。基于这一情形，新结构经济学就强调，发展中国家和经济转型国家必须通过要素禀赋的配置优化和结构变动来促进比较优势的提升和产业结构的升级，进而可以通过引进获得与产业相适应的生产技术，由此促进经济的持续增长。不过，新结构经济学的基本观点是针对特定时期而言的，而如果考虑更一般的情形可以发现这样两点：（1）国际市场中的产业竞争优势和企业自生能力不仅取决于自然要素禀赋，而且也取决于技术等人为要素禀赋以及企业组织的生产规模等因素；（2）不仅技术进步本身具有独立的自我演进性，而且不同产业的技术发展也呈现出明显的不均衡性，乃至一个国家尤其一个大国的技术水平在不同产业领域存在较大差异。在很大程度上，正是由于技术进步对比较优势的不断注入，一个国家中具有国际竞争优势的产业发展往往就会呈现出与其自然要素禀赋结构相背离的结果。同时，由于不同产业中的技术进步不同，因而一国之内的不同产业与其自然要素禀赋结构相背离的程度也呈现出明显不一致。相应地，随着比较优势内涵的多元性和比较优势提升的多维度发展，这就为产业升级指向了不同的路径；进而，产业升级的不同路径也赋予政府的不同角色，要求它承担起不同的职能。有鉴于此，接下来剖析不同类型的国家在推进产业升级上所采取的方式差异，为当前中国产业升级的途径和路向提供思路。

（一）技术进步与产业升级方式

由于发展中国家和经济转型国家基于进口替代战略所大力发展的产业背离了其主要由要素禀赋所决定的比较优势，这就导致其相关企业在从在封闭市场转向开放市场时往往会缺乏自生能力（即使在竞争的国内市场中也是如此）。为此，新结构经济学就主张，应该发挥政府的积极作用来改变要素禀赋严重扭曲的情形，进而扶持具有潜在比较优势的产业。那么，何谓

"有潜在的比较优势产业"呢？新结构经济学的定义是：产业的要素生产成本在开放竞争市场中有优势，但同时又因软硬基础设施不完善而使得总成本在开放竞争市场中没有竞争力。也就是说，潜在比较优势体现在与要素禀赋相一致的产业上，但这些比较优势要转化为现实竞争优势还需要依赖政府帮助提供软硬基础设施并对这些产业中的先行企业给予外部性补偿。同时，新结构经济学基本观点还指出，产业结构的选择、调整和升级也应该且必须根基于比较优势的提升和转换，而比较优势的提升和转换则主要由要素禀赋结构的变动所引发。其中，要素禀赋结构变动的明显标志就是资本—劳动比的变化，而资本—劳动比变化又源于从基于比较优势的国际贸易中所获取的产品剩余和资本积累；进而，根基于现有要素禀赋结构的产业往往具有最强的国内和国际竞争力，可以获取最大限度的经济剩余和投资回报，从而有助于维系和引导社会经济的持续增长。概言之，基于要素禀赋视角，比较优势的转换和产业结构的升级根本上就是一个自然演进的动态过程，或者至多是一个小步跑的推进过程。

然而，张夏准提出了明显不同的观点：各国的比较优势根本上体现了在技术开发和利用上的不同能力，欠发达国家获得更高技术能力的过程本质上是赶上发达国家的先进技术，① 从而需要建立和保护它不具有（由要素禀赋结构决定的）比较优势的产业。张夏准从两方面来论证他的主张。（1）要素积累根本上以一定的具体形式进行，它不能随意地配置到任何产业之中。这意味着，一个国家即使已经拥有了汽车行业所需要的资本—劳动比，但是，以纺织机器等形式积累的旧资本也不能直接进入汽车行业。正是由于不存在具有普适性的"资本"或"劳动"，因此，一个国家不能等到积累了足够的物质资本和人力资本时再进入更先进的、更密集使用物质资本和人力资

---

① 这里，张夏准强调资源本身是偶然而非天然，资源能否被利用以及利用效果如何都涉及技术问题；但并不否定在技术进步已经导致资源可以被使用的情况下，要素禀赋差异对一国产业发展和竞争优势的影响。

本的行业。① （2）获取新产业所需的必要技术能力本身需要经历一个冗长的学习和实践过程，尤其依赖具体生产过程中的经验积累，这一过程所需要付出的时间和成本以及最终带来的潜在回报都难以预测。② 现实中，无论是德国、日本还是韩国的汽车行业，在发展过程几乎都离不开国家的直接和间接补贴，同时也依赖于政府通过各种形式的市场保护，并且都经历了较长时间的生产经验的积累。③ 正是基于资本的异质性和技术的发展特性，张夏准强调，如果一个国家要成功实现产业结构的升级，有时甚至恰恰需要在一定程度上背离那种由自然要素禀赋结构所决定的比较优势。同时，考虑到技术进步轨迹的内生性，有的产业升级就需要非常大的研发经费投入，也需要相当长的保护时间，这就导向了产业升级的跨越式途径。

在某种意义上，发展中国家都希望实现产业和经济的跨越式发展。但是，相对于发达国家，发展中国家往往缺乏经济规模和技术水平等方面的优势，因而就会致力于这样两方面的努力。（1）为了获得经济规模，发展中国家大多采用了市场保护政策，乃至采用封闭环境下的进口替代策略。问题是，对一些小国来说，仅有的国内市场规模根本无法与世界市场相比。结果，尽管一些垄断企业占据了全部的国内市场，但依然没有实现跨国企业那样的规模经济，进而也就缺乏开放国际市场上的竞争能力。（2）为了获得

---

① 但林毅夫认为，纺织机器的物资资本固然不能配置于汽车行业，但由纺织业的竞争优势所创造出来的利润和剩余则可以投资于汽车行业。问题是，资本投资于任何产业都会以某种具体形态呈现，这就是资本的异质性；进而，资本和利润向这种具体形态的转化往往并不那么轻易，并在相当程度上依赖于一国的技术能力。

② 林毅夫：《新结构经济学：反思经济发展与政策的理论框架》，苏剑译，北京大学出版社 2014 年版，[英] 张夏准的评论，第 163—164 页。

③ 但林毅夫认为，尽管日本、韩国的汽车行业都得到政府的支持，但在 20 世纪 60 年代中时日本的人均 GDP 已经是美国的 40%，在 70 年代中时韩国的人均 GDP 已经是美国的 20% 和日本的 30%，而中国和印度在 50 年代发展汽车行业时人均 GDP 只有美国的 5%。问题是，这个比例的度如何把握？在不同国家是否存在不同？尤其对人口和经济规模不同的国家来说更是如此，因为任何产业都需要规模经济，而大国只要很少一部分人而不是平均收入达到这个标准，那么就可以产生相应的市场需求。

技术优势，发展中国家又致力于技术自主创新和开发，乃至采用集中资源投入进行特定技术研发的模式。问题是，封闭市场环境下的自主开发往往无法充分和有效分享世界科技进步的信息，发展中国家的资源匮乏也使得技术创新只能集中在某些点上而形成不了整体面的技术进步。结果，一旦国内市场开放之后，大范围和大幅度的技术差距就显现出来，进而也就缺乏开放国际市场上的竞争能力。最后，无论是经济规模还是技术进步都依赖于资本积累，而资本短缺正是发展中国家的典型特征。在很大程度上，正是这两大困境最终招致了进口替代战略和结构主义发展经济学的失败。

有鉴于此，新结构经济学就强调，发展中国家应该实行与发达国家呈现差异化发展的产业或产品策略，而这种差异化又必须以自身的要素禀赋结构为基础，进而主张实行基于要素禀赋结构的产业开放政策。同时，为了快速把潜在的比较优势转变为现实的竞争优势，又需要完善软硬基础设施以降低交易费用，如创办工业园、经济特区等。更进一步地，工业园区的建设将会产生明显的集聚或集群效应，从而极大地推动技术进步和规模经济。一方面，在技术进步方面，群内的专业化分工与协作关系能够增进中小企业间有序竞争来激活企业创新能力，企业间的相互信任可以强化技术创新的合作，企业集群内部的竞争自强化机制将刺激企业创新，群内企业在地理上的接近也使相互学习新技术变得容易；另一方面，在规模经济方面，群内小企业可以通过统一对外促销、规范品质标准、认同专项技术、推广共同商标、共享集群信誉等谋取单个小企业很难具有的差异化优势，群内众多专业化供应商集中在一起就完全可以联合起来提供一个足够大的市场，群内储备的大量有经验的员工降低了小企业招聘的搜索成本和交易成本，群内小企业可以分享信息、资源、技术、设备、劳力以及运输等资源。①

其实，新结构经济学也充分认识到早期结构主义的优点：它强调创新以

---

① 朱富强：《协作系统观的企业理论——基于协调机制演化的分析》，社会科学文献出版社 2016 年版，第 608—609 页。

及技术变革在经济增长中的重要性，因为资本积累和产业结构升级都受到技术进步速度的制约。新结构经济学又认为，早期结构主义忽视了要素禀赋在产业竞争优势中的根本性作用，从而导致没有竞争力的产业的发展。[①] 进而，新结构经济学指出，技术内生于由要素禀赋结构所决定的产业中，并且，随着要素禀赋结构的变动而引致产业的升级，也必然会带来技术的不断进步。显然，在这里，新结构经济学所理解的技术内生性不同于张夏准，其原因在于，它关注的是发展中国家采纳发达国家所转移的产业及其技术，这些产业和技术都是已经存在的，发展中国家在大多数产业所面临的只是对既有技术的选择和应用。之所以关注已有技术的选择应用而不是技术的自主创新，就在于新结构经济学认为，至少在承接发达国家所转移产业的经济起飞和开放初期，学习、模仿和购买发达国家的先进技术要比自己投资研究和开发更有效。[②] 因此，从既有技术的应用上说，新结构经济学的产业政策明显适用于从市场封闭到市场开放的改革之初情境，此时，发达国家非常乐于且也需要将一些成熟的技术或者准备淘汰的技术转移到发展中国家，而这并不会对它们的国际竞争优势构成威胁，因为它们的技术已经大大领先了。

同时，从人类历史发展经验看，落后国家模仿发达国家的技术和产业而逐渐赶超几乎成了规律：早期的佛兰芒人和荷兰人就是从意大利借入了早期的商业技术而成为世界经济的领先者，后来英国人的生产技术则学习于荷兰人，而美国的工业技术学习于英国和其他国家，[③] 再后来日本学习美国以及其他欧洲国家，韩国以及中国台湾地区则学习日本。例如，英国著名经济史

---

① 林毅夫、[喀麦隆] 塞勒斯汀·孟加：《战胜命运：跨越贫困陷阱 创造经济奇迹》，张彤晓等译，北京大学出版社 2017 年版，第 88 页。

② 林毅夫：《本体与常无》，北京大学出版社 2005 年版，第 283 页。

③ 但林毅夫认为，技术学习和模仿只能在收入差距不大的国家之间展开，从而在解释这些例子需要非常小心。事实上，根据麦迪逊的资料，按 1990 年的购买力平价计算的国际元，1600 年英国的人均 GDP 为 974 元，是当年荷兰人均 GDP1381 元的 71%；1870 年美国的人均 GDP2445 元，是当年英国人均 GDP3190 元的 76%；这些国家间的收入差距就像现在韩国及德国和美国的差距一样。

学家托尼就写道："正如笛福观察到的，英国人善于改进一切东西，但没有任何发明，英国的经济组织长期以来一直非常灵活地吸收了从阿尔瓦手下逃出来的弗兰德织工和被法国驱逐出来的胡格诺教徒。"① 所以，鲍莫尔特别强调模仿引发的技术转移对追赶型经济发展有着非常重要的意义。② 不过，在过去数百年里，技术水平毕竟比较低级，技术进步也比较缓慢，因而落后国家有足够的能力和时间学习和模仿先进技术，再依据自身在要素禀赋上的比较优势而实现产业赶超。但是，现代技术要复杂得多，技术进步速度也要快得多，因而传统的技术模仿和学习方式就不再那么有效。尤其是，随着发展中国家的持续发展，技术差距就会逐渐缩小，此时，学习和模仿发达国家的技术就会变得越来越困难，因为发达国家会通过保密制度、专利制度等阻止新兴市场国家获得足以威胁其国际垄断地位的核心技术。在这种情形下，发展中国家的产业升级和经济增长又如何避免技术的制约呢？这就涉及技术进步的内生性问题，涉及技术的自我演化路径，进而涉及技术的自主研发和创新。有鉴于此，新结构经济学也区分了五种类型产业，并有针对性地分别探究了各类产业中的技术进步和产业升级。问题在于，这五种产业在升级方式和相关政策上内在统一性如何？一般地，好的学说能够且应该将各种现象纳入在统一分析框架下，能够用统一机理加以解释。

在这里，我们可以界分技术提升的两种内生性：一是既定技术的应用嵌入在特定产业中的内生性，这是技术的传播和扩散；二是技术进步中自我演化的内生性，这是技术本身的研发和创新。一般地，如果存在既定的技术可以方便应用，那么，就应该尽可能地加以模仿和借用以便节省研发成本。但是，当既定技术的借鉴和应用中存在巨大的交易成本时，就需要加强技术的自主研发。同时，既定技术在传播、转多和模仿中的交易成本往往随时空转换而变

---

① ［英］托尼：《宗教与资本主义的兴起》，沈汉等译，商务印书馆 2017 年版，第192 页。

② ［美］鲍莫尔：《企业家精神》，孙智君等译，武汉大学出版社 2010 年版，第 175 页。

动，依赖一国其他技术的发展水平。因此，全面契合技术的这两种内生性可以完善新结构经济学的产业升级政策，可以提升新结构经济学的学理性。一方面，根基于要素禀赋结构的比较优势转换来推进的产业升级和技术进步，这主要着眼于发展中国家或经济转型国家的经济起飞阶段；此时，欠发达国家主要生产与发达国家形成产业互补的初级品，欠发达国家所需要的低层次技术也随着发达国家的资本输出而扩散，因而在技术获得上具有明显的后发优势。在现实世界中，低收入国家的产业结构最初大多以资源（农业或矿产）为主，然后在经济发展过程中逐渐将包括劳动力在内的生产活动转移到非资源型产业中，其中也必然伴随着产业升级和技术进步。另一方面，随着欠发达国家从低收入阶段逐渐过渡到中等收入阶段，欠发达国家与发达国家之间的产业或产品就呈现出越来越强烈的竞争而非互补关系。此时，发达国家就会对技术输出的控制就会越来越严格，以致欠发达国家的技术进步不仅是一个既定技术的选择问题，而是技术进步本身的内生发展的问题。相应地，发展中国家和经济转型国家的技术进步以及相应的产业升级也就不再仅仅是一个适应要素禀赋结构变动的自然过程，而是需要依赖资源的投入这一自主行为。

最后，正是基于技术进步的这两种内生性，我们就可以将促进产业升级的两种方式统一起来。事实上，在日趋激烈的现代生产和竞争中，由于技术进步的内生性以及规模经济的普遍性，发展中国家和经济转型国家的企业只有具有一定的生产规模和拥有一定的技术水平，才拥有参与开放市场竞争的能力。同时，这种规模和技术往往不是一个产业或企业在短期内就可以独自发展出来的，相反，借助于国家力量可以极大地提升其速度和质量。究其原因，（1）不同产业的技术创新和进步具有明显的不均衡性，而且，现代技术创新和进步往往依赖于一国财力的投入，而不是资本积累的自然结果；（2）随着发展中国家和经济转型国家的国际竞争力提高，发达国家对影响其竞争力的技术也控制得越来越严。中国工程院院士倪光南就以中国高科技产业发展的切身感受指出，真正的核心技术是买不来的，是市场换不到的；

尤其是，中国发展到现在这个阶段，发达国家连比较重要的技术都会严密控制，更不要说核心技术了。既然如此，政府如何推动技术进步和产业升级呢？一般地，政府推动产业升级的首要前提在于，确定需要发展的产业目标；进而，根据目标产业与该国要素禀赋结构的背离程度，政府用于技术研发和创新等软硬基础设施建设所投入的资源也存在很大差异；相应地，这种资源投入不同也就导向了产业升级的两种基本方式：小步跑和大跨步。① 产业升级的不同方式及其逻辑依据，如图11-2所示。

图11-2　产业升级的两种方式

（二）两类升级方式的适用情境

随着将技术要素引入决定产业竞争优势以及比较优势的主要因素考量，这就为产业升级带来了小步跑和大跨步两种方式，这也有助于将新结构经济学的主张和张夏准的观点结合起来。② 问题是，在现实世界中如何灵活有效地运用这两种升级方式呢？这就需要具体考察这两种升级方式所伴随的成本和收益，需要进一步考察它们的差异的时空适用性。一般地，小步跑式产业

① 新结构经济学早先的观点认为，大跨步式产业发展和升级主要适用于少数的战略型产业，而这里则将之拓展为一般产业升级的可行方式之一，两者的差异在于对技术的可得性理解上存在不同。

② 林毅夫反对将大跨步式产业升级扩展为政府支持产业升级政策的一般形式，否则就与旧结构主义政策没有什么不同。其理由是，大跨步产业升级的政策支持投入巨大而且时间可能要十年甚至数十年，而政府的资源是有限的；相应地，把有限的资源用于大跨步的产业政策，就必然导致小步快跑的产业得不到政府的支持而发展不起来，这就像改革开放前我国劳动密集产业得不到发展一样。因此，林毅夫认为，大跨步的产业只能是少数和国防安全有关以及具有战略型意义的产业。

升级的特征在于产业结构的持续性小幅调整，这有助于充分发挥后发优势来吸收和利用已有技术，并能够维持社会经济的持续稳定发展。同时，产业结构的每一次调整都可能使原产业中的投资变成沉淀成本，从而也可能产生巨大的资源和资本浪费。① 与此不同，大跨步式产业升级的特征在于产业结构的断续性大幅转换，这有助于减少异质性资本在产业转换过程中的浪费，创设出新型的比较优势而实现经济和产业赶超。产业升级的步子迈得过大往往也会增加失败的概率，新型比较优势的创设也需要更大的资源投入。一般来说，（1）产业调整和升级的次数越多，造成的沉淀成本往往越大；（2）产业转换和升级的步伐越大，造成的失误和损害成本往往越大。既然如此，在产业升级的两种方式中，发展中国家和经济转型国家究竟该如何选择呢？关键性因素就在于国家所能动用的资源，而这很大程度上又与经济体的规模有关。

要了解经济体规模对产业升级方式选择的影响，我们首先可以剖析规模经济在现代国际竞争优势中的作用。一般地，现代产业中先进技术的应用以及劳动生产率的提升大多须以一定的生产和组织规模为基础和条件，而且，（1）越是现代产业链中最新分化出来的产业或产品，就越依赖市场规模的拓展；（2）越是经济体规模小的国家，就越需要依赖世界市场所提供的规模。由此可以看出，经济体规模不同的国家在采取不同产业升级方式时所面临的约束条件是不同的：大国产业所需要的规模经济在一定程度上可以通过国内市场保护的方式而实现，小国产业所需要的规模经济则更依赖于海外市场的拓展。同时，小国的初始资源少，产业升级所需要的资本积累主要来自

---

① 沉淀成本的大小与机器设备甚至人力资本的折旧率有关。一般来说，传统产业的折旧率低，因而频繁的升级造成的浪费就大；现代高新产业的折旧率高，因而往往处于不断的升级换代过程中。不过，林毅夫不赞同这种沉淀成本说，其理由是，对于已经失掉比较优势的产业，可以作为直接投资将其机器设备转移到工资水平比较低的发展中国家。他所举的例子是，20 世纪 80 年代台资、港资、韩资到我国大陆地区投资的劳动密集型加工业的设备大多数是用过的旧设备，我国现在到越南、柬埔寨、非洲投资的劳动密集型加工业的设备也是在国内使用过的旧设备。

企业的内部利润，而企业内部利润又来自国际市场中的交换价值和经济剩余；相应地，小国的产业发展就需要充分根基于要素禀赋结构决定的比较优势，从而也就更适合采用小步跑式产业升级。与此不同，大国的资源相对丰富，特定目标产业升级所需要的资本积累可以来自政府的投入，而这在很大程度上又源于国内市场的价值转移；相应地，大国的某些目标产业可以在更大程度上背离其自然要素禀赋结构，从而更容易采用大跨步式产业升级。①两种产业升级方式的适用性，如图 11-3 所示。

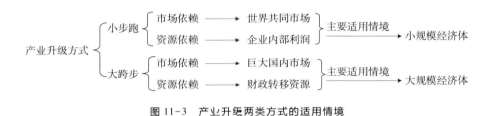

图 11-3　产业升级两类方式的适用情境

一般地，就小国而言，由于国内市场狭小而不足以产生全球化生产中平均的规模经济，因此，只有充分利用和立足世界市场，才能通过专业化生产而实现规模经济，进而得以避免"报酬递减的诅咒"。譬如，正是在开放市场经济中，芬兰的诺基亚公司才能与美国的摩托罗拉公司在平等地位上展开有力竞争，因为此时两者之间不再有规模经济上的优劣之别。从这个意义上，我们也就可以理解新结构经济学为何强调，遵循自身比较优势的产业往往不须依赖国内市场。当然，小国自身的劳动力和其他资源往往也都不丰富，因此，它在世界市场上的专业化生产优势根本上依赖于技术的不断进步和创新。在很大程度上，正是由于专业化技术被新的创新（如苹果公司领

①　林毅夫也不同意这一看法，其理由是，大国的劳动就业需要很大，只有发展符合比较优势的产业才能解决劳动就业的问题；同时，小国在产业升级上也经常需要政府的支持，如新加坡 20 世纪 80 年代从劳动密集的电子加工产业升级到石油化工产业，进入到 21 世纪以后进一步升级到生物制药产业，都是政府的大量投资的结果。因此，林毅夫的观点是，大国和小国的不同是大国的政府可以支持的产业数量比小国多，但是原则应该是相同的。

衔的智能化技术）超越或取代，曾经长期为全球销售冠军的诺基亚公司在世界市场的份额自 2009 年后就急速下降了①，这导致整个芬兰经济在短期内遭受了重创，如连续数年经济衰退，贸易顺差大幅度下滑乃至成为入超国，债务水平也接近欧盟规定的上限。② 与此不同，大国所拥有的庞大的潜在国内市场足以支撑大多数产业或产品达到规模经济的要求，从而往往无需过分依赖于国外的市场需求。尤其是，依赖外需的大国经济快速增长不仅会挤压其他国家的需求空间而引发其他国家的抵制，而且粗放式发展还会严重影响世界资源供求而引发资源价格波动。基于这一思维，我们就可以理解克鲁格曼何以会认为大国的经济增长主要依赖于内需而非外需。③

事实上，像中国这类发展中大国往往能够利用其规模优势而在资源型经济中多样化地创造出新的增长点，进而通过政府的因势利导作用而将之打造成一个个可持续发展的增长点。尤其是，现代技术发展非常快，产品研发、技术研发时间越来越短。这类新型产业往往具有显著的规模经济特性，因而发展中大国就可以充分利用"轨道转弯"的机会而确立自身的竞争优势。究其原因，（1）现代技术的开发主要以人力资本为主，而物质资本的投入

---

① 现代技术进步和创新带来的一个重要结果就是产品的差异化和多样化，并带来了相应的市场开放要求：（1）差异化和多样化会进一步细分国际市场，这有助于冲淡甚至克服由范围经济和规模经济所带来的长期垄断问题，从而可以采取更为积极的市场开放政策；（2）进一步差异化和多样化的产品要获得维持生存和发展，这就必须有足够的市场需求及其相应的规模经济，从而就带来了面向国际市场的要求。这是曾经作为通信业尤其是手机产品三大巨头的诺基亚、摩托罗拉以及爱立信为苹果、三星和华为等取代的深层原因。

② 林毅夫认为，这是任何处于国际领先产业的企业都可能面临的命运，如美国的柯勒胶卷、摩托罗拉手机和芬兰的诺基亚手机有不同的命运。这里强调的是，大企业的破产对大国和小国经济的影响程度是不同的。

③ 林毅夫不同意大国的发展主要靠内需的看法，而是强调一个产业只要是符合比较优势的，不管是大国或是小国都可以有国内和国际市场；相应地，更恰当的说法是，大国在新产品的研发上具有国内市场大，新产品研发出来后第一批量的生产容易达到规模经济，因而在和小国的竞争上具有优势。但这里强调的是，每一个产业的规模经济有一定的限度，大国的市场规模往往在不少产业的规模限度之外，从而可以充分实现这些产业的规模经济，而小国却往往不具有这个条件。

并不多；（2）大国的人力资本往往比较全面，在很多领域都拥有不输于发达国家的人才；（3）大国不仅可以为新产品提供潜在的批量市场，而且一开始就可以降低新产品的单位研发成本。例如，100多人用了不到1年的时间就设计出小米手机，而且利用国内市场迅速取得了规模经济优势。概言之，大国的庞大市场可以为技术创新和应用提供巨大支持，尤其是可以使得某些产业或产品在起步期就获得一定的规模而具有竞争优势。与此不同，像新加坡这类国家却没有这样的国内市场，从而就更需要利用世界市场作为技术创新的基础；即使是印度这样的人口大国，由于国内收入悬殊而缺乏足够的市场购买力，它很难利用国内市场将其先进的软件技术转化为有竞争力的IT产品。因此，考虑到技术创新与规模经济之间的正反馈效应以及规模经济对产业升级和经济竞争的重要影响，不同规模的经济体在产业升级上就应该且可以采取不同方式。

同时，不同规模经济体对产业升级方式的选择，也可以从两种方式对整体经济造成的不同影响中加以理解。（1）大跨步式产业升级往往要确定产业目标，而特定目标产业升级的成功与失败对不同规模经济体的影响是不同的：对小规模经济体的影响是巨大而深重的，因为小经济体的产业结构往往呈现出高度的一元性，单一产业的升级成败就会严重影响所有人的福利和生活水平；对大规模经济体的影响则要轻微得多，因为大经济体的产业结构呈现出明显的多元性，单一产业的升级成败只会影响少数人的福利和生活水平。（2）大跨步式产业升级往往需要巨大的学习成本和科研成本，而这些成本对不同规模经济体的影响是不同的：对小规模经济体的影响是巨大的，因为对一元产业结构的小经济体来说，这种大跨步式产业升级的跳跃性更强，所需资源占全国资源的比例更大；对大规模经济体的影响则要轻微得多，因为对多元产业结构的大经济体来说，这种大跨步式产业升级依然存在很多可利用的人力和技术资源，所需资源占全国资源的比例也要小得多。

最后，需要指出的是，这里讲大跨步式产业升级更适合大国，仅仅是指大国在某些特定目标产业上更容易实现大跨步式的升级方式，而不是说所有产业都可以同步实现大跨步式升级。① 同样，这里讲小步跑式产业升级更适合小国，也并非是指小国在任何特定目标产业上都无法实现大跨步式升级，至多是说小国能够成功推行大跨步式升级的产业比重要小于大国。事实上，经济体的规模越大，产业往往越多元，越容易从中甄别那些关系国计民生的关键性产业，或者说战略性产业。相反，经济体的规模越小，产业往往越集中，很难再在少数集中产业中再做更进一步的类型细分，因而小国更注重切合本国的要素禀赋优势来发展优势产业。更进一步地，经济体的规模越大，产业分布就越多元，大跨步式产业升级所面临的创新风险往往越小，跨越式发展特定产业所需资源占全国资源的占比就越低；进而，产业的多元性，也就意味着产业分布的连续性，特定产业的跨越式发展可利用的其他相关资源就越丰富。正是从这个角度上说，发展中大国在那些战略型产业上通过自主创新而实现跨越式发展也就更为可行，因为战略型产业往往是资本非常密集型产业，具有研发周期长、投入资源多以及风险巨大等特点，这不仅需要财政直接拨款来支持技术研发，而且这种财力不是小国所能承受的，因而小国往往无法建立起战略型产业。

一个明显的案例就是大飞机。大飞机具有这样两大特点：（1）需要具有综合各种技术的能力而不是某种单项技术的掌握和突破，这种大型复杂的技术依赖长期的经验积累，依赖持续的技术和产品研发，从而需要建立起可持续的研发队伍和产品开发平台；（2）需要具有相对完善的配套能力而不只是简单的产品组装，这种配套能力依赖于相关产品的产业链建设，尤其是需要有技术和能力去协调供应链而不能受制于供应商，否则就会成为产业化过程和参与国际竞争过程的软肋。事实上，波音等之所以把一些零部件生产

---

① 在很大程度上，传统实行进口替代战略的国家尤其是强力推行赶超战略的社会主义国家之所以失败，就在于，它们试图实行全方位的普遍性大跨步式产业升级，这不仅需要它们根本无法提供的资源投入，而且也潜含了"将所有鸡蛋放在一个篮子"的豪赌风险。

和研发工作转移给他国，仅仅是基于成本因素而不是自身没有这种能力，从而也就能够有效地控制供应商。正因如此，大飞机的建设关键在于自主研发，在于长期的研发中积累经验和能力，而不能贪图一时的方便和利益而直接购买产品和技术。路风就写道："国家的战略目标不仅仅是得到一两个产品，而是建立起可持续的产品开发平台，最终获得技术能力"，而且，"只要明确这个战略重点，就不会因为短期的缺点和弱点而动摇长期的意志和既定的目标"[①]。当然，只有大国才有能力在大飞机之类产业上实现跨越式发展，甚至才能建立起这类产业，因为它不仅需要资源的长期投入，更需要配套零部件的市场供应，以及产品需求的广大市场。

四、结语

在实行市场开放的过程中，发展中国家和经济转型国家应该对不同产业实行差异性政策，这不仅要考虑产业与要素禀赋构成，而且要考虑该产业的规模经济特征和技术水平差距。一方面，从国际竞争的绝对优势原理上看，影响产业国际竞争优势或企业自生能力的因素包括要素禀赋、规模经济和技术水平等诸方面。其中，要素禀赋对国际竞争优势的影响，主要体现为资本和劳动等生产要素的价格，而这些生产要素的价格具有不断缩小和趋同的趋势；相应地，规模经济和技术水平是影响国际竞争优势的更重要且更持久的因素，也是市场开放过程中需要考虑的核心因素。另一方面，企业自生能力本身就是环境依赖的：在小范围内拥有自生能力的企业，在更大范围内并不一定还会拥有同样的自生能力；相应地，着眼于开放市场中的企业自生能力，市场开放政策也就必须考虑规模经济、市场特性以及技术差距等因素。我们也必须认识到，由要素禀赋决定的竞争优势是自然的，由规模和技术决

[①] 赵忆宁：《沉浮：中国大飞机的三十年》，《21世纪经济报道》2015年11月2日。

定的竞争优势则是人为的，有赖于资源和时间的投入，往往要牺牲暂时的交换价值和经济剩余。要素禀赋遭受的扭曲越大，那么依靠技术和规模来弥补所需要的资源投入和财富损失也就越大。

由此，我们可以更清楚地理解：新结构经济学为何要将其重心放在由要素禀赋所决定的比较优势上？一个重要原因就在于：一方面，要素禀赋构成了在经济起飞初期比较优势的最为基础性成分，而此时发展中国家又缺乏足够的资源和时间来借助技术提高和规模壮大提升产业的竞争优势；另一方面，早期进口替代战略完全无视要素禀赋对产业比较优势的关键性影响，乃至无法通过充分发挥要素禀赋优势来获得市场份额和相应的资本利润，反而出现了资本从发展中国家流向发达国家的卢卡斯谜题。① 有鉴于此，新结构经济学强调，发展中国家必须正视自身的要素禀赋结构，要充分发展由要素禀赋结构提供的比较优势；相应地，在市场开放过程中，需要采用积极政策（包括短期的补贴和保护）以促使那些符合要素禀赋结构的产业得以发展和壮大，进而在未来开放后的国际市场上可以拥有相当的自生能力和竞争优势。当然，新结构经济学也认为，发展中国家在制定发展战略时，也需要克制短期的利益诱惑而追求更长期的收益，这就如"棉花糖实验"中的那些享受延迟的孩子往往有更高的预期 SAT 分数和体质指数一样②，那些能够克服短期交换价值诱惑而进行技术创新的产业或企业在未来往往拥有更强的竞争优势。

同时，考虑到技术进步的两种基本路径，由此导向了产业升级的两种基本方式。（1）源于创新的技术进步，这呈现出具有自我依赖和反馈效应，由此导向依赖技术自主开发的逆比较优势的产业升级策略；（2）源于传播

---

① R. Lucas, "Why doesn't Capital Flow from Rich to Poor Countries?" *American Economic Review*, Vol. 80, No. 2 (1990), pp. 92-96.

② 林毅夫、［喀麦隆］塞勒斯汀·孟加：《战胜命运：跨越贫困陷阱 创造经济奇迹》，张彤晓等译，北京大学出版社 2017 年版，第 199 页。

的技术进步，这往往与外来投资和产业迁移相联系，由此导向依赖技术自然转移的顺比较优势的策略产业升级。显然，前者是张夏准等人关注的，后者则为新结构经济学所强调。同时，这两种产业升级方式往往与不同的经济情境相适应：规模较大的经济体通常能够技术开发投入而在某些特定目标产业上实现大跨步升级方式，而规模较小的经济体通常只能遵循比较优势而采用小步跑式产业升级方式。基于这一分析逻辑可知，中国社会的产业升级就不必固守由要素禀赋决定的比较优势，而是可以通过技术自主创新以在一些重要行业实现突破。也正是基于这种考虑，新结构经济学区分了五种产业分别进行讨论，而不是把小步跑和大跨步作为两种不同的战略对立起来讨论。在新结构经济学看来，五种产业中的前三种（追赶型、领先型、退出型）主要实行小步跑式的产业升级，但第四种弯道超车型产业和第五种战略型产业则可以并需要依赖国家的集中投入而实现赶超和突破式发展。其理由是，弯道超车型产业以人力资本投入为三，我国和发达国家在此要素禀赋上比并无比较劣势，而且还有国内大市场及各种部件配套齐全的优势，从而可以和发达国家站住同一条起跑线上；至于战略型产业，则主要是基于国防安全或技术路线的考虑，因而即使违反比较优势而不具有效率，也需要国家的扶持。问题是，将不同产业分别与不同理论相联系，使用不同理论来加以阐释，这实际上正是理论不成熟的表现。相应也，本章的工作则将不同类型统一在同一分析框架下，有助于从学理性上提升理论的系统性和一致性，进而也有助于推动相关理论的进步和成熟。

12. 再论产业升级中的有为政府功能
——产业政策的两大思潮及其架桥

导读：激进发展经济学及演化发展经济学与新结构经济学围绕产业政策的制定依据展开了激烈争论：前者推行技术拉动的产业政策，强调加快技术自主创新；后者主张资本推动的产业政策，强调提升要素禀赋结构。实际上，产业政策争论反映出了两种不同的技术内生观，进而表现为技术进步的两种路径依赖：内部路径依赖与本国研发投入和学习机会等内部特征有关，外部路径依赖则与要素禀赋和经济系统等外部条件有关。同时，考虑到要素的异质性和技术的专用性，以及技术对要素相对价格的影响，一国的技术革新应该兼顾两类依赖路径。因此，看似对立的思维和范式背后实质上也存在很强的相通性，周全的产业和科技政策需要契合这两种视角的思维和认识。

一、引言

林毅夫努力推行的新结构经济学引发了激烈的产业政策之争，这个争论实际上体现在两个层次上：第一个层次，是否需要产业政策？政府应否承担积极的经济功能？第二个层次，政府如何制定合理的产业政策？政府的经济职能界限在哪儿？前一层次的争论主要发生在张维迎和林毅夫之间，由此引发了奥地利经济学范式和新古典经济学范式之争，涉及对市场失灵根源的不同看法。不过，尽管这一层次的争论非常激烈，也引起了广泛的影响，但是，中肯而现实的经济学人大体上还是形成了这样的共识：是否需要产业政策是一个伪问题，而真正应该关注的问题是如何制定有效的产业政策。① 这样，争论就上升到第二层次：政府究竟应该推行什么样的产业政策呢？制定产业政策的合理依据是什么呢？这一争论主要体现在激进发展经济学与新古典经济学的思维和范式上的差异：新结构经济学总体上承袭新古典经济学分析框架而从市场失灵中导出有为政府的积极功能，激进发展经济学则反对新古典经济学范式而倡导更大力度的产业政策和政府作用。②

同时，从学说史看，产业政策的探究首先源自一群历史主义学者或者经济史学家，影响至今的如李斯特的生产力学说、格尔申克隆的替代模式和熊彼特的创新说。这些学者不是抽象地讨论普适性的产业和经济政策，而是将之立基于一国的历史和现实，从动态角度剖析技术发展和产业升级的内在演进性，从而强调后发国家的政府作为市场的替代力量来推进经济增长和现代化发展。显然，这种思维和学说往往容易为民族主义经济学家所接受。同时，为了对抗支配性的新古典经济学范式，民族主义经济学家也积极吸纳激进发展经济学有关发展中国家的信息、技术、市场等结构不同于发达国家的论述，并将之纳入演化经济学的分析框架之中。这样，发达国家中呈现的激进发展经济学与新古典经济学之争，在时下中国学术界尤其是此次产业政策之争中就演变成演化经济学与新结构经济学的思维和政策之争。其中，演化经济学赋予政府更为独立的生产性功能，更加注重技术的自主研发。③ 显然，由于演化经济学与新结构经济学的学说和主张根基于更为不同的思维范式和分析框架，因而似乎更难以调和。那么，这两种学说思潮果真如此对立吗？为此，本章对两者的共性进行学理性挖掘，并致力于契合两者的思维和

---

① 朱富强：《为何需要产业政策：张维迎和林毅夫之争的逻辑考辩》，《社会科学战线》2017 年第 4 期。

② 宋磊：《被忽视的政治逻辑和管理实践——对林毅夫、张维迎之争再反思》，《文化纵横》2016 年第 12 期。

③ 贾根良：《中国应该走一条什么样的技术追赶道路》，《求是》2014 年第 6 期。

认知而探索更为周全的产业和科技政策。

二、产业升级的方式之争：技术拉动与资本推动

在当前学术界，围绕产业政策的制定依据所展开的争论主要集中在：一是重视一国要素禀赋结构而遵循比较优势原则，二是强调技术的内生演化而背离比较优势原则。一般地，前者关注要素结构的变动，尤其重视资本的积累，从而就导向资本推动的产业升级路向；后者则关注技术水平的进步，进而重视科研的开发和投入，从而导向技术拉动的产业升级路向。这两种主张典型地体现在林毅夫与张夏准之间，以张夏准的话作为总结："毅夫相信国家干预虽然重要，但应该主要是促进一个国家比较优势的利用；而我则认为，比较优势虽然重要，却不过是一个基线，一个国家想升级产业，就需要违背比较优势。"① 那么，我们究竟该如何理解这两种产业政策之争呢？这里围绕林毅夫与张夏准等人的认知差异及其内在逻辑做比较性分析。

一般地，林毅夫倡导的新结构经济学强调，产业政策的制定应该遵循比较优势原则，产业结构的选择、转换和升级都应该根基于要素禀赋结构的变动；相应地，政府的作用就在于，确保产业能够按照要素禀赋结构内生变动而升级，进而通过完善软硬基础设施来帮助企业培育和提升自生能力。同时，新结构经济学还认为，要素禀赋结构变动主要体现为资本—劳动比的变化，而资本—劳动比变化又源于从基于比较优势的国际贸易中所获取的产品剩余和资本积累。因此，它强调资本积累在产业升级和发展的根本性作用，从而主张资本推动的产业升级。与此不同，张夏准等人则指出，各国的比较优势根本上体现了在技术开发和利用上的不同能力，技术水平将会改变要素禀赋的相对价格，进而导致一国具有国际竞争优势的产业发展与其要素禀赋

---

① 林毅夫：《新结构经济学：反思经济发展与政策的理论框架》，苏剑译，北京大学出版社 2014 年版，［英］张夏准的评论，第 161 页。

结构的背离；同时，资本的异质性和技术的自我发展性，使得发展中国家要获得较高的技术能力，就需要进行技术的研发和投入。正因如此，张夏准等人强调，发展中国家的产业发展不应该固守其要素禀赋结构，而应该通过技术革新来建立和保护它不具有比较优势的产业以获取最大收益，从而主张技术拉动的产业升级。①

我们如何理解两者的差异呢？其实，新结构经济学的产业政策潜含了这样的假设前提：发展中国家面临着一个资本密集度从低到高的技术和产业谱系的给定存在，以致以引进为主的技术创新和产业升级可以不断进行，而其中的根本性障碍则在于资本的稀缺。同时，新结构经济学的产业政策还预示了这样的现实依据：发展中国家自身投资技术研发不仅成功率很低，而且商业化率更低，而学习、模仿和购买发达国家的先进技术要比自己投资研究和开发更有效。为此，新结构经济学认为，发展中国家在大多数产业（主要是林毅夫界定的追赶型产业）上都只需要对既有技术进行选择和应用，而不应该在技术上花费太多成本进行自主创新。在林毅夫看来，技术模仿具有后发优势，许多技术已经过了专利保护期；进而，即使是发达国家刚发明的新技术，购买专利的成本往往只有开发成本的 1/3 左右，况且所购买的技术往往也是被证明成功的和有商业价值的技术。② 确实，在过去数百年里，由于技术层次较低级，技术进步也较缓慢，因而发展中国家往往有足够的能力和时间来模仿、学习和消化发达国家的先进技术，再凭借自身在要素禀赋上的比较优势而实现产业竞争优势的超出。

问题是，随着发展中国家的经济持续发展以及由此带来的技术差距的逐渐缩小，模仿和学习发达国家的技术就会变得越来越困难，因为发达国家逐渐意识到通过保密制度、专利制度等来阻止其核心技术的外流以降低新兴市

---

① 林毅夫：《新结构经济学：反思经济发展与政策的理论框架》，苏剑译，北京大学出版社 2014 年版，[英] 张夏准的评论，第 164、176 页。
② 林毅夫：《本体与常元》，北京大学出版社 2005 年版，第 283 页。

场国家对其国际垄断地位的威胁。在这种情形下，发展中国家的产业升级和经济增长就会逐渐陷入"技术陷阱"，看似蓬勃发展的产业因为缺乏核心技术而受制于国际资本。那么，又如何避免这一点呢？显然，这就需要从更全面的视角来审视一国的技术进步，需要考虑技术进步的自我演化性，这就涉及技术获得的另一种内生性。一般地，如果技术与产业（尤其是产品）较好地结合在一起，那么，先进技术将随着产业的转移而传播；相应地，此时的后发国家对既有的先进技术往往可以廉价地吸收和使用，从而也就需要且可以学习和模仿发达国家的产业和技术以节省研发成本，在资本极度稀缺的情况下尤其如此。相反，如果技术与产业（尤其是产品）存在明显的分离，那么，产业的转移并不带来技术水平的提高；相应地，此时的后发国家并不能容易地学习、接受和使用既有的先进技术，从而应该着手技术的自主研发以避免"技术陷阱"，一个面临技术封锁的大国更应如此。在很大程度上，只有通盘考虑技术的两种内生性，才可以制定出更全面的产业升级政策，才能避免产业发展的中断。

当然，究竟如何提升其技术水平和产业结构，也与一国的具体条件有关。一般来说，劳动和资源等要素禀赋往往是自然的，充分利用这些自然因素来提升竞争优势往往比较廉价。与此不同，技术提升不仅需要资源和时间的投入，而且还要牺牲暂时的交换价值和经济剩余，因而完全通过技术进步来提高竞争优势往往比较昂贵。由此，我们获得进一步的推论：在确定产业发展目标时，要素禀赋遭受扭曲的程度越大，那么，通过技术进步来获取相应竞争优势所支付的代价也越大。在很大程度上，这也是林毅夫反对将大跨步式的产业升级扩展为政府支持产业升级政策的一般形式的根本原因，相反，林毅夫更倾向于将大跨步式的产业升级局限在和国防安全有关以及具有战略型意义的少数产业上。而且，这一点实际上也得到了张夏准的认同，张夏准写道："毅夫说要避免过多地偏离比较优势，这是绝对正确的。比较优势的确提供了一个有用的指南，告诉我们国家为保护其幼稚产业做出了多大的牺牲。越偏离比较优势，在新产业获取技术能力所要付出的就越多。"① 这也反映出，尽管张夏准强调技术在资源能否被利用以及利用效果如何上的关键作用，但也并不否定在技术进步已经导致资源可以被使用的情况下，要素禀赋差异对一国产业发展和竞争优势具有显著的影响。

与此同时，新结构经济学也从来不否认技术进步（通过盗用、模仿或创新）是维持长期经济增长的根本性来源。例如，林毅夫就强调："持续的技术升级是一国长期动态增长的最重要驱动力。"② 差异仅仅在于，如何推动技术进步？新结构经济学的不足在于，仅仅将技术视为内生于产业的，希望通过推动要素禀赋结构的变动来促进产业结构升级，进而获取已经存在的先进技术。所以，林毅夫说："愿意和能够不断地利用技术进步的国家，必须将它们的要素禀赋（劳动力、资本）准备好，并通过宏观经济和部门政策来引导人力资本和物质资本的积累。"③ 在林毅夫看来，即使一个发展中经济体使其升级的产业达到规模经济、掌握技术，只要这个产业违反其要素禀赋结构所决定的比较优势，也无法与资本相对丰富且在此产业上具有比较优势的国家竞争。林毅夫举例说，如从拥有发达国家的先进技术上讲，苏联和现在的俄罗斯在航空、航天等美国拥有的最先进产业上几乎不相上下，却没有因为拥有这些技术而在经济上赶上美国。正是基于这一认知逻辑，新结构经济学倾向于以要素禀赋结构而不是以规模经济、产业集群、技术学习等作为分析的切入点和理论体系建设的基础。

然而，正如上面分析指出的，由于先进技术尤其是核心技术在国际间的流动和传播并不那么容易，自主研发的技术进步也呈现出明显的路径依赖；

① 林毅夫：《新结构经济学：反思经济发展与政策的理论框架》，苏剑译，北京大学出版社 2014 年版，［英］张夏准的评论，第 163 页。
② 林毅夫：《经济发展与转型：思潮、战略与自生能力》，北京大学出版社 2008 年版，第 95 页。
③ 林毅夫、［喀麦隆］塞勒斯汀·孟加：《战胜命运：跨越贫困陷阱 创造经济奇迹》，张彤晓等译，北京大学出版社 2017 年版，第 183 页。

那么，一个国家如果局限于要素禀赋结构及其决定的比较优势来制定产业政策，也很可能导致技术偏离演化路径而无法取得实质进步，或者发展历程长期受制于发达国家，这些都将严重制约一国产业在国际市场的长期竞争能力和一国经济的持续发展能力。相反，更为合理的产业政策不仅要考虑要素禀赋决定的比较优势，同时也需要通过技术研发的注入使得产业比较优势能够适当偏离要素禀赋结构。为此，张夏准提出在一个国家的经济或产业偏离其比较优势的程度与该国的经济增长率之间的倒 U 形曲线关系：在某个点之前，偏离其比较优势的程度越大，经济增长率也将越高；该点之后，产业保护的负效应开始显现，甚至导致整体经济的负增长。实际上，林毅夫和张夏准都同意：在产业升级时到底是小步快跑好还是大跨步好，这是一个度的问题，也是经验的问题。① 从这个意义上说，两派的认知差异实质上并不如外界所想象的那样大：新结构经济学并不只是将产业升级局限在要素禀赋的变动上，张夏准等也不是简单地要以技术替代要素禀赋作为促进产业升级的基本动力。

三、技术进步的路径之争：内部依赖与外部依赖

时下的产业政策之争是基于经济全球化和贸易自由化这一大背景，体现为经济一体化下一国的应对措施。一般地，经济全球化的推进往往会带来报酬递增、技术创新和网络协同等好处，这不仅有助于生产出更为廉价的产品和服务，也有助于分工的深化而创造更大的就业机会。不过，我们也清楚地看到，经济全球化在促进全球物质财富增长的同时，也加速了国家间的贫富分化。那么，不同国家为何会出现这种发展上的巨大差异呢？关键就在于它们的产业结构选择，因为不同产品和服务的生产往往具有不同程度的规模经

① 林毅夫：《新结构经济学：反思经济发展与政策的理论框架》，苏剑译，北京大学出版社 2014 年版，[英] 张夏准的评论，第 170 页。

济或规模不经济。一般地，劳动、土地、资本等自然资源的使用往往随着规模的不断扩大最终出现报酬递减的趋势，以自然资源为主要生产要素的产业就会具有规模不经济现象。相反，技术这类人为资源的使用往往随着规模的不断扩大呈现出越来越强的报酬递增趋势，以人为资源为主要生产要素的产业就会具有显著的规模经济。赖纳特就写道："在这种不对称的全球化……之下，那些专门从事报酬递增活动的国家将很容易陷入'专业化'贫穷……富国专门从事具有人为比较优势的活动，而穷国则专门从事具有天然比较优势的活动。那些具有天然比较优势的出口品生产迟早将进入报酬递减阶段，因为大自然母亲提供的是一种具有品质产业的生产要素，而人们通常会首先使用那些品质最好的要素。"① 从这个角度上说，现代社会的经济增长和产业发展根本上就依赖于人为资源的积累和应用，进而依赖于技术水平的不断进步。

本质上，产业升级体现为产业向较高生产率和较高附加值的经济活动转移，而技术进步是实现这种转移的基本动力。问题是，如何有效推动技术进步？实际上，林毅夫与张夏准之间的产业政策争论反映出了两种不同的技术内生观：一是既定技术应用上嵌入在特定产业中的内生性；二是技术进步中自我演化的内生性。林毅夫的观点是：（1）同一产业在全球都使用大致相似的生产技术，因而一国的技术水平就内生于由要素禀赋结构所决定的产业中；（2）一国技术主要随着产业升级而不断进步，而产业升级则根基于要素禀赋结构的变动，而要素禀赋结构的变动又体现为资本的积累；（3）为了最大限度地提高资本积累，就需要充分发挥比较优势并在国际贸易中获取交换价值。显然，基于这一视角和分析逻辑，发展中国家需要发展的产业及其技术在发达国家都已经存在，产业的转移和升级就会自然带来技术的进步；相应地，新结构经济学也就主要关注产业的转移和升级而不关注技术的

---

① ［美］赖纳特：《富国为什么富 穷国为什么穷》，杨虎涛、陈国涛等译，中国人民大学出版社 2010 年版，第 85 页。

传播和变迁，进而重视资本的积累和要素禀赋的提升。张夏准等人则提出不同观点：（1）同一产业或产品生产在不同国家往往使用不同技术，而这构成了竞争优势；（2）不同产业所使用的资本根本上是异质的，任何呈现具体形式的资本都不能随意地配置，资本积累也不意味着技术进步和产业升级；（3）获取新产业所需技术往往要经历一个冗长的学习和实践过程，尤其依赖具体生产过程中的经验积累。因此，张夏准等人所关注的重点不在于如何充分利用由要素禀赋决定的比较优势在国际贸易中获取最大的交换价值和资本积累，而是关注如何缩小技术差距乃至实现技术赶超；进而，要成功实现产业转换和升级，往往就需要投入高额的研发经费。

　　一般地，张夏准所持的技术内生观反映出技术的自我演化特性，从而体现了演化经济学的基本思维。相反，林毅夫所持的技术内生观将技术与已经存在的海外产业结合在一起，从而从另一个角度又可以视为是外生的。因此，这两种技术内生观又引起演化经济学与新结构经济学之间的思维和方法之争，这种方法论差异为路风、贾根良等人所深入剖析。总体上说，贾根良和路风等人所主张的政府作用无论在广度上还是强度上都远比新结构经济学为大，同时，他们积极采用演化经济学思维来理解技术和创新的内生性及其进步，从而主张与新古典经济学的思维和原理进一步脱离。不过，撇开各自强调的分歧，我们依然可以看到两者之间的显著共性。我们先来剖析两类技术内生性之间的相通性。事实上，即使基于演化视角，技术进步也呈现出两大基本特点：（1）技术发展和进步过程中产生一个路径依赖效应，现有技术的发展方向和革新能力与历史上的相应投入有关。从这个意义上说，技术进步和产业升级根本上依赖于本国在这方面的投入，而且这是一个费时耗力的过程。（2）技术发展和进步也不是孤立的，必须与一国的要素禀赋相适应才可以取得最大化的竞争优势。从这个意义上说，一国对技术的投入以及相应产业的规划就不是任意的而是有选择的，而要素禀赋结构往往构成了一个重要的选择依据。基于方法论的契合主义思维，笔者认为，技术革新应该兼顾新结构经济学和演化经济学各自侧重的两种内生性。

在很大程度上，技术变迁的内生性体现了技术之间的正反馈机制，关于这一点，阿瑟早期就做了深入的研究。阿瑟写道："新技术需要更多的其他新技术来支持。例如，在人们发明了电脑以后，电脑就需要或'要求'更强大的数据储存技术、计算机编程语言、计算算法及固态开关设备，等等。而且，新技术也为其他新技术的出现创造了条件。举例来说，真空管的问世，使得无线电的传送和接受、广播、继电器电路、早期计算机以及雷达等技术的出现成为可能，或者说它为后来的这些技术提供了'供给'。同时，这些新技术反过来又催生了对更新技术的需求和供给。由此可见，一项新技术并不是只会使均衡受到一次性的破坏，相反，新技术远远都是更新技术的创造者和需求者，而且这些更新技术本身，也需要创造出比自己更新的技术……技术变化会内生地、不断地创造出更进一步的变化，从而使经济处于永远的变化之中。"① 事实上，所有技术都是从已经存在的技术中被创造出来的，已有技术的组合使新技术成为可能，即技术从自身中构建出了自身。为此，阿瑟提出了组合进化（combinatorial evolution）一词来刻画技术的进化机制，其含义是：创造新的组合并选择那些有效的组合。在这里，阿瑟强调指出，技术的计划机制不同于达尔文的进化机制：后者依赖于因变化和选择而发生增量变化的而不断积累。②

同时，演化经济学大家安东内利对技术变迁的特性做了深入的剖析，这里重点阐述。安东内利系统地解析了既定相对要素价格对潜在和实际全要素生产率水平的影响，解析了相对投入价格的变化对生产成本影响。在安东内利看来，当相对价格改变时，每种生产要素的产出弹性并不相同，这导致生产成本和产出水平也将发生变化。其二，最丰富要素相对价格的降低对于所有其他投入的影响越明显，产出弹性间的差异就越是显著。相应地，在全球

---

① ［美］阿瑟：《复杂经济学》，贾拥民译，浙江人民出版社 2018 年版，第 37 页。
② ［美］阿瑟：《复杂经济学》，贾拥民译，浙江人民出版社 2018 年版，第 189 页。

经济中，一个国家的一般效率的变动就取决于由新技术所导致的全要素生产率的增加，以及由相对价格结构变化所导致的生产成本的变化。进而，在全球经济中，每个地区的要素市场也是异质的，每一个企业的一般效率往往会受到技术变革和相对价格的双重影响；而且，相对价格的变化越明显，技术变革所呈现出的偏差或异质性也就越明显。正是针对拥有异质要素的国家在准同质产品的国际市场上的竞争，安东内利得出两大基本结论：（1）须界分潜在和实际全要素生产率增长，只有在最富有生产率的投入是最便宜的时候，在非中性生产函数中才可以得到潜在的全要素生产率的增长；（2）须界分一般效率和全要素生产率的增长，在给定技术条件下，生产成本受到相对投入成本的影响，因而生产的一般效率提升就需要新技术的引入，尤其是需要最富有生产率的投入的相对价格的下降。①

显然，安东内利的分析实际上考虑了技术自我演化以及技术选择的要素禀赋依赖这两个方面。② 一方面，在技术变革或技术引进的条件上，安东内利将是否会促进全球生产率的增长当作重要评价指标。安东内利写道："当一种新技术是有偏的时候，它促进了某种生产要素更加密集地使用。新技术采用对生产率具有更为显著的影响。要素更为丰富，其价格也更低。在全球竞争的环境下，这种动态性对企业家出现的非对称性具有关键影响"；"在国际市场中，由于局部要素市场的差异，投入的相对价格也不同"，进而"根据它们的相对要素价格，一些国家能够比其他国家从同一技术的引入中受益更多"。显然，全要素生产率的提高必然需要考虑生产要素的投入比例之间的协调，进而涉及生产要素密度与生产要素比例之间的关系问题。另一方面，在生产要素比例与生产要素密度相适应的强度上，安东内利又不认为

---

① ［意］安东内利：《创新经济学——新技术与结构变迁》，刘刚等译，高等教育出版社2006年版，第65—66页。

② ［意］安东内利：《创新经济学——新技术与结构变迁》，刘刚等译，高等教育出版社2006年版，第53—54页。

生产要素密度与生产要素比例之间需要保持完全一致。安东内利写道："最富生产率的要素成本的降低对生产成本的降低和单位投入产出的增加具有直接的影响。这种生产成本上的变化不会对全要素生产率的测量产生影响，但是能够对在由异质要素市场构成的全球市场上面临竞争的企业的竞争优势产生强大的影响"；相应地，"在拥有适当的资本密集型技术时，资本相对成本的下降即使被工资增加所抵消，也仍然会提高产出水平"[1]。事实上，按照俄林的"生产要素比例—生产要素密度"原理，又哪里需要什么技术的作用呢？

由此，安东内利界分了技术发展中的两种路径依赖：一是内部路径依赖，技术革新和进步受到转换成本的作用而呈现出不可逆性，这与现有技术和学习机会等内部特征有关；二是外部路径依赖，技术选择和变革受到相对价格的作用，这与要素禀赋和经济系统等外部条件有关。安东内利写道："当企业沿着由局部学习过程和其他生产要素不可逆性所决定的路径运行并最终进行创新时，内部路径依赖就会发生。相反，外部路径依赖是由外部条件所决定的，这种外部环境在系统层面上支配和决定着新技术的成功引入。"[2] 事实上，发达国家的跨国公司对发展中国家进行直接投资的一个基本目的就是，将自己掌握的技术与国外的要素禀赋结合起来，从而实现技术与局部相对价格的最佳匹配而寻求国际市场的竞争优势；相应地，如果发展中国家可以自主地引进跨国公司的直接投资以及相应的产业结构，也就可以最快速地提升竞争优势，最大限度地提高资本积累，进而最有效地推动产业升级。这是林毅夫所看到的，他根基于外部路径依赖的逻辑来倡导新结构经济学。不过，我们同时也应该考虑到：（1）大多数跨国公司直接投资的直

---

[1]　［意］安东内利：《创新经济学——新技术与结构变迁》，刘刚等译，高等教育出版社 2006 年版，第 54 页。

[2]　［意］安东内利：《创新经济学——新技术与结构变迁》，刘刚等译，高等教育出版社 2006 年版，第 131 页。

接目的都是控制被收购的现有公司而非创造新的生产力，那些创造新生产力的跨国公司也会致力于强化对本国市场的控制并排挤掉其他本土企业；（2）依赖引进方式往往无法获得跨国公司的核心技术，对核心技术的掌握和运用往往依赖其他配套的专用性资源以及基础性的科技知识，而大多数专用技术主要建立在"干中学"的增量创新之上，通用技术则源于教育的普及和研发的投入。这是张夏准等人看到的，他们根基于内部路径依赖的逻辑来强调自主技术创新的重要性。进一步地，路风和贾根良等人也强调产业升级的内生性，主张通过技术突破、企业创新和产品开发来推进产业的不断升级。

四、两类范式的架桥：技术革新与要素禀赋的互动

通过全面考察技术进步的两类依赖性以及技术进步的生产性要求，我们就可以说，一国的技术选择和创新与其要素禀赋结构之间存在某种相关性，但并不存在一一对应性；进而，发展中国家在引进新技术以及从事技术创新时，一方面需要考虑自身的要素禀赋结构，另一方面又要避免锁定在这一路径之中。这对直接参与国际市场竞争的企业决策是如此，对提升整体国家竞争力的政府决策也是如此。两者的差异在于：企业层面的技术创新往往需要在可见的未来获得绩效，从而研发投入的方向就会明显受制于它所嵌入经济系统的特定要素禀赋，需要特别关注相对要素价格和经济空间对竞争的影响。相反，国家层面的技术创新则可以突破单一企业或行业的预算约束，可以从更长远的发展视角着手研发投入，从而也就可以与要素禀赋结构发生更大程度的偏离。一般来说，国家经济规模越大，在特定行业的偏离程度也就可以越大，这也就是斯蒂格利茨、罗德里克、张夏准以及贾根良等人都认为发展中国家可以实现大跨步式产业升级的依据；与此同时，受到要素价格和经济空间的影响，在一个地区不具效率的一些技术被引入另一区域后就可以实现高绩效，这正是林毅夫注重根据自身要素禀赋引进现有国际先进技术而

实现小步跑式产业升级的重要原因。① 显然，这些都反映出，偏重要素禀赋决定的新结构经济学与重视技术内生演化的发展经济学之间存在相通性，而不能简单地以一个维度的思维来否定另一维度的认知。

同时，一个国家在确定技术的选择和创新路径时，不仅要考虑本国的要素禀赋结构，还要考虑他国尤其是竞争对手的要素禀赋结构。这就涉及技术的传播和扩散问题：任何技术终将被模仿和复制，只是时间长短问题。这是鲍莫尔指出的，他将技术传播也视为是积极的生产性的企业家活动，并将之提到与技术创新同等的地位。② 正是由于技术存在扩散，一国就要避免自己开发的技术恰恰适用于竞争对手所在的要素市场；否则，一旦这种新技术为竞争对手所采用，反而会降低本国的竞争优势，高成本的技术研发投入却只是"为他人做嫁衣"。当然，在经济和技术日益紧密的全球化时代，本国自主创新的技术成果可能为他国所享有，同样，本国也可以合理、高效地选用他国的恰当技术。尤其是作为技术全面落后的发展中国家，就可以有意识地利用和移植发达国家开发的但与本国要素禀赋结构相适应的技术，这也是林毅夫特别强调的。那么，一个国家究竟该如何推动技术进步呢？采用对外引进方式还是自主创新方式？这涉及不同产业的技术特性，也涉及国内外的技术状况，更涉及要素结构的对比。一般地，如果技术的流动性越高，技术演化的外部依赖性越强，那么，通过对外引进方式来实现技术变革往往可以有效降低成本。相反，如果技术的扩散壁垒越高，技术演化的内部依赖性越强，那么，通过自主创新方式来实现技术变革往往可以产生长期收益。从这个角度上，同样需要将偏重由要素禀赋决定的技术和产业引进与重视技术内生演化的技术和产业创新结合起来。

进一步地，我们需要考虑的是，如何才能将技术革新与要素禀赋结合起

---

① 朱富强：《如何通过比较优势的转换来实现产业升级：评林毅夫的新结构经济学》，《学术月刊》2017 年第 3 期。

② ［美］鲍莫尔：《企业家精神》，孙智君等译，武汉大学出版社 2010 年版，第 9 章。

来？激进主义经济学者主张通过政府的强大投入在一些特定领域实现技术突破，以此推动高新技术产业的发展，进而实现"腾笼换鸟"式的产业升级。但是，路风却强调，产业升级不可能自上而下地"操作"出来，引发产业结构性变化的根本力量来自企业的创新活动；相反，这种自上而下的"操作"将会导致以行政手段排挤市场机制，进而产生一窝蜂的短视现象。同时，通过对工业史的考察，路风还发现，众多的重要技术特别是那些导致新工业诞生的技术，都是由在位企业发明或创造的（如半导体晶体管、合成纤维、光纤、液晶显示器等），新兴工业的进入者也往往是其他工业领域的在位者，或者往往也是从在位企业中分离出去的。路风还引用"摩尔定律"发明者的戈登·摩尔的话："成功的新创企业几乎总是开始于在大公司的研发组织中成熟的想法。如果失去大企业或大企业的研发组织，新创企业也就消失了。"① 一个典型的例子就是芬兰，作为通信业巨头的诺基亚衰落之后，大量的诺基亚员工开始了自主创业，从而诞生出《愤怒的小鸟》《部落冲突》等游戏，以及 Jolla 等在内的移动互联网公司。林毅夫也多次用这个例子来说明，比较优势在产业发展和升级中的意义。正因如此，我们强调技术的自主创新，强调政府对企业的自主创新的引导和扶持。显然，企业的自主创新必然会更关注技术的生产性和生产率，进而也必然会充分考虑它所面对的要素市场。

当然，路风这里强调产业升级的内生性，主要是从技术进步的内部路径依赖上而言的，强调新的技术和能力产生于已有的基础并通过累积的方式前行。相应地，这个思路就被归入演化经济学和动态能力理论范畴，并被用于反对新古典自由主义的"休克疗法"。同时，路风认为，当前中国社会的劳动力市场存在明显的二元结构：一方面，传统高比例的农业人口造成了较低的人均收入和劳动成本；另一方面，相对整齐的工业体系造就素质和技能较

---

① 路风：《产业升级与中国经济发展的政策选择》，《文化纵横》2016 年第 8 期。

高的劳动者、企业家和技术人员。因此，中国社会的生产技能高于人均收入水平通常所预期的水平。相应地，这不仅造就了国际市场中的强大竞争优势，而且造成了低端（劳动密集型）工业部门和高端（资本密集型）工业部门的同时并存的二元产业结构。但是，长期依赖技术引进、依赖外资、依赖廉价劳动力而忽视自主研发的经济发展模式却导致我们的出口产品往往处于全球价值链的低端，并面临着外部需求下降和劳动力成本上升的严重冲击。路风还指出，在被广为赞誉的"深圳模式"中，华为等高技术企业只是金字塔的顶端，而更为重要的是金字塔底座那些灵活多变的中小制造企业。因此，产业升级根本上就应该引导、鼓励和支持这些产业沿着更高生产率和更高附加值的升级方向进行突破。经济发展的"新动能"只能来自自有的工业基础而不能寄托在外在的移入。当然，企业的技术引入和创新往往是基于对价格—产出组合的反应，其中也就可能潜含了短视行为。为此，路风强调两点：（1）中国的产业升级需要上升到政治层面，需要借助政府的作用；（2）政府的产业政策主要引领大方向，并帮助和促成企业的技术变革。

显然，路风对技术变革和产业政策的强调以及对政府作用的积极引入与查默斯·约翰逊的发展型国家理论存在显著的相通性，它强调首先确定经济发展的优先目标，然后通过国家的经济介入、产业政策的实施，以及对私人部门的引导和协调，促使经济发展目标的实现。承袭这种思维，赖纳特还将创造需求视为发展型国家的重要职能，将需求增长→收入再分配→更高工资视为一种正循环，尤其强调国家作为高级产品的需求者角色，这对技术边界的外衣起到重要作用。[①] 受此影响，贾根良也长期强调通过政府采购来促进高端产品的自主创新和产业发展。其实，现代主流经济学往往将需求视为源自消费者的真实需求，但加尔布雷斯很早就指出，现代市场早就不再是消费

---

① ［美］赖纳特：《国家在经济增长中的作用》，载［英］霍奇逊主编：《制度与演化经济学现代文选：关键性概念》，贾根良等译，高等教育出版社 2005 年版，第 237—238 页。

者主权而是生产者主权，拥有更大权力的生产者往往通过各种措施来引导、诱骗和"强迫"消费者购买那些并非反映真实需要的东西；同时，生产者的生产和供给原则是收益原则而非效用原则，为此，它一方面倾向于提供那些满足具有更高购买力的富人需要的东西，另一方面则诱发消费者基于攀比效应产生的非真实需要的欲求。相应地，正是由于由私人企业诱导的需求往往集中在脱离人们真实需要的奢侈品上，每当遇到经济危机时就会导致整个需求链的严重崩溃，进而导致大量的产能限制。① 为了解决这种矛盾，"供给侧管理"就不能简单地诉诸市场，而应该充分利用政府的作用。基于这一逻辑，林毅夫指出，针对当前一些行业产能过剩的现状，政府一方面可以向那些附加价值高的产业投资，另一方面也通过国内基础设施建设以及"一带一路"建设消化严重过剩钢铁、煤炭、有色金属、平板玻璃、水泥。显然，供给侧改革的政策路向上，新结构经济学与发展型国家理论都强调政府在创造和引导需求方面的积极角色，而不是简单地推给市场。

同时，发展型国家理论的发展也进一步推向了马祖卡托的企业家型国家或企业家型政府，它将政府视为技术创新的真正组织者和开拓者。② 贾根良根据马祖卡托的研究结果总结了政府在创新中的三大作用。第一，企业家型政府在引领创新中发挥关键性作用，而私人企业往往不愿意或难以承担创新的风险。例如，互联网的前身阿帕网是由美国国防高级研究计划局资助的一个项目，地球定位系统源于一项被称为"导航星"的美国军事计划，iPhone的触屏技术是由美国国家科学基金会和中央情报局资助的 Fingerworks 公司发明的，iPhone 的语音识别个人助理是美国国防部高级研究计划局一个智能项目的副产品。第二，企业家型政府在重大技术创新中扮演"造浪者"角

---

① 朱富强：《纯粹市场经济体系能否满足社会大众的需求：反思现代主流经济学的两大市场信念》，《财经研究》2013 年第 5 期。

② M. Mazzucato, *The Entrepreneurial State: Debunking Public vs. Private Sector Myths*, London: Demos, 2011.

色，民间风险资本往往只是"冲浪者"。例如，美国 IT 革命、生物技术以及纳米技术的研发，在早期阶段主要都是由美国"小企业创新研究计划"提供融资，而只是到了中间阶段才开始有私人风险资本介入并逐渐占主导。这是因为，早期阶段的创新应需要巨大资本并且成功概率较小而具有私人资本难以承受的风险。第三，企业家型政府往往能够成功地挑选出"优胜者"，从而实现了较高的资源配置效率。例如，美国国防部高级研究计划局先后成功地挑选出数百项新技术和新产品的"优胜者"，这包括互联网、半导体、全球定位系统、激光器、高速超音速飞机、无人驾驶汽车、隐形飞机、智能义肢、远程医疗和合金材料等。① 同时，马祖卡托的研究也被林毅夫用来支持他的有为政府和产业政策：集中有限资源，协助企业家从事那些回报最高的技术创新和产业升级，从而避免陷入"低收入陷阱"或"中等收入陷阱"。②

此外，路风的主张也与贾根良倡寻的新李斯特主义一脉相承，都强调中国经济的发展潜力主要取决于高生产率技术和资本密集型产业取得明显进展，而这需要企业的技术突破和能力成长，需要引入政府积极的组织和规划。根据新时代不同产业中价值链的分化，以及中国"高端失守、低端过剩和混乱"的现状，贾根良提出新李斯特主义的国家致富新原则：进口价值链低端产品，出口价值链高端产品，并制定和保护本国价值链高端产品的产业政策。③ 后来贾根良对这一致富新原则的表述做了修改：进口价值链低中端产品，出口价值链中高端产品；进而，通过循序渐进而非"休克疗法"实现产业或产品从价值链低中端向中高端的升级。不过，这里又会引出新的

---

① 贾根良：《开创大变革时代国家经济作用大讨论的新纲领——评马祖卡托的〈企业家型国家：破除公共与私人部门的神话〉》，载《政治经济学报》（第 8 卷），经济科学出版社 2017 年版，第 123—137 页。

② 林毅夫：《产业政策与我国的经济发展：新结构经济学的视角》，《复旦学报》（社会科学版）2017 年第 2 期。

③ 贾根良等：《新李斯特经济学在中国》，中国人民大学出版社 2015 年版，第 145 页。

问题：如果过于强调借助政府的投资和研发来发展高端产品，是否会走向另一个层面的"休克疗法"？产业和技术发展是否又从内部依赖路径转向了外部依赖路径？是否会阻断产业和技术自我演化的内生性？当然，贾根良也仅仅只是将国家致富新原则视为对长期目标的追求，但强调中国应该从价值链高端入手实现技术赶超。① 贾根良还强调，产业或产品升级过程并非主要由政府投资，政府只是通过产业政策发挥引领者的作用，政府主要投资那些私人企业还无力或缺乏意愿的领域，集中在不确定性的、帮助企业度过"死亡之谷"的部分，而只有在那些颠覆式创新上才会成为主要的开拓者和组织者。显然，这一论述与林毅夫也没有实质性差异，不同之处在于，林毅夫认为可以甄别出有潜在比较优势的产业而有针对性地扶持。事实上，无论是技术进步和产业升级是沿着外部依赖路径还是沿着内部依赖路径，真正的关键在于，投资所形成的新生产能力能否带来技术和生产率的变化？显然，这种变化往往需要与现有的要素禀赋联系起来，这是安东内利的分析。

由此，我们可以清楚地看到两大产业政策思潮之间明显的共通性。首先，都强调政府与市场之间互补而非对立的关系，批判了流行经济学教科书对人们思维的禁锢和误导。例如，路风就指出，政府和市场同属于知识生产机制和经济协调机制的组成部分：一方面，由于新知识、新技术和新技能的产生机制源于市场竞争的分工和专业化，因而有用知识存量的增长及其应用的扩展主要由企业承担；另一方面，由于单个企业往往缺乏经济体系变化趋势以及如何通过经济结构调整化解社会矛盾的知识，因而也就需要掌握这些知识的政府来引领。路风尤其强调，政府对技术创新的介入不会阻碍市场机制的作用，因为具体技术进步主要来自基层的创造性并通过竞争检验结果。② 显然，这些分析和看法都与新结构经济学并没有多少区别：新结构经

---

① 贾根良：《从价值链高端入手实现技术赶超》，《科技日报》2013 年 5 月 27 日。
② 路风：《产业升级与中国经济发展的政策选择》，《文化纵横》2016 年第 8 期。

济学强调，市场有效要以政府有为为前提，政府有为须以市场有效为归依；相应地，其基本政策目标就在于，实现有为政府和有效市场的有机契合，实现市场机制和政府机制的共进互补。其次，都重视政府对高端产业技术的引领和投入。实际上，马祖卡托和贾根良用于论证政府在创新中积极作用的三方面材料也都被新结构经济学用来支持有为政府和产业政策的经验依据，只不过对这些政府作用在经济发展中的地位以及对产业选择所依据的理论解释上存在不同的理解。一方面，新结构经济学并不是主张政府只能被动地根据要素禀赋结构的变动而在相关基础设施供给方面提供适当的帮助，而是主要将这种功能角色适用于追赶型产业的情形。相反，在"弯道超车"型和战略型产业上，新结构经济学赋予政府更为积极的自主功能，这方面与张夏准等持守的激进发展经济学、路风采用的动态能力理论以及贾根良倡导的演化发展经济学之间呈现出更大的相通性。另一方面，只要将市场失灵的内涵放宽，那么，政府的积极经济功能也就不再是局限于狭义市场失灵所界定的"有限政府"而是引导创新资源配置以及促进创新活动协调的有为政府，贾根良所侧重的这些政府生产性活动也就完全可以纳入有为政府的范畴。① 最后，需要指出，企业家型国家或企业家型政府理论认为，国家越穷，企业家才能就越缺乏，从而也就需要国家承担最后企业家和资本家的角色。② 这里，实际上混淆了企业家才能的潜在存在和实现。按照张夏准的看法，发展中国家并不缺乏企业家才能和创新精神，而是缺乏将个体创业潜能成功地转化为社会创业动力的能力，这涉及有效的社会组织和完善的基础设施。在这个意义上，张夏准与林毅夫之间也是互通的，都将政府的主要职能放在软硬基础设施的建设方面。

---

① 朱富强：《政府的功能及其限度：评林毅夫与田国强、张维迎的论争》，载《政治经济学报》（第7卷），社会科学文献出版社2016年版，第3—56页。

② ［美］赖纳特：《国家在经济增长中的作用》，载［英］霍奇逊主编：《制度与演化经济学现代文选：关键性概念》，贾根良等译，高等教育出版社2005年版，第239页。

五、结语

本章的分析表明，目前围绕产业政策之争的两大思潮并不是截然对立的，要素禀赋与技术创新之间也不是独立的。一般来说，技术水平的不断提升是打破发达国家现有产业壁垒的关键要素，从这个意义上，发展中国家就必须采取有效措施来推进技术的进步；但同时，无论是技术选择还是自主创新又都不能脱离特定的社会环境，更不可能全方位地推进，而是要嵌入本国的要素禀赋结构之中。从两方面加以说明：一方面，技术的选择和创新往往需要考虑要素禀赋结构以及决定的要素相对价格，从而得以降低技术创新的成本以及最大限度地提高竞争优势；另一方面，新技术的引入本身也会引起要素相对价格的变化，进而会改变一国的要素禀赋结构。也即，技术选择和创新既要考虑现在的投入成本，也要考虑对后续技术发展的影响。正因如此，一个国家在制定促进经济增长的产业政策和科技政策时，就需要关注要素禀赋、相对要素价格与技术创新的方向和速度之间的动态相互作用；进一步地，不仅要深入了解本国的要素禀赋和现有技术状况等，而且要系统剖析竞争对手的要素禀赋及其相应的专用技术。只有全面而综合地考虑这些因素，才能最有效地促进技术进步和产业升级。安东内利说："对于每一个区域和每一个相对价格系统，总存在一个比较好的技术，技术的优劣排序依赖于局部最充足要素的产出弹性。"①

正是考虑到上述种种情形，笔者主张，要全面认知并完善政府的经济职能，要有效实现技术进步和产业升级，就需要在林毅夫、张夏准、罗德里克、斯蒂格利茨以及贾根良等人的理论逻辑和政策主张之间进行架桥，需要通过契合主义思维实现取长补短制定出尽可能周全的技术和产业政策。在笔

---

① ［意］安东内利：《创新经济学——新技术与结构变迁》，刘刚等译，高等教育出版社 2006 年版，第 68 页。

者看来，产业的发展和升级过程也遵循不可跳跃的循序渐进原理，在工业化初级阶段的生产很难整体上跳过初级产品而全面地进入高级产品，在国际市场的出口也很难跳过低端产品阶段而大规模出口高端产品。究其原因，落后国家在这些产品和产业上还不具有国际竞争优势，这样做的结果必然依赖大量政府补贴。既然如此，政府在产业发展和升级过程中又有何作用呢？一般地，有为政府的积极作用大致可以体现在这两方面：（1）缩短产业从低级到高级的时间，政府在此过程中可以通过适当的产业政策以促进先进技术的持续引进或者自主创新，从而有效地促进综合比较优势的提升；（2）具有一定财力基础的大经济体，则可以花费相当比重的资源用于"挑选出"的某些高科技的自主研发，从而可以在一些产业上实现跨越式发展。其中，前者比较适合占主体地位的追赶型产业，后者则主要适合少数"弯道超车"型产业和战略型产业，但具体政策和措施往往依赖国际分工结构、国内外技术差距、国内外市场规模对比、国内生产要素分布、传统技术基础等现实社会环境和条件。同时，这两方面实际上都为林毅夫、张夏准以及贾根良、路风等人所涉及，而当前学术界要做的则是致力于将这些思维和认知纳入统一的分析框架和理论体系下。

跋　文
——市场失灵视域下的政府功能

　　导读：市场失灵大体上表现为四个层次：（1）源于市场机制不完善的配置效率不足；（2）源于人性缺陷的非配置低效率；（3）源于社会不平等的分配不公；（4）源于市场堕落效应的社会价值腐化。新古典经济学主要关注第一个层次的市场失灵，但恰恰是后三者使得市场失灵具有内在的持久性、能力不及的无效性及持续扩大的广泛性，由此为政府功能的持续存在和不断壮大夯实了基础。相应地，基于缓解和克服市场失灵的维度，政府职能就集中在这四大方面：（1）建设和完善市场机制；（2）提升人的亲社会性；（3）缩小人际的不平等；（4）避免商品化的过度。

一、引言

　　一般地，政府在人类社会尤其是现代市场经济中承担着积极的经济功能，但是，这种政府功能不是基于先验的理性设计，更不是无的放矢，相反，它根基于我们的日常生活和社会实践之中，关键在于弥补市场不足和纠正市场失灵。究其原因至少有二：（1）人类社会是持续演化的，持续演化造成了社会不断提升的复杂性，而复杂性则使得我们难以凭借理性构建出完美秩序；（2）在迄今为止的市场经济中，行为主体根本上都是能够自主选择并从中享受利益和为之承担责任的个体（或法人），而市场信号则是引导行为选择的基本机制。正因为纯粹市场（必然）存在失灵，我们才要引入政府的积极功能。当然，这也并不是否定政府失灵的存在，甚至在现实世界中往往还会出现比市场失灵更为严重的政府失灵。问题在于，由于政府是人类缓和乃至克服市场失灵（更广泛地是针对自发秩序的失灵，如自然状态下的野蛮丛林）的有意创设，那么，人类也可以对政府（及其相关职能部门）进行不断优化以降低政府失灵的程度，最终形成有为政府和有效市场的有机契合。为此，我们需要有效确定政府和市场的作用边界，其关键在于辨析市场失灵的内容和范围。爱因斯坦曾说：如果我有一个小时来解决一个问题，我会用 55 分钟思考问题，然后用 5 分钟思考答案。同样，要真正认识和理解政府的经济作用及其在不同时空尤其是现代市场经济中的具体呈现，关键就在于深刻洞悉了现实世界的问题尤其是市场失灵的现状及其根源。有鉴于此，本章的研究重心放在对市场失灵的辨识和挖掘上，基于市场失灵的视域自然就可以引出政府的基本功能。

二、新自由主义经济学的市场逻辑

鉴于现实市场经济中存在大量混杂和无效的现象，现代主流的新古典经济学也承认市场失灵的存在。但是，它仅仅或主要从市场客体角度探究市场失灵的成因，这包括信息不完全、规模经济、垄断、公共品、外部性以及技术低下等，进而将解决市场失灵的主要措施囿于市场深化这单维层次。因为福利经济学第一定理表明，在完全竞争条件下，市场均衡会呈现帕累托最优而没有市场失灵。进一步地，20 世纪 70 年代勃兴并占主导地位的新古典自由主义思潮就否定市场失灵的存在，主要理由包括：清楚的产权界定可以将外部性内部化，市场竞争则是信息传播最有效机制，等等。例如，科斯中性定理就表明，只要产权界定清楚，所有的外部性都可以通过谈判而内部化。相应地，新古典自由主义经济学家就认为，根本就不再存在所谓的外部性。

又如，奥地利学派宣称，根本就没有生产性垄断，只有行政性垄断，而所有生产性垄断都源于更高的效率或更高的质量。吉尔德就写道："除非政府愿意通过行政权力干预市场、确保一个企业长期占据垄断地位，否则任何企业的垄断地位都不是毫无限制的，因为垄断者时时刻刻都会面临国内外竞争者和潜在竞争者造成的威胁"；而且，"在任何一个经济体内部，动力和创造力越强，就越能够形成垄断，一个迅速发展的经济体系离不开垄断，因为新行业不断兴起，刚刚兴起的时候，由于缺乏竞争者，走在最前面的企业就可以获得十分丰厚的利润，而后来者会纷纷效仿，从而促进整个行业的繁荣"。① 更进一步地，新古典自由主义经济学认为，根本就没有什么纯粹的公共品，因为任何商品都具有某种程度的争夺性和排他性。譬如，科斯用灯塔的例子来证明，诸如灯塔之类的公共品完全可以通过向通过船只收费的方式由私人投资建造；其依据是，英国在 1610 年至 1675 年间建造的 10 个灯塔完全是私人而非隶属政府的领港公会所投资。

关于公共品的市场生产逻辑，我们可以看奥地利学派的汉斯-赫尔曼·霍普的分析。霍普指出，"并没有这样的特殊商品或特殊理由，尤其是安防生产，绝不构成与房屋、奶酪、保险及其他财货、服务不一样的问题"，因为公共品和私人品之间本来就不存在截然的区分。汉斯-赫尔曼·霍普的分析逻辑是："尽管至少初看起来，政府提供的某些财货及服务也许切合公共财货的条件，但是实际由政府生产的财货及服务，有多少打着公共财货的名号却绝非显然。铁路、邮政、电信、街道等，似乎都是限于实际付费者利用的财货，因此好像都算是私人财货。对于'安防'这种多维多面的财货，变换角度来看，情况也是如此：一切可保险物品都有资格作为私人财货。尽管这样说的理由还不充分。政府提供的不少财货属于私人财货，而许多私人生产的财货则看似属于公共财货。我精心打理的玫瑰花圃，显然会让邻居获

---

① ［美］吉尔德：《财富与贫困：国民财富的创造和企业家精神》，蒋宗强译，中信出版集团 2019 年版，第 76—77 页。

益——他们流连美景却不曾援手。同样，我对自己房产的种种改良也会增进邻居房产的价值"；这表明，"公共财货可以由市场提供。此外，历史证据表明，目前由政府提供的所有公共财货，实际上一度由私人企业家提供，甚至时至今日，在一些国家情况还是如此。例如，曾几何时各处几乎都有由私人提供的邮政服务；街道以往由私人资助，而现在有时还是如此；甚至受经济学家钟爱的灯塔，其实也是私人事业的成果；私家警力、侦探以及仲裁人不曾绝迹；援助老弱、病困者和孤寡者是私人慈善组织的传统责任"。①

因此，汉斯-赫尔曼·霍普强调，截然划分私人财货与公共财货的传统做法是错误的，相反，"所有财货或多或少是私人性质的或公共性质的，而其公共（私人）程度常随人们的评价以及人口组成的变化而改变。……某样东西要成为财货，就必须有人以其为稀缺之物来看待。……至少有一人主观评价它是稀缺的，它才成为财货。……（进而）其私人性质或公共性质取决于将它们视为财货的人是少还是多；当评价发生变化，评价者由一人变化至无数人时，财货的私人程度或公共程度也随之变化。甚至看似完全私人之物，如我本人寓所的内饰或内衣的颜色，一旦别人开始在乎它们，就因此成为公共财货。而开始公共财货的，如我本人防止的外观或外逃的颜色，当别人不在乎它们时，就成为绝对的私人财货"；这也就意味着，要界定一件物品是私人财货还是公共财货，"就必须直接向每个人来了解他恰好是在乎还是不在乎，以及该财货对他有多大程度的正效应或者负效应，从而推断谁从中受益，谁应该付费"。② 显然，人类社会还没有任何机构和设备能够一直监控这些评价及其变化，从而也就无法由政府来生产公共财货。相反，"即便可与私人财货截然区分的公共财货真的存在，即便给定的公共财货有

————————

　① ［德］汉斯-赫尔曼·霍普：《私有财产的经济学一伦理学：政治经济学与哲学研究》，吴烽炜译，上海财经大学出版社 2019 年版，第5—6页。

　② ［德］汉斯-赫尔曼·霍普：《私有财产的经济学一伦理学：政治经济学与哲学研究》，吴烽炜译，上海财经大学出版社 2019 年版，第7页。

益，公共财货仍要与私人财货竞争。要知道对公共财货的需要是否更为迫切，以及迫切到何种程度，或更为准确地说，公共财货的生产在何种程度上以更迫切需要的私人财货的停产、减产为代价，以及付出多大代价，唯一的办法就是一切都交由自由竞争的私人企业来提供。因此，与公共财货理论家的结论相反，逻辑迫使人接受：从消费者角度出发，只有纯市场制度才能保证公共财货生产决策的合理性。同样，生产多少公共财货的决策，也唯有在纯粹的资本主义秩序下才能确保合理"①。

正是基于新古典自由主义的经济学逻辑，张维迎等人就宣称，只有市场理论的失灵而没有市场的失灵。② 或者在新古典自由主义思潮的影响下，现代主流经济学人至少会否定市场失灵的广泛性和持久性，进而诉诸自发市场的深化来缓和并最终解决市场失灵问题，其中的根本途径就是推进市场信息机制的发展和完善。究其原因，在新古典自由主义经济学看来，市场本身就是最为高效的信息收集和传播机制，能够有效地将分散的市场信息浓缩在价格信号中并协调个体行为，而市场信息机制的建设则有助于信息的传播和完全，进而促进社会分工、合作和交易的进行。因此，新古典自由主义的基本取向就是，神话市场。它先验地将市场机制的资源配置视为最优，将自发市场秩序等同扩展秩序，进而渲染和推行市场原教旨主义。相应地，嵌入新古典自由主义的正统经济学也就积极鼓吹市场机制和自发市场秩序，炮制和推广华盛顿共识，进而极力否定和排斥政府在现代经济活动中的应有作用。比利时经济学家莫利纳里（G. de Molinari）写道："倘若政治经济学有一种确凿的真理，那就是：不管什么商品，不管它满足是消费者有形还是无形的需求，维持劳动和贸易的自由化都最符合消费者利益。因为两者自由化的必然

① ［德］汉斯-赫尔曼·霍普：《私有财产的经济学一伦理学：政治经济学与哲学研究》，吴烽炜译，上海财经大学出版社 2019 年版，第 11 页。

② 张维迎：《我为什么反对产业政策》，2016 年 11 月 9 日，见 http://finance. sina. com. cn/meeting/2016-11-09/doc-ifxxnffr7227725. shtml。

且不变的后果是物价最大限度的下降。……由此推断：任何政府，无权阻止其他政府与其竞争，或要求安防的消费者只可向其取得这种商品。"① 相应地，在新古典自由主义经济学的指导下，一些国家尤其是美国将诸如联邦监狱管理、军事基地运作甚至维护治安的警察系统等都外包给私人公司，将医疗、教育和社会保障以及其他众多公共品也交由市场来提供。

三、市场失灵的内在根源及其持久性

固然，经济财货的一个基本特性是稀缺性，问题在于能够以商品的价格反映它的稀缺性吗？影响现实市场中的商品价格不仅有效用大小（即稀缺性程度），而且包括购买力及信息不对称等因素。既然如此，纯粹由市场来供应商品又如何能够保证会实现最大化的社会效用呢？尤其是，市场价格通常会会受到各种力量的操纵，根本不可能出现在"自由"竞争下获得"最大限度的下降"②；进而，厂商基于收益原则通常会选择性生产那些具有更高收益而不是更高效用的商品，根本就不可能实现消费者效用的最大化。③任何财货都同时兼有公共性质和私人性质，任何财货都会同时带来某种正的或负的效应；相应地，根据这些产品的性质差异以及外部性大小，社会就应该采用不同的管制和供给方式。④ 譬如，吸毒具有强烈的负外部性，就应该采取强制措施（通过立法）来禁止它；抽烟所产生的社会成本要轻一些，就需要借助广告管理和征税来引导人们的消费选择；科技创新带来积极的正

① 转引自［德］汉斯-赫尔曼·霍普：《私有财产的经济学一伦理学：政治经济学与哲学研究》，吴烽炜译，上海财经大学出版社 2015 年版，第 3 页。
② 朱富强：《不确定情形下的市场定价机制：基于心理—权力框架对新古典价格理论的审视》，《财经研究》2018 年第 5 期。
③ 朱富强：《纯粹市场经济体系能否满足社会大众的需求：反思现代主流经济学的两大市场信念》，《财经研究》2013 年第 5 期。
④ 朱富强：《逐利行为、市场外部性与社会困局：市场主体的有限理性及其问题》，《当代经济管理》2019 年第 1 期。

外部性，就可以采取减税或补贴等方式来鼓励它。在很大程度上，这正体现出现代社会治理日趋复杂化的基本趋势，也应该是理论研究由浅入深的基本路径。既然如此，我们又如何能够基于一刀切的做法来实现消费者利益和社会福利的最大化呢？又如何能够将之简单地推给自由放任的市场呢？斯蒂格利茨就曾指出："在社会和私人利益之间存在系统性错配。除非二者能够保持高度一致，否则市场体制不可能很好地运转，这就是为什么金融系统引以为傲的'创新产品'常常走入歧途的原因。"① 其实，新古典自由主义经济学人偏好使用科斯灯塔寓言来论证市场的有效性，但当面对阻碍城市规划、道路建设的钉子户时，他们则不再使用效率标准，转而强调人的自主性以及私有财产不受侵犯来加以辩护。流行的谚语说：当事实对你有利时，就多强调事实；当法律对你有利时，就多强调法律；当事实和法律都对你不利时，就敲桌子把事情搅浑。显然，现代经济学中充斥着这样的行为和辩词。

更进一步地，市场的深化果真能够从根本上解决日益严重的市场失灵吗？明显的事实是，在互联网技术迅猛发展的今天，信息获取、收集和传播的效率都大大提高了，但问题是：我们从市场中获得的信息更真实了吗？我们的决策更准确了吗？答案显然是否定的。姑且不说社会经济变得日益复杂且不确定，就日常生活而言，我们面对琳琅满目的商品越来越不知如何选择，面对报刊媒介上的信息越来越不知道谁真谁假，面对各种推陈出新的文章和学说越来越不知道谁优谁劣。弗里德曼认为，企业的最佳利益就是不向消费者销售有害或劣质产品，否则消费者就会寻找替代品而最终损害企业自身。但试问：有多少消费者能够真正辨识产品的缺陷？有多少消费者能够辨识并寻找到更好的产品？又有多少企业致力于长期的发展规划而不会产生机会主义行为？进入 21 世纪后日益盛行的"逆进步技术创新"以及层出不穷的"有毒资产"不正说明这一点了吗？在很大程度上，无论是科斯中性定

① ［美］斯蒂格利茨：《自由市场的坠落》，李俊青、杨玲玲译，机械工业出版社 2017年版，第 114—115 页。

理还是哈耶克的自发市场秩序原理，它们只不过都是为了给新古典自由主义所持有的政治信念提供某种"我向思考"的逻辑证明，却根本经不起思辨逻辑和经验事实的检验。例如，科斯中性定理就主要满足于两个当事者的逻辑分析并且还舍掉了各种社会性因素①，自发市场秩序原理则嵌入了明显的社会达尔文主义和制度达尔文主义的因子②。更为重要的是，同样是着眼于信息不完全之类的市场客体，以马克思主义经济学者为主的经济学人还提出并论证了截然不同于新古典自由主义经济学的社会观念和政策主张：随着互联网的发展和大数据时代的来临，信息的发达恰恰为政府对经济功能的承担乃至计划经济的回归提供了坚实的社会基础。面对这一挑战，以奥地利学派为代表的新古典自由主义经济学转而批判说：除了信息的传递外，还涉及对信息的使用激励问题。

然而，新古典自由主义经济学的辩解却潜含着明显的悖论：既然新古典自由主义经济学基于"性恶论"而认定政府官僚必然缺乏激励来正确使用其拥有的信息，那么，它又何以认定"性恶"的市场主体不会利用其掌握的信息甚至炮制出来的虚假信息来误导他人行为并损害社会利益呢？显然，这就涉及一个关键性问题：人心。根本上说，无论是市场运行的障碍还是政府行为的不当，其根源并不在信息等市场客体而在"人"这一市场主体，源于市场主体的内在缺陷，这主要体现为市场主体的有限理性和市场主体之间的不平等。第一，市场主体的理性具有有限性，由此会带来短视的功利行为，包括机会主义的背信行为和交叉的策略性行为。在市场经济中具体体现为：一方面，随着市场所提供的信息、产品、机会越来越多，市场主体往往更难有效辨只其优劣和真伪以做出更好的选择，

---

① 朱富强：《自由交易能否实现资源最优配置：科斯中性定理的逻辑缺陷审视》，《西部论坛》2019 年第 2 期。

② 朱富强：《为何存在如此多不理想的社会制度：内卷化与自发秩序原理的反思》，《演化与创新经济学评论》2020 年第 2 期。

反而陷入施瓦茨的选择悖论①和阿克洛夫等的钓愚②之中；另一方面，即使在信息完全的市场情形中，市场主体间的互动往往也难以达到具有帕累托优境的一般均衡，反而陷入由可逆性策略导向的囚徒困境之中。③ 第二，市场主体之间具有人际相异性，由此会带来权力和地位的不公以及相应的社会争夺，进而产生诸如基于力量不对等的压榨和掠夺以及基于社会不信任的分工不畅和协调无效等现象。在市场经济中具体体现为：一方面，每个市场主体都会尽可能地炮制各种噪声来误导和诱导其他人以追求个人最大利益，由此导致市场秩序的混乱和秩序扩展的中断；另一方面，每个市场主体还会尽可能利用自身优势或权力压榨他人以攫取更大收益，由此产生了市场中收入转移和剥削现象。

事实上，随着交易范围的扩大和市场经济的推行，市场客体越来越成熟和完善，但市场失灵却似乎并没有减轻，因为引发市场失灵的那些越来越重要、越来越深层的因素转向了市场主体。一方面，尽管市场客体的缺陷可以随着市场机制的建设而不断完善，但市场主体的缺陷却很难在短期内得到根本性的克服；另一方面，市场主体引起的市场失灵根本上难以通过外在力量加以克服，甚至也无法保持强大忍耐心诉诸时间来最终解决，而必须诉诸于人性的升华和伦理的塑造。正因如此，如果不能清楚认识进而有效克服人性的缺陷以及制约不当的社会行为，无论是市场失灵还是政府失灵都无法得到根本性解决。明显的事实是，无论是新古典经济学还是马克思经济学抑或其他众多经济学派，它们大多集中于市场客体的分析而相对忽视了市场主体。其原因在于，一方面，它们将研究重点集中在工程学内容，从而也就舍象掉

---

① ［美］施瓦茨：《选择的悖论：用心理学解读人的经济行为》，梁嘉歆等译，浙江人民出版社 2013 年版。

② ［美］阿克洛夫、席勒：《钓愚：操纵与欺骗的经济学》，张军译，中信出版集团 2016 年版。

③ 朱富强：《收入再分配的理论基础：基于社会效率的原则》，《学术月刊》2013 年第 3 期。

了人与人之间的关系及其衍生效应；另一方面，那些数理经济学家通常只关心像他们那样"聪明人"的行为与决策，却进而将之推演到普通人身上。相反，通过将市场失灵的分析视角由市场客体的不完善转到市场主体的内在缺陷，我们就可以深刻认识到市场失灵的内在性和持久性，进而为有为政府的经济功能夯实了科学基础。正是基于这一逻辑，笔者撰写了4卷本的《经济分析的行为逻辑丛书》以对人性发展及其现实行为机理展开深入的剖析和提炼。

四、市场机制的能力不及与无效性

市场失灵除了体现为因市场客体的不完善以及市场主体的内在缺陷所引发的效率不足外，还体现为在众多领域的能力不及和无效。其实，我们通常所关注的市场效率主要体现在资源配置的层面上，而明显忽视了非配置的 X 低效率。[1] X 低效率主要源于人际不信任和自利动机产生的协调失败或囚徒困境，具体体现为打埋伏、磨洋工等，这就涉及组织治理问题。那么，如何解决 X 低效率问题呢？显然，这不能简单地推广现代主流经济学所推崇的市场交易或委托—代理机制，因为大规模的金融危机已经充分地表明作为委托人的广大投资者不能清楚地调查这些"有毒"资产的问题，作为代理者的管理者也没有恪守管理好委托人财产的责任；相反，根本上是要塑造良好的人际关系，增进人与人之间的信任和合作。进而，又如何提升人与人之间的信任感呢？一个关键点就在于，要防止收入分配不公以及由此造成的过大的收入差距和相应的社会分化。美国管理心理学家斯塔西·亚当斯（J. S. Adams）在 20 世纪 60 年代提出的公平理论就指出：如果员工感到报酬不公平，就会出现心理失衡，进而会采取相应行动以恢复心理平衡；相

---

[1]　H. Leibenstein, "Allocative Efficiency *vs.* ' X-Efficiency '", *American Economic Review*, Vol. 56, No. 3 (1996), pp. 392–415.

反，只有公平的报酬才能使职工感到满意和起到激励作用。① 究其原因，当收入分配结构更为平均时，生活情境以及经济地位相似的人们之间具有相近的需求和感受，从而更容易产生信任感；相应地，这不仅有利于增进社会分工和合作，而且最终也会实现更高的效率，从而实现从囚徒博弈到信任博弈的转化。

市场不及更为显著地体现在分配领域：市场机制不能引导收入的公平分配，这涉及市场交易的短视性以及嵌入其中的权力因素。关于市场收入分配的不公平性，我们可以从两个层次加以分析。第一，纵向的代际不公平。究其原因，市场交易关注和实现的是当事方的收益和效率，而子孙后代并不是现实世界的市场参与者，从而其利益无法在现世市场交易中得到关注。从现实世界看，这不仅体现在自然资源的过度开发和生态环境的严重破坏，而且也表现在被诱导出来的各种炫耀性消费而导致社会财富的浪费和耗竭，由此造成了经济可持续发展的中断。第二，横向的现世不公平。究其原因，市场交易的结果根本上取决于交易方之间的力量博弈，因而在市场收入分配中起主导作用的是社会权力原则而不是劳动贡献原则，进而分配结果也就有利于拥有更大势力者而不是做出更大贡献者。② 在某种意义上说，现实社会中的高收入者通常都体现为特定社会制度或分配规则下的优胜者，而不是为社会做出相应贡献的优秀者；而且，一个人越是能够适应和善于利用社会分配规则，就越能以较小的贡献获得较高的收益，从而也就越容易成为社会竞争的优胜者。因此，人类社会存在这样一个"蟑螂性生存"法则：那些具有攫取他人或社会利益的强大能力的人往往更容易生存。③

---

① J. S. Adams，"Towards an Understanding of Inequity"，*Journal of Abnormal Psychology*，Vol. 67，No. 5（1963），pp. 422-436.

② 朱富强：《市场博弈、权力结构与收入分配机制：剖解中国收入差距扩大的深层原因》，《社会科学辑刊》2015 年第 4 期。

③ 朱富强：《"蟑螂性生存"还是"优胜劣汰"？基于现实收入分配之决定机制的思考》，《社会科学战线》2012 年第 12 期。

　　一般地，现代经济学为市场收入分配提供支持主要依赖两个基本理论：福利经济学定理（尤其是福利经济学第一定理）和边际生产力分配理论。第一，福利经济学第一定理强调，完全竞争下的市场均衡必然是帕累托最优，而且个人逐利行为在"无形之手"引导下可以且必然会导向社会福利最大化。问题是，福利经济学第一定理必然面临着这样一系列的条件约束：（1）信息的不完全性，这不仅会产生外部性，而且导致市场力量的不均衡，从而引向不完全竞争的市场；（2）"完全竞争"一词本身就内含着深深的悖论，因为完全市场中的主体必然不具有竞争性；（3）市场价格本身也内含着这一悖论：任何市场价格都不可能包含搜寻等成本信息，否则就失去信息搜寻的动力。第二，边际生产力分配理论则强调：由边际生产力决定的生产要素之报酬不仅是有效的，而且是公平的。其理由是：（1）在完全竞争条件下，厂商对一种生产要素的投入将持续到再增加一单位所产生的收益等于其成本之点，这就保证了效率；（2）竞争条件也保证，企业家必须对他所使用的生产要素支付一个与其所创造的产品价值相等的报酬，这就保证了公平。同样的问题是，边际生产力分配理论也面临着一系列的挑战，这包括完全竞争、规模报酬不变、生产要素的独立性等非现实性条件。[①] 正因如此，现实市场收入分配根本就不可能基于边际生产力分配原则，也不可能达到福利经济学第一定理的结果。

　　最后，现实市场收入分配之所以不公平，至少还反映在两个方面。第一，没有体现人的劳动贡献。这可以从两个方面加以分析：（1）在市场交易的起点上，因资源占有以及财富集中而出现交易主体在地位上明显不平等；（2）在市场交易过程中，因交易程序不健全以及信息机制不通畅而出现交易剩余在分配上显著不公正。在现实情形中，无论是资源的初始占有还是财富转移的程序制定通常都控制在少数人手中，这就会导致现实市场中的

---

　　① 朱富强：《企业能力、职位租与高管高薪：现代市场经济中的收入分配机制》，《财经研究》2020年第3期。

"劳动"收入具有很强的不合理性。一般地，对现实收入的不公正程度可以从两个方面进行审视：（1）事前判断，一个社会的权力结构或者特定交易中的力量对比越不均衡，该社会收入的不公正程度就越大；（2）事后判断，一个社会的收入分配结构越悬殊，该社会收入的不公正程度就越大。[1] 第二，忽视个体的自然不平等。这种不平等主要表现两个方面：（1）能力不平等，主要体现为先天的生物性特征（性别、年龄、体能、智力、染病概率等）的不平等和后天的社会性特征（财产数量、社会背景、外部境遇等）的不平等；（2）福利不平等，在收入或其他基本品等同的情况下，残障人所能过的生活将比健全人差，孕妇所能过的生活也比其他正常人差。[2] 按照现代平等主义观点，人们不应由于自己的无过错而生活比其他人差。从这个意义上说，所谓的市场机会平等只是形式的平等，实质却是对处于不利地位的人以不平等的对待。相应地，基于同一市场规则进行交易的结果也就不符合社会正义的要求。

五、市场失灵的持续扩大与广泛性

通行的市场失灵概念主要局限在传统经济领域，主要用来指市场不能带来有效的产出。但实际上，市场失灵还有更广泛的内容，这在市场所滋生出的日益强盛的堕落效应中可以窥见一斑。马克思就指出，资本主义的"理性化"导致了金钱在人类社会关系中居支配地位，进而使人们将追求金钱视为行为的目的本身，由此导致人性及其社会关系异化。一般地，市场堕落效应至少包括三个方面：（1）以效率牺牲公平，因为市场机制根本上基于

---

① 朱富强：《收入再分配的理论基础：基于社会贡献的原则》，《经济学家》2014 年第 8 期。

② 朱富强：《收入再分配的理论基础：基于社会正义的原则》，《天津社会科学》2016 年第 5 期。

力量原则，因而市场效率通常体现为强势者（主权者）的意志和利益诉求；（2）庸俗大众化，因为产品的市场收益主要来自社会大众，因而产品供给就会朝满足大多数人偏好的庸俗化方向发展；（3）实用媚俗化，因为市场主要以有用作为评价标准，这就导致产品供给朝迎合世俗偏好的实用化方向发展。其中，第一个内容在上一部分已经进行了剖析。当然，以效率牺牲公平不仅体现在收入分配上，也体现在各种非道德的歧视上。究其原因，多数派可以通过将少数派排除出市场而独享社会资源，因而竞争性市场经济就会形塑出歧视性偏好，而不会自动消除歧视现象。① 对此，曾任世界上首席经济学家的巴苏也写道：“有一种流行的观点认为：如果把一切都交给市场，没有政府的监管和干预，歧视就会自动消失。……（但）这种观点是站不住脚的。歧视可以源于自由市场，如果想制止歧视行为，实际上可能需要监管和有意识的平权运动。”② 后两个内容则是市场堕落效应更为主要的方面，因为它们不仅体现在商品生产和经济领域，而且更主要体现在文学艺术、文化教育、社会政治以及学术研究等众多领域，这已经为托克维尔的大众庸俗化、涂尔干的社会失范化、勒庞的乌合之众以及马尔库塞的单向度社会等所刻画。

我们在日常生活中会深刻感受到，一些从经济学来说有效率的市场成果，在社会文化和伦理道德层面上却往往难以为社会大众所接受。从这个意义上说，无节制的市场交易通常会严重摧毁社会的合理价值，瓦解社会的既有规范，进而无法维持社会秩序的平急运行。显然，这是市场失灵在现代社会中更为典型的表现。由此，市场失灵不仅具有内在的持久性，而且还表现为失灵范围的持续扩大及其所呈现出的广泛性。那么，市场堕落效应是如何

---

① 朱富强：《现代主流经济学的“硬核”缺陷：“经济人”的基本含义、形成逻辑和内在缺陷》，《福建论坛》2017 年第 9 期。

② ［印度］巴苏：《信念共同体：法和经济学的新方法》，宣晓伟译，中信出版社 2020年版，第 117 页。

孕育和滋长的呢？从根本上讲，这源于商品化过度，那些体现人类价值诉求而不该是商品的东西被商品化了，乃至经济效益尤其是即期的金钱收益成为衡量人类社会中一切事物之价值的基本乃至唯一的标准。譬如，现代资本主义是以劳动力、土地等商品化和资本化为基础而发展起来的，但这些要素本质上并不是商品，而将它们当作商品就造成了现代社会的异化和堕落。卡尔·波兰尼就写道："劳动力只是一种与生命本身相调和之人类活动的另一名称，它并不是为了销售而产生的，而是为了截然不同的理由而存在的，这种活动也不能与生活的其他面分开而加以积存或流通；土地则只是自然的另一个名称，并不是人所制造的"；相应地，"在处理一个人的劳动力时，这个制度也同时处置了'人'之生理的、心理的及道德的本质"①。尤其是，随着现代功利主义经济思维向其他社会领域的扩散和渗透，商品化的范围不断扩大，由此导致体现为堕落效应的市场失灵更为凸显和加剧。明显的例子是，在经济学帝国主义的鼓噪下，人身买卖、器官买卖、毒品买卖、婴儿买卖、奴隶交易及性交易等都成了有助于获得帕累托效率的市场合理行为；进一步地，污染权交易、地票交易、互投赞成票交易都成为现代经济学人所提出的重要社会经济政策。②

正因如此，当社会合理价值随着市场经济的推进而遭受破坏和瓦解时，我们就需要审视市场机制的限度以及现代经济学的思维：究竟应该以社会合理价值来审视和反思现代经济学的理论和政策主张？还是以现代经济学的效率分析来审视和重塑现代社会价值和法律规范？也就是说，当市场交易破坏和摧毁了为人们长期遵循的社会规章和伦理价值时，我们就需要做两方面思考：（1）市场交易是否超过了必要限度以至于对社会合理价值构成了危害？（2）传统价值规范是否已经明显过时以至于严重窒息了社会效率的进一步

---

① ［匈牙利］卡尔·波兰尼：《巨变：当代政治与经济的起源》，黄树民译，社会科学文献出版社 2013 年版，第 151—152 页。

② 朱富强：《现代主流经济学的认知局限》，《政治经济学报》2017 年第 3 期。

提升？一般地，第一点反思通常更为重要和关键，因为社会规范和社会价值本身源于人类长期实践的演化，体现了对人类整体和长远利益的关注和追求，而在市场竞争中激发出的动物性本能则具有强烈的扩张冲动和破坏力量，时时准备突破社会规范和价值对其逐利心的约束。因此，一旦发现市场交易结果与人类合理价值产生冲突时，通常的做法就是对相关交易行为进行规范和限制，防止其破坏性的爆发和扩大。对此卡尔·波兰尼很早就指出，自由主义的无节制发展产生出了市场社会自身无法克服的两大问题：（1）社会分化（social diremption），这体现为国家与市场的分离，进而产生政治民主与商业寡头政治之间难以调和的冲突；（2）伦理碎化（ethical fragmentation），这创造了一种高度理性的社会环境，进而造就仅仅遵循效用逻辑的理性利己主义者。① 基于市场堕落效应，我们就可以深刻地认识到：任何市场竞争都应该一定限度内的竞争，任何资源配置也只是一定范围内的配置；进而，基于市场的限度，我们也就可以更好地理解工会等社会组织的存在和作用，它们不应该被简单地视为是对市场的破坏（就如奥地利学派那样），而更应该被视为市场本身的一部分或促进市场完善的重要内容。

最后，正是根植于社会合理价值，现代社会对市场交易形成了系列共识。例如，工人不能以同意低于标准的工作条件来换取更高工资，汽车制造商应该召回那些存在缺陷的汽车；同样，人的器官、子女以及选票等都不能交易，不同目标功能区的土地不能跨地区交易。麦克弗森就指出："最起码，生命和财产必须受到保护，契约必须被明确界定并得到强制执行。……国家可以控制土地的使用和劳动力的信用，可以通过禁运和关税来干预贸易的自由流动，可以扶持一种产业和打击另一种产业，可以提供免费或受补贴的服务，可以救助赤贫，可以要求质量或培训的最低标准，还可以靠这些及其他干预方法来防止价格（包括工资）达到一个不受监督或监管乏力的市

---

① 参见［英］戴尔：《卡尔·波兰尼：市场的限度》，焦兵译，中国社会科学出版社2016年版，第2页。

场可能会创造出来的水平。国家通过这些方法改变每个人在计算获利最大的做法时所列方程中的某些项。"① 同时，社会合理价值对人类活动和市场行为产生约束和限制的范围还随着社会的发展而拓展。例如，西尼尔反对当时社会改革家提出的限制童工雇佣的《奥尔索法案》时说，这个法案限制了人们的契约自由并把经济损失强加给了这些儿童的父母。但试问：今天还有谁会认为限制童工是错的吗？不幸的是，在新古典自由主义的渲染和影响下，时下不少经济学人恰恰以市场交易的效率来否定和推翻社会"合理价值"，进而以经济学的有效市场分析来重塑法律和道德，乃至重新为那些已遭否弃的不人道行为进行辩护和"正名"。譬如，受诺贝尔经济学奖得主诺德豪斯提出征收碳排放税，以及戴尔斯（J. H. Dales）等人倡导通过排污权交易来解决温室气体排放问题的影响，国内一些经济学人就鼓吹通过不同目标功能的土地之间的交换来提升经济效益。由此造成的结果却是，不少地区的湿地越来越少，河流山川遭受严重破坏，进而导致鸟类等野生动物的数量迅速减少。更为甚者，一些经济学人还提出了生育指标交易的方案，主张在国家控制生育总量（每对夫妇生育拥有两个生育指标）下，允许生育指标进行市场交易以实现生育指标和人口结构优化。但实际上，这是变相地给予富人更多的生育权，因为他具有购买生育指标的强大能力，而这显然是与现代社会合理价值和道德背道而驰的。

六、新古典自由主义的有限政府信念拷问

前文的分析表明，只要深入剖析市场主体的特性并考虑到人性的缺陷，我们就可以深刻地洞察市场失灵的内在根源及其持久性；只要广泛考察非配置效率和收入分配等领域，我们就可以全面地认识到市场机制的能力不及及

---

① ［加拿大］麦克弗森：《占有性个人主义的政治理论：从霍布斯到洛克》，张传玺译，浙江出版社 2018 年版，第 59—60 页。

其无效性；进而，只要系统考虑市场无节制发展所衍生的堕落效应，我们就可以清楚地洞悉市场失灵的持续扩大及其广泛性。由此，我们不仅可以理解政府功能长期而持续的存在，而且可以发现政府功能在现代市场经济中的不断扩大。其实，所谓"市场从来不会失灵"以及"没有市场的市场"之类的断言本身就内在着逻辑缺陷，因为市场根本上不是自然之物而是人类创造的，并且市场一直处于演进过程中并呈现出多样化的现实形态；显然，处于演化过程也就意味着任何现实市场都存在不成熟和不完善性，而不成熟和不完善则产生了优化和改进市场的要求。既然如此，又如何能够宣称市场不会失灵呢？根本是哪个，这种宣言将市场视为一种先验的静态之物，而这种静态之物也就是新自由主义经济学人打造出来的逻辑化市场。① 由此，我们进一步思考：新古典自由主义何以如此坚持有限政府信念呢？

从根本上说，这就源于新古典自由主义所持有的两大错误的先验信念。第一，基于"两害相较取其轻"原则。新古典自由主义认为，政府行为同样存在政府失灵，而且政府失灵还要比市场失灵更为严重。其理由是：政府机构及其代理人都是追求自身利益的经济人，在信息不对称且权力偏在的情况下，政府官僚的机会主义行为就会损害而不是维护社会利益。例如，以布坎南为代表的公共学派学者就强调，由腐败和掠夺导致的政府失灵就比市场失灵更为严重，因而让官员来纠正市场失灵会使事情更加糟糕。第二，基于"市场失灵的现实根源在政府"信念。新古典自由主义认为，市场失灵在现代社会中之所以似乎越发严重，其根源正是政府对经济活动的不当干预，这不仅是因为政府部门缺乏足够的在场者信息，而且也是因为政府官僚缺乏合理规划的激励。例如，以米塞斯和柯兹纳为代表的奥地利学派学者认为，行政垄断要比生产垄断更为无效，而且没有真正意义上的生产垄断。基于这两大先验信念，新古典自由主义否定了政府广泛且日益扩大的经济职能，进而

① 朱富强：《市场的逻辑还是逻辑化的市场：流行市场观的逻辑缺陷》，《财经研究》2014 年第 5 期。

诉诸市场的充分发展来缓解乃至消除市场失灵。问题是，无论理论分析还是实践证据，确实都已经揭示出了广泛的市场失灵。既然如此，我们有何理由认为市场失灵就会轻于政府失灵？有何证据表明自发市场秩序一定是持续扩展的而不会出现内卷？根本上说，新古典自由主义所持有的两大错误信念仅仅是先验之见。

其实，在对市场秩序的信念上，新古典自由主义本质上是个人自由主义和传统保守主义的合流，都强调对私有财产的保护和对政府行为的限制，都注重对个人自主和社会秩序的维护，而这些都根基于先验的信念之中。赫希曼就指出，保守主义思潮中嵌入着三大反动命题：（1）悖谬命题（the perversity thesis）：任何旨在改善政治、社会或经济秩序某些特征的、有意识的行动都将恶化其希望救治的状况；（2）无效命题（the futility thesis）：社会改革的努力将不会产生效果而成为一种徒劳；（3）危险命题（the jeopardy thesis）：有意识改革或改良具有高额成本并将危及先前某些宝贵的成就。[1]在保守主义看来，任何有意识的行动都会产生与之所宣称的和追求的目标适得其反的结果，经常被用作佐证的例子有：寻求自由的努力导致社会堕入奴役，追求民主的结果带来了寡头和暴政，提升社会福利的计划制造出更多的贫困，而收入再分配政策的推行也没有缓解收入差距，一切努力似乎都事与愿违。[2]如何理解呢？根本上说，保守主义用以维护自身信条所宣扬的这三大反动命题根基于先验的信念而非经验的事实。明显的事实是，近现代以来政府对经济活动的介入显著地维持了社会经济的稳定，大大减少了极端恶性事件的发生，有力保障了市场交易的进行和社会分工的拓展。对此，赫希曼列举了大量的例子，如普遍兵役制、义务教育制、福利救济

---

① ［美］赫希曼：《反动的修辞——保守主义的三个命题》，王敏译，江苏人民出版社2012年版，第6页。

② ［美］赫希曼：《反动的修辞——保守主义的三个命题》，王敏译，江苏人民出版社2012年版，第11页。

制、失业保险制、工伤保险制。由此，赫希曼强调指出，悖谬命题所展示的非预期后果其实是一些特殊且极端的例子，而非预期后果这个概念本身就将不确定性和开放式结果引入社会思想中，但保守主义却从这种新自由中逃脱并退回到完全可以预测结果的社会世界；进而，保守主义夸大了人类目的性行为产生悖谬后果的概率，并且忽视乃至无视它产生预期中后果、意想不到的积极后果以及好坏参半的后果等结果的可能性，由此来否定人之有目的行动。①

与新古典自由主义坚持有限政府信念相对应的反向问题就是：新古典自由主义经济学为何如此偏好市场机制和市场秩序？大体上，这也根基于这样两大先验信念：（1）它想当然认定市场主体会自觉地遵循"为己利他"行为机理，将市场逻辑等同于君子之道，由此实现社会合作②；（2）它又基于还原思维而设定了理性经济人，并以比为基础打造出一个逻辑化市场，由此就难以看到真实市场的运行及其问题③。例如，波斯纳就强调，资本主义本质上是利他主义，企业家会多多考虑也人的需求。其理据是，"如果个人不能理解和迎合他人的需求，就不能在市场经济中取得成功，因为利他主义的培养促进了市场经济的有效运作，所以市场经济也能培养出同情和慈善，而不是毁掉个体"。相应地，供给学派代表人物吉尔德接过了利他主义的旗帜，并挥舞着它而走在供给学派的前列。吉尔德写道："在资本主义中，赢家并不吃掉输家，而是教他们如何通过信息的传播赢得胜利。这不是一场一人成功必然以他人失败为代价的零和博弈，自由经济体能够实现双赢和相互学习。资本主义经济不是一个贪婪的体系，它依赖于企业运作的一个黄金法

① ［美］赫希曼：《反动的修辞——保守主义的三个命题》，王敏译，江苏人民出版社2012 年版，第 33 页。

② 张维迎：《市场的逻辑就是君子之道》，2017 年 4 月 14 日，见 http://www.yicai.com/news/5266466.html。

③ 朱富强：《市场的逻辑还是逻辑化的市场：流行市场观的逻辑缺陷》，《财经研究》2014 年第 5 期。

则，即别人交好运等于你自己也交了好运。"① 固然，人类社会互动不是零和博弈，但试问，还有哪个经济体系能够比资本主义将"赢者通吃"规则实践应用得如此深远吗？市场堕落效应的恣意纵横不已经充分反映了这一点吗？在现实市场中，逐利的厂商不仅迎合消费者的需求，更致力于引导和诱导消费者的需求；进而，他们就会最大限度地隐藏和利用其信息来最大化个人利益，并通过信息垄断和偏好塑造等手段来寻求长远的价值攫取。② 尤其是，收入和财富的不平等能还会与不确定的市场体制相结合，由此滋生出日益强盛的马太效应，使得收入不平等得以永久地维持下去。③ 既然如此，新古典自由主义经济学人又何以会如此相信市场主体的行为会遵循"君子之道"呢？根本上说，这不是基于经验的观察，而是根基于保守主义的信念和意识形态之中。

按照莱考夫的看法，保守主义源自严父式的家庭模式：父亲负有抚养和保护家庭的基本责任，同时也享有决定家庭规划的全部权威，为孩子们制定严格的行为规范并强制执行这些准则；孩子们必须尊重并服从其家长，而自我约束、自力更生以及对合法权威的尊重则是其核心。④ 显然，在严父式家庭中，尽管爱与照料是家庭生活的关键部分，但家长的权威所表现的是严厉的爱，它要求孩子依靠自己的努力去取得成功，并且承担起保护自己和家人的责任。事实上，他们比疏远自己的父母更清楚什么是对自己好的，父母也不应该干涉成年孩子的生活。这意味着，孩子一旦长大成人就必须依赖自己的自律去生存，进而通过自律、责任心和自立能力来获得他人或社会的认

---

① ［美］吉尔德：《财富与贫困：国民财富的创造和企业家精神》，蒋宗强译，中信出版集团 2019 年版，自序第 XI、X 页。

② 参见［英］马祖卡托：《增长的悖论：全球经济中的创造者和攫取者》，何文忠等译，中信出版集团 2020 年版，第七章。

③ 朱富强：《初始收入禀赋、风险承担能力与收入分化：解析市场经济中马太效应的内在机制》，《贵州社会科学》2014 年第 2 期。

④ ［美］莱考夫：《道德政治：自由派和保守派如何思考》，张淳、胡红伟译，社会科学文献出版社 2019 年版，第 30 页。

可。这反映在保守主义的观点上就是，重视家庭价值和父亲这一角色，同时
又强调个人的自律性和责任心，乃至自我控制、自我约束以及抵制内外的邪
恶和腐化，服从权威及其设定的行为准则被放在道德的首位。为此，保守主
义就偏爱使用这样一些词汇，如人格、美德、纪律、强硬、严厉的爱、强
壮、自立、个人责任、脊梁、标准、权威、遗产、竞争、财产权、自由、干
涉、惩罚、人性、传统、独立、放纵、精英、腐化、腐败、堕落等。① 问题
在于，保守主义的这种信念仅仅只是对个人和社会的理想诉求，同时也是基
于特定维度的解读。相反，换一个角度，我们对同一现象完全可以得出不同
的看法。譬如，同样高度赞扬自由资本主义的爱因·兰德就把人视为"利
己的"并且高度推崇这种"利己性"，同时把利他主义道德视为是与资本主
义自由市场经济和商业社会格格不入的，因为它把人们看成是一群需要别人
帮助的乞讨者，不仅缺乏自尊，而且缺乏对他人的尊敬。② 爱因·兰德甚至
写道："利他主义留下的最无人性的遗产就是人们习得的无私：人情愿接受
未知的自我，忽视、逃避、抑制个人（也就是非社会）的灵魂需求，对于
最重要的事情却漠不关心。这等同于上最深层的价值观堕入主观意识的万丈
深渊，让生命在无尽的内疚中荒芜。"③

最后，保守主义的社会信念和意识形态以及建于其上的新古典自由主义
经济学之所以在西方社会具有如此广泛的社会基础，还因为它根植于基督教
教义之中。在基督教看来，人的生命是上帝给的，所有上帝的子民也都是
"生而自由平等的"；相应地，抚养和教育子女本身就是父母对上帝背负的
义务，抚养的首要任务就是保障子女的独立并成为自主的人，而子女一旦成

---

① ［美］莱考夫：《道德政治：自由派和保守派如何思考》，张淳、胡红伟译，社会科学
文献出版社 2019 年版，第 27 页。

② ［美］爱因·兰德：《新个人主义伦理观》，秦裕译，生活·读书·新知三联书店
1993 年版，第 37 页。

③ ［美］爱因·兰德：《浪漫主义宣言》，郑齐译，重庆出版集团、重庆出版社 2016 年
版，第 2 页。

人也必须离开父母自立谋生。从这个意义上说，父母并没有施与子女以恩惠，也不需要对成人之后的子女负责，子女自然不需担负回报其父母的责任。这种基督教思想渗透在整个西方社会中，尤其成为保守主义的社会信念之来源。正是根植于自主和普遍有效的宗教观念，保守主义强烈抱持这样的一系列主张：（1）取消对未自立儿童的家庭进行援助，甚至要求接受社会救济的孩子离开自己的家而被安置到孤儿院，因为人必须自立且需要在艰难生活中得以培养；（2）增加军队和监狱的预算，因为这就如父亲对家庭的维护一样；（3）推崇自由市场竞争，不仅认为每个人都有追求个人利益的自由，而且还认为追求个人利益是通过自律达到自立的重要方式，认为在遵守既有规则基础上的自我利益追求可以实现社会的整体利益最大化；（4）反对最低工资立法，反对累进制税，反对社会福利项目，因为这会惩罚那些通过自律和努力而致富的"最优秀的人"；（4）反对环保主义，反对强制管制，反对社会安全网络，因为政府的基本功能在于培育公民自律和自立以实现自我帮助，而不是代替他们决策和行动。但问题是，现实世界中的市场主体果真有如此的自律和责任心吗？前文对人性及其行为的分析显然已经证伪了这一点，其他众多社会思潮也对之提出了严厉批判。就此而言，我们对保守主义以及新古典自由主义经济学所持有的政策主张应该持有非常审慎的态度。

七、结语：正确处理市场和政府关系

作为一门经世济民的致用之学，经济学尤其是政治经济学所研究的基本问题就是国家和市场之间的关系，中心议题就在于合理界定市场和政府的作用范围，从而促进两类协调机制的互补和共生。其原因又在于，市场和政府都是资源配置的基本机制，同时又都面临着失灵问题。政府与市场间关系涉及两大方面的问题：（1）对市场机制和组织机制之间相互关系的认知；（2）

对国家性质和政府功能的认识。然而，时下经济学界却盛行市场与政府相对立的二元观：新古典自由主义经济学极力鼓吹纯粹市场机制的完美作用，马克思主义经济学则明显忽视了政府行为潜含的"理性自负"。实际上，作为推动社会秩序持续扩展的两大基本机制，市场和政府既承担某种积极作用，又存在某些不足和局限。就此而言，时下流行的那些相对立的极端观点通常都只是停留在表象而没有深入本质，并且还囿于特定的意识形态，只是从特定维度去观察现象。

就经济学的主流态势而言，在过去半个多世纪里，新古典自由主义几乎支配了整个主流经济学的思维，成为经济学界主导性的意识形态，进而压制和瓦解了其他一切异己、批判和反抗的力量。固然，市场经济是现代社会的经济主体，市场机制也是资源配置的主要机制。但是，我们也应该清晰地认识到，市场机制本身也存在缺陷，尤其是市场机制的现实发育迄今还很不成熟，乃至常常会出现大面积的失败。人类社会过去的经验也清楚地表明，纯粹的自发市场并不必然呈现出持续的扩展轨迹，反而常常会出现内卷化趋势，甚至还会引发破坏性的革命。与此同时，正是由于政府对市场经济进行了强有力的监管，才使得西方世界在第二次世界大战后取得了经济高速增长和收入差距缩小共进的局面，甚至从 1945 年到 1971 年这 1/4 世纪也成为摆脱 400 年来每隔 10 年就出现一次经济危机之宿命的重大奇迹。[①] 既然如此，新古典自由主义经济学为何又如此推崇和迷恋市场机制而极力否定政府在经济活动中的基本功能呢？在很大程度上就在于，它对市场机制持有一种简单化的理解，没有考虑到市场主体的理性有限性以及市场主体之间的异质性，更没有关注基于工具理性的行为互动所带来的社会不合理性。

事实上，本章的分析表明，市场失灵至少包括了这样四大层次：（1）配置效率不足，这是由市场主体不完善（如垄断、外部性、公共品、规模

---

① ［美］斯蒂格利茨：《自由市场的坠落》，李俊青、杨玲玲译，机械工业出版社 2017 年版，第 240 页。

经济、技术低下以及信息不完全等）造成的，它为新古典经济学所高度关注；（2）非配置的 X 低效率，这是由市场主体内在缺陷（短视、欺诈、机会主义和协调无效等）所激发的，它为《真实市场的逻辑：市场主体的特性解析》一书所集中阐发；（3）分配不公，这是因为权力结构的不均衡导致市场机制在收入分配领域的能力不及和无效，使得市场主体没有得到其应得收益，它为《收入分配的现实机制：蟑螂性生存法则与收入再分配》一书所深入剖析；（4）价值腐化，这主要是由商品化过度及其促成的市场交易对社会合理价值的瓦解和破坏，它为《社会制度的研究思维：制度不及的主流经济学及其问题》一书所重点关注。针对这四个层次的市场失灵，政府的基本职能包括以下四个方面：（1）促进市场的完善和深化，主要包括信息机制的建设、交易规则的完善、公共品的供给以及基础设施的建设等；（2）提高人的亲社会性和社会理性，主要包括人文性公共教育的普及、市场伦理的培育和责任文化的形塑等；（3）缓和人际的不平等，主要包括保障制度的设计（底线保障）、弱势者的联合（集体谈判权）等以促进抗衡力量的发展；（4）避免商品化的过度，主要包括基本社会价值的维护、社会基本权利的提高以及自然资源的共享等。

当然，本章通过揭示市场失灵的内在性和现实性来引入政府的积极功能，但这并不否定政府也同样会出现失灵，更不意味着可以由政府来替代市场的那些基本功能。相反，我们充分认识到政府失灵的广泛存在，这充分体现在政府官僚的"无心"和"无能"上；其中，"无心"表现为源于自利心的贪污、受贿以及寻租等腐败行为，"无能"则表现为源于信息不足和程序不当的决策失误。对此，贝斯利就区分了两类失灵：（1）政府失灵（government failure），是指由自利的经济人所构成的政府垄断性地合法行使权力而引发的一系列问题，如政府无法准确掌握私人对公共品的评价导致公共品的供给不足；（2）政治失灵（political failure），是指民主政治制度下那些控制垄断的权力在分配过程中所产生的一系列问题，如某些外部性因投票悖论无法内部化导致公共资源处于次优的配置状态。贝斯利还从三个方面来揭示政府失灵：（1）政府所选择的政策未能在帕累托意义的可能性边界上达成分配而出现帕累托低效；（2）政府所选择的政策无法最大化良好定义的社会福利函数导致分配失灵；（3）政府所选择的政策没有能够实现帕累托占优于政府缺失状态所达成的结果。① 事实上，现代经济学人倾向于构建严密的数理模型来模拟和显示市场或政府的运行及其结果，由此来为自己原本就持有的信念提供支持。问题是，这些数理模型——无论是市场运行模型还是政府运行模型——几乎都是以抽象的逻辑为基础，由此也就会得出较为理想化的结果。但现实世界中，无论是市场还是政府都远不如理论模型所构设的那样完美，都会遇到各种复杂的现实障碍。对此，斯蒂格利茨说："因为政府有时会失败，所以就不应该在市场失灵时干预市场，这种论断是缺乏根据的。但相反，由于市场有时会失灵，因此，市场机制应该被摒弃，同样是没有根据的。"② 这些都告诫我们，应该谨防极端，不能将政策和主张简化为在市场和政府之间的二中选一，而是要努力寻求一个令人满意但难以最优的混合体制。

---

① ［英］贝斯利：《守规的代理人：良政的政治经济学》，李明译，上海人民出版社2017年版，第50—58页。

② ［美］斯蒂格利茨：《自由市场的坠落》，李俊青、杨玲玲译，机械工业出版社2017年版，第244页。

责任编辑：曹　春

封面设计：汪　莹

图书在版编目(CIP)数据

企业治理的逻辑：企业家精神与有为政府/朱富强 著. —北京：人民出版社，
　2021.4

ISBN 978 - 7 - 01 - 022901 - 0

Ⅰ.①企…　Ⅱ.①朱…　Ⅲ.①政府行业-影响-企业家-企业精神-研究
　Ⅳ.①F272.91

中国版本图书馆 CIP 数据核字(2020)第 256118 号

企业治理的逻辑：企业家精神与有为政府

QIYE ZHILI DE LUOJI：QIYEJIA JINGSHEN YU YOUWEI ZHENGFU

朱富强　著

人民出版社 出版发行

(100706　北京市东城区隆福寺街 99 号)

北京盛通印刷股份有限公司　新华书店经销

2021 年 4 月第 1 版　2021 年 4 月北京第 1 次印刷
开本：710 毫米×1000 毫米 1/16　印张：23
字数：328 千字

ISBN 978 - 7 - 01 - 022901 - 0　定价：98.00 元

邮购地址　100706　北京市东城区隆福寺街 99 号
人民东方图书销售中心　电话 (010)65250042　65289539